本书列入2014年度陕西出版资金精品项目

汤池，男，汉族，1933年出生于浙江省武义县岭下汤。1949年冬在丽水专区参加工作，1956年考入北京大学历史系攻读考古专业，1961年毕业分配到中央美术学院美术史系任教，现为中央美术学院教授，曾任美术史系副系主任、学院图书馆馆长、中国考古学会理事。主持过多处古墓壁画的发掘、临摹和研究。1991年及1998年，曾两次应邀到日本早稻田大学讲学。主持或参与编著《中国美术简史》《中国美术全集》秦汉雕塑卷、墓室壁画卷，《中国陵墓雕塑全集》西汉卷，《中国出土壁画全集》等多部论著。2008年获中国美术家协会授予“卓有成就的美术史论家”称号。爱好书法，擅长篆书。

陕西出版资金资助项目

中国美术考古研究

Trajectory

Research on the Art and Archaeology of China

汤池 著

陕西出版传媒集团
陕西人民美术出版社

图1 人面鱼纹彩陶盆 仰韶文化 西安半坡

图4 舞蹈纹彩陶盆 马家窑文化 大通上孙家寨

图2 三鱼纹彩陶盆 仰韶文化 西安半坡

图5
八角星纹彩陶豆
大汶口文化
泰安大汶口

图3 鹳鱼石斧图彩陶缸 仰韶文化 临汝阎村

图6 石雕女神像 红山文化早期 滦平后台子遗址

图7 偶方彝 商代晚期 安阳殷墟妇好墓

图8 莲鹤方壶 春秋晚期 新郑

图9 陶塑骑马俑 战国 咸阳李家堡秦墓

图10 错金银猛虎噬鹿铜器座 战国晚期 平山中山王墓

图11 彩漆乐舞纹鸳鸯盒
战国早期 随县曾侯乙墓

图12 彩漆内棺 战国早期 随县曾侯乙墓

图13 兵马俑群
西汉前期
咸阳杨家湾汉墓

图15 巨龙升天（天象图局部）
西汉中期
永城柿园西汉某代梁王墓
主室顶部壁画

图14 彩绘执兵俑
西汉前期 徐州北洞山楚王墓

图16 烧沟61号壁画墓内景（局部） 西汉晚期 洛阳

图17 孔望山摩崖造像（部分） 东汉晚期 连云港

图18 白虎、侍卫图（摹本） 东魏茹茹公主墓壁画 磁县大冢营

图19 仪卫出行图（局部） 北齐东安王娄叡墓壁画 太原王郭村

图20 部曲鼓吹图
北齐东安王娄叡墓壁画 太原王郭村

图21 门官图 北齐东安王娄叡墓壁画 太原王郭村

图23 骨雕人头像
仰韶文化北首岭类型
西乡何家村

图24
玉雕人头像
龙山文化
神木石峁

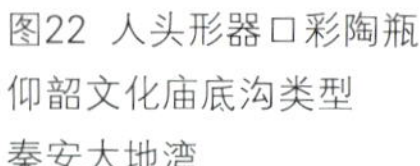

图22 人头形器口彩陶瓶
仰韶文化庙底沟类型
秦安大地湾

图25 石豹镇 西汉前期 徐州狮子山楚王墓

图26 释迦坐像和弥勒立像 北魏 大同云冈石窟第20窟

图27 木雕观音半跏坐像 北宋
中国国家博物馆藏

目 录

第三单元 秦汉美术

第四单元　中国古代墓室壁画

第五单元　中国古代雕塑

第六单元 鉴赏 书评 序跋

序

著名美术史家汤池先生的学术文章汇集出版，是我们历年历届得到他亲授的学子们最为高兴的事。这本文集中的许多文章在发表之初，就以他对美术考古和美术史的最快新见与独特洞见让我们读来深有“解渴”之感，也在美术史界和文物考古界产生了广泛的影响，而今经他亲自审订，汇集成册，形成不同专题的编排，更清晰地展现一个中国古代美术史的研究序列，透溢出他治学生涯的历史意识、学术抱负和研究方法，彰显他为中国美术史的建设做出的重要贡献。

汤池先生于1961年从北京大学历史系考古专业毕业后进入中央美术学院美术史系任教，从此把全部精力投入美术史系的专业建设和中国美术史的学术发展上。在当时的文化情境和学术格局中，中央美术学院的美术史教学和中国美术史研究这两方面的任务，在整个中国美术史界实际是历史地合二为一的。中央美术学院美术史系成立于1957年，作为全国高等美术院校中的第一个美术史系，承担着完善学科建设与培养专业人才的任务，与欧美许多国家的美术史专业设在综合大学里的情况不同，中国的美术史专业设在美术学院，条件可谓有优长亦有不足，优长方面是美术史及美术理论的研究与具体的美术创作实践相邻相近，有助于史论与实践相结合，作用于美术创作，但不足之处是美术史研究与教学缺乏人文学科的环境支撑，因此，摆在中央美术学院美术史系面前的一个重要任务是在学术建设上要把美术史研究与中国的人文学科的发展联系在一起，使美术史研究及时吸收人文科学的成果，并成为人文科学发展的组成部分。从美术史系的创办者、著名美术史家王逊先生到后来执掌美术史系的金维诺、薛永年、尹吉男先生，无不重视这方面的积累与建设。汤池先生于改革开放新时期担任美术史系副主任并主管教学工作，和当时的系领导班子成员一起，积极地拓展了美术史研究与人文学科的关联，他以考古专业的学术背景进入美术史系研究和教学组织，更是发挥了独特的作用。另一方面，中国美术史的研究在改革开放之初面临的课题是艰巨的，既需要在治史观念上匡正长期受极“左”意识形态例如“阶级斗争论”干扰影响的弊端，恢复唯物史观的正确路向，建构科学的治史方法，更需要以新的视野发掘史料，梳理文献，扩充史实，丰富美术史不同阶段的内容构成。在当时的情况下，中国古代美术史尤其是上古美术史在史料史实的单薄和叙事方式的陈旧，更是亟须改变的现状，而新中国建立以来特别是20世纪70年代以后中国考古的大量新发现，在研究对象上为重新审视和充实中国古代美术史提供了新的条件。在某种程度上，历史的机遇期待新的治史学人，汤池先生就是在这样的特定时期，以坚定的学术抱负和自觉的时代意识投身于中国古代美术史的研究，为中国古代美术史洞开了一扇崭新的窗口，形成了他丰厚的学术成果。

纵观汤池先生的研究视野，可以发现他对整体的“复原”或“再现”中国古代美术史有一番通盘的思考，在具体的课题上则进行分类研究。从新石器的彩陶入手，到早期雕塑，再到先秦的漆画、帛书，进而秦汉的雕塑和两汉以降的墓室壁画，在时间序列上依次展开，在题材类别上分别深研。从他1979年发表的《谈舞蹈彩陶盆纹饰》一文开始，他密切关注考古新发现的图像资料，将其导入古代美术史研究的框架之中，不断地建立起不同美术图像之间的联系；他注重社会学、历史学、民族学、民俗学、宗教学、方志学等领域的研究动态，但始终以图像为本体，进行多维度的阐释，为原本孤立的考古发现资料找到历史文化的阐释，有了自身存在的依据；他以考古专业的敏感及时关注考古的新发现，在20世纪80年代以来不断披露的考古讯息和报告中查寻和提取属于“美术”的蛛丝马迹，作为自己的研究对象，从而使一批原本在考古文物范畴的“作品”进入美术历史的叙事，极大地丰富了中国古代美术史的构成。

汤池先生长期研究的一个重点是秦汉雕塑。从秦兵马俑到汉长安昆明池，从两汉各地的墓葬遗址到类似于连云港孔望山的雕塑遗存，他探访了秦汉时期大型雕塑的发生地和安放现场，以收集考古资料和实地考察相结合的方式，从帝国纪念性雕塑、皇家建筑雕塑、帝王陵墓雕塑、民间散布的雕塑等方面汇集文献和实例，梳理出秦汉雕塑的历史脉络与类别特征，再现出一部与秦汉帝国政治体制、经济发展和文化气象相对应的雕塑艺术篇章。他结合文献记载，论述了咸阳宫上的“钟镰金人”和阿房殿前的“金狄”都是当时大型的雕塑，也指出除了阵势浩大的秦兵马俑之外，大型雕塑的传统还延至汉代，从汉昆明池畔的牵牛织女像、霍去病墓石刻到中原、岭南、西南各地的雕塑，都在形制、内涵、塑造风格上体现出鲜明的时代性。汤池先生对秦汉雕塑的研究，将我们的视野引向与古罗马雕塑遥相对望的中国雕塑盛期，亦即他认为的中国雕塑史上的“黄金时代”。他在《西汉石雕牵牛织女辨》《秦及西汉时期的雕塑艺术》《西汉陵墓雕塑艺术概述》等论文中汇集起来的秦汉雕塑史料和分析论述，重绘了中国古代雕塑史的一段宏伟景象；他在论述中指出秦汉大型纪念性雕塑的作用与意义，让人怀想当年帝国昌盛时期遍布天下的公共艺术。

汤池先生长期研究的另一个重点是古代墓室壁画，为了这个学术专题，他同样遍访了各地的古代墓葬壁画遗存。许多情况下，他一听到有新的墓室壁画发现，就立即出发，不顾周折，以美术史家的身份第一时间到达考古现场，并组织画家配合考古机构，进行了多次临摹，例如河北磁县的东魏墓壁画、山西太原的北齐娄叡墓壁画、河南永城芒山的西汉墓壁画、山东临朐的北齐墓壁画等。正是通过亲临现场的研究和细观临摹的感悟，他在中国古代墓室壁画的研究上掌握了大量第一手资料，对墓室壁画的题材内容、位置分布、绘画风格、绘画材料乃至当今的保护方法等都提出自己的见解。他在这方面用力之深、著述之丰，堪称中国古代墓室壁画研究的代表性专家。几年前，他参与组织由科学出版社出版的《中国出土壁画全集》，承担了主要的编辑工作，花大力气分门别类，对中国古代墓室壁画做出了迄今最为整体的记载与分析。他在墓室壁画的研究中，不仅忠实于史实，力求以文献史料印证壁画内容和地域特征，而且从图像的分布、形象的塑造等视觉形式角度比照前后关系，阐发见解。最重要的是，他将考古发现的壁画资料导入美术史领域，这就实实在在地为中国古代美术史增添了可观可赏、可教可学、可深化研究的内容。在他的编排和论述下，中国古代壁画的光彩从历史时间的帷幕中顿然闪亮，直扑今人眼前，让人看到中国古代壁画极为辉煌、丰富、生动和精美的景象。

汤池先生的学术见解就在他一篇篇严谨而言简的文章中，无须在此冗叙。但是，认识他从不同角度构建中国古代美术史所作的贡献是重要的，后人的继续治学要从这样的基础开始。此外，也要从汤池先生的论述中学习他的研史方法。依我浅识，他在研究中首先注重传统文献史料与考古新发现图像的相互印证，以此来破解图像的意蕴，包括对图像可能的命名。但是中国古代典籍一方面卷帙浩繁，需要披沙拣金，勾沉检点，另一方面零星分散，需要分类集合，联系比照，在古文和今像之间没有直接的注解。汤池先生一向提倡做实在文章，在新发现的图像面前，他把握了由年代、时代、地域等构成的基本文化特征，在文献的采用上十分严谨，在具体的分析之中，注重文献对形象的描述，从而建立起二者的联系，而不是以一般的文化传统背景统而议之。此外，他十分独特地将考古学上的“类型学”方法与美术研究中的“图像学”方法结合起来。对于中国上古美术史的研究，首先是新见“作品”的题材内容研究，西方美术史家潘诺夫斯基创立图像学方法，适用于追溯同一图像母题的最初含义和分析图像嬗变与传播的成因，对于未留记创作者姓名的“作品”，以此法列为图像志并寻根溯源，颇见效果。汤池先生吸收图像学方法，但更以考古学的“类型学”方法对图像进行类别分析，同时以“文化学”的方法进行阐释。例如《曾侯乙墓漆画初探》《孔望山造像的汉画风格》《宣化辽墓壁画的若干地域特色》等论文，都广征博引，据证旁考，层层缕析，及时地破解了考古界与美术史界共同关注的难题，填补了中国古代美术史研究的空白，并为相关学科领域提供了学术启发。如果悉心阅读这本文集中的全部篇章，会更加了解汤池先生的治学方法在文章发表当时的价值，也会体会到它们对今日美术史研究的启益。那些蕴藏在文章中的机敏睿智、宽阔学养和严谨精神，都值得我们敬佩与汲取。

作为汤池先生的学生，除了粗浅地评介他的学术贡献之外，我还要谈谈我的同门弟子都十分深切的受教体会。汤池先生是一位在治学上要求严格的学者，他最信奉的是“板凳要坐十年冷，文章不写一句空”这种治学精神，也因此贯穿于他的教学。他在教学中引导学生按照辩证唯物主义的思想认识历史，注重及时传授新的史料与见解，注重引入新知，调动学生的学习积极性。几乎在每一轮新学期的授课时，他都会在课件上加上最新获得的图片资料，并向学生们讲述他在考古发掘现场的故事。除了课堂教学外，他最重视的是作为社会实践的考察教学，每一次都亲手绘制详细的考察路线，安排考察的对象和内容，并且亲自带着学生遍行天下，边走边授。他的一项特色教学是要求学生对着博物馆的展品或遗址中的地形地物作“形象笔记”，亦即勾描成图，标注尺寸，他自己是这样坚持的，也要求学生一丝不苟。这种教学方法的明显效果是让学生们“精读”了“原作”，真正“看”进去了作品的形态，体会到了作品的神韵，由此建立起图像的储存库和图像的坐标。这种形象记忆教学法，对于学生们体认祖国伟大的文化遗产和中国古代美术史的丰厚遗存，为学术研究积累起牢靠的知识，是十分有效的，对于我们的专业研究和文化修养，都是受用终生的“看家”本领。

这本文集于汤池先生八十寿诞之年出版，不仅具有朴素的纪念意义，而且彰显了他以学术为本一以贯之的精神。在方兴未艾的中国美术史研究事业中，汤池先生的贡献散发出隽永的光彩。

敬以为序。

范迪安

2013年10月谨识

范迪安教授，中国美术馆馆长、中国美术家协会副主席、全国政协委员

第一单元　史前美术

史前美术史

（距今约180万年至前21世纪）

中国是人类的发祥地之一。中国的史前时代即考古学上的旧石器时代和新石器时代，属社会发展史上的原始社会。在旧石器时代，人们的主要劳动工具是打制的石器，从事采集和狩猎经济活动。在漫长的旧石器时代，我们的祖先在打制石器过程中，逐步培养起造型技能，逐渐萌发出审美观念。

从距今约一万年前开始，人类社会进入新石器时代，当时的主要劳动工具是造型规整的磨制石器，在工艺领域的突出成就是发明了陶器，此外还出现编织、纺织、玉雕、牙雕、髹漆等工艺门类。在经济生活方面，除继续从事直接向自然界索取的采集、狩猎、捕鱼等活动之外，还发明了生产性的原始农业和畜牧业，人类改造自然、支配自然的能力显著增强。当时的社会组织，由母系氏族公社的繁荣阶段进而发展为父系氏族公社，末期则进入军事民主制阶段。中国新石器时代的造型艺术，在彩陶以及绘画、陶塑和雕刻等方面，均有一定的成就。

石器时代的美术是我国美术的起源和萌芽时期。这时期美术的明显特征是艺术与实用的结合。艺术起源于劳动。在漫长的原始社会，人类在生产劳动中创造了劳动工具。工具是最早的人工制品，并贯穿于原始社会的始终。我们在研究旧石器时代美术时只能从这些简单的生产工具——石器上，考察到一些美的意向和形迹。虽同时存在着骨器和木器，但遗存极少，直到旧石器时代后期才有一些装饰品，如钻孔的石坠、兽牙和磨孔的贝壳等，这些装饰品是出于美化生活的目的而制作的。

新石器时代美术的发展转向了器用。人类对陶器的发明，不仅从物质上是极大的创造，同时在实用性的前提下，发展了美的造型和装饰。所以新石器时代的美术绝大部分都与陶器的发展密切相关。这时期的绘画和雕塑也在陶器的造型和装饰上得到表现。近年来，岩画的不断发现丰富了这一时期美术门类。新石器时代的玉石雕刻是艺术发展另一方面成就的标志。

一、旧石器的造型与发展

旧石器时代是人类历史的童年时代。我们的远古祖先在长期的劳动实践中积累了经验，逐步改进了劳动工具——打制的石器。旧石器不仅是人类劳动技能发展的测量器，也是人类造型能力发展的指示物。因此，要了解造型艺术的历史，必须从旧石器的造型与发展讲起。

旧石器时代初期的石器造型　河北阳原小长梁与云南元谋猿人遗址发现的打制石器，多系形状不规则的刮削器，很少有第二步加工，呈现出石器的原始性状。

山西芮城西侯度遗址（距今约180万年）和陕西蓝田猿人遗址（距今约80万—65万年）出土的石器，有砍砸器、刮削器及三棱大尖状器等不同的器型，出现了初步的类型分化。北京猿人（距今约57.8万年）制作的石器，种类增多，有单刃与多边砍砸器、各种刮削器、尖状器、两端刃器、雕刻器及似箭镞形石器等，形状日益规整；石器的加工方法亦有显著进步，除单向打击法之外，亦运用交互打击法。

旧石器时代中期的石器造型　山西襄汾丁村人、阳高许家窑人及陕西大荔人，都属距今约20万年的古人化石，他们制作的石器较多地采用交互打击法，类型显著分化，形式日趋稳定。丁村人的石器有三棱大尖状器、小尖状器、舌形手斧、砍砸器、刮削器、球状器等。其中的三棱大尖状器，尖刃部分造型对称，加工颇为精致；大荔人和许家窑人的石器，器形较小，并注意选取色泽优美的玛瑙作为石器原料。

旧石器时代晚期的石器造型　此时的石器制作技术有了显著的进步。首先，由于注重修理石核台面和间接打击石片法的采用，能产生长而薄的石片；其次是石器类型丰富，形状更加对称，加工益发精致。例如宁夏灵武水洞沟出土的尖状器，以造型周正对称而著称；河北阳原虎头梁出土的单肩尖状器，可能是复合工具（投射器）的矛头；山西朔县峙峪人遗址的小型石器，多以石髓、玉髓为原料，色彩瑰丽缤纷。综观旧石器时代晚期的石器，在锐利实用的功能前提下，已经具有一定的形式美感。

二、旧石器时代晚期的装饰品

旧石器时代晚期的劳动资料遗骸，展示了生产力显著提高、原始采集与渔猎经济迅速发展的景象，人们的物质生活有了一定的保障，社会组织已进入母系氏族公社早期，人类的体质形态也发展到新人阶段。在这样的条件下，我们的先民在物质生产之外，终于开始了精神生产，为了美化自身与美化生活，制作了装饰品，使用了染料。

我国迄今发现最古老的装饰品，是距今28945年前峙峪人制作的一件石墨装饰品，该物呈扁平椭圆形，大小似鹅蛋，中央有穿孔，可系绳佩挂。此外灵武水洞沟遗址发现以鸵鸟蛋壳磨成的穿孔串珠，安阳小南海遗址发现一颗钻孔石珠。更为重要的发现还有：阳原虎头梁曾发现用贝壳、鸵鸟蛋壳、鸟骨管制成的佩饰物；北京周口店山顶洞遗址曾发现百余件装饰品，包括鸡心形钻孔石坠、穿孔石珠、磨孔海蚶壳、钻孔兽牙及骨管等（图1）。周口店山顶洞还发现一枚精致的骨针，证明当时山顶洞人以缝纫兽皮作为御寒保暖的服饰。山顶洞人与虎头梁人还分别采用赤铁矿粉末与红色泥岩作染色材料。以上事实表明，生活在旧石器时代晚期的我国先民，已有多种多样的审美创作活动。

在峙峪人和山顶洞人的装饰品上，呈现出成熟的钻孔技术，这在雕刻史上具有重要意义，正如傅天仇所云：“钻孔，是人工找到深度和厚度的劳动。钻孔冲破平面，它是三度空间的第三空间，是雕塑造型的基本因素，这是立体装饰的开始。”[1]

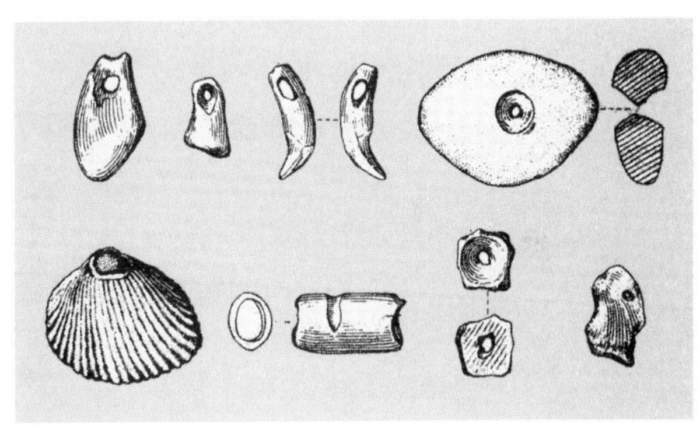

图1
山顶洞人装饰品（摹图）
旧石器时代晚期
北京周口店

三、新石器时代的文化遗址

以使用磨制石器和发明陶器为主要标志的新石器时代，是古代社会经济文化发展的新起点。中国迄今发现的新石器文化遗址达7000多处，遍及各省区。随着碳-14测定年代法的应用与研究工作的逐步深入，我国新石器时代文化编年工作有了巨大的进展。在黄河流域，属于新石器时代早期的有裴李岗文化、磁山文化及大地湾下层文化[2]，属于中期的有仰韶文化及大汶口文化[3]，属于晚期的有马家窑文化、龙山文化及齐家文化[4]。在长江流域，属于早期的是河姆渡文化与马家浜文化[5]，属于中期的有北阴阳营文化及大溪文化[6]，属于晚期的有良渚文化、屈家岭文化及青龙泉三期文化[7]。在北方地区，有属于早期的上宅文化[8]，中期的红山文化[9]，晚期的小河沿文化[10]。在华南闽台地区，有早期的仙人洞一期文化[11]，中期的大坌坑文化[12]，晚期的石峡文化、山背文化、凤鼻头文化及昙石山文化[13]。在西南地区，有云南宾川白羊村及西藏昌都卡若等新石器时代晚期文化遗址。

四、新石器时代的工艺

陶器　古代先民在对土壤的开垦和接触中，逐渐认识并掌握黏土的可塑性能，在长期用火的实践中懂得了土块经过烧烤之后而变得坚硬，于是人类尝试将黏土制成泥坯，把它烧制成能盛放液体并能耐火烧的陶器。陶器的烧制是经过火的加温改变了原材料的化学性质，这是人类在向大自然斗争中获得的一项划时代的发明创造。恩格斯论述人类野蛮时代的低级阶段是“从陶器的应用开始的”。陶器的出现促进和丰富了原始人的经济生活，在制作中，人类的审美智慧创造性地得到了发挥，产品大大丰富了人的精神生活。

依陶器的用途可分为饮食器、炊煮器和储藏器。其中盆、钵、碗、杯、豆、勺属饮食器；鼎、鬲、鬶、甗、斝、釜、灶属炊煮器；壶、罐、瓶、瓮属储藏器。饮食器的共同特点是敞口，炊煮器一般都有三足，便于架在火上烹烧，而且挪动方便。储藏器多取球形或半球形，以取得最大限度的容量。

如果按陶质来分有红陶、灰陶、白陶和黑陶。如以器表装饰情况来划分，则有素陶、彩陶、印纹陶和拟形陶器。装饰纹样有动植物和人形，但就彩陶来看，绝大部分是组合方式变化多端的几何纹样。

陶器的制作与装饰是同时进行的。最初的陶器因为受编织物的影响较大，在烧成的陶器上还保留着编织物的痕迹，像布纹、席纹和绳纹都成了简单的装饰。这种装饰是在制坯过程中拍打或压印而成，所以称坯体装饰。属于这种坯体装饰的还有在制作过程中用泥条或泥饼贴在坯体表面，也可以起到美化和装饰作用。这种堆贴进一步发展为贴塑象形形体，成为具有浮雕意义的贴塑，也可用其他硬物在泥坯上刻出纹饰，属另一种装饰手段。随着轮制技术的发展，制造出的器物胎壁厚薄均匀，造型规整匀称，较之用手捏塑的器物有很大进展，在装饰上又出现了弦纹。弦纹是在轮制成型时用工具接触器物，使器物表面出现粗细宽窄不同的平行线纹，也能起到很好的装饰效果。还有在器壁上镂刻出穿透胎体的图案，特别是龙山文化的黑陶，镂刻技术达到了很高水平，器物的把柄镂空之后显得分外玲珑剔透，收到精巧美观的装饰效果。

彩绘是制陶工艺中最成功的一种装饰艺术手法。它是在打磨光滑的橙红色陶坯上，以天然的矿物质颜料进行描绘，然后入窑烧制，在橙红色的胎地上呈现出赭红、黑、白诸种颜色的美丽图案，形成纹样与器物造型的高度统一，达到美化装饰效果。这样的陶器通称彩陶。

黑陶是在烧制结束时，从窑顶慢慢加水，木炭熄灭后产生浓烟，使陶器渗炭而成。山东龙山文化以轮制技术烧成的薄胎蛋壳黑陶以器形别致，工艺精巧而著称。胶县三里河出土的蛋壳黑陶盘口花柄圈足豆（图2），轮廓曲折多变，造型稳健俊秀，具有很高的审美价值。

由于各种陶器出现的时间不同，流行的地域也不一样，所以各文化遗址出土的陶器，呈现出各具特点丰富多彩的面貌。它们是原始美术最重要的组成部分。彩陶和黑陶代表着我国古代美术创造的第一个高峰，在技术上、造型上都为青铜器的出现做了准备，也为以后陶瓷器的发展奠定了基础。

图2（上）
蛋壳黑陶盘口花柄圈足豆
龙山文化
胶县三里河

图3（下）
双凤朝阳纹象牙雕刻品
河姆渡文化
余姚河姆渡

骨牙、编织及其他工艺　骨角器产生于旧石器时代中晚期；进入新石器时代之后，用骨牙制作的生产工具与生活用具日益增多，造型与纹饰也日趋精美。浙江余姚河姆渡出土的双凤朝阳纹象牙雕刻品（图3）与双鸟纹象牙匕，江苏吴江梅堰出土的鱼形刻花骨匕，以及山东泰安大汶口出土的象牙雕花筒，都是史前骨牙工艺的佳作。

我国新石器时代的编织工艺相当发达。河姆渡遗址发现大片苇席印痕；西安半坡、临潼姜寨及华县元君庙等地出土仰韶文化半坡类型红陶钵的底部，印有席纹及布纹。江苏吴县草鞋山遗址下层，曾发现马家浜文化的菱山纹葛布；浙江吴兴钱山漾，发现良渚文化的绢、布、绳、带等丝麻织品，可见太湖流域早在新石器时代就是丝麻纺织之乡。

河姆渡出土的木胎圈足漆碗，江苏常州圩墩发现马家浜文化的原始漆器，说明我国髹漆工艺亦源于新石器时代。

五、新石器时代的绘画艺术

中国新石器时代的绘画艺术，主要体现在彩陶的装饰纹样上。以质朴明快、绚丽多彩为特色的仰韶文化与马家窑文化的彩陶图案，是我国先民为世界艺术宝库做出的卓越贡献。此外，大汶口文化、红山文化、河姆渡文化、大溪文化、屈家岭文化、昙石山文化及凤鼻头文化，也有一定数量的彩陶。值得注意的是，昙石山文化和凤鼻头文化的彩陶，器形与纹饰均极相似，共同流行直线纹、人字纹及网格纹，这是史前时期台湾海峡两岸有着紧密的经济文化联系的例证。另外，尚有壁画、地画、岩画等史前绘画遗迹。

仰韶文化彩陶　所谓彩陶，是指砖红色的器壁上用赭石和氧化锰作呈色元素，所绘图案烧成后呈赭红和黑色花纹的陶器。由于时间和地域的不同，仰韶文化的彩陶器形与纹饰，可区分为数种类型，其中以半坡类型和庙底沟类型的彩陶艺术成就最为杰出。

半坡类型的彩陶，以西安半坡、临潼姜寨、宝鸡北首岭等遗址出土者为代表。施彩的陶器通常为圜底或平底钵、平底盆、鼓腹罐、细颈瓶等。花纹绘在陶器的口沿、器肩、上腹等醒目部位，或绘在敞口盆的内壁。花纹图案除有宽带、三角、斜线、波折等几何纹样外，还有相当发达的动物图案，具有浓厚的绘画意趣与引人入胜的艺术魅力。例如：半坡出土的内彩四鹿纹盆，鹿均作侧视形象，在变化不大的躯体下，通过四条腿或前伸、或下垂、或前后伸展等不同画法，使它们各具不同的活泼姿态。另一件为三鱼纹彩陶盆（图4），盆沿饰一周宽带纹，器腹外壁绘三条张嘴露齿的鱼，唇部翘起，虽未画水，却给人以鱼在水中吸水吐气，向前游动的印象，鱼纹异常简洁生动。半坡还出土几件内彩人面鱼纹彩陶盆（图5），在滚圆的脸庞上，画着三角形的鼻子，修长的弯眉，眯成一线的双眼，头上戴尖顶饰物，或在耳旁画出双鱼，或在嘴边衔着两鱼。这种人面图案或与大鱼并列，或与网纹相伴。目前，大多数人都认为这种带有神秘色彩的人面纹，必定与半坡氏族公社的某种原始信仰（崇拜）有关，但对具体含义的解释，则各不相同，或曰崇拜鱼图腾说[14]，或曰祈求捕鱼丰收说[15]，或曰祈求生殖繁盛的祝福说[16]。无论怎样解释，这种耐人寻味的人面鱼纹彩陶盆，堪称仰韶文化半坡类型的绘画杰作。此外，临潼姜寨出土的内彩鱼蛙纹盆和宝鸡北首岭出土的水鸟衔鱼纹细颈彩陶瓶，也是布局灵活、笔触豪放的绘画佳作。

图4
三鱼纹彩陶盆
仰韶文化
西安半坡

庙底沟类型的彩陶，以河南陕县庙底沟及陕西华县泉护村遗址出土者为代表。彩绘多施于大口小底曲腹盆外壁的上半部，风格轻盈挺秀。纹

图5（左）
人面鱼纹彩陶盆
仰韶文化
西安半坡

图6（右）
花瓣纹彩陶盆
仰韶文化
陕县庙底沟

样多用弧线描绘，除了有鸟、鱼、蛙等动物图形外，最流行的纹饰母题是圆点、弧边三角、垂幛、豆荚、花瓣、花蕾等（图6），植物纹显著增加。多数图案采用二方连续的方式构成，具有虚实相生之妙。长安五楼出土花蕾、花瓣纹彩陶盆，格调格外华丽优美。河南临汝阎村出土彩陶缸上所绘的鹳鱼石斧图（图7），图像简洁醒目，画面右侧那柄装饰考究而带徽记的石斧，无疑是古代的权力棒，画面记录了鹳氏族兼并鱼氏族的重大历史事件[17]。

图7（上）
鹳鱼石斧图彩陶缸
仰韶文化
临汝阎村

图8（下）
涡旋纹彩陶瓮
马家窑文化
永靖三坪

马家窑文化彩陶　马家窑文化是仰韶文化晚期在甘肃、青海地区的一个分支，它上承仰韶文化庙底沟类型，下接齐家文化。按时间先后，分成石岭下、马家窑、半山、马厂等四个类型，彩陶纹饰各具特点。

石岭下类型的彩陶多壶、罐、瓶等器型，流行变形鸟纹、弧边三角纹及圆圈纹，构图简洁疏朗；马家窑类型的彩陶多瓮、瓶、盆、罐等器型，装饰面积大，纹样以涡旋纹、波浪纹、弧边三角纹居多，具有构图繁密、回旋多变之特色（图8）；半山类型的彩陶多小口鼓腹双耳壶、单耳瓶等器型，造型稳重大方，流行红黑相间的锯齿纹及涡旋纹，色调和谐热烈；马厂类型的彩陶，器型与半山类型基本相同，唯壶、瓶、罐的口沿外侈，双耳增大，彩绘流行四大圆圈的布局，盛行网格、菱格、米字、波折及变体人形等纹样，格调庄重刚健。

青海大通上孙家寨出土马家窑类型的舞蹈纹彩陶盆，在接近盆口的内壁，绘三组舞蹈纹饰带，每组五人，皆腰系兽皮，并肩携手，欢快起舞。画面再现了氏族成员分组围猎野兽的生动景象，堪称马家窑文化彩陶艺术的杰作。

地画、壁画及岩画　1982年10月，在甘肃秦安大地湾遗址，发现仰韶文化晚期的一幅居址地画（图9），画在一座房基临近

图9（上）
居址地画
仰韶文化
秦安大地湾

图10（下）
人头形器口红陶壶
仰韶文化
洛南

后壁的居住面上。画面南北长约110厘米，东西宽约120厘米，用炭黑颜色绘成；上部画三人，右侧形体矮小者形象模糊；其余二人呈长发飘逸、握棒起舞状；画面下部偏右处，画一长方形框，框内画两只动物，框左绘一丁头状木橛。画面描绘了两位猎人手执棍棒将两只野兽驱入陷阱的景象，寄寓着祈求狩猎丰收的愿望。

中国迄今发现最古老的壁画遗迹，是辽宁牛河梁红山文化女神庙遗址出土的壁画残块。或用赭红色画成勾连纹图案，或用赭红间黄白色彩描绘三角纹图案。此外，在宁夏固原店河村齐家文化遗址，于一座房屋残垣的白灰面上，曾发现用红彩描绘的几何纹装饰壁画。河南濮阳发现蚌壳摆塑的龙虎是墓室装饰的开端。

我国是古代岩画遗迹极为丰富的国家，近30多年的调查资料表明，半数以上省区发现古代岩画遗迹。属于史前时期的岩画，基本上都是敲凿而成的岩刻画，例如分布在内蒙古自治区中南部的阴山岩画，刻画有野生动物、狩猎、舞蹈、部落战争及天文图像等，以题材丰富、形象古拙生动而著称。位于黄海之滨的江苏省连云港将军崖岩画，敲凿着人面、太阳、植物茎叶等图像，反映了古代东夷族的宗教观念。

六、新石器时代的雕塑艺术

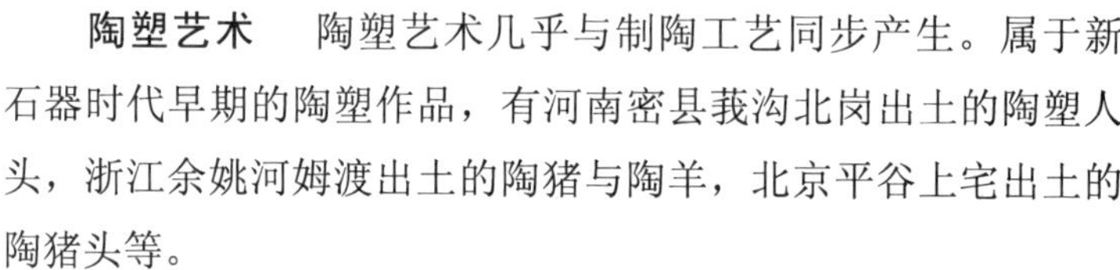

陶塑艺术　陶塑艺术几乎与制陶工艺同步产生。属于新石器时代早期的陶塑作品，有河南密县莪沟北岗出土的陶塑人头，浙江余姚河姆渡出土的陶猪与陶羊，北京平谷上宅出土的陶猪头等。

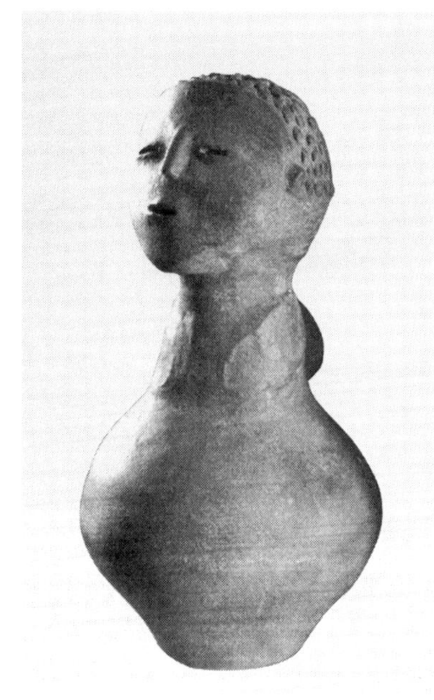

仰韶文化、马家窑文化及大汶口文化的陶塑作品，多属工艺装饰雕塑，或者系陶器上的附饰物，其中不乏优秀遗例。甘肃礼县高寺头出土仰韶文化的陶塑少女头像，高12.5厘米，陶色橙黄，额上用泥条堆塑发辫，脸形圆润丰满，五官部位妥帖，艺术手法颇为洗练概括。陕西洛南出土人头形器口红陶壶（图10），通高23厘米，壶口捏塑成微微昂首的女孩头像，形貌颇为秀丽。甘肃秦安大地湾出土的人头形器口彩陶瓶，由于瓶身三列具有庙底沟类型特征的图案衬托，仿佛一位身穿花袄的小姑娘。此外，甘肃天水柴家坪及陕西扶风姜西村出土仰韶文化的浮雕陶人面，传出自甘肃东乡、今藏瑞典远东博物馆的马家窑文化半山类型人头形陶器盖，也是各具特色的人像陶塑作品。

图11（左）
泥塑女神头像
红山文化
辽宁牛河梁

图12 （右）
鸮形陶鼎
仰韶文化晚期
华县太平庄

红山文化陶塑与泥塑女神像的出土，是我国20世纪80年代初重要的美术考古新发现之一。1982年，在辽宁喀左东山嘴红山文化祭祀遗址中，首先发现一批小型陶塑孕妇像；1983年，又在辽宁建平、凌源接壤地带的牛河梁红山文化女神庙遗址，发现一件与真人等大的泥塑女神头像（图11），五官清晰，造型逼真，目光炯炯，嘴唇掀动，颇具神秘色彩。附近还有更大的女性塑像残块出土。研究者一致认为她们是丰收女神或地母神的形象。

在塑造动物形象方面，陕西华县太平庄出土仰韶文化庙底沟类型晚期的鸮形陶鼎（图12），山东胶县三里河出土大汶口文化晚期的猪形陶鬶与狗形陶鬶（图13），江苏吴江梅堰出土良渚文化的水鸟形陶壶等，皆为实用与美观紧密结合的工艺装饰雕塑的早期典范，开商周时代鸟兽形铜尊、卣造型之先河。此外，湖北天门邓家湾出土青龙泉三期文化的红陶狗、象、猴、鸟等小动物，黑龙江宁安莺歌岭出土的陶塑猪、狗、熊，形体虽小，但形象生动，体态各异，体现了先民在刻画动物神态方面的技艺。

玉石雕刻　我国迄今发现最古老的圆雕石刻，是河北武安磁山遗址出土的一件石雕人头，五官造型颇夸张，作瞪目张嘴状，属距今7000年前的磁山文化遗物。其次是北京平谷上宅遗址出土的猴形石饰，用黑色滑石雕成，长3.1厘米，上端刻成圆目、尖颏、耸耳的猴头，下端呈圆锥形，中段有一横孔，可以系绳佩挂。比上宅文化稍晚的辽宁东沟后洼屯遗址，1984年清理出土数十件滑石雕刻作品，包括半身人像、人兽复合头像、大头曲身的虬龙等，高2—6厘米不等，刻工粗率，形象古朴。最重要的一批史前石刻人像，出自河北滦平金沟屯附近后台子红山文化

图13
狗形陶鬶
大汶口文化晚期
胶县三里河

图14（左）
浮雕石人面
马家窑文化
永昌鸳鸯池

图15（中、右）
玉雕人像
凌家滩文化
含山凌家滩

遗址，较大的几件石人高约30厘米，五官清晰，脸形丰满，身躯呈溜肩鼓腹状，下肢作蹲踞状，其造型颇似孕妇，当与红山文化崇拜女神的宗教观念相关。

四川巫山大溪、甘肃永昌鸳鸯池（图14）、陕西神木石峁和山东滕县岗上村，皆发现史前的浮雕玉石人面，作瞠目吼叫状，额上或面部均有穿孔，推测皆属原始巫术活动中使用的护身符。

我国史前玉雕作品，以1971年在内蒙古自治区翁牛特旗出土的红山文化碧玉龙，1986—1987年在浙江余杭反山良渚文化墓地出土的透雕神人玉冠饰，安徽含山凌家滩出土的玉雕人像（图15）等最为出色。余杭反山出土的大玉琮与玉钺的器身上，运用浅浮雕与阴线刻相结合的技法，雕出神人与兽面组成的神徽图案，形象神秘威严，表现了出色的艺术创造才能。

七、新石器时代的建筑

以定居农业为基础的新石器时代，是我国古代建筑艺术的萌生时期。由于自然条件的不同，黄河流域及北方地区，流行穴居、半穴居及地面建筑；长江流域及南方地区，流行地面建筑与干栏式建筑。

西安半坡、临潼姜寨及秦安大地湾等仰韶文化聚落遗址表明，每个村落都有中心广场，周围有分组的建筑，每组建筑都包括一座供氏族成员集会的大房子和环绕着它的若干小房屋，这是当时对偶家庭的住宅。村落外围挖有供防御和排水用的壕沟。半地穴式住宅的平面分圆形和方形两种，墙体多为木骨泥墙，屋顶有穹庐顶、硬山顶及四角攒尖顶等形式，室内的布局，通常于门道内挖有火塘，并有2至4根内柱。窗户或开在屋顶，或开在墙上。郑州大河村遗址表明仰韶文化晚期出现了平面长方形、一栋多室的家族住宅。

龙山文化阶段，一般村落不再保留中心广场。作为当时建筑质量提高的主要标志，一是普遍发现白灰面，即用白灰涂抹的地面与墙裙；二是出现了夯土台基（以山东日照东海峪遗址为例）。

辽宁喀左东山嘴及建平、凌源交界处的牛河梁等遗址，相继发现石砌的方坛和圆坛，说明红山文化时期已有坛庙之类的原始宗教建筑。

南方干栏式建筑，在浙江余姚河姆渡遗址有重要发现。其中一座长20余米，基础用四列平行桩柱，进深约7米；居住面地板高出地表约1米。河姆渡干栏广泛采用榫卯结合，从江西清江营盘里出土的陶塑房屋来看，当时干栏式建筑采用两坡屋顶。

原载中央美术学院美术史系中国美术史教研室编著：《中国美术简史》，高等教育出版社1990年版

注　释

[1] 傅天仇：《移情的艺术——中国雕塑初探》，上海人民美术出版社1986年4月版，第6页。

[2] 裴李岗文化发现于河南新郑裴李岗，磁山文化发现于河北武安磁山，大地湾下层文化发现于甘肃秦安大地湾，它们的年代为公元前5500年至前4800年之间。

[3] 仰韶文化最初发现于河南渑池仰韶村，年代为公元前5000年至前3000年，其前段称半坡类型，后段称庙底沟类型。大汶口文化发现于山东泰安大汶口，年代为公元前4300年至前2500年。

[4] 马家窑文化发现于甘肃临洮马家窑，年代为公元前3300年至前2050年，可区分为先后连续的石岭下、马家窑、半山、马厂等四个类型。龙山文化发现于山东章丘龙山镇城子崖，年代为公元前2500年至前2000年。齐家文化发现于甘肃广河齐家坪，年代为公元前2000年左右。

[5] 河姆渡文化发现于浙江余姚河姆渡，其下层文化年代为公元前5000年至前4600年。马家浜文化发现于浙江嘉兴马家浜，年代为公元前5000年至前4000年。

[6] 北阴阳营文化发现于江苏南京北阴阳营，年代为公元前4000年至前3000年。大溪文化发现于四川巫山大溪，年代为公元前4400年至前3300年。

[7] 良渚文化发现于浙江余杭良渚，年代为公元前3300年至前2250年。屈家岭文化发现于湖北京山屈家岭，年代为公元前3000年至前2600年。青龙泉三期文化发

现于湖北郧县青龙泉，又名湖北龙山文化，年代为公元前2500年至前2000年。

[8] 上宅文化发现于北京平谷上宅村，年代为公元前4600年至前4000年。

[9] 红山文化发现于内蒙古赤峰红山后，年代为公元前3500年至前3000年。

[10] 小河沿文化发现于内蒙古敖汉旗小河沿乡白朗营子南台地，出土篦纹带流陶罐和彩陶八角星纹器座为特色，年代晚于红山文化而早于夏家店下层文化。

[11] 仙人洞一期文化发现于江西万年仙人洞，年代为公元前6800年左右。

[12] 大坌坑文化发现于台北大坌坑，年代约公元前4400年。

[13] 石峡文化发现于广东曲江石峡，年代为公元前2900年至前2700年。山背文化发现于江西修水山背，年代约公元前2800年。凤鼻头文化发现于台湾高雄凤鼻头，年代为公元前2000年左右。昙石山文化发现于福建闽侯昙石山遗址中下层，其年代当与凤鼻头文化相近。

[14] 中国科学院考古研究所、半坡博物馆：《西安半坡》（原始氏族公社聚落遗址），文物出版社1963年版，第218页。

[15] 谷闻：《漫谈新石器时代彩陶图案花纹带装饰部位》，《文物》1977年第6期。

[16] 李泽厚：《美的历程》，文物出版社1981年版，第16—17页。

[17] 严文明：《〈鹳鱼石斧图〉跋》，《文物》1981年第12期。

谈舞蹈彩陶盆纹饰

1973年出土于青海大通上孙家寨马家窑类型墓葬中的舞蹈纹彩陶盆（图1），发表在《文物》1978年第3期，它那生动活泼的画面，丰富深刻的内容，引起人们极大的兴趣和重视。

对这件彩陶盆上的主题纹饰——五人一组的舞蹈画面，不少同志已就舞蹈的性质与名称、原始舞乐的起源、当时的社会生活状况等问题，进行过广泛的探讨，发表了宝贵意见。然而，对某些问题的阐释，彼此说法不一，分歧较大。

关于画面上的舞蹈者究竟有无服饰的问题，一种意见认为画面上的舞人是有服饰的。例如：在《文物》杂志上，有些同志说，舞人“下腹体侧的一道，似为饰物”；有的同志说：“与陶盆同时出土的，有作为装饰品用的穿孔的贝壳，有从事纺织的骨纺轮。这说明，当时的原始居民已不是完全赤身露体、不知修饰的不开化的人群。”另一种意见，则认为陶盆上所绘的是裸体舞。例如，有的同志说：“五个舞人完全是露体的。缅想当时原始人还未有冠服衣履。”

笔者认为后一种说法是不符合历史事实的。众所周知，根据历年来积累的考古资料，我国旧石器时代晚期的山西朔县峙峪人（距今28945年[1]）、河北阳原虎头梁人、北京周口店山顶洞人（距今约18865年）等，已经制作了可以用来缝纫兽皮衣服的骨锥、骨针，制成了钻孔的石坠、石珠、兽牙、贝壳等装饰品，还发现用于美化自身的赤铁矿、红色泥岩等染色材料。因此，我们有理由认为：旧石器时代晚期，随着生产力的发展（以峙峪人的石镞、虎头梁人的石矛和山顶洞人的骨针为代表），人们的物质生活有了一定程度的改善，我们的先民已经越过了赤身露体的生活阶段。进入新石器时

图1
舞蹈纹彩陶盆
马家窑文化
大通上孙家寨

代之后，已有了纺织技术，如西安半坡的仰韶文化（距今约6065年）遗址中，曾发现为数众多的用于捻线的石纺轮和陶纺轮，有些陶器的底部印着麻布纹，因此，生活在母系氏族公社繁荣时期的半坡人，肯定已有冠服衣着。既然如此，那么，比半坡类型约晚一千年的马家窑类型的居民，怎会“还未有冠服衣履”“赤身露体”呢？如果当时的居民还是赤身露体的，那么，如何解释与陶盆伴出的骨纺轮的用途呢？

关于舞人下腹体侧所画的斜道，究竟标志何物的问题，这是和有无服饰的问题密切相关的又一问题。持“无服饰”论的同志，认为它是男性的象征。持“有服饰”论的同志，则认为它是一种“尾饰”，是“以狩猎为主的氏族，在舞乐或祭祀活动中”装着的“兽尾”。

笔者认为：把舞人下腹体侧所画的斜道，视作“兽尾”，符合古代社会的习俗。画面上的这个细节，是探明舞蹈性质与名称的一把钥匙；只有把那一斜道视为兽尾，才算掌握了这把钥匙。凭着它，能够更好地揭示“劳动先于艺术”的规律：说明原始的狩猎舞，从服饰到动作，都是狩猎劳动的再现。原始社会的猎人，为了使自己易于接近狩猎对象，以便伺机发起突袭，在出猎时往往身披兽皮，伪装成野兽的模样。旧石器时代晚期的法国洞穴壁画中，曾不止一次地发现身披兽皮、装扮成野牛或赤鹿的猎人画像（图2），作匍匐前进或吹笛诱兽的姿态。特别引人注意的是，云南晋宁石寨山出土的西汉时期的滇族青铜乐舞俑，其舞衣背后明确地装饰着兽尾（图3）。根据这些旁证资料，笔者认为这件彩陶盆的舞人装饰着兽尾的说法是能够成立的。

彩陶盆内壁口沿下所绘的舞蹈纹，是氏族成员举行狩猎舞的生动写照。它运用原始艺术概括的手法，再现了狩猎活动中分组围追堵截野兽的情景。画面上虽然没有画出野兽，但是，透过舞人足下那四圈逐渐缩小的带纹，透过舞人手牵着手的整齐动作，以及每组舞人外侧那两只为象征驱兽动作而画成双道的手

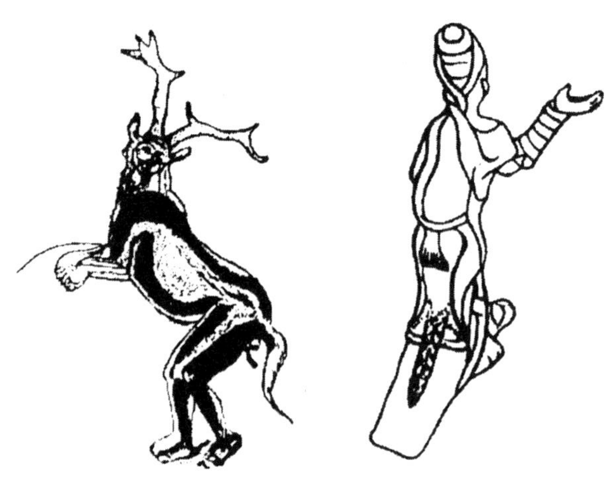

图2（左）
披赤鹿皮的猎人（摹图）
法国旧石器时代晚期
洞窟壁画

图3（右）
腰系兽皮的舞蹈者（摹图）
西汉
晋宁石寨山出土
滇族青铜乐舞俑

臂，观众自然会产生如下的艺术联想：野兽已经陷入重围，势在必歼了。画面上的舞蹈者遵循统一的节拍，正在向左方迈动舞步，故而披挂在身后的兽尾向右摆动；他们忽然又回首向右顾盼，故而发辫向左扬起。画面的笔法是简练的，却包含着纯真的天趣；带状展开的构图，具有强烈的节奏感与装饰性，并且洋溢着欢快的情绪。

生活在五千年前的我国先民，在人类历史的童年时代，凭借他们在劳动实践中积累起来的艺术才能，创作了这件非常优美的舞蹈纹彩陶盆，必将“作为永不复返的阶段而显示出永久的魅力”[2]。

原载《美术研究》1979年第2期

注　释

[1] 峙峪人、山顶洞人及半坡遗址的距今年代，均参阅夏鼐：《碳-14测定年代和中国史前考古学》，《考古》1977年第4期。

[2] 马克思：《〈政治经济学批判〉导言》，中共中央马克思恩格斯列宁斯大林著作编译局编:《马克思恩格斯选集》（第二卷），人民出版社1972年版，第114页。

黄河流域的原始彩陶艺术

黄河流域的原始彩陶艺术，是我国氏族公社繁盛时期在造型艺术方面的主要创作。自从1921年在河南渑池仰韶村首次发现以彩色陶器为基本特征的新石器文化遗存以来，经过近60年的调查发掘，积累了非常丰富的资料，已经成为我国原始美术史中最重要、最辉煌的篇章。

一、黄河流域的彩陶分布与年代序列

仰韶文化、大汶口文化及马家窑文化，是黄河流域具有彩陶特征的三种新石器文化遗存，它们都富有农业经济的色彩。

磁山文化、裴李岗文化、老官台文化，是距今七八千年以前的新石器文化早期遗存。在部分红陶三足钵与圆底钵的口沿下，饰有彩绘的宽带纹，呈现出它们属于仰韶文化前驱的性质。

距今7000年至5000年之间的仰韶文化，以渭河流域为中心，广泛地分布于黄河中游地区。由于时代和地域的不同，在文化面貌上有着复杂的变化，大致可以区分为北首岭下层、半坡、庙底沟、大河村（或秦王寨）等四个主要类型。

大汶口文化主要分布在鲁南、苏北、豫东一带，属黄河下游地区，其年代为距今6500年至4300年之间。

马家窑文化主要分布于黄河上游的甘肃、青海一带。临洮马家窑、天水罗家沟等遗址的地层证据表明，马家窑文化是在继承仰韶文化庙底沟类型彩陶艺术传统的基础上发展起来的，因此，马家窑文化实质上是中原仰韶文化在甘青地区的继续与变体。按照时间的先后，马家窑文化划分成石岭下、马家窑、半山、马厂四个类型；其总的年代是从距今5100年到距今3700年前。

二、陶塑艺术的发展与成就

黄河流域新石器时代的雕塑艺术相当发达，出土的雕塑作品数量较多；其中，陶塑作品所占比重最大，石雕、骨雕甚少。大部分陶塑是陶器的附属物，独立的圆雕及浮雕仅占少部分。

陶塑人像及头像 陶塑人头或人面，在新石器早期遗址中就有发现。迄今所知黄河流域最古老的一件陶塑人头，是河南密县莪沟北岗遗址出土的，属裴李岗文化遗物，塑像残高约4厘米、宽3厘米、厚2.5厘米，陶色浅灰，扁头平顶，宽鼻深目，前额陡直，突颏缩嘴[1]（图1·1）。从形貌特征观察，笔者认为这件头像刻画的是一位年事已高的老妪，可能是受人尊敬的氏族老祖母的形象。此像的塑造技艺虽较拙稚，但是，从其信手捏

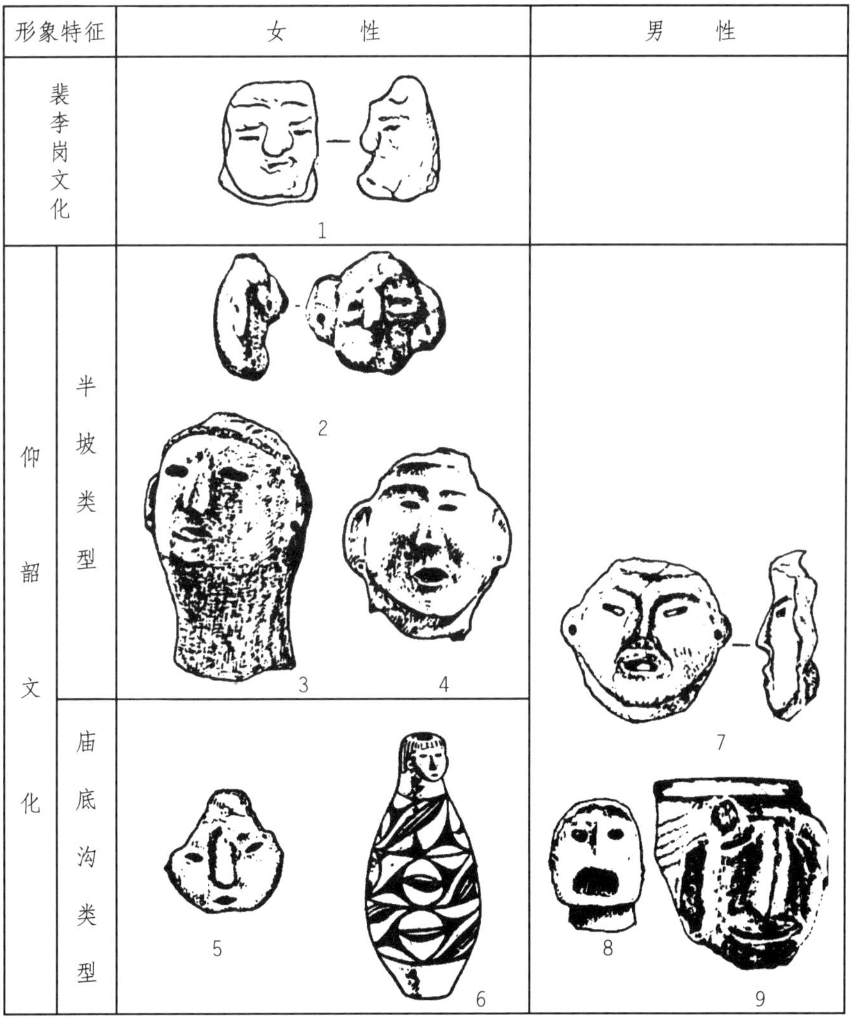

形象特征		女性	男性
裴李岗文化		1	
仰韶文化	半坡类型	2 3 4	7
	庙底沟类型	5 6	8 9

图1
裴李岗文化与仰韶文化陶塑人像
出土地点：
1.密县莪沟北岗
2.西安半坡
3.礼县高寺头
4.天水柴家坪
5.华县柳枝镇
6.秦安大地湾
7.宝鸡北首岭
8.陕西黄陵
9.扶风姜西村

成、略加锥画即现老妪特征的做法来说，不失为一件质朴传神的佳作。

类似的陶塑人头，在仰韶文化半坡类型遗址中也有发现。西安半坡出土的一件，高4.6厘米，用细泥块捏塑而成，陶色灰黑，塑工较粗；面部略呈方形，五官皆用泥条及泥片捏合，嘴唇已脱落，眼耳锥刺成洞，头顶至颈部穿一小孔（图1·2），半坡博物馆巩启明同志认为它也是“女性老人的面部塑像”[2]。

这两件作品的年代都比较早，前者为公元前5290±80年，后者为公元前4800年左右。细小的形体与拙稚粗放的技法，呈现着陶塑艺术尚处于初级阶段的若干特征。两件作品所塑造的形象都像是氏族的老祖母，反映了妇女在当时享有崇高的社会地位。

仰韶文化的其他陶塑人像或头像，大多数是刻画青少年女子形象的。例如：甘肃礼县高寺头出土的一件圆雕头像，系用堆塑与锥镂相结合的手法制成，陶色橙黄，残高12.5厘米（图1·3）[3]；头顶锥一小孔，前额至后脑堆塑着半圈高低起伏的泥条，颇似盘绕在额际的发辫；脸形圆润丰满，五官部位安排得相当准确，那深沉的双目与微启的嘴巴，似乎在向观众细细地倾诉着什么。作者以极为洗练传神的艺术表现手法，生动地塑造了母系氏族社会一位可爱的少女头像，堪称我国原始雕塑的优秀代表作。天水柴家坪出土的陶塑人面，残高25.5厘米，细泥红陶质，形象刻画得更加细腻，额际有隆起的披发，眼眶上方塑出修长的眉毛，上嘴唇刻画出人中，耳垂处各有系挂饰物的穿孔；此头像作张嘴欲语状，从双目的间距较窄的特征来看，似为青年人的头像（图1·4）。

仰韶文化庙底沟类型的陶塑人像作品中，女孩的形象占有一定的比例。例如：陕西华县柳枝镇发现一块庙底沟类型的泥塑人面，鼻梁用泥条堆成，双目呈桃叶形，外眼角微微上翘，双目的间距较宽，鼻下挖出菱形小嘴，神情娇美，多数研究者认为它是女孩的面部塑像（图1·5）。更引人注目的是甘肃秦安大地湾出土的一件人头形器口彩陶瓶，通高31.8厘米（图1·6），在瓜子形的脸庞上，堆塑着清秀的五官，整齐的披发，微鼓的鼻翼，显得生趣盎然；瓶身以优美的弧线为轮廓，器腹用黑彩绘出三列由弧线三角纹与柳叶纹组成的图案，器形与纹饰皆具庙底沟类型的特征；这件作品在造型上具有更大的完整性，呈现在我们眼前的，仿佛一位身着花袄的小姑娘。

此外，仰韶文化的陶塑作品中，也有少量的男子头像。有迹象表明，母系氏族公社向父系氏族公社转变的过程，大概在半坡类型的晚期即已开始。例如宝鸡北首岭上层出土一块陶塑人面，残高7.7厘米，左脸部分出土时已残缺（图1·7）；此像的眉弓明显，锥镂出的目眶向外侧翘起，呈现出威武的神态；鼻梁隆起，须眉涂有黑彩[4]，显然是一位中年男子的头像。我国塑绘相结合的彩塑传统，大约由此发端。

陕西黄陵一处仰韶文化中晚期遗址中，出土了一件瞠目张嘴的陶塑人头（图1·8），半坡博物馆的同志认为它也是男性头像。扶风绛帐姜西村采集的一块仰韶文化陶塑人面（图1·9），系用浮雕形式制成，原为夹砂红陶罐口沿下的附饰物。锥刺成的双目，向外侧下斜；鼻尖微勾，颧骨低平，嘴角上翘，两腮有轻微起伏，艺术手法极为单纯泼辣，生动地再现了一位饱经风霜的老年男子的忧郁神态。

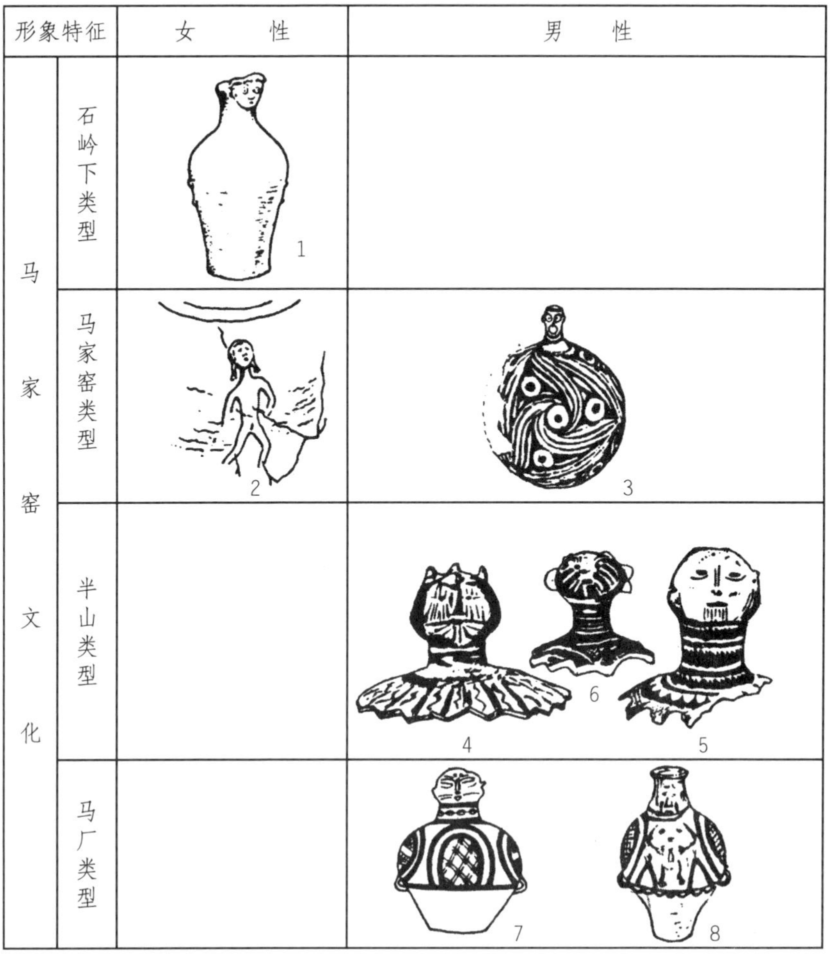

形象特征		女性	男性
马家窑文化	石岭下类型	1	
	马家窑类型	2	3
	半山类型		4 6 5
	马厂类型		7 8

图2
马家窑文化陶塑人像
出土地点：
1.秦安寺嘴
2.大通后子河
3.甘肃
4.东乡
5.东乡
6.宁定
7—8.乐都柳湾

马家窑文化前期（石岭下类型及马家窑类型）的陶塑人像，既有女性的形象，也有男性的形象。例如：甘肃秦安寺嘴出土的石岭下类型人头形器口红陶瓶，通高26厘米，瓶口塑出一个额际有短发、双耳有钻孔（垂挂饰物的穿孔）的人面（图2·1）；用细泥条圈贴成的圆形眼眶，显得炯炯有神，其形貌与大地湾的相近。特别引人注意的是，青海大通后子河马家窑类型墓葬（M3）出土的人像黄陶瓮，瓮的口径19厘米、腹径48厘米，器底已残；瓮肩用浮雕的形式堆塑着一位体形瘦弱、神态悲伤的女孩像（图2·2），像高约11.5厘米，头侧垂发辫，作挥臂迈步状[5]。笔者推测，这件饰有浮雕女孩形象的粗陶瓮，可能是为装殓某位夭折女孩的尸骨而特制的。此外，新中国成立前甘肃出土一件马家窑类型人头形器柄彩陶勺（图2·3），勺身满饰涡旋纹，人头的眼、嘴旁边绘黑色圆圈纹，颇似蓄有胡须的男子头像。看来，甘青地区在马家窑文化前期，尚处在氏族公社由母系向父系过渡的剧烈变革阶段。

马家窑文化后期，伴随着父权制的牢固确立，半山类型与马厂类型的陶塑人像几乎无例外地都塑造男子的形象。例如：甘肃东乡出土、今藏瑞典远东博物馆的两件人头形器盖，均属半山类型：其一（图2·4），头上生角，脸上用黑彩绘满直线纹及狷张的胡须，后脑垂挂着一条弯曲的蛇形发辫，整个塑像具有神话色彩，至少反映了古代黥面文身的习俗。李泽厚同志则称之为“人首蛇身”的“神异龙蛇最早的造型表现”[6]；其二（图2·5），嘴下及两腮绘出胡须，眼眶下以垂弧纹表示老年人松弛的眼睑。宁定出土的另一件人头形器盖（图2·6），脸上绘满锯齿纹，形貌狰狞，当系装扮成猛兽的猎人头像。

青海乐都柳湾出土的人头形器口彩陶壶（图2·7），嘴边画几撇胡须，塑造了一位中年男子闭目养神的模样。曾经引起学术界广泛注意与讨论的，是乐都柳湾马厂类型墓地出土的那件裸体人像彩陶壶（图2·8），作者用堆塑与彩绘相结合的手法，在陶壶的颈腹显要处，刻画了一位正面蹲踞的男性人像，突出地反映了当时流行男性崇拜习俗。

陶塑动物 氏族公社陶塑匠师们的艺术才能，也表现在动物形象的塑造上。早在裴李岗文化阶段，已经有陶猪头（图3·1）、陶羊等反映畜牧饲养经济的陶塑作品。西安半坡、陕县庙底沟等仰韶文化遗址，多次发现陶鸟及陶兽（图3·2—3），形象皆甚生动。庙底沟出土陶片上的浮雕壁虎（图3·4），饰在陶器口沿旁，作者将壁虎的灵活机警特征刻画得惟妙惟肖。

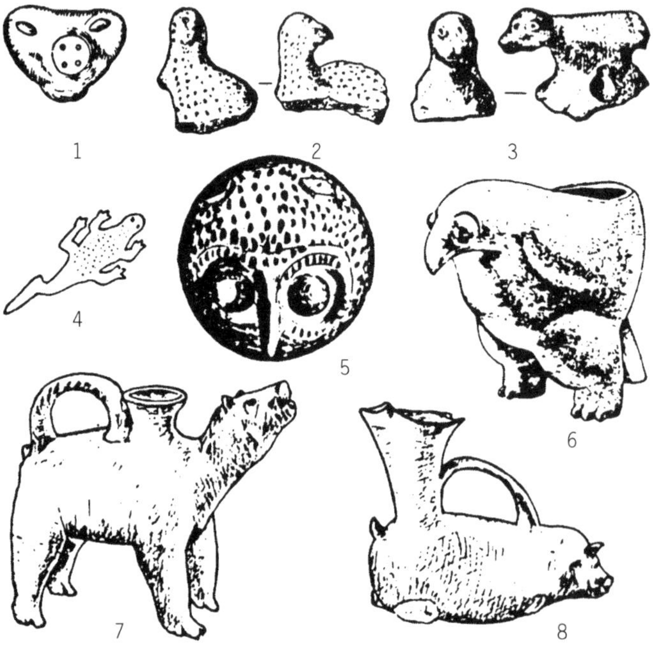

图3
黄河流域的原始陶塑动物
1.陶猪头（新郑裴李岗）
2.陶鸟（西安半坡、陕县庙底沟）
3.陶兽（西安半坡）
4.陶壁虎（陕县庙底沟）
5.鹰隼形器盖（华县泉护村）
6.陶鸮鼎（华县太平庄）
7.狗形陶鬶（胶县三里河）
8.猪形陶鬶（胶县三里河）

在实用与美观紧密结合的陶塑工艺领域，无论是构思设计或形象塑造方面，黄河流域的新石器时代先民也给后人留下了不少杰作。例如：华县泉护村庙底沟类型遗址出土的鹰隼形器盖（图3·5），将高凸的鹰嘴变作盖纽，并在半球形的盖面上，刻画出炯炯的双目及张开的羽毛，作者通过提炼概括，用十分经济的艺术表现手法，塑造了专食害虫的猫头鹰的头像，寄寓着淳朴美好的愿望。华县太平庄庙底沟类型晚期墓出土的陶鸮鼎（图3·6），高36厘米，作者以鹰鸮的躯体做鼎腹，以其双腿与尾巴作为陶鼎的三个支足，器口前端加塑鹰首和器身浑然一体，毫无牵强累赘之感，全器具有庄严威猛的格调。

大汶口文化以家畜为题材的陶塑工艺品，在刻画牲畜的性格特征及工艺变形处理手法上，显示出卓越的才能（图3·7—8）。最足称道的是山东胶县三里河大汶口文化后期墓出土的狗形陶鬶，那上卷的狗尾巴（按：狗翘尾巴是它对主人表示亲昵或遇敌报警时的姿态）按照实用的原则而处理成桥形把手，全器作狗竖双耳、引颈吠叫状；那鼓胀的脖颈，仿佛传来吠叫声，真可谓见其形若闻其声；作者通过巧妙的构思、刻画，极为成功地塑造出狗的机警神态。

仰韶文化和大汶口文化以飞禽走兽（或家畜）为形象素材的陶塑工艺作品，对于商周青铜器中鸟兽形尊的造型，存在着明显的渊源关系。

三、彩陶纹样与绘画艺术

黄河流域新石器时代的绘画艺术，主要体现在彩陶的装饰纹样上。以健康明快、奔放热烈、绚丽多彩为特色的仰韶文化、大汶口文化及马家窑文化的彩陶图案，是我们的远古先民为世界艺术宝库做出的卓越贡献。

仰韶文化的彩陶纹样　仰韶文化初期（北首岭下层），彩陶甚少，纹样简单，主要流行一种宽带纹。

半坡类型的彩陶，虽然数量不多，但很有特色。花纹多用黑彩绘成，并且流行施内彩的习惯。动物图案发达，具有浓厚的绘画趣味与引人入胜的艺术魅力。例如：半坡出土的内彩四鹿纹盆（图4·1），鹿均作侧面形象，在躯体部分变化不大的情况下，通过四条腿或前伸、或下垂、或前后伸展等不同画法，使它们各具不同的活泼姿态。另一件三鱼纹盆（图4·2），器腹外壁绘三条张嘴露齿的鱼，鼻部翘起，呈现出吸水吐气、向前游动的样子。姜寨出土的内彩鱼蛙纹盆（图4·3），盆沿下绘两只蹒跚爬动的大蛙及两对比目鱼；大蛙缩着脖颈，仿佛正在注视盆外的动静；比目鱼作彼此协调、欢快戏水状。

特别耐人寻味的，是半坡出土的内彩人面鱼纹盆（图4·4），在滚圆的人面上，画着倒钉形的鼻子，眯成一线的双眼，头戴尖顶形饰物，耳、嘴两侧，亦绘鱼纹或简化鱼纹，其旁再以比较写实的笔法画出大鱼纹或网纹。多数研究者认为这种人面纹与某种原始信仰（崇拜）有关，但对具体含义的阐释，彼此有别：一曰图腾说，即推测半坡氏族可能认为他们的祖先

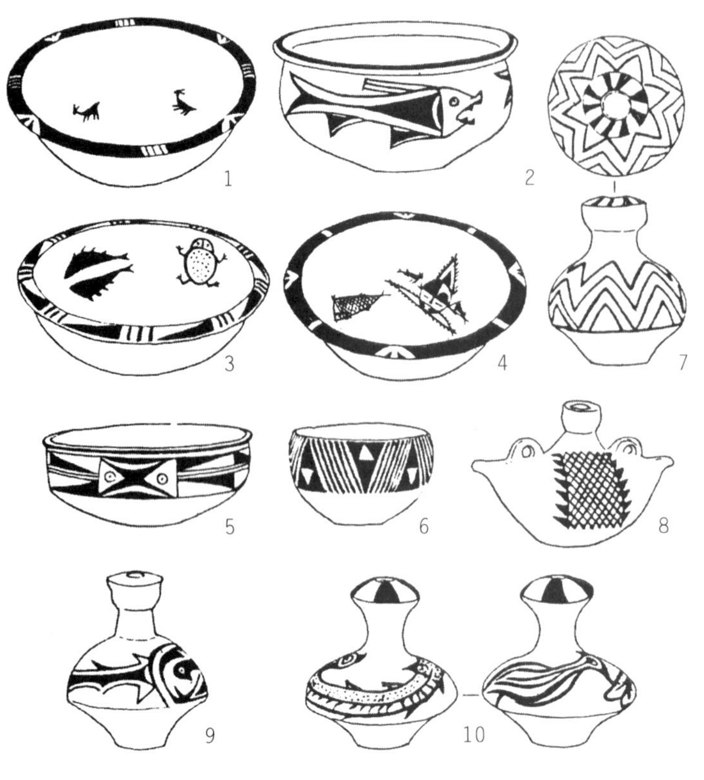

图4
仰韶文化半坡类型彩陶纹样
1.四鹿纹盆
2.三鱼纹盆
3.鱼蛙纹盆
4.人面鱼纹盆
5.简化鱼纹盆
6.三角斜线纹盆
7.波折纹壶
8.网纹船形壶
9.鱼鸟纹壶
10.水鸟衔鱼纹壶
出土地点：
1—3、5—7. 西安半坡
4.临潼姜寨
8、10.宝鸡北首岭
9.武功游凤

是鱼，或者是长着人头的鱼，于是将鱼当作图腾来崇拜[7]；二曰祈求捕鱼丰收说[8]；三曰祈求生殖繁盛的祝福说[9]。究竟何种解释更为贴切？尚需继续研究。

武功游凤与宝鸡北首岭出土的细颈彩陶壶上，都有鱼鸟搏斗纹画面（图4・9—10）；武功出土者，画一尾大鱼张开巨嘴吞食鸟头；宝鸡出土者，画一只长喙有翎的水鸟啄咬一条怪鱼的尾巴，遭到突袭的怪鱼，扭动身体，作奋力挣脱状。前者鱼胜鸟败，后者鸟强鱼弱。此类情节性画面的出现，一方面是绘画表现能力有所增强的标志；另一方面，“如果彩陶花纹确是氏族的图腾标志……仰韶文化的半坡类型与庙底沟类型分别属于以鱼和鸟为图腾的不同部落氏族”[10]。那么，这两件胜负不同的鱼鸟搏斗纹画面，当可理解为鱼氏族由盛而衰，鸟氏族由弱到强的形象化的历史记录。

半坡类型的另一类彩陶图案，通常称作几何纹样（图4・5—8），有宽带纹、三角纹、斜线纹、菱形纹、网形纹、波折纹等。半坡的鱼纹发展序列表明，不少几何纹样是由写实的动物形象逐渐抽象化符号化变成的。有的图案，因视点变化而产生不同的形象效果，例如半坡出土的波折纹壶，侧视之，仿佛波浪迭起；俯视之，犹如花朵盛开。

姜寨二期文化，是仰韶文化由半坡类型向庙底沟类型发展的中间过渡环节。其彩陶纹样（图5），既有三角纹、波浪纹、鱼纹、鸟头纹等沿袭半坡类型的传统因素，又有弧线纹、椭圆纹、圆点纹等开启庙底沟类型纹样先河的新因素。

庙底沟类型的彩陶比例增加，一般用黑彩，个别用红彩或红黑两色；后者于彩绘前，往往先施一层白色陶衣。彩绘主要施于器腹外壁或口沿上，绝不见施内彩的。装饰性很强的图案花纹相当发达，主要有回旋勾连纹、花瓣纹、花蕾纹、垂弧纹、凸弧纹、窄带纹、豆荚纹、网格纹、圆点纹、弧形三角纹、羽状纹等（部分纹样见图6・1—8）。动物纹样不多，仅见鸟纹、蛙纹、人面蛇身纹、水鸟啄鱼纹等（图6·9—14）。

庙底沟类型的图案花纹，具有阴阳双关、虚实相生之妙，色彩对比强烈，线条活泼流畅，显得非常典雅别致。

1978年冬，河南临汝阎村发现一件绘有鹳鱼石斧图的庙底沟类型彩陶缸[11]，堪称气势宏伟的原始绘画巨构（图6·12）。该缸高47厘米，画面高37厘米、宽44厘米。画面左侧，画一只向右站立的白鹳，细颈长喙，短尾高足，鹳目圆张，嘴叼白鲢，姿态昂扬；被叼之鱼，身体僵直，已陷绝境。画面右侧，画一把竖立的安柄石斧，画法写实，斧柄上刻出的符号及握手处的菱格纹，都描绘得精细入微，标志着此石斧具有特殊的功能。众所周知，石斧并非渔猎活动的必备工具，因此，不能将此图仅仅理解为白鹳捕鱼这种自然景象的再现，宜从其他更深刻的角度去探讨画面的含义。据严文明同志考释，临汝出土的这类陶缸可称“伊川缸”，是以中岳嵩山为中心的伊洛—郑州一带仰韶文化庙底沟时期成年人的葬具；这一文化共同体，可能是一个部落联盟；使用鹳鱼石斧图彩陶缸入葬者，应当是为建立部落联盟立过卓著功勋的部落酋长，画中那柄装饰考究的石斧，是他生前使用过的指挥棒。从氏族社会普遍流行图腾崇拜的习俗出发，他认为白鹳叼鱼的情节性画面，实乃死者所在的白鹳氏族曾经战胜鲢鱼氏族这一历史事件的形象记录[12]。笔者赞成这种解释，在这件史前绘画杰作中，画家笔下的鹳、鱼、石斧，都是人化的自然，即人的本质力量的对象化。

大河村类型的彩陶，通

图5
仰韶文化姜寨二期彩陶纹样
1.鱼鸟几何纹葫芦瓶
2.鸟头几何纹葫芦瓶
3.弧线圆点纹壶
4.弧线圆点纹尖底罐
5.波浪纹尖底缸
以上均出自临潼姜寨

图6
仰韶文化庙底沟类型彩陶纹样
1. 花瓣纹盆
2—3.回旋勾连纹盆
4.凸弧纹盆
5.弧形三角纹钵
6.凸弧网纹碗
7.花蕾弧线纹碗
8.简化鸟纹及垂弧纹碗
9—11.鸟纹陶片
12.鹳鱼石斧图陶缸
13. 人面蛇身纹瓶
14.蛙纹罐
出土地点：
1—8、11、14.陕县庙底沟
9、10.华县泉护村
12.临汝阎村
13.武山西坪

图7（上）
仰韶文化大河村（秦王寨）类型彩陶纹样
1.梳篦及弧形三角直线纹钵
2. S、X纹及网纹罐　3.圈点纹壶
4.太阳纹陶片　5. 星月纹钵
6.睫毛及弧形三角、直线纹陶片
7.网格栅栏纹罐
出土地点：1—4.郑州大河村
5.偃师高崖　6—7.成皋秦王寨

图8（下）
大汶口文化的彩陶纹样
1.花叶纹盆
2.花叶纹壶
3.八角星纹盆
4.花叶纹及弧形三角纹钵
5.回旋勾连纹钵
6.八角星纹豆
7.圈点三角纹壶
出土地点：1—4.邳县大墩子
5.邳县刘林
6—7.泰安大汶口

常具有疏朗空灵的风格特点（图7）。彩绘前施白色陶衣者，占有一定比例。纹样有窄带纹、直线纹、斜线纹、菱形纹、弧形三角纹、梳篦纹、圆点纹、网纹、X纹、S纹等，特别引人注意的是出现了太阳纹、星月纹。对天文图像的浓厚兴趣，大概与农业、畜牧业经济的发展有关。

大汶口文化的彩陶纹样　大汶口文化早期的彩陶纹样（图8），含有较多的仰韶文化庙底沟类型的因素，如回旋勾连纹、豆荚纹、花瓣纹、弧形三角纹等。有着鲜明地方特色的是八角星纹，往往施于陶盆、陶豆的腹壁上，十分醒目雅致。由于八角星纹集中发现于鲁南、苏北地区，所以推测它很可能是生活在东岳泰山周围的部族族徽。中晚期流行红、白两色兼用的彩绘法，有菱格纹、圆圈纹、绹索纹、回旋勾连纹、三角纹等。

马家窑文化的彩陶纹样　石岭下类型的彩陶纹样（图9・1—4），保留着较多的庙底沟类型的因素。例如：武山傅家门出土的人面龙身纹瓶，与武山西坪出土的庙底沟类型人面蛇身纹瓶有着明显的继承关系，不同的是这种虚拟生物由两足变成四足，越来越多地具备我国古代神话传说中赋予“龙”的形象特征。又如天水、武山、甘谷等地出土彩陶罐上的变形鸟纹，也是由庙底沟类型的鸟纹演变而成。此外，石岭下类型还有弧线三角纹、勾叶纹、垂弧纹、网格纹、圆点纹。石岭下类型的彩陶纹样，是甘青地区的马家窑文化由关中地区的仰韶文化发展而来的有力证据。

马家窑类型的彩陶图案（图9・5—8），具有结构紧密、回旋多变、装饰面大等特点，并且盛行施内彩的习惯。纹样以涡旋纹为主，还有同心圆纹、弧线三角纹、带状网纹、简化鸟纹、舞蹈纹。永靖、民和等地出土的涡旋纹瓮、瓶、壶，给人以千回百转、往复无穷之感；用笔飞动流畅，描线奔放娴熟，充分显示古代陶工高超的装饰技艺。

半山类型的彩陶（图9・9—12），以繁密绚丽为特色。彩绘兼用红黑两色，内彩减少。盛行四个连续的涡旋锯齿纹，它是由马家窑类型的涡旋纹发展而成的。由于在黑色的旋纹旁边加上锯齿，并与红色的涡旋纹相间布置，色调更加和谐热烈。这种纹样，仿佛江河奔腾、波涛汹涌，具有动人心魄的艺术力量。此外，半山类型还流行波折锯齿纹、葫芦网格纹、圆圈菱格纹、变体人形纹。施于陶壶及陶瓮最大腹径上部的图案，无论侧视或俯视，都显得优美完整。

马厂类型的彩陶图案（图9・13－16），显得庄重刚健。盛行四个圆圈的网格纹，另外还有菱格纹、卍字纹、米字纹、波折纹、变体人形撒播纹、回形纹；锯齿纹仍在使用，但已不像半山类型那样普遍。红、黑两色兼用者仍占多数。部分图案用笔简率粗放，构图比较松散，彩陶艺术呈现出衰落的趋势。

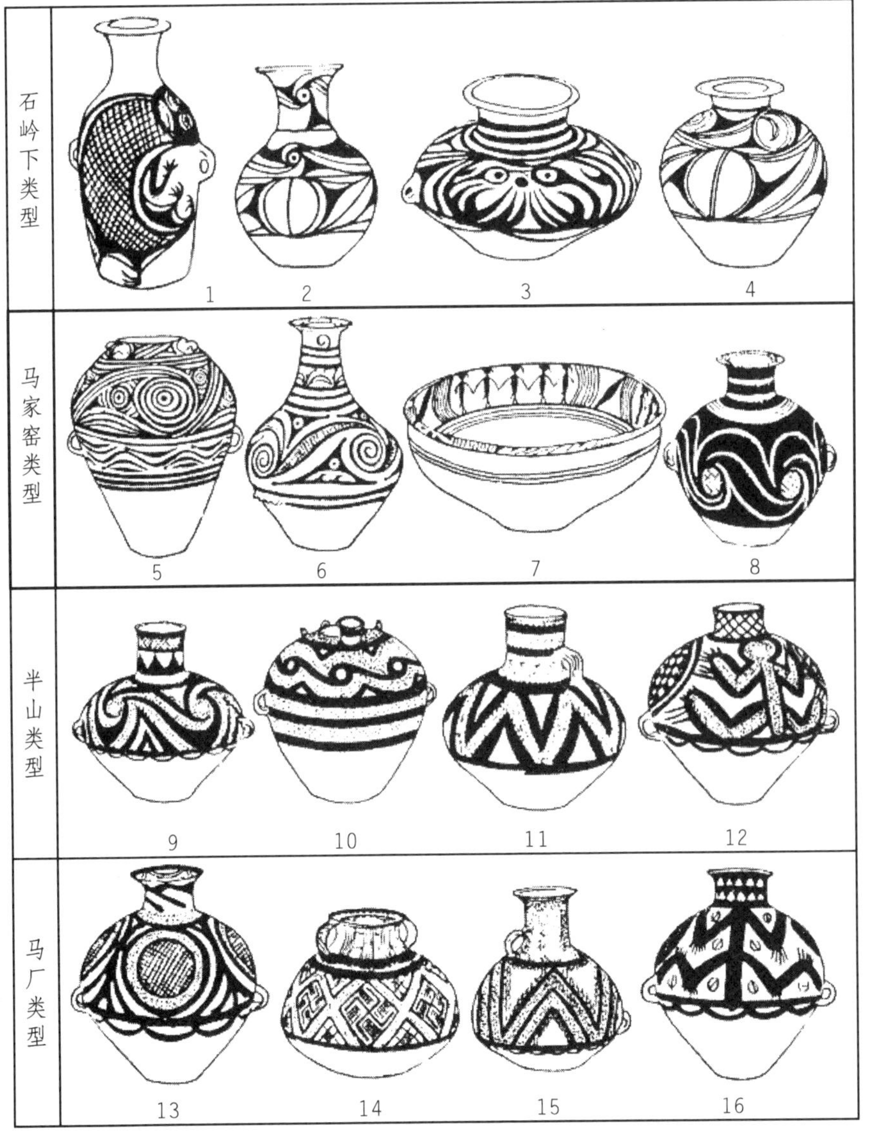

图9
马家窑文化彩陶纹样
1.人面龙身纹瓶（武山傅家门）
2.鸟纹壶（甘肃）
3.双鸟纹罐（天水杨家坪）
4.圆圈与弧线三角纹罐（秦安山王家）
5.涡旋纹瓮（永靖三坪）
6.涡旋纹瓶（民和大庄）
7.舞蹈纹盆（大通上孙家寨）
8.旋网纹壶（永靖七十亩地）
9.涡旋锯齿纹壶（民和垣坡）
10.涡纹瓮（兰州关帝坪）
11.波折锯齿纹瓶（广和地巴坪）
12.人形锯齿纹与圆圈菱格纹壶（临洮）
13.四大圆圈网格纹壶（兰州白道沟坪）
14.菱形卍字纹罐（乐都柳湾）
15.波折纹长颈壶（乐都柳湾）
16.变体人形撒播纹壶（永登蒋家坪）

综观马家窑文化的彩陶，绘画特点最鲜明、意义最重要的作品，当推青海大通上孙家寨出土的舞蹈纹彩陶盆（图9·7），它是马家窑类型墓葬的遗物。陶盆内壁口沿下所绘的三组（每组五人）手拉手的舞蹈纹，是氏族成员举行狩猎舞的生动写照；它以类似剪影的精练笔墨，再现了狩猎活动中分组围追堵截野兽的情景。带状展开的构图，有着强烈的节奏感与装饰性；画面饱含着欢快的情绪和纯真的天趣，堪称我国原始绘画作品中首屈一指的佳作。

原载《美术研究》1982年第3期；日本早稻田大学美术史学会刊物《美术史研究》第二一册曾译载此文，昭和五十九年（1984年）三月

注　释

[1] 据毛本华、李绍连同志提供速写图样，《考古学集刊》（第1集），中国社会科学出版社1981年版，第10页。

[2] 陕西省西安半坡博物馆：《中国原始社会》，文物出版社1977年版，第71页。

[3] 张朋川：《甘肃出土的几件仰韶文化人像陶塑》，《文物》 1979年第11期。

[4] 石兴邦：《半坡氏族公社》，陕西人民出版社1979年版，第148页。

[5] 据青海省文物管理处考古队介绍。

[6] 李泽厚：《美的历程》，文物出版社1981年版，第9、16—17页。

[7] 中国科学考古研究所，陕西省西安半坡博物馆：《西安半坡》，文物出版社1963年版，第168、218页。

[8] 谷闻：《漫谈新石器时代彩陶图案花纹带装饰部位》，《文物》1977年第6期。

[9] 李泽厚：《美的历程》，文物出版社1981年版，第9、16—17页。

[10] 石兴邦：《有关马家窑文化的一些问题》，《考古》1962年第6期。

[11] 张绍文：《原始艺术的瑰宝——记仰韶文化彩陶上的〈鹳鱼石斧图〉》，《中原文物》1981年第1期。

[12] 严文明：《〈鹳鱼石斧图〉跋》，《文物》1981年第12期。

中国史前人像雕塑

中国迄今发现最古老的人像雕塑，属新石器时代氏族公社繁盛阶段的遗物。原始社会人像雕塑对探讨社会发展进程、研究造型艺术与意识形态的历史，具有重要意义，所以历来深受人们的重视。黄河流域和长江流域是历年来出土原始社会人像雕塑较多的地区。进入20世纪80年代之后，辽宁西部的红山文化遗址，也有引人注目的新发现。从作品质料来看，陶塑人像所占比重最大，石雕与骨雕人像仅有少量出土。

一、陶塑人像

裴李岗文化陶塑人头　它是迄今所知黄河流域年代最早的一件陶塑人像，于1977－1978年在河南密县莪沟北岗遗址发现，属距今7000多年前的裴李岗文化遗物。头像用泥质灰陶制成，高约4厘米，颈下部分残缺，作扁头平顶、宽鼻深目、前额陡直、突颏缩嘴的造型，具有老年妇女的形貌特征，可能是当时受人尊敬的氏族老祖母形象。其塑造技法比较稚拙，但是，从其信手捏成，略加锥画即现老妪特征的做法来看，不失为质朴传神的原始社会雕塑佳作。

仰韶文化陶塑人像　出土于渭河流域及黄河中游地区的仰韶文化陶塑人像，数量较多，形式丰富，通常包括圆雕头像、圆雕人像、浮雕人面，以及装饰着圆雕头像的陶壶、陶瓶等。

仰韶文化圆雕头像，以西安半坡出土者年代最早，属距今约6800年前的半坡类型遗物。头像高4.6厘米，用细泥捏塑而成，陶色灰黑，塑工较粗。面部略呈方形，五官皆用泥条或泥片捏合，嘴唇已脱落，眼眶及耳孔皆锥刺而成，头顶到颈部贯穿小孔。其捏塑手法与形貌，和裴李岗文化雕塑人头相仿，不少研究者认为这件头像也是氏族老祖母的形象，反映了妇女在当时享有崇高的社会地位。

甘肃礼县高寺头1964年出土的圆雕少女头像（图1），是仰韶文化陶塑人像的杰作。头像残高12.5厘米，用堆塑与锥镂相结合的手法制成，陶色

图1
圆雕少女头像
仰韶文化
礼县高寺头

橙黄，颈下部分已缺，原先可能是陶壶器口的装饰。头顶锥刺着一个小孔，前额至后脑堆塑着半圈高低起伏的泥条，仿佛盘绕在额际的发辫。脸形丰满圆润，五官部位安排准确，那微启的嘴巴仿佛正在娓娓地谈话，神态颇为优美，堪称中国原始社会人像雕塑的优秀代表。

陕西黄陵出土的圆雕人头像（图2），系仰韶文化中晚期的作品。头像以细泥红陶制成，鼻梁作脊棱状，方颏，锥挖成的眼睛呈现出瞠目惊恐的形貌，可能是原始社会巫术活动中作为祛祟禳灾的法物。

仰韶文化圆雕人像，在陕西宝鸡北首岭、临潼邓家庄曾有发现。宝鸡北首岭下层1977年出土者，头部残缺，仅存跽坐状的身躯，双臂用泥条黏附而成，双手置于腹下，并在泥胎上刻画出手指。据放射性碳素测定，为距今7000年前的遗物，早于半坡类型。1978年临潼邓家庄出土的陶塑人像，以泥质灰陶捏塑而成，为距今约6000年前的庙底沟类型遗物，出土时仅存上半身，脸形丰满，眉目清秀，头戴无檐帽；胸部偏上处，左右各有一圆孔，两臂已缺；从保存状况来看，似乎是女孩的胸像。

仰韶文化陶塑浮雕人面，在甘肃天水柴家坪，陕西华县柳枝镇、陇县、宝鸡北首岭、扶风姜西村等地均有出土。1967年天水柴家坪出土的陶塑浮雕人面（图3），残高25.5厘米，宽16厘米，细泥红陶质，塑工相当细腻，额上有隆起的披发，眉弓清晰，耳垂有穿孔，作张嘴欲语状。华县柳枝镇和陇县出土者，均似娃娃的脸型，作品体现了疼爱孩子的深情，从一个侧面反映了血缘纽带的紧密。宝鸡北首岭上层出土的陶塑人面，细泥红陶质，残高7.7厘米，须眉涂黑彩，神态威武，显然是中年男子的形貌。扶风姜西村采集的一块浮雕人面，原是夹砂红陶罐口沿下方的附饰物，锥刺成的双目，外眼角向下倾斜，鼻尖微钩，嘴角上翘，颧骨低平，两腮有轻微起伏，塑工洗练泼辣，生动地刻画了一位老汉的忧郁神态。

图2（左）
圆雕人头像
仰韶文化中晚期
黄陵

图3（右）
陶塑浮雕人面
仰韶文化
天水柴家坪

用圆雕人物头像装饰的陶壶或陶瓶，也始于仰韶文化。陕西长武县和商县，皆有仰韶文化人头形器口红陶壶出土。商县出土的陶壶，通高约23厘米，壶口部分捏塑着一个发辫盘顶、笑容可掬的女孩头像，人物造型堪与甘肃礼县高寺头出土的圆雕少女头像媲美，而且形象更加完整。1973年甘肃秦安大地湾出土的人头形器口彩陶瓶（图4），通高31.8厘米，细泥红陶质，在瓜子形的脸庞上，堆塑着清秀的五官和刘海型的披发，鼻翼微鼓，生趣盎然。瓶口设在人像头顶，瓶身绘三列由弧线三角纹和柳叶纹组成的黑彩图案，具有庙底沟类型特征，属距今5600年前的遗物。造型设计颇完整，宛如身穿花袄的小姑娘。在秦安大地湾第九发掘区H831灰坑中，还出土一件堆塑着三个人面的陶器器口，每个人面占器口圆周的三分之一，其中两个似为成年人，一个为小孩模样，发掘者认为这件多人面陶器口反映了仰韶文化晚期的家庭组合状况。

图4
人头形器口彩陶瓶
仰韶文化
秦安大地湾

马家窑文化陶塑人像　发现于黄河上游的甘肃、青海两省，基本上都是陶器上的附饰物。

马家窑文化前期（包括石岭下类型和马家窑类型）的陶塑人像，多数还是女性的形象，男性形象仅占少数。1975年甘肃秦安寺嘴出土人头形红陶瓶，属距今5100年前的石岭下类型遗物，瓶高26厘米，器表施橙黄色陶衣，瓶口塑一个额上有短发、耳垂有穿孔的人物。眼眶用泥条圈贴而成，显得炯炯有神。1978年青海大通后子河马家窑类型墓地出土一件人像陶瓮，夹砂黄陶质，器身已残，器肩部位堆塑着一位浅浮雕的女孩形象，像高11.5厘米，五官锥画而成，体形瘦弱，神态悲伤，头侧垂发辫，整体作挥臂迈步状。这件人像陶瓮可能是为装殓一位夭折女孩而特制的。此外，传为甘肃出土的一件马家窑类型涡旋纹彩陶勺，柄端捏塑成人头，嘴巴旁边绘黑圈，颇似有胡须的男子头像。这种男女塑像共存的状况表明：甘肃、青海地区在马家窑文化前期，氏族公社尚处在由母系向父系过渡的剧烈变革阶段。

马家窑文化后期（包括半山类型和马厂类型），伴随着父权制的确立，装饰在陶器上的人物，几乎都是男子的形象。甘肃东乡、宁定等地出土的3件半山类型人头形器盖（图5），或在嘴巴及两腮部位画着胡须，或在脸上画着黑色的直线纹和锯齿纹，形貌狰狞，论者称之为古代黥面文身习俗的写照，或系装扮成野兽的猎人头像，而按照当时的社会分工，狩猎是男子的职业。此外，青海乐都柳湾马厂类型墓地出土一件人头形器口彩

图5
人头形器盖
马家窑文化半山类型
东乡、宁定

陶壶，塑造了一位中年男子闭目养神的模样。

20世纪70年代中期，青海乐都柳湾曾出土一件引人瞩目的堆塑人像彩陶壶（图6），属距今4000多年前的马厂类型遗物，作者运用浮雕与彩绘相结合的手法，在壶颈和壶腹上部，堆塑着一位正面站立的裸体人像，不少研究者根据人像嘴旁涂黑彩和乳房很小等特征分析，认为是男子形象，反映了当时流行男性崇拜的习俗；但是从刻画的性器官形状来看，有的研究者又认为是女性的形象，或认为兼有男女两性特征的复合体。

龙山文化陶塑人面　在黄河中下游地区已发现两件。其一，1958年出土于河南陕县七里铺，在一块夹砂灰陶片上，用堆塑和锥镂的方法，塑造一个五官清晰的人面，双目锥透成孔，右脸稍残，用途不明，属河南龙山文化遗物。其二，1960年出土于山东潍坊姚官庄，属距今约4200年前的典型龙山文化遗物，高约4厘米，陶色深灰，用浮雕手法制成，堆塑的嘴唇已脱落，但鼻、眼、眉弓刻画清晰，体面转折处理恰当，似具男子面容特征。

图6
堆塑人像彩陶壶
马家窑文化半山类型
乐都柳湾

红山文化雕塑妇女像　内蒙古赤峰西水泉红山文化遗址，1963年出土一件小型陶塑妇女像，头部残缺，残高3.8厘米，泥质褐陶，捏塑而成，胸前突起乳房，腰部较细，下半身呈喇叭座状。80年代初期，辽宁喀左东山嘴一处距今约5400年前的红山文化祭祀遗址，出土若干陶塑女裸像（图7），小型立像残高5－5.8厘米，大型坐像相当真人的二分之一，头部皆残缺，躯体具有孕妇特征。1983年10月，在辽宁省建平、凌源二县交界处的牛河梁，又发现一处红山文化祭祀遗址，推测原来是一座女神庙，出土一件面涂红彩的泥塑女神头像，头高22.5厘米，面宽16.5厘米，形体与真人相当，额上塑一圈突起的圆箍装饰，眼睛用淡青色圆饼状玉片制成，整个头像呈扬眉注目、掀动嘴唇的说话形状，颇有几分神秘的格调，塑工细腻生动。附近还发现人像的肩、手、臂膀、女性乳房等泥塑残块。有迹象表明：在神殿主室中心，原先塑有形体更大的女神像。据初步研究，它们是生育神和农神（地母神）的象征，同时也是母权制遗风的体现。牛河梁女神头像具有很强的艺术表现能力，揭示了中国原始社会雕塑辉煌的新篇章。

图7
陶塑女裸像
红山文化
喀左东山嘴

新开流文化陶塑人像 1972年秋采集于黑龙江密山新开流遗址的墓葬区，造型颇似人物胸像，以夹砂灰陶制成，锥画出五官，作尖顶、睁眼、有须、方颏的模样，风格古朴，具有古代渔民的装束特点，属距今约6000年前的新开流文化遗物。

河姆渡文化陶塑人像 1973－1978年出土于浙江余姚河姆渡遗址。在遗址第三文化层，先后出土两件距今约6000多年前的陶塑人像：其一，长椭圆形人像，高约4.8厘米；其二，陶塑人头，高4.5厘米。这两件皆捏塑而成，颧骨突出，造型稚拙。遗址第二文化层为距今5200年前的堆积，从中出土一件陶塑人头，高4厘米，外眼角上挑，颧骨突出，精神饱满，塑工比前期进步，造型特征有明显继承关系。两件头像似乎皆是男子的面容。

马家浜文化陶塑人像 浙江海宁彭城遗址，1959年4月曾出土一块刻画着人面纹的灰陶圈足残片，人面长3.5厘米，宽4.1厘米，五官清晰，作双眉相连、尖下巴的造型，形状有些像猴，属马家浜文化遗物。1980年春，在浙江桐乡罗家角遗址第二层出土一件陶塑男裸像，属距今约6000年前的马家浜类型遗物。人像系捏塑而成，陶色浅褐，整体作站立姿态，头及双臂皆残，身高6.5厘米，胸腹前鼓，臀部后突，两腿微张，腹下塑出形态夸张的锥形男性生殖器。目前，考古学界有马家浜文化“处于母系氏族阶段”的说法，而桐乡罗家角出土的陶塑人像却具有父系氏族社会男性崇拜的特点。

薛家岗文化陶塑人面 1981－1982年出土于安徽望江汪洋庙遗址上文化层（第二层），属薛家岗文化后期遗物；在高13.4厘米，直径6.5厘米的夹砂红陶圆柱体上端，捏塑出左右相连的两个人面，鼻梁凸起，眼、嘴皆锥画而成。

大溪文化陶塑人头 1978年冬出土于湖南安乡汤家岗遗址下层，属距今约6000年前的大溪文化早期遗物，头像以泥质红陶制成，背面凹陷，正

面凸起，眉骨、鼻梁及吻部均明显突出，高4厘米，似为老人头像。

青龙泉三期文化陶塑人像 1979年夏出土于湖北天门邓家湾遗址，为距今约4000年前的青龙泉三期文化（即湖北龙山文化）遗物。人像共两件，以泥质红陶捏塑而成，皆作跽坐状的男子，高约7.5厘米。其一，头顶挽髻，两手笼套在袖口内，环垂腹前；其二，发式扁平，双手交叠置腹前，头部耳、鼻甚显，眼、嘴模糊，造型颇具淳朴之天趣。类似作品以前在鄂东北圻春易家山遗址亦有出土，唯保存状况稍差。

二、石雕人像

迄今发现不多，大致包括圆雕石刻人像和浮雕石刻人面两类。

图8
石雕女神像
红山文化早期
滦平后台子遗址

圆雕石刻人像 已发现两批：其一，1983－1984年在辽宁东沟马家店乡后洼屯遗址下文化层，出土几件滑石雕刻的小型圆雕人头，刻工粗犷，造型古朴生动，属距今6000年前的辽东地区新石器时代早期石刻艺术作品。其二，在河北滦平金沟屯附近后台子遗址，曾出土一批大小不同、姿态各异的石雕女神像，大者作立姿，高0.34米，眉目清秀，双手附于胸下，双足相连，足底呈圆锥形，便于戳立土中（图8）；小者高6厘米，作举手盘腿的姿态，五官与表情均甚模糊；从伴出之字纹陶器来看，这批石雕人像可能是红山文化遗物。

浮雕石刻人面 共发现2件。1959年四川巫山大溪64号墓出土的一件，以质地细腻的黑色火山岩雕成，平面呈椭圆形，高6厘米，宽3.6厘米，厚1厘米，正反两面皆浮雕着脸颊丰腴、瞪目张嘴的人面，顶端有2个穿孔，属距今6000－5000年前的大溪文化晚期遗物。另一件于1973年出土于甘肃永昌鸳鸯池51号墓，白云石雕成，高3.8厘米，宽2.5厘米，平面亦呈椭圆形，在鼓起的正面，用黑色胶状物黏结白色骨珠以表现人面的五官，神态与巫山大溪出土者相似，顶端有1个穿孔，属距今4300－4000年前的马家窑文化马厂类型遗物。

图9
玉雕人面
龙山文化
神木石峁

此外，还发现两件玉雕人面：其一（图9），1976年出自陕西神木石峁龙山文化墓葬，以玉髓雕成，高4.5厘米，宽4厘米，作头顶束髻、鹰钩鼻、微张嘴的侧面头像，阴线

刻成的眼睛巨大醒目，脸颊部位透雕一圆孔。其二，20世纪70年代中期采集于山东滕县岗上村，属大汶口文化中期的玉雕作品，人面高3厘米，宽3.6厘米，正面磨光而微鼓，用阴线刻出五官和脸部轮廓，双目有神，背面有带穿孔的凸脊。

以上4件石刻与玉雕人面，均作瞠目张嘴的形状，并且均有供系绳佩挂的穿孔，推测其用途是原始社会巫术活动中禳灾辟邪的护身符。

图10
骨雕人头像
仰韶文化北首岭类型
西乡何家湾

三、骨雕人头像

1982年4月出土于陕西西乡何家湾遗址，属距今约6000年前的仰韶文化北首岭类型遗物（图10）。头像以动物肢骨作材料，用石质雕刻器刻成，呈圆雕形式，高2.5厘米，头顶直径1.6厘米，颈下的躯体已残缺。双眉和嘴巴刻成凹槽，双目呈半球状鼓起，嘴唇微凸，鼻梁呈三角形。此头像正视与侧视效果均佳。

原载《中国大百科全书·美术》，中国大百科全书出版社1990年版

滦平出土红山文化早期石雕女神像考察记

自从1979－1983年辽宁喀左东山嘴与建平牛河梁两处红山文化晚期祭祀遗址[1]，相继发现凸乳鼓腹的陶塑、泥塑孕妇像之后，很快引起我国文物考古界的高度重视。在《文物》1984年第11期刊发《座谈东山嘴遗址》那组文章中，专家们誉其为我国考古界企盼了30多年的重要发现，普遍认为这种孕妇塑像与史前人们祈求生殖繁衍及农牧业丰收的巫术观念密切相关。在阅读这组文章时，河北省文物研究所郑绍宗同志的发言内容，引起了我的格外关注，因为他在讨论辽西地区上述重要发现的时候，首次扼要提及河北省滦平县金沟屯附近的红山文化遗址“出土了石雕人像”，并说“大的高34厘米，眉目清晰，双手附于胸下，下身双足相连，足底端近圆锥形，便于在土中戳立”。这则报道尽管十分简略，未曾通过造型特征做出人像性别及含义的分析判断，然而，从引文的字里行间，可知这种石雕人像多属身首具备的完整形象。我们知道：喀左东山嘴出土的两件小型陶塑孕妇像，皆有身无首；而建平牛河梁出土的大型泥塑女神像，则有首无身，或身首无法拼接复原。作为探讨我国史前雕塑艺术的珍贵资料，形象残缺，总难免令人产生美中不足的遗憾。郑文透露滦平发现红山文化完整石人的消息，实在太令人鼓舞了！我怀着急切的心情，期待有关单位及早公布此项资料。

1989年4月中旬，我途经石家庄往磁县出差，一个偶然的机会，在河北省博物馆二楼展厅，首次观赏到标为滦平金沟屯附近后台子红山文化遗址出土的一组石雕人像（共约4件），较大的3件，孕妇特征十分鲜明，造型古朴敦厚，这使我喜出望外。当时因为要赶赴磁县的火车，未及做速写记录。次年，我为给《中国大百科全书·文物博物馆卷》撰写“中国古代雕塑”条目释文之需，再度往石家庄参观这批石雕女神像时，不料它们已被原收藏单位滦平县博物馆撤运回去了。

为了较详细地了解这批史前石雕女神像的出土情况，同时敦请滦平县博物馆及早着手整理与此相关的调查发掘简报，我于1990年7月及1992年6月，先后两次奔赴滦平县参观考察，得到该县文化局与博物馆的热情接待。在北京，曾参与调查发掘的成常福同志亦向我介绍了有关情况。现在，由承德地区文保所和滦平县博物馆联合编写的《河北省滦平县后台子遗址清理发掘简报》即将在《文物》月刊发表[2]；《文物天地》双月刊也将刊发这组石雕女神像的彩色图版（见《文物天地》1993年第6期封底），遵照刊物编辑部的嘱托，笔者就其考察经过及对几个问题的初步看法，略做介绍。

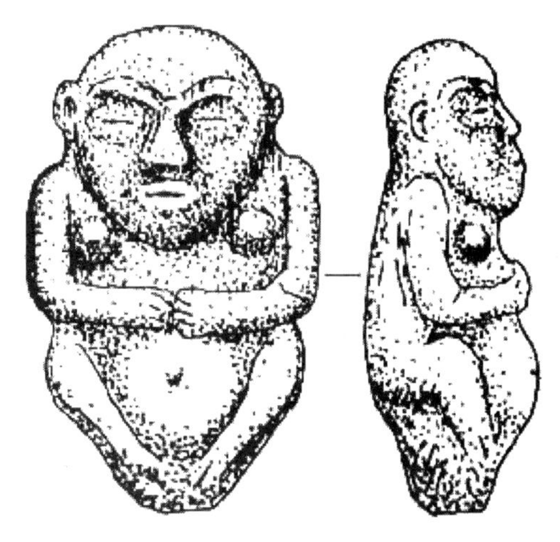

图1
滦平后台子出土石雕女神像
（编号采14的速写示意图）

这批石雕女神像，出自滦平县金沟屯附近的后台子遗址。1983年5月初，该镇西村砖厂在后台子这块濒临滦河的第二台地上用推土机取土，遂发现这处新石器时代的聚落遗址，有房址、灰坑等30余座，并出土大量陶器碎片、骨器、石器及石雕人像等遗物。县文物部门得知消息后，迅速派员前往调查并征集出土文物。随后，于当年5月下旬至6月上旬，承德地区文保所与滦平县博物馆，联合进行了抢救性清理发掘，判明此遗址可分上、下两个文化层。

1983－1989年，滦平县博物馆先后征集后台子遗址出土的石雕人像共8件，归属下文化层的有7件。其中，除1件为猴头形人兽合一雕像外，余6件均为石雕裸体孕妇像。编号为采14、采15、采17、采19的4件石雕女神像（图1），保存基本完整。其高度依次分别为32.7厘米、34厘米、32.5厘米、9.5厘米，石料为辉长岩或辉绿岩。前3件形体稍大，高度皆超过32厘米，形象均作凸乳鼓腹、双臂曲肘抱腹、双腿屈膝蹲踞状，头长约占通高三分之一，双耳部位偏高而外凸，眉脊与鼻梁隆起，眼眶稍凹，眼睛与嘴巴刻出阴线，石像下端收缩成圆锥形。后1件（采19）形体较小，双臂呈抚膝状，阴部刻成竖沟。编号为采16、采18的两件，雕像已残。其中，采16仅剩下半身；采18残缺头部，基座呈圆柱形，通座残高20厘米，乳房鼓起，双臂作上下交错抚腹状，颈后刻出一截双股交叉纹发辫，髋部硕大，阴部张开，着意刻画孕妇临产姿态（图2）。总体来看，这批石雕人像形体适中，造型古朴，格调庄严，孕妇特征极其鲜明，并以蹲踞临产姿态为其造型的最大特色，堪称我国迄今发现最典型的“维纳斯”（Venus，意为爱和美的女神，或称生育女神）。

滦平后台子未发现坛、庙等专供祭祀的建筑遗迹，居址却发现多处，

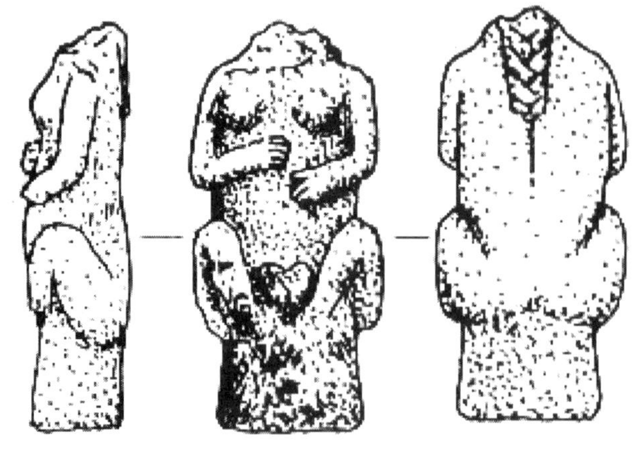

图2
滦平后台子出土石雕女神像
（编号采18的速写示意图）

因此，这批石雕女神像出自聚落遗址，当可肯定无疑。遗憾的是，它们均被民工用推土机挖出来，原来的陈放位置搞不清楚，这就有碍于人们对其用途及含义的分析探讨。

说来也巧，1991年9月中旬，中国考古学会第八次年会在呼和浩特召开期间，代表们到内蒙古自治区考古研究所参观标本室。在参观林西县白音长汗兴隆洼文化遗址出土文物过程中，我高兴地见到一尊高约35.5厘米的石雕女神像，整体比较修长，雕琢风格颇为粗犷拙稚，五官刻得粗率朦胧，而凸乳鼓腹、双臂抱腹及屈膝蹲踞的孕妇特征，仍然隐约可辨，与滦平后台子出土者如出一辙。该所主持白音长汗遗址发掘的郭治中同志，见我对此石雕人像怀有浓厚兴趣，当即取出此遗址第19号房基（编号T32F19）的发掘现场照片供观赏。这是一座直径约6米的半地穴式方形住址，南向设门道，中央设石块垒砌的方形火塘，此石雕女神像戳立在火塘北侧不到50厘米处的地面上。这张照片记录的内容，为探讨滦平后台子出土石雕女神像的放置情况及其含义，提供了异常宝贵的钥匙。民族学提供的资料表明，我国北方笃信萨满教的若干少数民族，盛行崇拜生育女神的祈神活动[3]；从白音长汗兴隆洼文化石雕女神像矗立在住址火塘旁边的放置情况判断，这种石雕偶像很可能是北方地区古代先民的家族保护神，具有生育女神与火神的双重神格，“是赐予人们幸福、财富，以及人丁兴旺、传宗接代的源泉”，与蒙古民族崇奉“渥德·嘎赖汗·额赫”（直译为火神母）[4]的古老习俗密切相关。

杨虎同志曾主张将红山文化区分为兴隆洼、西水泉、东山嘴三个类型，分别代表早、中、晚三个阶段[5]。兴隆洼类型的“之”字纹灰陶筒形深腹罐，以腹壁深而且直、明显敞口为特征；西水泉与东山嘴类型的“之”字纹灰陶深腹罐，以腹壁较矮且有弧度、口部微敛为特征。滦平后台子下文化层的灰陶深腹罐，两种特征共存；其压印斜线棱格纹的筒形罐，与赤峰赵宝沟文化[6]的同类器物颇为相似。兴隆洼类型与后台子遗存的石雕女神像，存在渊源关系。后台子出土双耳高耸的猴头形人兽合一小型石雕像，则与燕山南麓北京平谷上宅文化[7]的猴形石饰相似，两者出土的长方形无足石磨盘与磨棒，造型如出一辙。据此，笔者认为滦平后台子遗址下层文化应当归属于红山文化早期偏后阶段，年代大致在公元前4500年至前4000年之间。

滦平后台子发现红山文化早期的石雕女神像，对于探讨原始宗教信仰的发展及红山文化的分期特征，具有重要意义。英国著名民族学家与社会人类学家詹姆斯·乔治·弗雷泽（1854—1941），在其名著《金枝》一书中，曾把巫术信仰划分成个体巫术与公众巫术两个先后相承的阶段[8]。属于红山文化早期的林西白音长汗遗址与滦平后台子遗址，都是新石器时代聚落遗址，两处发现的众多石雕女神像，形体大小相近，造型特征统一，没有高低等级之区别，它们可能是若干对偶家庭分别供奉的家族保护神——火神母；其时尚处于个体巫术阶段，维系社会的血缘纽带还相当牢固。属于红山文化晚期的喀左东山嘴与建平牛河梁遗址，是以坛、庙、冢为核心的祭祀遗址，附近迄今尚未发现聚落遗迹；两地出土的陶塑、泥塑女神像，形体大小悬殊，存在高低等级之区别。显然，红山文化晚期已发展到公众巫术阶段，维系社会的血缘纽带已逐渐被地域纽带所代替。正如苏秉琦、严文明等先生所云：其时已“产生了植基于公社，又凌驾于公社之上的高一级的社会组织形式”[9]，“宗教已被掌握在贵族手里”[10]，历史已临近文明的门槛。

原载《文物天地》1993年第6期

注　释

[1] 郭大顺、张克举：《辽宁省喀左县东山嘴红山文化建筑群址发掘简报》，《文物》1984年第11期；方殿春、魏凡：《辽宁牛河梁红山文化“女神庙”与积石冢群发掘简报》，《文物》1986年第8期。

[2] 承德地区文物保管所、滦平县博物馆：《河北滦平县后台子遗址发掘简报》，《文物》1994年第3期。

[3] 容观夐：《东山嘴红山文化祭祀遗址与我国古代北方民族的萨满教信仰》，《民族研究》1993年第1期。

[4] 张恒全：《蒙古民族的祭火习俗》，《中国文物报》1993年5月2日（总第331期）第4版。

[5] 杨虎：《关于红山文化的几个问题》，《庆祝苏秉琦考古五十五年论文集》，文物出版社1989年版。

[6] 刘晋祥：《赵宝沟文化初论》，《庆祝苏秉琦考古五十五年论文集》，文物出版社1989年版。

[7] 北京市文物研究所、北京市平谷县文物管理所上宅考古队：《北京平谷上宅新石器时代遗址发掘简报》，《文物》1989年第8期。

[8] 詹姆斯·乔治·弗雷泽著，徐育新等译：《金枝》，中国民间文艺出版社1987年版，第93页。

[9] 苏秉琦：《辽西古文化古城古国——兼谈当前田野考古工作的重点或大课题》，《文物》1986年第8期。

[10] 严文明：《略论中国文明的起源》，《文物》1992年第1期。

试论滦平后台子出土的石雕女神像

地处滦河上游、燕山山脉中麓的河北省滦平县金沟屯镇附近的后台子遗址，1983年5月因西村砖厂用推土机取土，挖出一批新石器时代的女性石雕像。随后，这批石雕像即由滦平县博物馆收集保存，该馆及承德地区文保所对后台子遗址作了抢救性清理发掘[1]。1984年在辽宁召开的喀左东山嘴遗址学术座谈会上，河北省文物研究所郑绍宗同志曾首次提及此项新发现[2]。笔者想就我国寻找史前“维纳斯”的漫长历程，这项新发现的重要性及其性质，其文化归属与大致年代等问题，谈几点看法，不当之处，尚祈方家指正。

一、国外发现的“维纳斯”

史前时代的女性雕像（图1），通常被考古学家和艺术史家称作“维纳斯”（Venus，意为爱和美的女神，亦称生育女神），是探讨原始社会发展进程，研究造型艺术及意识形态的珍贵资料，历来受到学术界的普遍关注。从20世纪初开始，在欧洲、西亚等地，也有许多重要的发现。其中，属旧石器时代后期前段奥瑞纳文化遗物的年代最早，距今约2.5万—3万年，最著名的实例有三：

（1）奥地利瓦豪维伦多夫1908年发掘出土的圆雕女性裸像（即Venus of Willendorf），用幼石灰岩雕刻而成，高11厘米，今藏维也纳自然史博物馆（图1·1）。

（2）法国雷斯匹格出土的圆雕女性裸像，用象牙雕刻而成，高14.7厘米，今藏巴黎人文博物馆（图1·2）。

（3）法国罗塞尔出土的浮雕手持角杯的女性裸像，用石灰岩雕刻而成，石高44厘米，今藏波尔多阿基太诺博物馆[3]（图1·3）。

以上三者均作裸体雕像，运用夸张手法刻意强调孕妇特征，体态丰腴，大乳鼓腹，手臂纤细，长发掩盖着大部分脸面，五官省略，并腿而立。圆雕者双臂搭在乳房上，浮雕者左手抚腹，右手托举角杯，似欲饮水。

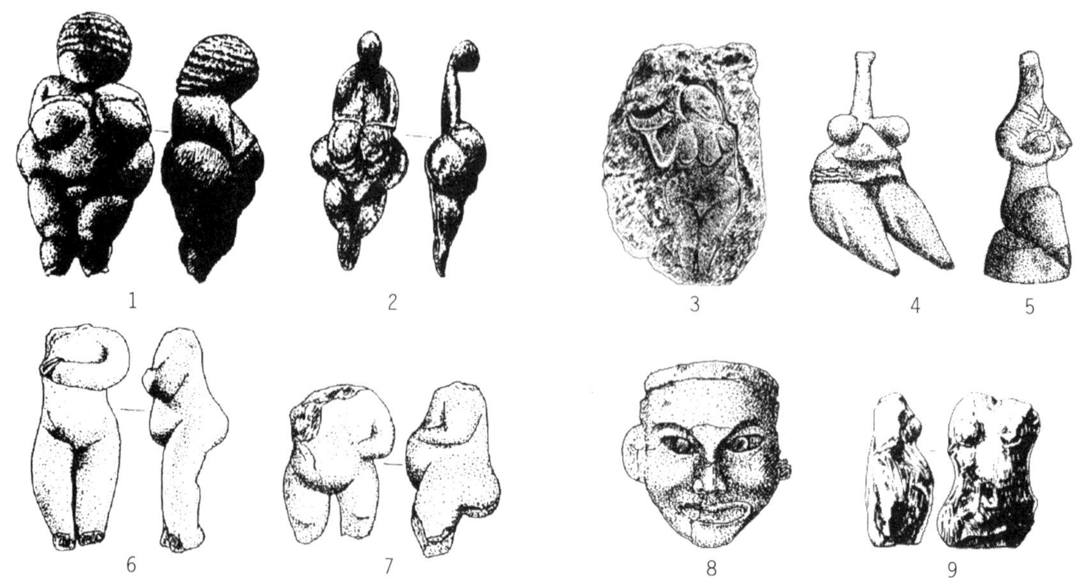

图1
世界各地出土的
史前女性雕像
1.石雕女性裸像（奥地利瓦豪维伦多夫出土）
2.象牙雕女性裸像（法国雷斯匹格出土）
3.石刻浮雕手持角杯女裸像（法国罗塞尔出土）
4—5.陶塑女神裸像（伊朗萨拉卜遗址、美索不达米亚查格巴塞遗址出土）
6—7.陶塑裸体孕妇像（喀左东山嘴出土）
8.泥塑女神头像（建平牛河梁出土）
9.陶塑裸体孕妇像（扶风案板出土）

西亚地区在新石器时代至铜石并用时代早期约公元前6100年至前5000年，出现不少陶塑女神像。如著名的伊朗札格罗斯山地萨拉卜遗址出土的陶塑女神像（图1·4），美索不达米亚北部哈拉夫文化查格巴塞遗址出土的彩陶女神像（图1·5）等[4]，作者运用夸张简练的艺术手法，塑造了头颈修长、大乳鼓腹、即将分娩的坐式孕妇形象。

上述国外发现的具有样式化特征的史前孕妇雕塑形象，学术界认为与远古人们祈求人口繁殖的咒术密切相关，表现了母系氏族社会对女性祖先的崇敬。远古的审美观念具有鲜明的功利目的，生育能力旺盛的多产妇女，被认为是最美的。

二、我国先此发现不完整的女性塑像

从近代考古学在我国诞生以来，人们就企盼在中国大地上发现史前的“维纳斯”。半个多世纪以来，中国发现新石器时代的陶塑、泥塑、骨雕、石刻人像资料相当丰富[5]。其中，河南密县莪沟北岗裴李岗文化遗址与陕西西安半坡仰韶文化遗址出土的陶塑人头，曾被有些研究者推测为氏族老祖母的形象[6]；甘肃礼县高寺头出土的陶塑人头，被认为是少女头像[7]；陕西商县出土的人头形器口红陶壶及甘肃秦安大地湾出土的人头形器口彩陶瓶，亦被认为是女孩形象[8]。以上人像资料或有头无身，或属陶容器的附加装饰，视其为女性塑像，在很大程度上带有主观分析的因素，说服力不强。

被我国学术界广泛承认的史前女性塑像实例，已正式公布的主要有三：

（1）辽宁喀左东山嘴红山文化祭祀遗址1979年出土的两件陶塑裸体孕妇像及大型女坐像；孕妇像（图1·6-7）残高分别为5厘米、5.8厘米，“头及右臂均残缺，腹部突起，臀部肥大，左臂曲，左手贴于上腹，有表现阴部的记号”[9]。在座谈东山嘴遗址的学术研讨会上，许多学者认为该遗址发现的孕妇像是崇拜生育女神的产物[10]。

（2）辽宁建平牛河梁红山文化女神庙遗址于1983年发现大型泥塑女神头像及众多躯体残块。女神头像（图1·8）高22.5厘米，眼眶内嵌着墨绿色玉片制成的眼珠，显得炯炯有神，颧骨突起，嘴唇掀动，颇具神秘威严色彩[11]。

（3）陕西扶风案板遗址1991年冬出土仰韶文化晚期的陶塑裸体孕妇像（图1·9），头部及四肢残缺，仅存躯干部分，残高6.8厘米，乳房饱满，腹部隆起，腰部曲线优美，体态丰腴，孕妇特征一目了然[12]。

这三例史前女性塑像由于残破过甚，均无法构成完整形象。喀左东山嘴与扶风案板遗址出土的孕妇像皆有身无首，建平牛河梁的女神塑像则有首无身，或身首不能拼接复原。因此，人们在高度评价这些重要发现的同时，总有美中不足的遗憾。在我国这片广袤土地上寻觅史前“维纳斯”的愿望，至此尚未圆满实现。

三、滦平发现完整典型的“维纳斯”

滦平后台子遗址出土女性石雕像的重要意义，在于首次提供了我国史前“维纳斯”最完整、最典型的研究资料。滦平县博物馆于1983—1989年先后收集到后台子遗址出土的石雕人像8件，其中归属下层遗存的共有7件。除1件为猴头形人兽合一雕像外，其余均为裸体孕妇像。其中，采14、采15、采17、采19，保存基本完整，高度分别为32.7厘米、34厘米、32.5厘米、9.5厘米，用辉长岩或辉绿岩雕琢而成。形体稍大的3件，均作凸乳鼓腹、双臂曲肘抱腹、双腿屈膝蹲踞状，其头长约占通高三分之一强，双耳外凸，眉弓与鼻梁隆起，眼眶稍凹，眼睛与嘴巴刻出阴线，石像下端收缩成圆锥形。形体稍小者（采19），双臂抚膝，阴部刻出竖沟。此外，头部残缺的采18石雕像，座呈圆柱形，通座残高20厘米，乳房鼓起，双臂上下交错抚腹，颈后刻出一截发辫，髋部硕大，阴部张开，着意表现孕妇临产姿态。综观这批石雕像，形体适中，造型古朴，格调庄严，孕妇特征极其鲜明，并以蹲踞临产姿态为其造型特色，堪称我国迄今发现最完整、最典型的史前“维纳斯”。

据国内外民族学资料，具有多产孕妇特征的史前女性雕像，当称生育女神，是模拟巫术用以催生或使不孕妇女怀胎生子的偶像。“在苏门答腊岛的巴塔克人那里，一个不孕妇女为了想当妈妈，就制作一个木偶婴儿抱在膝上，相信这会使她的愿望得到实现”[13]。我国云南永宁纳西族所信奉的生育女神“那蹄”，是用糌粑塑成的具有大乳、鼓腹、阴部特征明显的多产妇女形象[14]。“云南峨山彝族认为石神主宰生育，每年农历第一个属牛日祭石神并求子”[15]。我国北方笃信萨满教的若干少数民族，也盛行崇拜生育神的祈神活动[16]。因此，滦平后台子出土的石雕女神像，当与古代崇拜生育女神的习俗密切相关。

四、兴隆洼文化提供的旁证资料

后台子遗址因遭严重破坏，石雕女神像是被推土机挖出来的，原来的放置情况已不能弄清。从石雕像下端多呈圆锥形或连有柱形基座的造型来看，有人曾做出“便于在土中戳立”[17]的判断，这是颇有见地的。近年来，内蒙古林西县兴隆洼文化白音长汗遗址[18]发现的石雕女神像，为探讨后台子石雕女神像的放置情况，进一步阐明石雕女神像的用途与性质，提供了宝贵的佐证材料。

白音长汗遗址位于内蒙古林西县东南的西拉木伦河北岸，是一处房址栉比、外有壕沟、距今7000多年前的聚落遗址。1989年发掘清理的第19号房址（T32F19），是一座直径约6.7米的半地穴式方形住址，门道设在南边，室内中央有石块垒砌的方形火塘；在火塘北面约0.5米处的地面上，戳立着一尊造型与滦平后台子出土者大致相似的石雕女神像，高35.5厘米，其雕琢风格更为粗犷拙稚，而凸乳鼓腹、双臂抱腹及屈腿蹲踞的孕妇特征仍然隐约可辨。

滦平后台子与林西白音长汗都属聚落遗址，未发现喀左东山嘴及建平牛河梁那样的坛庙建筑遗迹。从白音长汗石雕女神像戳立于住址火塘旁边的放置情况来看，这种石雕偶像很可能是北方地区远古先民的家族保护神，具有生育女神与火神的双重神格，“是赐予人们幸福、财富，以及人丁兴旺、传宗接代的源泉”，与蒙古族崇奉“渥德·嘎赖汗·额赫”（直译为火神母[19]）的古老习俗颇为吻合。

五、文化归属与相对年代

后台子遗址下层遗存包含大量细石器、打制石器及少量磨制石器（如斧、磨棒及长方形无足磨盘等），还有骨锥、骨镞等生产工具。陶器皆手制，以夹沙灰褐陶居多，器种以饰有“之”字纹、篦点纹、斜线棱格纹的筒形罐为大宗，还有口沿外压印篦点折线纹的高领圆腹罐、敛口碗、深腹杯等。造型艺术作品，以具有孕妇特征的石雕女神像最有特色。以上遗物表明，后台子遗存与内蒙古东南部的兴隆洼文化及赵宝沟文化[20]、辽西冀北地区的红山文化的关系十分密切。兴隆洼文化的灰陶深腹筒形罐，以腹壁深而直、明显敞口为特征（图2・1—2）；赵宝沟文化及红山文化中晚期[21]的深腹罐，以腹壁较矮且有弧度、口部微敛为特征（图2・5—8）；后台子遗存的深腹罐（图2・3—4），两种特征共存，其中压印斜线菱格纹的筒形罐（图2・4）与赵宝沟文化的不规则菱格纹筒形罐（图2・6）颇为相似。兴隆洼文化的石雕女神像（白音长汗T32F19出土）除头部经过雕琢外，躯体部分皆敲击而成，风格粗犷拙稚；后台子遗存的石雕女神像，整体雕琢工细，造型庄重敦厚，艺术水平有了显著提高。因此，笔者认为滦平后台子遗址下层遗存源于兴隆洼文化而稍有进步，基本上属于红山文化早期范畴，年代估计在公元前4500－前4000年之间。

先此发现红山文化陶塑及泥塑女神像的辽西东山嘴遗址与牛河梁遗址，是以坛、庙、冢为核心的红山文化晚期祭祀遗址，年代经测定为公元前3500年左右。那里出土的陶塑泥塑女神像，形体大小不同，“已有高低

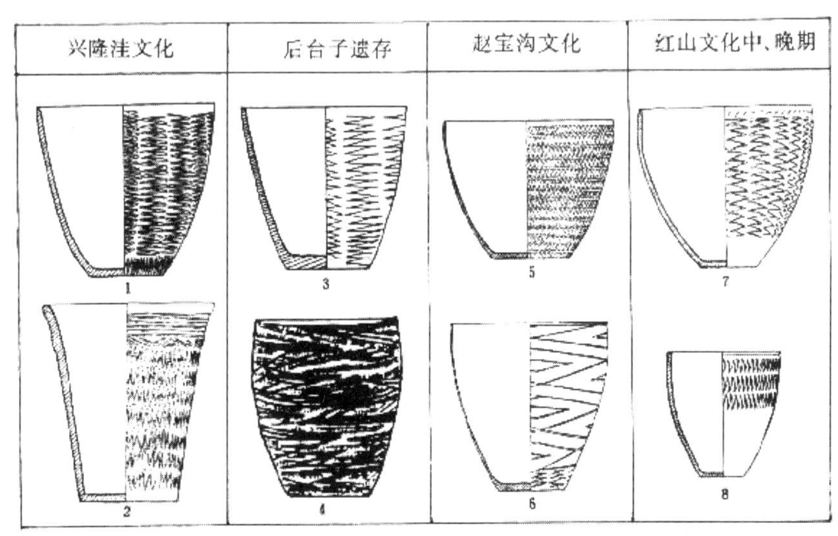

图2
陶筒形罐造型与纹饰比较
出土地点：
1—2.敖汉兴隆洼
3—4.滦平后台子
5—6.敖汉赵宝沟
7.赤峰西水泉
8.建平牛河梁

不同的等级”[22]，或谓红山文化晚期“宗教已被掌握在贵族手里”[23]，已经“产生了植基于公社、又凌驾于公社之上的高一级的社会组织形式”[24]。滦平后台子遗址是一处新石器时代的聚落遗址，出土的众多石雕女神像，形体大小相近，造型特征统一，没有高低等级之分，它们可能是若干对偶家庭分别供奉的家族保护神（火神母）。看来，在红山文化早期，维系社会的血缘纽带还是相当牢固的。如果把崇拜生育女神视为史前盛行的巫术观念，那么，包括兴隆洼文化白音长汗遗址及滦平后台子遗址在内的红山文化早期，尚处在个体巫术阶段；以辽西东山嘴与牛河梁遗址为代表的红山文化晚期，则已发展到公众巫术阶段了。

原载《文物》1994年第3期

注 释

[1] 承德地区文保所、滦平县博物馆：《河北滦平县后台子遗址发掘简报》，《文物》1994年第3期。

[2]《座谈东山嘴遗址》郑绍宗的发言，《文物》1984年第11期。

[3] グランド世界美术第1卷《原始の美术》，日本讲谈社1975年版。

[4] The Making of the Past Ⅱ，The Rise of Civilization，by David Oates，Oxford 1976.

[5] 《中国大百科全书·美术》卷“中国原始雕塑”条。

[6] 汤池：《黄河流域的原始彩陶艺术》，《美术研究》1982年第3期；陕西省西安半坡博物馆编：《中国原始社会》，文物出版社1977年版，第71页。

[7] 张朋川：《甘肃出土的几件仰韶文化人像陶塑》，《文物》1979年第11期。

[8] 《中国大百科全书·美术》卷“中国原始雕塑”条；张朋川：《甘肃出土的几件仰韶文化人像陶塑》，《文物》1979年第11期。

[9] 郭大顺、张克举：《辽宁省喀左县东山嘴红山文化建筑群址发掘简报》，《文物》1984年第11期。

[10] 《座谈东山嘴遗址》郑绍宗的发言，《文物》1984年第11期。

[11] 辽宁省文物考古研究所：《辽宁牛河梁红山文化“女神庙”与积石冢发掘简报》，《文物》1986年第8期。

[12] 西北大学文博学院考古专业：《陕西扶风案板遗址第五次发掘》，《文

物》1992年第11期；王新建：《陕西扶风案板出土的陶塑人像》，《文物天地》1992年第5期。

[13] 詹姆斯·乔治·弗雷泽著，徐育新等译：《金枝》，中国民间文艺出版社1987年版，第23页。

[14] 严汝娴、宋兆麟：《永宁纳西族的母系制》，云南人民出版社1983年版，第200页。

[15] 陶立璠：《民俗学概论》，中央民族学院出版社1987年版，第273－274页。

[16] 容观夐：《东山嘴红山文化祭祀遗址与我国古代北方民族的萨满教信仰》，《民族研究》1993年第1期。

[17] 《座谈东山嘴遗址》郑绍宗的发言，《文物》1984年第11期。

[18] 笔者1991年9月在内蒙古自治区考古研究所标本室参观林西白音长汗遗址出土文物时，仔细观摩了T32F19出土的石雕女神像。该所郭治中同志并出示F19发掘现场的照片，特附笔致谢。

[19] 张恒全：《蒙古民族的祭火习俗》，《中国文物报》1993年5月2日第4版。

[20] 中国社会科学院考古研究所内蒙古工作队：《内蒙古敖汉旗兴隆洼遗址发掘简报》，《考古》1985年第10期；《内蒙古敖汉旗赵宝沟一号遗址发掘简报》，《考古》1988年第1期。

[21] 杨虎将红山文化区分为兴隆洼F133遗存、西水泉类型、东山嘴类型，分别代表红山文化早、中晚期。《关于红山文化的几个问题》，《庆祝苏秉琦考古五十五年论文集》，文物出版社1989年版。

[22] 孙守道、郭大顺：《牛河梁红山文化女神头像的发现与研究》，《文物》1986年第8期。

[23] 严文明：《略论中国文明的起源》，《文物》1992年第1期。

[24] 苏秉琦：《辽西古文化古城古国——兼谈当前田野考古工作的重点或大课题》，《文物》1986年第8期。

半坡人杀女婴吗?

——《原始社会人口控制之谜》商榷

伴随着人们对社会人口问题关心程度的增长，探讨古代人口的性别、年龄结构，已成为历史研究的一项重要课题。

《化石》1980年第4期发表的《原始社会人口控制之谜》（以下简称《控制之谜》），通过对我国黄河中下游几处新石器时代墓地死者性别统计资料的分析，探讨了原始社会在控制人口方面的历史经验，首次提出了“原始人也实行人口控制”的新命题，其用心无疑是值得称许的。

但是，该文做出的半坡类型氏族公社“男性数目竟有女性的五倍之多”的判断，以及“原始人口的控制主要是通过杀婴——主要是杀女婴——实现”的结论，笔者认为不符合或不完全符合历史事实，有必要提出来重新商榷。

首先，该文引用的西安半坡、宝鸡北首岭、华县元君庙等氏族墓地的人骨鉴定资料，极难用作分析各氏族聚落人口性别构成的依据。例如：西安半坡的氏族墓葬，共发现250座，其中，“埋葬成人的墓，共174座”“埋葬小孩的墓，共76座”。在《控制之谜》所附统计表里，西安半坡的入骨鉴定数却只有61个个体（男性51名，女性10名）。查颜訚在《半坡人骨的研究》一文的说明，这61具人骨仅仅是“已经研究的材料”，远非该氏族墓地发掘出土的、可以鉴定性别的全部人骨。这种为便于进行人骨测量而采集的标本，带有极大的偶然性，不能代表半坡氏族聚落人口性别构成的实际状况。又如宝鸡北首岭的一至三次发掘，总共发现仰韶文化氏族墓葬396座；而《控制之谜》所附统计表内，北首岭已鉴定性别的人骨却只有68具。再如元君庙仰韶文化墓地，先后共发掘58座墓葬，即第一次发掘20座，第二次发掘38座，出土人骨总数约有213具；在《控制之谜》所附统计表里，元君庙墓地的人骨鉴定数却只有26具（男性22具，女性4具）。查此项人骨鉴定数，乃颜訚在《华县新石器时代人骨的研究》一文里，于“年龄的分析”一栏中开列的，用它判断当时人的平均死亡年龄，已属勉强；如今用它来推测元君庙氏族聚落的人口性别结构，就更欠妥了。

华县元君庙仰韶文化氏族墓地的发掘，是较早地注意对全部出土人骨做过性别与年龄的科学鉴定的。据张忠培同志最近公布的材料：元君庙墓地能“确定性别的成年人为152，男性91，占60%，女性61，占40%，男女比例为1.5:1”。由于这项资料只统计了14岁以上被算作成年人的两性比例，所以，和包括儿童在内的该氏族聚落实际的人口性别结构，仍存在一定的差距。那么，包括儿童在内的该氏族聚落的人口性别构成状况究竟怎样呢？据笔者保存的元君庙仰韶文化墓地第二次发掘的一项统计资料：这次发掘的38座墓葬中，除7座空墓外，31座墓共发现人骨143具，“已知性别者95人，其中，男性52人，占54.7%；女性43人，占45.3%”，男女比例是1.2:1。据此，笔者认为在半坡类型的氏族聚落中，男性略多于女性是客观事实；但是，要说“男性数目竟有女性的五倍之多”，则缺乏证据，不足为信。

其次，《控制之谜》称：“杀婴，是原始人控制人口最有效的办法，曾经相当流行。”又说：“原始人口的控制主要是通过杀婴——主要是杀女婴——实现的。”诚然，“杀女婴”的习俗在古代曾经存在过；但是，笔者认为这种习俗，只有当“母权制的被推翻，乃是女性的具有世界历史意义的失败”这一“人类所经历过的最激进的革命”完成之后，即社会发展到父权制时代才会出现。把“杀女婴”笼统地说成整个“原始社会”或“新石器时代”“具有普遍意义”的控制人口手段，是违背历史发展规律的。

众所周知，西安半坡、宝鸡北首岭、华县元君庙、临潼姜寨等遗址或墓地，在文化面貌上具有极大的一致性，通常称之为仰韶文化半坡类型，其绝对年代是从公元前4800年至公元前4300年，延续达500年之久。半坡氏族公社处于母系氏族公社的繁荣时期，即发展的母权制阶段。锄耕农业是当时最重要的经济生产部门，妇女在其中扮演主角，她们是禾苗的照管者，谷物的收割者，并且还是制作食物、衣服和陶器等家内劳动的担负者；男子则出外打猎或作战，并制备为此所必要的工具与武器。这种按性别做出的社会分工，在元君庙墓地出土随葬品的分布中，有着极为鲜明的表现。例如：收割谷物的蚌刀，分别出自元君庙M419、M425、M440、M457等墓葬中，都放在女性骨架的臂侧或脚下；缝纫用的骨针，分别出自M429、M457的女孩骨架旁边；器底印有席纹或布纹的红陶钵，出土最集中的是M457、M470这两座女性的墓葬；可以作为狩猎武器使用的四棱大骨镞，则集中出自M441居中4具男性骨架的胫骨之间。由于妇女在“农业”这个“古代世界的决定性的生产部门”扮演主角，这就为母权制的发展，创造了特别有利的条件。

“不重生男重生女”，是母系氏族公社繁荣时期的一项最重要的社会特征。著名的人文志学家柯斯文指出：“在母权制早期，人们认为生男生女，没甚差别；但到了发展的母权制阶段，人们就不重生男重生女了。总的说来，发展的母权制阶段中的妇女，不但在家族以内，并且在社会关系上，也显然处于优越地位。”这种现象，在我国云南永宁地区尚处于母系氏族社会的纳西族和仫佬族人中依然存在。参加过有关调查的一位同志曾说：纳西族流行“养儿不如养女”的俗语。另一位同志说：“由于传统和习惯势力，仫佬人不重生男重生女，家中生下男孩，大家并不高兴，因为他将来不是家中的一员。反之，若生下女孩，都非常高兴，因为，从此家中就有了继承人和主管。”

华县元君庙M429，展现了半坡类型氏族公社对女孩实行厚葬的风俗：此墓埋着两名女孩（一号骨架年约六七岁，二号骨架年约十至十五岁），墓底铺垫着平整的红烧草泥土块，土块上又铺细砂；二号头骨的前额染有红色；随葬尖底瓶1、钵3、罐3、骨针1、骨珠785颗，其丰富程度胜过成年人。此外，西安半坡M152、临潼姜寨M7也同样显示出人们格外疼爱女孩的社会习俗。

综上所述，考古学与民俗学的材料一致证明：处于母系氏族公社繁荣阶段的半坡类型氏族聚落，确实流行着钟爱女孩的社会风俗，在这样的社会里，是不可能流行“杀女婴”的习俗的。

原载《化石》1987年第4期

第二单元 先秦美术

先秦美术史

（前21世纪至前221年）

从公元前21世纪建立的夏朝开始，经商朝、西周到东周（即春秋战国），统称先秦时代。在社会发展阶段上，夏代至春秋是奴隶制社会，战国是封建制社会的开端。由于铜器和铁器的相继发明及推广使用，也由于社会分工的进一步扩大，社会生产力显著提高，各种手工业得到迅速发展。为礼教服务的青铜艺术，在先秦造型艺术中，占有突出的地位；商周的玉石雕刻及战国的彩漆木雕，艺术成就十分可观。寓有兴废之诫的庙堂壁画及人物肖像画，为先秦统治者普遍重视；长沙、江陵等地楚墓出土的帛画与漆画，为探讨先秦绘画艺术的面貌，提供了极其珍贵的实物资料。

先秦美术包括夏、商、周（西周、春秋、战国）三代美术，其中春秋以前属奴隶社会，战国进入封建社会；伴随着社会分工的扩大，青铜冶铸、制陶、玉石骨牙雕刻，髹漆及纺织等手工业的技艺日益精湛。为了维护奴隶主贵族及新兴封建贵族的统治，满足其奢侈生活的需要，工艺美术及雕塑、绘画、书法、建筑等均获巨大发展，其中以青铜器的艺术成就最为突出，故有青铜时代之称。此外，商周的宫殿庙堂壁画及遗存的战国帛画，也应给予重视。

一、青铜器的造型与发展

中国的青铜器发端于黄河流域，早在新石器时代晚期的龙山文化和齐家文化阶段，即出现了红铜或黄铜锻打而成的刀、锥、凿、铲等工具和青铜铸造的铜镜。

图1
爵
二里头文化
偃师二里头遗址

青铜是红铜加锡的合金。青铜较之红铜，有熔点低和硬度大等优点。青铜器的合金成分，视用途与器类的不同而有不同的铜锡比例，这就是《周礼·考工记》所谓的“六齐”，即六种不同性能的铜锡配剂表。

我国先秦时代的青铜器，分礼器（包括炊煮器、食器、酒器、水器）、乐器、兵器、工具及车马器等。礼器是统治阶级用以区别尊卑等级的器物。礼器之中的炊煮器，有鼎、鬲、甗等品种；食器有簋、盂、簠、豆等品种；酒器有觚、爵、觯，斝、尊、卣、壶、觥、罍、盉、瓿、方彝等品种；水器有盘、匜、鉴等品种。乐器有铃、铙、鼓、钟、镈等。

夏代青铜器　夏代（公元前21世纪至前16世纪）是奴隶社会的形成期，也是青铜器时代初期，据《越绝书》卷十一“记宝剑”所载：“禹穴之时，以铜为兵。”又据《左传·宣公三年》记载：“昔夏之方有德也，远方图物，贡金九牧，铸鼎象物。”河南偃师二里头遗址，年代约在公元前2080年至前1580年之间，与《史记》的夏代纪年相当。这里出土的青铜器有戈、戚、爵（图1）、铃、嵌绿松石的兽面纹饰牌等，总体上看，种类不多，器形较小，质地单薄，纹饰尚不发达。

图2
饕餮乳丁纹方鼎
商代前期
郑州杜岭

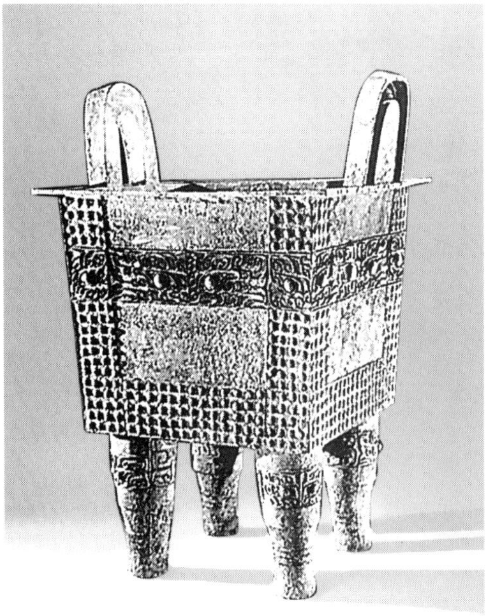

商代青铜器　公元前16世纪至前11世纪的商代，是奴隶社会的重要发展阶段，也是青铜艺术由成熟到鼎盛的时期，除铸造工具、武器外，还制造大量青铜礼乐器。商代前期的青铜器，以河南郑州二里岗与杜岭、湖北黄陂盘龙城出土者为代表，器型有鼎、盉、觚、簋、钺等；郑州杜岭出土的饕餮乳丁纹方鼎（图2），造型规整庄重，器壁较薄，纹饰简洁疏朗，为商代前期青铜器的代表作。商代后期，青铜器的铸造工艺更加精湛，器型丰富，流行饕餮纹（或称兽面纹）、云雷纹、夔纹、龙纹、虎纹、象纹、鹿纹、牛头纹、凤纹、蝉纹、人面纹等纹饰，通常在云雷纹地纹上再加浮雕式的主题纹样，铭文简短，多系几个字的族徽图像。安阳小屯出土的司母戊方鼎（图3）、安徽阜南出土的龙虎纹尊、湖南宁乡出土的四羊方尊及人面纹方鼎（图4）等，皆具形制凝重结实、纹饰繁丽雄奇的特征。

西周青铜器　公元前11世纪至前8世纪的西周，

图3（上）
司母戊方鼎
商代后期
安阳小屯

图4 （下左、中）
龙虎纹尊（左）
人面纹方鼎（中）
商代后期
阜南　宁乡

图5（下右）
武王征商簋
西周早期
临潼零口

是奴隶社会的鼎盛时期。青铜工艺沿袭商代后期凝重典雅的风格，酒器稍减，食器增多，铭文加长。陕西临潼零口乡出土的武王征商簋（图5）铭文记载了武王伐商的重大历史事件；淳化史家塬出土的兽首錾大鼎，通高117厘米，重226千克，形制庄重，纹饰清新，堪称西周早期青铜器杰作。西周中、后期，奴隶制趋向停滞衰落，青铜器出现簋、盨、匜、钟、镈等新品种，形制与纹饰日趋简率，饕餮纹已不多见，带状花纹增加，流行顾首的夔纹、分尾的鸟纹、窃曲纹、重环纹、波带纹及瓦纹，长篇铭文习见。陕西扶风出土的毛公鼎（铭文长达497字，今藏“台北故宫博物院”）、大克鼎及史墙盘（图6），眉县出土的盠方彝及上海博物馆收藏的四虎镈等，皆属西周中、后期的典型器。

图6
大克鼎（左）
史墙盘（右）
西周中后期
扶风

春秋青铜器 公元前770年至前476年的春秋时期，王室衰微，诸侯争霸，奴隶制逐渐瓦解，呈现“礼崩乐坏”的局面。青铜冶铸业不再为周王室所垄断，各诸侯国的铸器增多，形成不同的地区风格。春秋中期，出现模印法与失蜡铸造法等新工艺，流行繁缛的蟠虺纹与蟠螭纹；燕、赵、蔡等国兴起在青铜器上镶嵌红铜及错金新工艺；吴、越、楚等国出现鸟篆铭文。河南淅川下寺春秋晚期墓出土的蟠虺纹大铜禁及王子午列鼎（图7），花纹繁密而剔透，器形奇巧而富丽，标志着失蜡法铸器的卓越成就。河南新郑出土的莲鹤方壶（图8），盖顶莲瓣丛中企立一只展翅欲飞的仙鹤，壶身攀附着龙虎，气势升腾，结构不凡，具有社会大变革时代的艺术特色。

战国青铜器 公元前475年至前221年的战国时期，是中国封建社会的开端，物质文化已进入铁器时代。战国青铜冶铸业，以制造精致灵巧的日用器为主；鎏

图7（下左）
王子午列鼎
春秋中期
淅川下寺

图8（下右）
莲鹤方壶
春秋中期
新郑

金、镶嵌、镂刻、金银错等装饰技法的广泛运用，使青铜器具有富丽堂皇、光彩夺目的格调。生活气息浓郁的狩猎、习射、采桑、宴乐、攻战、台榭等图案纹饰的广泛流行，是各国新兴的封建统治者推行奖励耕战政策在青铜艺术上的反映。河北唐山贾各庄出土战国早期的狩猎纹壶，据传出自洛阳金村，今藏日本永青文库的错金银骑士刺虎纹铜镜，歌颂了人们战胜猛兽的大无畏精神，体现了人类对自身力量的信心。河南汲县山彪镇出土的水陆攻战纹铜鉴，北京故宫博物院收藏的采桑宴乐攻战纹铜壶（图9），是时代特色最鲜明的战国青铜器。此外，湖北随县曾侯乙墓出土的蟠虺纹尊盘（图10），表现了失蜡法铸造工艺的继续发展；同墓出土的大型铜编钟，音调洪亮悦耳，造型恢宏庄严，堪称战国青铜器的杰作。

图9 （上）
采桑宴乐攻战纹铜壶
战国
北京故宫博物院藏

图10 （下）
蟠虺纹尊盘
战国
随县曾侯乙墓

二、雕塑艺术

青铜雕塑　我国先秦具有圆雕性质的青铜雕塑，包括铜铸人像和鸟兽形铜尊卣等，它们的艺术成就十分引人注目，故单列一节做扼要介绍。

首先值得重视的是一批商代晚期的大型青铜铸像，于1986年夏季在四川广汉三星堆祭祀遗址中出土。其中格外引人注目的是一尊大型青铜立人像（图11），该像身高181.2厘米，连底座高262厘米，头戴华冠，粗眉大眼；身着饰有云龙纹的左衽长袍，双臂上举，夸张的双手握成环圈状，足腕佩戴脚镯，赤足立于镂饰兽面纹的覆斗形方座上，神态威武肃穆，似为正在主持祭典的巫觋，或是政教合一的蜀王[1]。此外，这里还出土了与真人头部等大的青铜头像或人面像数十件，内有一件横径134厘米的特大神面像（图12），作者运用浪漫手法夸张强调其视听器官的特异功能，作双目纵突、大耳宽嘴的奇特造型。这批商代晚期大型铜像的出土，举世瞩目，在中国古代美术史上放射着夺目的光彩。此外，陕西宝鸡茹家庄出土的西

图11（上）
青铜立人像
商代晚期
广汉三星堆遗址

图12（下）
青铜神面像
商代晚期
广汉三星堆遗址

周握圈小铜人、湖北随县曾侯乙墓出土的编钟架上的钟镰铜人、河北易县燕下都出土的战国捧管铜人等，造型亦各具特色。

其次，商周时代的鸟兽形铜尊卣和铜器座，亦为先秦工艺装饰雕塑的优秀典范。其著名遗例有湖南醴陵出土商代的象尊，湘潭出土的豕尊，传出湖南安化的猛虎食人卣（图13），以及河北平山战国晚期中山王墓出土的错金银猛虎噬鹿铜器座（图14）等。

陶塑　夏代的陶塑，以河南偃师二里头出土的陶羊、陶虎、陶龟及陶蟾蜍为代表，皆用捏塑加锥画的方法做成，形象朴拙，特征鲜明。

商代前期的陶塑，有河南郑州二里岗出土的陶跪坐人像（已残）、陶虎、陶羊、陶猪、陶鱼及陶龟，河北藁城台西出土的人面形陶器盖。后者由四个高浮雕人面联结而成，人面皆呈瞪目翘鼻抿嘴状，脸颊丰满，下巴瘦削。安阳殷墟亦出土陶塑人面形器盖，以及陶塑带枷男女奴隶像（图15）、陶卧牛及陶鸮等。其中的陶塑带枷男女奴隶像，“表露出坚强不屈、昂首激愤的大无畏气概，使人们从极简括的形象中，感到可贵的反抗精神，因此值得珍视”[2]。

西周陶塑甚罕见。20世纪50年代中期在四川成都青羊宫遗址出土的捏塑陶虎，约属西周遗物，陶虎长约16.5厘米，周身刻画斑纹，作虎视眈眈、昂首呼啸状，颇为生动。

图13
猛虎食人卣
商代晚期
传出湖南安化

春秋战国的陶塑，有山东临淄及山西长治出土的两组小型舞女、侍女俑，塑工粗率；陶俑作为丧葬明器，似乎尚处在初创阶段。

玉石雕刻　商代的玉石雕刻十分发达，殷墟曾发现专门的玉石作坊。商代用玉石雕刻

图14（上左）
错金银猛虎噬鹿铜器座
战国晚期
平山中山王墓

图15（上右）
陶塑带枷男女奴隶像
商代后期
安阳殷墟

的人像出自安阳四盘磨及小屯妇好墓等商代贵族墓葬，高度在4－14.5厘米不等，多数呈跽坐姿态，少数作立像。身上刻出华丽的衣纹（云雷纹）者，可能是奴隶主贵族形象；身上无衣纹，仅在腹下悬挂长条形蔽体者，可能是奴隶形象。妇好墓出土的一件黄玉跪坐式人像（图16），头顶盘辫戴冠，腰后佩宽柄形饰物，神态倨傲，有的研究者推测为墓主人妇好的形象[3]。

商代的石雕动物，先后在安阳侯家庄西北岗1001号大墓及小屯妇好墓，有过两次较大宗的发现，计有石虎座、石虎、石鸮座、石小立鸮、石伏鸮、石鸟嘴兽、石卧牛、石小象、石鸟、石对尾双伏兽、石熊、石鸬鹚座、石蝉、石蛙、石龟等品种，皆用大理石雕成。妇好墓还出土玉龙、玉虎、玉象等作品，形象简洁，造型庄重，色泽优美，十分耐看。

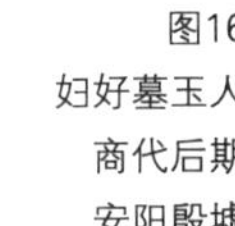

图16
妇好墓玉人
商代后期
安阳殷墟

综观商代圆雕类型的人物和动物玉石雕刻，有下列特点：（一）造型简洁，讲究对称，结构紧凑，体积感很强；（二）圆雕、浮雕通常与线刻紧密结合；（三）若干装饰花纹主要体现时代习尚，与特定物象无必然联系；（四）题材多种多样，风格庄重威严，富有神秘色彩。

西周玉石雕刻基本上沿袭商代风格，但圆雕作品锐减，片状平雕作品增多。著名遗例有洛阳出土周初的戴枷玉人，甘肃灵台出土的人形玉铲，宝鸡茹家庄及长安张家坡出土的鹿、牛、虎、兔、鸟、鱼、蚕等平雕动物等。1985年长安沣西出土西周早期的兽面玉饰，巨口獠牙，形貌威猛，为解决同类作品的断代，提供了重要的依据。

春秋战国的玉石雕刻向精雕细刻方向发展，神秘色彩减弱；夔龙形玉佩多数饰有蟠虺纹及涡云纹，形式多种多样，造型矫健自如。安徽寿县朱家集出土的战国石卧牛，

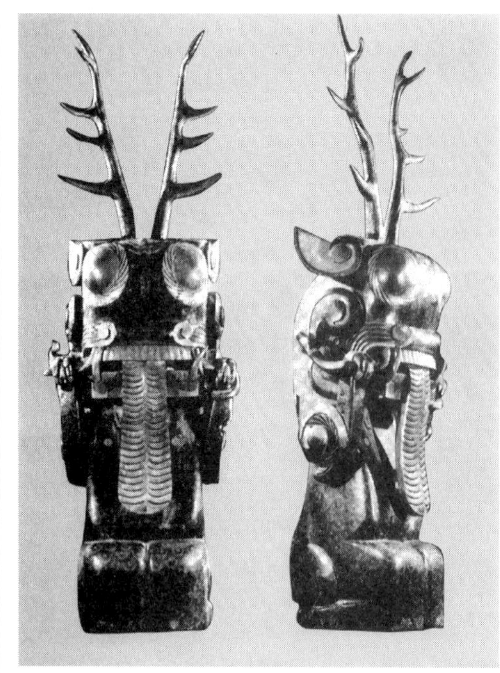

图17
彩漆木雕镇墓兽（复制品）
战国
信阳长台关

呈扭头蜷腿打滚状，标志着战国雕刻已突破商代追求左右对称的造型程式。

战国木雕 在俑葬逐步取代人殉的社会潮流推动下，木俑制作日渐兴盛，《韩非子·显学》有“象人百万”的记载。在丰富的艺术实践基础上，已经有人以朴素浅显的语言，总结人像雕刻经验，如《韩非子·说林》引桓赫的话说：“刻削之道，鼻莫如大，目莫如小。鼻大可小，小不可大也；目小可大，大不可小也。”

战国木俑以湖南长沙、河南信阳、湖北江陵等地出土最多，或以单块木头雕成，或用榫卯结构拼接手臂，姿态有立有跪，表现对象多属侍仆与歌舞伎，俑身或施彩绘，或穿着绢衣。木雕动物，以湖北随县擂鼓墩和江陵拍马山出土的彩漆木卧鹿、江陵望山出土的彩漆木雕禽兽座屏等最为出色。此外，信阳、江陵等地出土的彩漆木雕镇墓兽（图17），集多种动物特征于一身，格调奇伟诡谲，表现了丰富的艺术想象力。

三、绘画艺术

先秦绘画以人物肖像画为主，寓有兴衰鉴戒、褒功挞过之意，为维护礼教服务。为贵族日常享乐生活服务的工艺性绘画也取得了突出的成就。

先秦壁画 《说苑·反质篇》引《墨子》佚文云：殷纣时期“宫墙文画”“锦绣被堂”。1975年冬，殷墟小屯曾发现建筑壁画残块，以红、黑两色在白灰墙皮上绘出卷曲对称的图案，颇有装饰趣味。

西周曾创作重大历史题材的庙堂壁画。据郭沫若对江苏丹徒出土《矢簋铭考释》，西周初年曾有“武王、成王伐商图及巡省东国图”的壁画创作[4]。另据《孔子家语·观周》记载，生活在春秋末期的孔丘，曾到雒邑（今河南洛阳）瞻仰西周建筑遗物，“孔子观乎明堂，睹四门墉，有尧舜之容，桀纣之像，而各有善恶之状、兴废之戒焉”；又云：“独周公有大勋劳于天下，乃绘像于明堂。”

春秋战国时代，壁画创作尤盛，举凡公卿祠堂及贵族府第皆以壁画为饰。《庄子》云：“叶公好龙，室屋雕文，尽以写龙。”屈原的著名诗篇《天问》，是诗人参观楚先王宗庙壁画后所作。据王逸《楚辞章句》说：“楚有先王之庙及公卿祠堂，图画天地山川神灵，琦玮僪佹，及古贤圣怪

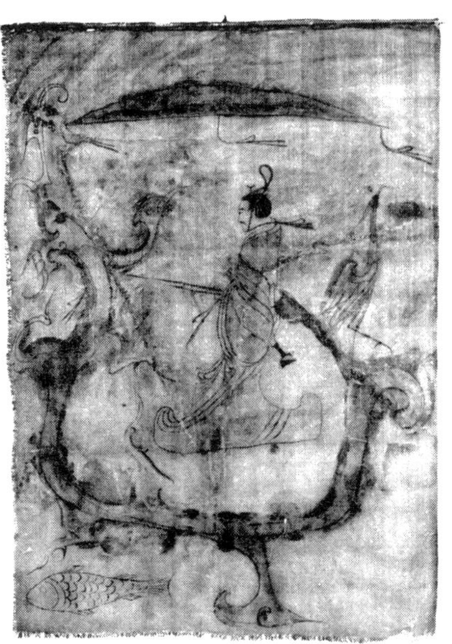

图18（左）
人物龙凤帛画
战国
长沙陈家大山

图19（右）
人物御龙帛画
战国
长沙子弹库

物行事”，屈原仰见图画，呵而问之，遂成《天问》之作。依据《天问》提出的172个疑问，可知楚国庙堂壁画绘有神话传说、历史故事、自然景象等浩繁的内容。

战国帛画　长沙楚墓先后出土两幅旌幡性质的帛画，为我们探讨先秦绘画面貌，提供了极其珍贵的实物资料。其一称人物龙凤帛画（图18），1949年2月出自湖南长沙陈家大山楚墓，质地为平纹绢，高31厘米，宽22.5厘米，画一位细腰长裙、侧身向左作合掌祈祷状的贵族妇女，在腾龙舞凤的接引下，向天国飞升的景象；其二称人物御龙帛画（图19），1973年5月出自长沙子弹库楚墓，细绢地，高37.5厘米，宽28厘米，画面正中画一位危冠长袍、蓄有胡须、神情潇洒、侧身拥剑的贵族中年男子，头顶华盖，驾驭舟形巨龙向天国飞升的景象，龙尾企立一鹤，龙身下画一尾鲤鱼。

帛画上端缝裹细竹篾，并系丝绳，其用途无疑是葬仪中的旌幡（或称铭旌）；画里的男女人像，肯定都是墓主人的肖像。从中可见战国肖像画具有如下特点：人物皆作正侧面的立像，通过衣冠服饰表现其身份；比例匀称，仪态肃穆；勾线流利挺拔，设色采用平涂与渲染兼用的方法，格调庄重典雅。

四、工艺与建筑

漆器　商代漆器生产水平相当高，1950年安阳武官村商代大墓发现许多雕花木器的朱漆印痕。木器已朽，印在土上的朱漆花纹颇鲜艳。1973年河北藁城台西商代墓葬发现几十片漆器残片、朱地黑花，图案优美；有的

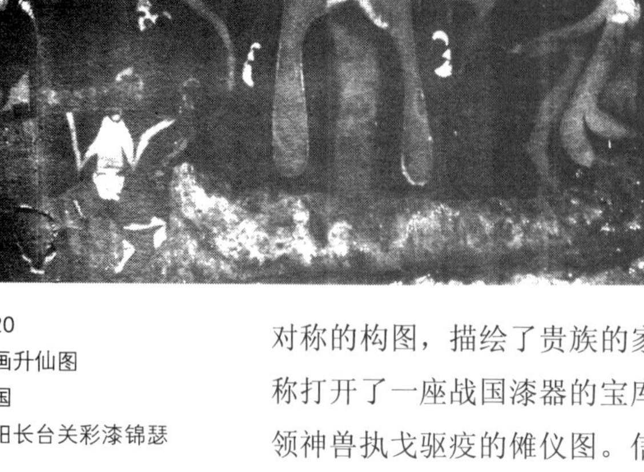

图20
漆画升仙图
战国
信阳长台关彩漆锦瑟

纹饰上镶嵌绿松石，有的贴着錾花金箔：从残片中可辨认出盘、盒等器型。湖北蕲春毛家咀出土的西周漆杯，在棕色与黑色漆地上，绘着红彩纹饰，制作甚精美。

春秋战国时期，漆器种类繁多，家具、生活用器、乐器、兵器附件等，普遍髹漆，彩画纹饰更加精美，并且出现了情节性的漆画作品。《史记·老子韩非列传》还记载庄子做过蒙地的漆画作品。山东临淄郎家庄东周墓出土的漆盘，以优美对称的构图，描绘了贵族的家居宴乐生活。湖北随县曾侯乙墓的发掘，堪称打开了一座战国漆器的宝库，曾侯乙的彩漆内棺两边，描绘了方相氏率领神兽执戈驱疫的傩仪图。信阳长台关楚墓出土彩漆锦瑟，画有御龙升仙的景象（图20），湖北荆门包山大冢出土漆奁盖的周围，彩绘聘礼行迎场面（图21），构图疏密有致，人物主次分明，色彩明快和谐，表现了战国漆器装饰画的卓越水平。

图21
彩绘漆奁
战国
荆门包山大冢

陶器　先秦时期的制陶业是在新石器时代已有成就的基础上继续发展的。商代的刻纹白陶以及商周的青釉器皿（也称原始瓷器），是这一时期制陶业的两项突出成就。

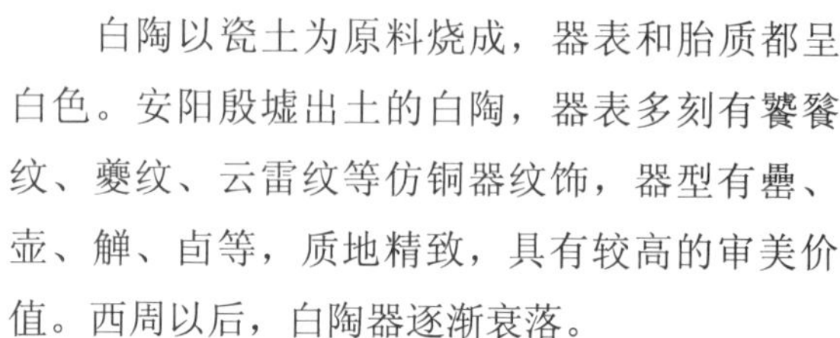

白陶以瓷土为原料烧成，器表和胎质都呈白色。安阳殷墟出土的白陶，器表多刻有饕餮纹、夔纹、云雷纹等仿铜器纹饰，器型有罍、壶、觯、卣等，质地精致，具有较高的审美价值。西周以后，白陶器逐渐衰落。

商代中期烧成了青釉器皿，西周时期青釉器有较大发展，分布地区亦明显扩大。据分析，这种青釉器已具备瓷器的基本条件，但与

后来的瓷器相比，质量较差，还处于原始阶段，故称原始瓷器：器型有尊、罐、瓮、豆、碗、盂、盉等。

春秋战国时期的墓葬中，常以仿铜陶器随葬，北方多用鼎、豆、壶，南方则多用鼎、敦、壶，器表多施彩绘纹饰，沿袭了夏家店下层文化于陶器烧成之后加彩绘的传统。此外，战国时期的中原及北方地区，还出现一种暗纹陶器，在河北平山中山国陵墓区有比较大宗的发现。

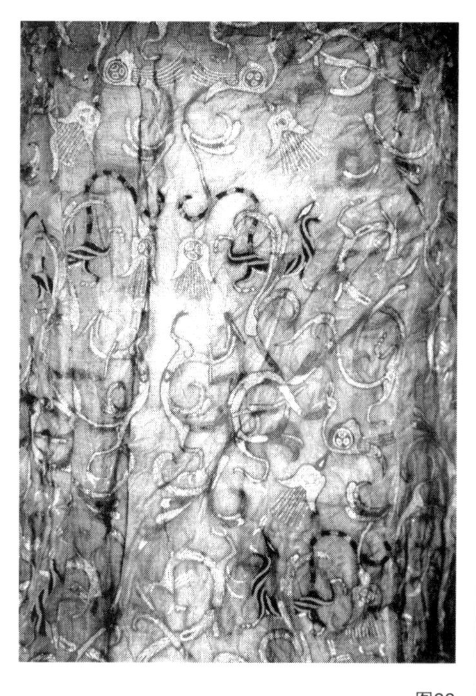

图22
龙凤虎纹绣
战国
江陵马山一号墓

锦绣　战国时期丝织工艺相当发达，山东临淄、湖南长沙及湖北江陵等地，均发现绚丽的战国锦、绮实物。1982年1月发掘的江陵马山一号墓，可谓打开了战国丝织品的宝库，此墓出土的绢衾（被子）和禅衣上，绣着多种形式的龙、凤、虎纹（图22）；织锦上，织出优美对称的蟠龙、凤鸟、神兽、舞女等图案，证明当时已掌握了相当复杂的提花技术。

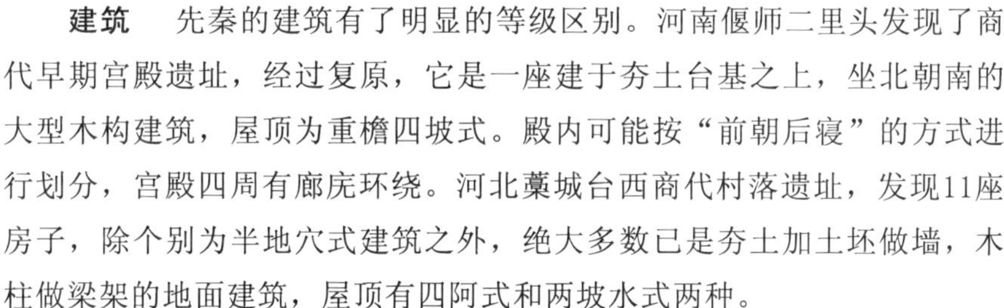

建筑　先秦的建筑有了明显的等级区别。河南偃师二里头发现了商代早期宫殿遗址，经过复原，它是一座建于夯土台基之上，坐北朝南的大型木构建筑，屋顶为重檐四坡式。殿内可能按“前朝后寝”的方式进行划分，宫殿四周有廊庑环绕。河北藁城台西商代村落遗址，发现11座房子，除个别为半地穴式建筑之外，绝大多数已是夯土加土坯做墙，木柱做梁架的地面建筑，屋顶有四阿式和两坡水式两种。

西周时，建筑技术进步很大，开始用瓦盖屋顶。70年代后期在陕西岐山凤雏村发现的西周早期宫殿（或宗庙）遗址，全部房基建在夯土台基上，建筑组群以门道、前堂、过廊和后室为中轴线，东西两侧配置门房、厢房，左右对称，布局谨严；墙体皆夯土版筑而成，北墙较厚，墙面和室内地面皆抹三合土，坚硬光滑；房顶盖茅草，屋脊及天沟处已用少量的瓦。扶风召陈村西周中晚期的宫室建筑，有的附有回廊，屋顶用大量的板瓦、筒瓦覆盖。

斗拱是中国古代木结构建筑的特点之一，它的使用，成功地解决了剪应力对梁架的破坏性，同时加深了屋檐外挑的深度及高度，并且使建筑外观愈加优美。商代的妇好偶方彝，可见斗拱的雏形；在战国青铜器画像花纹中，可见较完整的斗拱图像。战国流行台榭式建筑，瓦当成为重要的建筑装饰。燕、齐流行半瓦当，秦、赵则流行动物纹圆瓦当（图23）。

图23
树木对兽、母子鹿纹瓦当
战国
北京故宫博物院藏

原载中央美术学院美术史系中国美术史教研室编著：《中国美术简史》，高等教育出版社1990年版

注 释

[1] 沈仲常：《三星堆二号祭祀坑青铜立人像初记》，《文物》1987年第10期。

[2] 王子云：《中国雕塑艺术史》（上册），人民美术出版社1988年版，第14页。

[3] 陈志达：《殷代王室玉器与玉石人物雕像》，《文物》1982年第12期。

[4] 郭沫若：《矢簋铭考释》，《考古学报》1956年第1期。

曾侯乙墓漆画初探

1978年夏，湖北省随县擂鼓墩战国早期曾侯乙墓的发掘，出土大批造型精美、纹饰华丽的青铜礼乐器与漆木器，是我国考古史上罕见的重要发现。十分惹人注目的是，此墓出土的漆内棺、漆衣箱及鸳鸯形漆盒上，描绘着诡异多姿的神话传说与乐舞活动等图像，为研究战国时期的绘画艺术增添了极其宝贵的新资料。本文试就这批漆画的题材内容作初步探讨。

一、内棺漆画

曾侯乙墓出土的漆内棺（图1），内壁髹朱漆；外表以朱漆为地，并用黄、黑、灰三色描绘装饰图案及奇伟谲诡的神怪形象。现按不同的题材内容，分别介绍如下：

方连缀结的户牖窗棂纹 内棺的左右侧板及头挡上，在靠近画面中央的显要部位，用粗壮的黑线画着由方框与斜线组成的两种几何形图案（图2·1—2）。这种图案，曾见于山东临淄郎家庄东周墓出土漆盘的屋宇建筑

图1
曾侯乙墓内棺漆画
战国

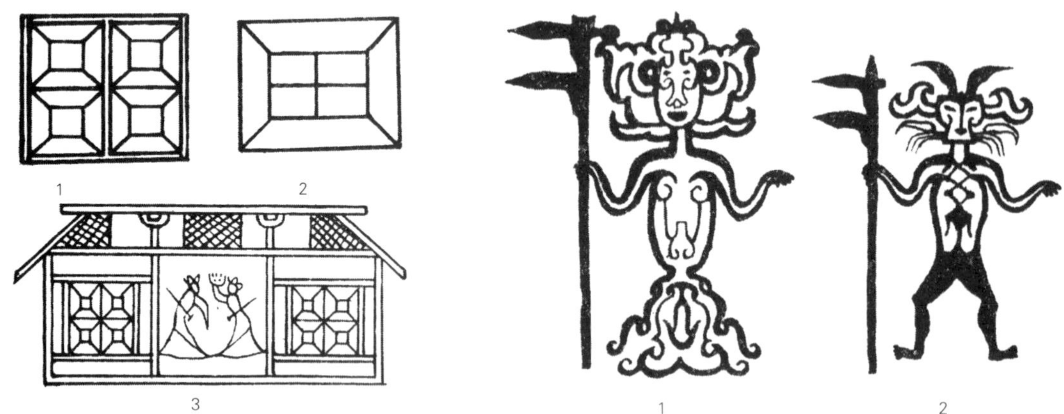

图2（左）
战国时代的户牖窗棂纹
1.曾侯乙墓内棺漆画户牖纹
2.曾侯乙墓内棺漆画窗棂纹
3.临淄东周墓漆盘画屋宇图

图3（右）
曾侯乙墓内棺漆画
方相氏与神兽图像
1.方相氏
2.神兽

画面上（图2·3），从它所处的部位来看，无疑是户牖窗棂等建筑部件。宋玉《楚辞·招魂》形容室宇曰："网户朱缀，刻方连些。"清王夫之注："网户、户上承檐，以铜丝纽结御燕雀。缀，户楣上板。刻方连者，雕缀作四方相连。"内棺上的户牖窗棂纹，正是"雕缀作四方相连"的形状。其中，画在左右侧板上的中央两条直线与外框不相连属，而两边沿之直线却与外框连接，这无疑是象征门轴户枢的结构，故可称作"户牖"纹；头挡上的方连缀结图案与户牖纹不同，而且画在居中偏上部位，应是"窗棂"纹。

驱鬼逐疫的方相氏及神兽　内棺左右侧板上，在户牖纹两旁，各画八位兽面人身、手执双戈、两臂曲举、状若起舞的怪物。其中，处在上层的四位，大头小身，头戴似熊头的四目假面具，足踩火焰纹（图3·1）；处在下层的四位，头上有角，两腮有长须，颇似羊首；双腿染黑，胸饰交叉网结纹，耳际饰云纹（图3·2）。我们认为：头戴熊首假面的怪物，是古代"傩仪"中的方相氏；下面四位羊首怪物，是由百隶装扮的神兽。

有关"傩仪"的较详细记载，最早见于《周礼·夏官司马·方相氏》条："方相氏掌蒙熊皮，黄金四目，玄衣朱裳，执戈扬盾，帅百隶而时难（傩），以索室殴（驱）疫。大丧，先柩，及墓入圹，以戈击四隅，殴方良（魍魉）。"这种迷信的打鬼仪式，在古代历久不衰。《后汉书·礼仪志》有关于汉代宫廷大傩的记载："大傩，谓之逐疫。其仪：……方相氏黄金四目，蒙熊皮，玄衣朱裳，执戈扬盾。十二兽有（皆）衣毛角。……以逐恶于禁中。……因作方相与十二兽舞。欢呼周遍，前后省三过，持炬火，送疫出端门。"又，张衡《东京赋》也有洛阳举行傩仪的描述。

从以上文献记载来看，方相氏是傩仪中的头领，其扮相是蒙熊皮或戴上铜制的熊头假面具（即"黄金四目"），手执戈盾，率领由百隶扮成的神兽（即"皆衣毛角"者），通常于冬季进行盛大的驱鬼逐疫仪式。仪式进行过程中，方相氏与神兽一边唱着吓唬鬼怪的歌，一边跳起逐鬼的舞。最后，手持炬火，把鬼疫送出门外，作为傩仪的结尾。遇到“大丧”，即举行天子或诸侯的葬仪时，方相氏率领神兽，在棺柩前面开路；到达墓地后，进入墓圹，“以戈击四隅，殴（驱）方良”。图3·1所绘怪物，其头特大，在人眼的外侧绘有炯炯有神的圆形大目，状若佩戴熊头假面，操戈起舞，脚踩火焰纹，其形貌动作与傩仪中的方相氏十分吻合，故称“方相氏”。图3·2那羊首人身、持戈起舞的怪物，位处方相氏之下，当是由百隶装扮的神兽。在内棺的户牖纹两边画方相氏与神兽，显然寓有辟除不祥，祈求死者遗体免遭方良（传为“好食人肝脑”之鬼）残害的目的。

以上分析如果确切的话，那么，这是迄今所知最早的傩仪图。

引魂升天的羽人（飞仙） 内棺左右侧板于户牖纹左侧方框内，在方相氏和神兽的左边，画两位头生双角、手执双戈、人面鸟身、人腿鸟爪、张翅有鸟尾的怪物（图4·1）。我们认为可以称作“羽人”。

所谓羽人，即长羽毛的仙人。古人认为：人生羽翼，有鸟一般翅膀，即可长生不老，成为仙人。这是剥削阶级贪婪愚昧思想的表现，他们幻想人死之后，灵魂升天，在天上继续享受其剥削生活。战国时期，升仙思想已经颇为流行。例如：《山海经·海外南经》曰：“羽民国，……其为人长头，身生羽。”西晋郭璞注：“能飞不能远，卵生，画似仙人也。”《楚辞·远游》曰：“贵真人之休德兮，美往世之登仙。与化去而不见兮，名声著而日延。……仍羽人于丹丘兮，留不死之旧乡。……载营魂而登霞兮，掩浮云而上征。”东汉王充《论衡·无形篇》也说：“图仙人之形，体生毛，臂变为翼，行于云，则年增矣，千岁不死。”《论衡·雷虚篇》又说：“画仙人之形，为之作翼。”

过去出土的战国画像青铜器及漆器上，就有人面鸟身、臂变为翼的羽人形象。例如：河南辉县琉璃阁M59、M76两座魏墓出土之猎纹壶上，即有羽人形象（图4·2—3），其身旁伫立两只形体甚大的鸾鸟；证以《九叹·远游》有“驾鸾凤以上游兮，从玄鹤与鷦鹏”的词句，此鸾鸟为助魂升仙之神禽，则中间所立之人面鸟身有翼者为羽人无疑。又，河南信阳长台关楚墓（时代约当战国中期）出土彩漆锦瑟上，

图4
战国时代的几种羽人图案
1.曾侯乙墓内棺漆画羽人
2.琉璃阁M59画像铜壶上的羽人
3.琉璃阁M76画像铜壶上的羽人
4.信阳长台关楚墓锦瑟漆画羽人

也绘有人面鸟身、鸟爪张翼的羽人（图4・4）；其旁，有御龙升仙的神人在云气间遨游，从整个画面来看，该羽人的职责是引导死者的灵魂升仙。以此为旁证，可知曾侯乙墓内棺上画人面鸟身、执戈奋翅的羽人，旨在接引并卫护死者的灵魂升仙。

灵魂升天的驾驭物——鸾凤　内棺右侧板紧靠着羽人和方相氏的上框内，绘四只鸡头、蛇颈、振翅张爪、图案味甚浓的大鸟（图5・1）。

图5
战国时代的鸾凤图案
1.曾侯乙墓内棺漆画鸾凤
2.琉璃阁M59画像壶上的鸾鸟
3.琉璃阁M76画像壶上的鸾鸟

《山海经・南山经》曰："丹穴之山……有鸟焉，其状如鸡，五采而文，名曰凤凰；首文曰德，翼文曰义，背文曰礼，膺文曰仁，腹文曰信；是鸟也，饮食自然，自歌自舞，见则天下安宁。"郭璞注引《广雅》云："凤，鸡头、燕颔、蛇颈、龟背、鱼尾，雌曰凰，雄曰凤。"又《说文》引天老曰："凤之象也，鸿前麟后，蛇颈鱼尾，鹳颡鸳腮，龙文龟背，燕颔鸡喙，五色备举；出于东方君子之国，翱翔四海之外，过昆仑，饮砥柱，濯羽弱水，暮宿风穴，见则天下大安宁。"按此棺所绘之大鸟，作鸡头、蛇颈、鱼尾之形，华丽的纹饰与"五采而文"亦颇吻合，其展翼张爪之状亦具"自歌自舞"之姿态，故可称作凤凰（或鸾鸟）。

古人以为：鸾凤既是"瑞应鸟"，又是神仙思想中灵魂升天的驾驭物。如屈原《离骚》曰："鸾鸟为余先戒兮，雷师告余以未具。吾令凤鸟飞腾兮，继之以日夜。"又《楚辞・远游》曰："凤皇翼其承旂兮，遇蓐收乎西皇。"

本文上节述及辉县琉璃阁两座魏墓出土的猎纹壶上，在羽人画像身旁均有助魂升天的鸾鸟（图5・2—3）。此漆棺则在羽人上方画鸾凤，两者在画面上的毗邻表示存有内在联系，故其助魂升天之用意甚明。

朱雀与白虎　在内棺头挡上，于窗棂纹两侧偏下处，画有背向而立的朱雀与相向踞立的白虎（图6・1—2）。朱雀头上有翎，昂首而立，一足曲

图6
战国时代的朱雀、白虎图案
1—2.曾侯乙墓内棺漆画朱雀、白虎
3—4.琉璃阁M75铜鉴上的朱鸟与虎
5—6.燕下都陶壶画纹鸟、虎
7.长台关楚墓漆画朱鸟
8.平山战国墓石刻板虎

举，一足踩在白虎的脊背上；白虎作张嘴吐舌、回首顾盼状。两者姿态颇为雄健。

按朱雀、白虎图像，曾见于辉县琉璃阁M75魏墓出土的刻纹铜鉴、易县燕下都出土的画纹圈足陶壶、信阳长台关楚墓出土彩漆锦瑟及河北平山战国墓出土的刻花石板上（图6・3—8）。

宋玉《九辩》曰："左朱雀之茇茇兮，右苍龙之跃跃。"汉庄忌《哀时命》亦曰："使枭杨先导兮，白虎为之前后。"又贾谊《惜誓》曰："登苍天而高举兮，历众山而日远。……飞朱鸟使先驱兮，驾太一之象舆；苍龙蚴虬于左骖兮，白虎骋而为右骈。"由此可知，在战国至西汉的人们心目中，朱雀、白虎也是卫护灵魂升天的神物。

此外，在窗棂纹旁画虎，还具有驱鬼辟邪之意。王充《论衡・订鬼篇》引《山海经》谈道："门户画神荼、郁垒与虎，悬苇索以御凶魅。"又《后汉书・礼仪志》注引《风俗通》曰："虎者阳物，百兽之长，能击鸷牲食魑魅者也。"《风俗通义・祀典》亦称："画虎于门……冀以卫凶也。"

水神禺彊　内棺头挡两边及左、右侧板之左边方框内，各画一个人面鸟身（鸟身作图案化变形，唯鸟爪较写实）、头生双角、耳边饰两蛇、脚下践两蛇（或不践蛇）之神像（图7・1—2）。

这种神像，过去极少发现。唯一可资比较的是秦都咸阳一号宫殿建筑

图7
战国时代的水神禺彊图案
1－2.曾侯乙墓内棺水神禺彊漆画
3.秦都咸阳一号宫殿建筑遗址水神禺彊画像砖

图8
曾侯乙墓内棺漆画烛龙图案

遗址出土的一块刻纹画像空心砖，其上刻画着一位人面鸟爪、珥蛇骑凤的神像（图7·3），该神的基本形态特征与本棺所绘者相仿。

《山海经·大荒北经》曰：“北海之渚中，有神人面鸟身，珥两青蛇，践两赤蛇，名曰禺彊。”《山海经·海外北经》则曰：“北方禺彊，人面鸟身，珥两青蛇，践两青蛇。”郭璞注：“（禺彊）字玄冥，水神也。”《吕氏春秋·孟冬纪》亦云：“孟冬之月……其神玄冥。”高诱注：“少皞氏之子曰循，为玄冥；师死，祀为水神。”此棺所绘之人面鸟身、珥蛇、践蛇神像，与《山海经》所载水神禺彊的形象相符。漆棺绘此神，可能寓有镇水辟邪祈求获得禺彊呵护的目的。

照耀太阴的烛龙 内棺外壁四周，皆画人面蛇身、腮旁饰有链状神器、头顶上方有二鸟相向而立的怪物；其形象有繁简之别：有的呈人面龙身，有的作人面蛇身；腮旁饰物或呈黑黄相间的条带状，或呈链索状，或作串珠状（图8）。在盖板前后侧沿，此种神像变作兽首或鸟首，但其头顶上方仍保存相向的双鸟，腮边仍有链形饰物，一看便知是上述神像之变形。棺壁画此像总共达十六个之多。

此种神像为以往所未见，颇为费解。

按《楚辞·天问》曰：“日安不到，烛龙何照？”《山海经·海外北经》曰：“钟山之神，名曰烛阴；视为昼，瞑为夜，吹为冬，呼为夏；不饮、不食、不息，息为风；身长千里，在无启之东。其为物人面、蛇身、赤色，居钟山下。”又《淮南子·坠形训》曰：“烛龙在雁门北，蔽于委羽之山，不见天日。其神人面龙身而无足。”高诱注：“委羽，北方名山也。一曰龙衔烛，以照太阴。”棺上画此像，即作人面龙身或人面蛇身而无足之形；其链形饰物之顶端有图案化的光焰纹，颇有“衔烛以照太阴”的意趣；其最繁者（图8·1）龙身盘曲甚长，似文献所载之“烛龙”形象。

能平水土的“土伯” 内棺右侧板左边方框内及足挡中央，各画一人面蛇躯、头生两枚长角的怪物（图9）。我们认为它可能是幽都的主神“土伯”。

《楚辞·招魂》曰：“魂兮归来，君无下此幽都些；土伯九约，其角髯髯些。”王逸注；“幽都，地下后土所治也；地下幽冥，故称幽都。”又注“土伯”曰：“土伯，后土之侯伯也。约，屈也；髯髯……角利貌也。言地下有土伯执卫门户，其身九屈，有角髯髯，主触害人也。”《国语·鲁语》曰：“共工氏之伯九有也，其子曰后土，能平水土，故祀以为社。”本棺所画这种人面而有双角、躯体作两蛇纠绕状的神怪，当系“其身九曲、有角髯髯”的土伯；由于共工氏的氏族以蛇为图腾，故土伯的躯体画作两蛇纠绕之状。棺上画此，祈其“能平水土”并能“执卫门户”也。

图9
曾侯乙墓内棺漆画土伯图案

啖蛇的秃鹫　内棺棺盖前后侧沿、头挡、足挡及左右侧板上，普遍绘有二鸟啄蛇图案，作二鸟对立，鸟喙下有二蛇纠绕之状（图10·1、2）。类似的图案，曾见于辉县琉璃阁出土的两件猎纹壶上（图10·3、4），其鸟似鹤，张喙奋翅，姿态矫健鹰扬，喙下的长蛇已逃不脱被吞噬的命运。湖北江陵望山一号楚墓出土彩漆木雕禽兽座屏上，也有大鸟啖蛇的雕像。又长沙颜家岭楚墓出土的漆奁及马王堆一号汉墓出土的漆画棺上，也有大鸟觅蛇、衔蛇图像，唯构图形式稍异。

西晋崔豹《古今注》（卷中）曰：“扶老，秃鹫也，状如鹤而大，大者头高八尺，善与人斗，好啖蛇。”孙作云先生在《马王堆一号汉墓漆棺画考释》（载《考古》1973年第4期）一文中，曾详尽地论述了古代葬仪中注重护尸防蛇的习俗，并认为上述辉县琉璃阁M59出土画像壶、长沙颜家岭楚墓出土漆奁及马王堆汉墓漆画棺上的大鸟啄蛇画面，都是画的“鹫吃蛇”。曾侯乙墓内棺所绘之种种二鸟啄蛇图案，与琉璃阁魏墓画像壶上的二鸟啄蛇画像如出一辙，因此，我们称之为“秃鹫啖蛇”图案。这种图案表明：葬仪中注重护尸防蛇，是战国时代魏、曾（随）、楚等国共同流行

图10
战国时代的秃鹫啖蛇图案
1—2.曾侯乙墓内棺漆画秃鹫啖蛇
3—4.琉璃阁魏墓（M76、M59）画像壶鹫吃蛇

图11
曾侯乙墓内棺漆画无启图案

的习俗。

死而复生的“无启” 内棺足挡下方，画三位头上生小角，肢体甚壮健的神人，其头颈两侧生长非须非辫之长毛，巍然屹立在由六条长蛇围绕而成的圈框之中（图11）。过去出土的战国画像资料中，尚未见过这种神像。

《山海经·海外北经》曰：“无启之国，在长股东，为人无启。”无启，《大荒北经》作无继，即无须继嗣之意。郭璞注：“其人穴居食土，无男女，死即薶（埋）之，其心不朽，死百廿岁乃复更生。”本棺所画这种神人，四周由长蛇构成密不透风的洞穴之状，头上虽有似须非须、似辫非辫之长毛，而肢体颇为壮健，与郭璞所述之“无启”颇多吻合，因此，我们认为他很可能是无启。漆棺画此神像，与祈望死者得以死而复生、长生不老的升仙思想有关。

除了上述十种主要的图像之外，曾侯乙墓漆内棺棺盖的顶面及左右侧沿、头挡的窗棂纹四周，分别以四方连续或二方连续的形式，画首尾相绕的蟠龙纹；在左侧板的左上方画蟠凤纹，在右侧板上于户牖纹上下及左上角，画窃曲纹。此外，在各种神怪画像之间，还穿插着姿态各异的龙纹、蛇纹、虎纹、鹿纹、鸟纹、穿山甲纹等图案，呈现了如《楚辞·招魂》所说的“蝮蛇蓁蓁，封狐千里”“赤蚁若象，玄蠭若壶”“豺狼从目，往来侁侁”的景象。

二、漆衣箱上的后羿除害图

曾侯乙墓东椁室出土漆木衣箱五件。箱呈长方形，盖隆起，箱盖与器身的四角均有向外延伸的把手，盖顶前后两侧各有一个长方形纽。箱内髹红漆或黑漆；箱外以黑漆为地，用朱漆描绘花纹。其中有一件，在箱盖上按方位写着二十八宿名称，并绘青龙、白虎图像。本文要介绍的一件，箱盖上阴刻“紫锦之衣”四字，并绘有扶桑树、太阳、鸟、兽、蛇和人持弓射鸟的形象，我们认为这是后羿射日、为民除害的神话故事画面（图12、图13）。

图12
曾侯乙墓出土漆衣箱箱盖俯视图

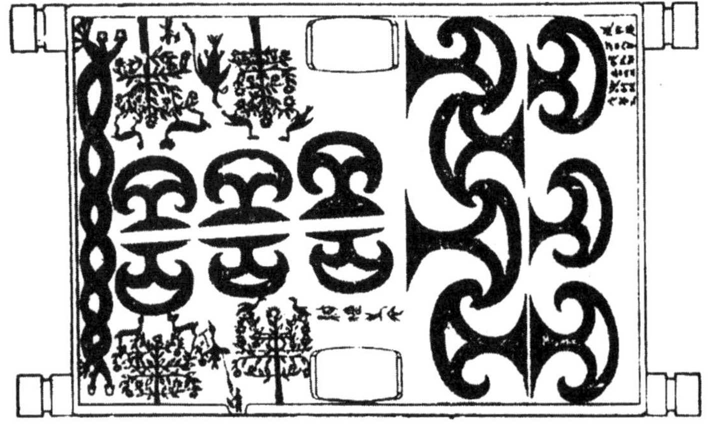

此箱盖中央及右侧，以粗壮的线条绘十三朵形如蘑菇的

云纹；左侧上下两边，各绘两株主干挺拔、枝叶对称的大树，枝端都生长着一朵光芒四射的花朵，花数十一或九不等。一树顶相向栖立两鸟，另一树顶站着两匹怪兽，其一作人面兽身状。右树下画弋射，两树间有一大鸟中箭下坠。一射手腰间佩刀剑。

图13
后羿射日、为民除害图
（曾侯乙墓出土漆衣箱箱盖上所绘图样的局部）

我国古代流行扶桑树及十个太阳更迭出照的神话。《山海经·海外东经》曰："汤谷上有扶桑，十日所浴。在黑齿北，居水中，有大木。九日居下枝，一日居上枝。"《淮南子·地形训》曰："若木在建木西，末有十日，其华照下地。"高诱注："若木端有十日，状如莲华。"晋傅咸《烛赋》则曰："六龙衔烛于北极，九日登曜于扶桑。"长沙马王堆一号汉墓出土帛画上之扶桑，树巅画一正在值班的大太阳，枝间画八个等待更替的小太阳。此漆衣箱上，画在树巅形体稍大的那朵花，当是代表正在值班的太阳，画在枝端的那十朵或八朵花，当是等待更迭的太阳。其数与《山海经》等书所谓"十日"的说法不同，此乃神话歧传的结果。

栖于树顶的两鸟，一种可能是报晓的天鸡（亦称玉鸡）。如《玄中记》曰："蓬莱之东，岱舆之间，有扶桑之树，树高万丈。树巅常有天鸡，为巢于上。每夜至子时则天鸡鸣，而日中阳乌应之。阳乌鸣，则天下之鸡皆鸣。"《神异经》曰："巨洋海中，升载海日。盖扶桑山上有玉鸡，玉鸡鸣则金鸡鸣，金鸡鸣则石鸡鸣，石鸡鸣则天下之鸡悉鸣。"另一种可能是载日的乌鸦，因为《山海经·大荒东经》有"汤谷上有扶木，一日方至，一日方出，皆载于乌"的说法。

传说尧时十日并出，猛兽肆虐，民不聊生；上天的帝俊派善射的羿（或称后羿）降临人间，张弓射日，为民除害。如屈原《天问》曰："羿焉弹日，乌焉解羽……帝降夷羿，革孽夏民。"王逸注："羿仰射十日，中其九日，日中九鸟皆死，堕其羽翼。"《山海经·海内经》曰："帝俊赐羿彤弓素矰，以扶下国。羿是始去恤下地之百艰。"《淮南子·本经训》对于羿的功绩则有更详细的记述："尧之时，十日并出，焦禾稼，杀草木，而民无所食。猰貐、凿齿、九婴、大风、封豨、脩蛇，皆为民害。尧乃使羿诛凿齿于畴华之野，杀九婴于凶水之上，缴大风于青邱之泽，上射十日而下杀猰貐，断脩蛇于洞庭，擒封豨于桑林。万民皆喜，置尧以为天子。"据此，立于扶桑树下的射手即是后羿，中箭下坠的大鸟当是载日的乌鸦，或是如《淮南子·本经训》高诱注所说的"能坏人屋舍"的"大风"。又据《山海经·北山经》载："有兽焉，其状如牛而赤身，人面马足，名曰窫窳，其音如婴儿，是食人。"按"窫窳"即猰貐。画中站在另一树上作人面、兽身、赤色的怪物，即是"状如牛而赤身，人面马足"，有待后羿射杀的"猰貐"。与它相对的那匹野兽，虽然其形态特征不太明确，然而联系后羿的英雄业绩来看，当是"凿齿""封豨"之属。箱盖左边所画的两条双首彘尾大蟒，是被后羿斩于洞庭的"脩蛇"。

三、鸳鸯形漆盒上的乐舞图

鸳鸯形漆盒出自曾侯乙墓西椁室，整体似鸳鸯，颈下有一圆柱形榫头，插入器身，使头部可以转动，其设计构思犹如当今的儿童玩具木鸭。器身雕空；背上有一长方孔，安置着浮雕夔龙纹的器盖；尾部向后平伸，两翅微翘，双足做卷伏状（图14）。器表以黑漆为地，再用朱红、金、黄、灰绿等色彩描绘羽鳞纹、绹索纹、波折纹、对角纹等装饰图案。特别引人注目的是，在器腹左右两侧，于绹索纹组成的长7厘米，宽4.2厘米的小框内，绘着两幅生活气息颇为浓郁的乐舞画面。

图14
曾侯乙墓鸳鸯形漆盒

撞钟击磬图（图15左）画在器腹左侧。画面中央画一架鸟形笋虡，在鸟喙与鸟腿处，置上下两层横梁，上梁悬大小甬钟两枚，下梁悬石磬两枚。画面右侧画一着冠穿袍的乐师，手持长木棒，作撞钟奏乐的姿态。被撞之小甬钟，处在悬带的偏右部位，使横梁与悬带间构成不等腰的三角形，下层的小石磬也

图15
曾侯乙墓鸳鸯形漆盒上的乐舞图
左图：左腹；右图：右腹

呈现不平衡的状态，从而给人以静中有动的感觉，仿佛传来了悠扬悦耳的钟磬声。

击鼓舞蹈图（图15右）画在器腹右侧。画面中央画一虎形鼓座，虎背植木柱，柱端饰羽葆，柱身贯穿着一面建鼓；鼓的右下方，画一道金黄色的短线，证以河南汲县山彪镇魏墓出土画像铜鉴、成都百花潭出土的与故宫收藏的画像铜壶之击鼓鸣金画像，鼓侧之黄色斜道可能是铜锣的侧面形象。画面右侧画一鼓员侧身而立，手执短桴，一上一下，作击鼓鸣金状。画面左侧画一戴冠佩剑的舞师，双臂曲举，高歌起舞；舞师的衣袖用柔软飘洒的曲线描绘，显得婀娜多姿。舞师形体大于鼓员，鼓员注视着舞师，使两者之间具有前后主次、相互呼应的关系。舞师、乐师、鼓员所戴的冠，与信阳长台关楚墓出土锦瑟漆画神像所戴的冠相似。

画面上的这种贯柱建鼓，大概是从商代的楹鼓演变来的。《隋书·音乐志》曰："建鼓，夏后氏加四足，谓之足鼓；殷人柱贯之，谓之楹鼓；周人悬之，谓之悬鼓；近代相承，植而贯之，谓之建鼓，盖殷所作也。"

以建鼓为主要伴奏乐器的舞蹈，称为建鼓舞。这种舞蹈，战国时期已经出现。过去，信阳长台关楚墓出土锦瑟漆画上，其瑟额立墙所绘乐舞图的残存部分，尚可窥见与此盒所画相似的建鼓舞画面。又，南阳汉画像石舞乐百戏图中，也有建鼓舞的画面（图16）。从画面比较中可以看到，战国至汉代的建鼓舞，其共同点是：皆以建鼓作伴奏乐器，建鼓皆画在画面中部；所异者，汉画中是两名鼓员且鼓且舞，作双人舞的形式；战国漆画中，则作鼓员伴奏、舞师独舞的形式，长台关楚墓漆画如此，曾侯乙墓鸳鸯盒漆画亦然，这可能是建鼓舞的早期形式。总之，曾侯乙墓鸳鸯盒上画的这幅舞乐图，是迄今所知年代最早的建鼓舞画面，对于中国舞乐史的研究工作，具有极其重要的价值。

图16
南阳汉画像石建鼓舞图
（2幅）

人们历来在介绍我国战国时期的绘画作品时，几乎没有例外地都要谈到《山海经》和《楚辞·天问》这两部包含着丰富的神话题材，并且和绘画有密切关系的著作。因为古时的《山海经》是画着大量的山川神灵图像的，故又称为《山海图》，晋代大诗人陶潜有"流观《山海图》"的诗句可以佐证。又东汉著名学者王逸在《楚辞章句·天问》中说："楚有先王之庙及公卿祠堂，图画天地山川神灵，琦玮僪佹，及古圣贤怪物行事"，屈原"仰见图画……呵而问之"，遂成《天问》

之作。由于《山海图》早已失传，楚国的庙堂壁画也早已毁圮，所以，人们一直为无从目睹战国时期“琦玮僪佹”的神怪画像而惋惜。近三十年来，从长沙楚墓出土的缯书、帛画，信阳楚墓出土的锦瑟漆画，临淄东周墓出土漆盘彩画，以及汲县、辉县、成都等地出土的战国画像青铜器上，虽然看到了一些战国绘画的端倪，但毕竟材料有限，要勾画出当时的绘画艺术面貌，或进行若干神怪形象的比较研究，都存在很大的困难。如今，有了曾侯乙墓出土的这批内容丰富、保存完好的漆画，极大地开拓了我们的视野，从中看到了为民除害的神话英雄后羿，看到了方相氏率领神兽执戈跳舞的最早的傩仪图，看到了土伯、禺彊、烛龙、无启、秃鹫（扶老）等“山川神灵”的具体形象。漆画创作的这些神怪形象，早于《山海经》《楚辞》的成书年代，从而证实了《山海经》《楚辞》（《离骚》《天问》等）的记载皆有所本。值得强调指出的是：过去发现的战国绘画资料，多系战国中、晚期的作品，战国早期的绘画资料特别缺乏，这批漆画正可以弥补此项不足。因此，曾侯乙墓漆画的出土，对于研究战国初期的美术史，具有特别重大的价值。

这批漆画是采用勾线与平涂相结合的方法绘制的。线条宛转自如，笔力流畅，毫无凝滞之感。构图疏密有致，在鸿篇巨制的漆内棺上，采用了饱满对称而分层次的构图方式，在独幅小品似的箱、盒上，则采用比较疏朗活泼的构图方式。在描绘形象方面，出于装饰图案的需要，舍弃了若干细部形象的刻画，而着力于人物动态及神怪、禽兽、器具特征的塑造，艺术语言是十分洗练的。一个引人注意的现象是：若干神怪形象过分讲究左右对称，明显地保存着从比较抽象的神话概念出发而做图解的痕迹，其形象远不如乐师、舞师等现实人物刻画得优美生动。这种区别表明，艺术家（或称艺术匠师）唯有面向社会生活，外师造化，才能获得艺术表现技巧的进步。在运用色彩方面，既继承了“禹作祭器，黑漆其外，朱画其内”的传统，较多地使用朱、黑两色，同时又增加了石黄、石绿、金、银等颜色，提高了色彩表现力，使漆器更加富丽堂皇。曾侯乙墓出土的漆器说明，战国初年的髹漆工艺已经十分成熟，艺术水平令人惊叹，充分显示了我国古代的艺术匠师具有精深的艺术造诣与卓越的创造才能。

通过这批漆画与他处出土的战国图案的比较，可见曾国（随国）与齐国的建筑形象（如户牖窗棂纹）极为相似；临淄郎家庄东周墓漆器图案“严谨规矩，对称要求高”“与青铜器，金银错有密切关系”的特点，在曾侯乙墓出土的漆器上也有明显的表现。这种现象表明，战国初期齐国与曾国的漆器工艺有着共同的时代风格。以信阳长台关楚墓出土锦瑟漆画与江陵望山M1出土彩漆木雕禽兽座屏、双凤伏虎鼓座为代表的战国中期髹漆工艺，较之上述临淄东周墓及随县曾侯乙墓的漆器图案，显得更为活泼生动，这是因为时代不同，髹漆工艺有了进一步发展的结果。

王逸《楚辞章句》曰："昔楚国南郢之邑，沅湘之间，其俗信鬼而好祠，其祠必作歌乐鼓舞以乐诸神。"曾侯乙墓出土漆画也鲜明地表现了"信鬼而好祠"的习俗；曾侯乙墓漆棺画中有大量"秃鹙啖蛇"图案，江陵望山楚墓出土彩漆木雕座屏上也有大量鸟啄蛇的雕像；曾侯乙墓漆画中的"建鼓舞"及乐师、舞师的冠式，在信阳长台关楚墓锦瑟漆画中都能看到；这就有力地说明了曾国的文化面貌与楚文化是极为一致的，应当说：曾国文化是楚文化的组成部分。通过对曾侯乙墓出土漆画的初步研究，从一个侧面反映了楚文化具有上承商文化的传统、下启秦汉文化的先河的重要历史地位。

此文与祝建华合作写成，原载《美术研究》1980年第2期

信阳楚墓锦瑟漆画简介

图1
锦瑟漆画残块（摹本）
信阳长台关楚墓

《美术研究》1980年第3期所刊锦瑟漆画残片，系1957年信阳长台关一号战国中期墓出土，摹自《河南信阳楚墓出土文物图录》。锦瑟长约100厘米，宽约40厘米，因其瑟面上绘有精美绝伦的漆画（图1），而在战国绘画史上占有重要地位。

锦瑟头部保存画面较多。其左侧立墙上，绘一身着宽袖长袍、双手曲举握缰、牵着两条交尾巨龙的人物；岳山内侧的中间偏左处，也画一戴冠着袍、两手平伸、抓住两条升龙的人物；两者形貌服饰相似。据《楚辞·远游》与《九辩》记载，苍龙是助魂升天的驾驭物。又证以长沙子弹库战国晚期楚墓出土的《人物御龙帛画》及洛阳面粉厂西汉晚期卜千秋墓的墓顶壁画，此漆瑟所绘御龙人物，当是墓主人的形象；其前后侧所绘形体稍小而手执羽葆、立在云端的人物，当是接引墓主升天的方士。右边的另一残片上，绘人面鸟身的羽人，联系战国初期曾侯乙墓漆内棺上的执戈羽人形象，知其职责也是卫护墓主升天。

瑟头岳山内侧的右边及岳山外侧，皆绘射猎图；额部立墙上，绘宴饮、乐舞图。瑟尾部分，亦绘射猎图。多数猎人身着短褐，裸露四肢，或张弓举矛，或率领猎犬，奋勇矫健地追袭虎、鹿、獐、雁、穿山甲等禽兽；另一残片绘猎人负兽而归的景象。

这项漆画采用勾线与平涂相结合的方法绘制在黑漆地上，施加赭、黄、朱红、灰绿、金、银等色表现物像，具有深沉而热烈的格调，代表了当时工笔重彩绘画所达到的高度水平。信阳楚墓的锦瑟漆画，以其刻画形象之生动与构图布局之活泼而著称，比起临淄东周墓和随县曾侯乙墓那过分讲究严谨对称的漆画来，不啻是髹漆工艺在战国中期所取得的一项卓著进步。

原载《美术研究》1980年第3期

绘影图形的楚墓帛画

我国三千多年以前即有肖像画的创作。据《孔子家语·观周篇》记载，在西周的明堂壁画中，既有历史人物“尧舜之容，桀纣之像”，也有当代功臣周公的画像。由于文献的简略，对于西周时期肖像画的创作，现在已无法做出评价了。

春秋战国时期的肖像画，在描绘特定人物的形貌特征与精神气质方面，取得了相当可观的成就。首先，举两则脍炙人口的历史故事为证。

其一是《东周列国志》第七十二回所载“伍子胥微服过昭关”的故事。春秋晚期，昏庸无道的楚平王在奸臣费无极的挑唆怂恿下，妄图杀害逃亡中的伍子胥。他命令宫廷画工绘制若干幅伍子胥的肖像，发往各路关津要冲张挂，准备逮捕他。一天，伍子胥风尘仆仆地来到离昭关（今安徽含山县西北）不远的历阳山，在林间小道上遇见一位素不相识的山村老父。老父张口就问：“您莫非就是伍将军子胥吗？”这一突如其来的提问，使得伍子胥深感惊骇。随后，这位山村老父自我介绍说：“我名叫东皋公，以行医采药为业，附近闻名。数日前，镇守昭关的薳（wěi）将军得了小恙，邀我去治病，在关口上看到过通缉您的榜文和画像，所以，今天一见面就把您认出来了。”不消说，老父自然帮了伍子胥的忙。在这里，人们可以想见，伍子胥的肖像酷肖生动的程度。这说明楚国肖像画的创作达到了高度的艺术水平。

其二是《说苑》所载“敬君图妻”的故事。战国时期，齐王建造九重台，招募国中绘画能手前往绘制壁画。有一位名叫敬君的民间画工，因生活所迫不得不应召。敬君离家日久，思念家中貌美的妻子，遂凭借记忆，背地里在殿壁上画了妻子的肖像。此像画得栩栩如生，形神兼备，以至敬君经常“向之而笑”。

近30年来，湖南、湖北两省发掘到几幅楚墓“铭旌”帛面，为我们了解战国（特别是楚国）肖像画的艺术成就，提供了极其珍贵的实物资料。这里，我们仅介绍长沙出土的两幅。

图1
战国人物龙凤帛画
（墨线图）
长沙陈家大山楚墓

一幅名为人物龙凤帛画（图1），1949年2月在长沙东郊陈家大山的一座楚墓中，由土夫子盗掘出土，后为湖南省博物馆收藏。此画质地为深褐色的平纹绢，高31厘米、宽22.5厘米，画一位细腰长裙，侧身向左、双手合掌作祝祷状的成年妇女，在腾龙舞凤的接引下，向天国飞升的情景。有必要指出：以往的很多出版物中，将这幅帛画误称为人物夔凤帛画。究其原因，是50年代初受科学技术条件的限制，人们不敢清除帛画上的污秽，从而造成最初的摹本有某些局部失真之处。最关键的失真处是：原画左上方躯体两侧各有一足、昂首卷尾、扶摇直上的无角螭龙（《初学记》引《广雅》云："有角曰虬龙，无角曰螭龙"），摹本被绘成头生双角，仅有一足，尾端拖垂，似蛇非蛇的怪物；致使郭沫若先生在《关于晚周帛画的考察》一文中，称它为"夔"，并进而推论帛画描绘的内容是：代表善灵、和平的凤，向象征死亡、战争的夔展开抓拿搏斗，居于画面右下方、双手合十的女子，正在祝祷凤鸟的胜利[1]。到20世纪70年代初期，郭老在《桃都、女娲、加陵》一文中，又说帛画中的妇女，可能是女娲[2]。1980年，有的同志又释此画内容是"丰隆鸾鸟迎宓妃"[3]。这些解释，都是令人难以首肯的。

湖南省文管会的蔡季襄先生于20世纪50年代初即在《晚周帛画的报告》（手抄本）中，提出了"画中的女人是墓主的像"的意见[4]。对楚文化素有精到研究的孙作云先生，于60年代初发表了《长沙战国时代楚墓出土帛画考》[5]再一次提出了"帛画中的女子即是墓主人"的意见，并且认为画面内容是龙凤引导死者的亡灵升天。1977年，金维诺先生在《从楚墓帛画看早期肖像画的发展》一文中，也认为这幅帛画"是画的死者乘龙凤升天的内容"[6]。前几年，湖南省博物馆将此画做了科学处理，清除了污秽，使得图像更加清晰。该馆李正光同志还据以绘制了新的摹本。接着，熊传新同志写了《对照新旧摹本谈楚国人物龙凤帛画》一文，认为此画的"构图和布局，有上、中、下三层。上层为天空，有展翅欲飞和扶摇直冲的凤与龙；中层为妇人，即为墓主人的化身；下层为弯月状物，似为大地"[7]。按古代的神仙思想，龙凤都是引魂升天的驾驭物，屈原《九歌》云："乘龙兮辚辚，高驼兮冲天"，日神东君是"驾龙辀兮乘雷，载云旗兮委蛇”。《九章·涉江》云：“驾青虬兮骖白螭，吾与重华游兮瑶之圃。”《离骚》云：“吾令凤鸟飞腾兮，继之以日夜”，“凤皇翼其承旂兮，高翱翔之翼翼”；刘向《九叹·远游》亦曰：“驾鸾凤以上游兮，从玄鹤与鷦明。”因此，笔者认为孙作云、金维诺等先生对此画所作的考释，是可信的。

另一幅，名为人物驭龙帛画（图2），系湖南省博物馆1973年5月清理长沙东南郊子弹库的一座楚墓时发现的[8]。此墓于1942年曾遭盗掘，以出土过一件珍贵的缯书而闻名于世。人物驭龙帛画以细绢为地，长37.5厘米、宽28厘米；顶边横裹一根细竹条，系有棕色丝绳，可供张挂。画面正中，画一位危冠长袍，侧身向左，神情潇洒，蓄有胡须的中年男子，他左手拥剑，右手握缰，驾驭一舟形巨龙，正向天国飞升。龙尾立一鹤，龙身左下方有一尾鲤鱼。画面上方绘着华盖，三条飘带迎风向右拂动，与人物、龙、鱼的行进方向相呼应，加强了人物驭龙奔腾疾驰的动势。值得注意的是，此画与河南信阳楚墓出土锦瑟漆画中的局部画面，朝鲜大同江郡东汉王光墓出土漆勺上的羽人驭龙图，颇为相似。根据前引《楚辞》中的有关记载，这幅帛画所画肯定也是墓主亡灵驭龙升天的景象。

子弹库楚墓尚存尸骸，经鉴定为中年男性，与该墓出土帛画上的人物性别年龄相吻合；1942年从此墓盗出之铜剑，其形状亦与画中人物所佩者相似。陈家大山楚墓未发现戈、矛、剑等战国时期男子必备的随葬品，而在出土竹简中发现妇女常用的假发，这种情况与该墓出土帛画绘有女性形象的特征亦相符合。再证以长沙马王堆一号汉墓帛画所绘老妪，与该墓出土女尸形貌服饰完全一致的情况，以及《礼记·檀弓》有关用“铭旌”标志死者姓氏身份的记载，则长沙楚墓先后出土这两幅帛画中的男女人像，可以肯定都是墓主人的肖像画。

这两幅帛画，充分展示了战国肖像画的特点。人物肖像皆作全身立像，而且都用正侧面的形象表现，这种艺术处理手法，和现今街头剪影艺人所采用的方法相仿佛，大概是由于正侧面的容貌轮廓最清晰，人物特征最鲜明的缘故。帛画中的人物形象，仪容肃穆，比例匀称，姿态生动。此外，女子衣

图2
战国人物驭龙帛画
（墨线图）
长沙子弹库楚墓

袖边缘用彩锦作装饰，男子头戴切云高冠，均以典型服饰显示出墓主人不同凡响的中等贵族身份。从绘画技巧来看，人物龙凤帛画比较拙稚而富有装饰性；人物驭龙帛画在设色、勾线等方面，已具有很高的艺术造诣，单线勾勒的笔触，显得刚健挺拔、遒劲有力、云流风动；平涂与渲染兼用的上色方法，具有典雅庄重的格调。因此，长沙出土的这两幅战国帛画，堪称中国古代肖像画发展过程中极为重要的里程碑。

原载《文史知识》1983年第2期

注 释

[1] 郭沫若：《关于晚周帛画的考察》，《人民文学》1953年第11期，又载《文史论集》，人民出版社1961年版，第288—298页。

[2] 郭沫若：《桃都、女娲、加陵》，《文物》1973年第1期。

[3] 王仁湘：《研究长沙战国楚墓的一幅帛画》，《江汉论坛》1980年第3期，第83页。

[4] 蔡季襄先生提出的意见，转见郭沫若：《关于晚周帛画的考察》，《文史论集》，人民出版社1961年版，第293、298页。

[5] 孙作云：《长沙战国时代楚墓出土帛画考》，《人文杂志》1960年第4期，第81页。

[6] 金维诺：《从楚墓帛画看早期肖像画的发展》，《美术》1977年第5期，第44页。

[7] 熊传新：《对照新旧摹本谈楚国人物龙凤帛画》，《江汉论坛》1981年第1期，第91页。

[8] 湖南省博物馆：《新发现的长沙战国楚墓帛画》，《文物》1973年第7期。

齐讴女乐 曼舞轻歌

——章丘女郎山战国乐舞陶俑赏析

据山东省文物考古研究所李曰训同志著文介绍，1990年7月，该所在章丘女郎山战国早期大墓墓圹二层台上的1号陪葬坑内，发现一组彩绘乐舞陶俑，由26件人物俑，5种乐器及8只祥鸟组成。人物俑包括歌舞俑、演奏俑、观赏俑等不同种类。姿态有坐有立，身高7.6－8.8厘米，系泥质黑陶捏塑而成，表面保留着鲜艳的彩绘服饰[1]。这组彩绘乐舞陶俑，以保存完整、组合有序、造型生动、风格写实而引人注目，为迄今发现东周陶塑作品之佼佼者，观赏之后，启迪良多。

春秋战国之际，是我国社会由奴隶制向封建制转变的大变革时期。在丧葬习俗上，出现以俑葬逐步取代人殉的社会进步潮流（其初期，人殉与俑葬并存）；木俑、陶俑、石俑及铜俑等象人明器的制作与日俱增，《韩非子·显学》即有“象人百万，不可谓强”的说法，足见当时明器雕塑之兴盛。考古发现与文献记载相符。先此，已发现的东周陶俑，主要有三批。

其一是1956年山西长治分水岭14号墓出土陶乐舞俑与侍婢俑共18件，身高4.6－5.1厘米，造型“或抱或负，或舞或拱，头有髻，足下平齐有一孔”[2]，伴出陶虎1件，年代属战国早期。

其二是1972年山东临淄郎家庄1号齐国殉人墓的6个女性陪葬坑内，出土6组陶塑乐舞俑，多数已经残破，身高约10厘米左右，发髻多残缺，个别尚存偏左高髻，脸面经削刻，用黑彩勾画眉眼，并以红、黄、黑、褐等条纹描绘衣裙，多数细腰长裙，举臂起舞，造型简洁生动，年代属战国初期[3]。

其三是1984年陕西铜川枣庙村5座秦墓，出土泥质彩塑侍卫、侍仆俑8件，身高14－16.5厘米，用红胶泥捏塑而成，脸面扁平，鼻梁突起，鼻孔与嘴巴有的经锥画，眉眼用黑白两色绘成，面部涂粉红彩，穿右衽及地长袍或露方头履，拱手肃立，神态恭谨；伴出陶牛、羊、狗、鸟等17件，年代属春秋晚期[4]。

图1
彩塑泥侍卫俑与泥狗
（摹图）
铜川枣庙春秋晚期秦墓

此外，河南洛阳、辉县，山东平度等地的战国墓，亦曾出土零星的小陶俑[5]。

总体来看，作为象人明器的春秋战国陶俑，尚处于滥觞阶段，形体都比较小，身高在4.6－16.5厘米之间；烧制火候低，有的（如铜川枣庙村出土者）还是未经窑烧的泥俑，故而保存状况普遍不佳。像章丘女郎山这组保存基本完好的陶塑乐舞俑，实属难能可贵。

从陶塑技法来看，东周一般沿袭捏塑加锥画的方法，模制成型法似乎尚未采用。考古资料表明，捏塑加锥画的方法由来已久，从新石器时代到商周时代陶塑人物与动物，都是捏塑锥画而成，不论是裴李岗文化、河姆渡文化、仰韶文化、红山文化、龙山文化（含湖北青龙泉三期文化）等众多遗址出土的陶塑作品[6]，抑或安阳小屯出土的商代陶塑带枷奴隶[7]，成都青羊宫商周遗址出土的陶虎[8]，概莫能外。

从塑造形象来看，史前及商周的陶塑作品讲究左右均衡对称，给人的感觉是庄重有余而活泼不足。陕西铜川枣庙村春秋晚期墓出土的泥塑侍卫俑（图1•1），作拱手肃立姿态，尚保留商代以来讲究均衡对称的造型程式；值得注意的是该处伴出的泥狗（图1•2），“作回首反顾状，双耳上竖，显得异常机警”[9]，这是均衡对称的旧造型程式于春秋晚期开始被突破的重要标志。到了战国时代，在“形具而神生”（语出《荀子·天论》）的审美观念影响下，通过特定的动态去表现特定的人物与动物，逐渐成为雕塑造型的主流，如上述山东临淄郎家庄与山西长治分水岭出土战国初期的陶塑乐舞俑与侍婢俑（图2），浙江绍兴狮子山306号战国墓出土伎乐铜屋内的6个女乐铜俑（图3）[10]，传出洛阳金村、今藏美国弗利尔美术馆的战国举熊铜人，安徽寿县出土铜错银“大府”卧牛与石卧牛，河北平山战国中山王墓出土铜错金银虎噬鹿器座等，都是突破均衡对称程式、造型

图2
陶塑乐舞俑与侍婢俑
出土地点：
1、3.长治分水岭14号战国墓
2.临淄郎家庄1号齐墓

生动活泼的战国雕塑代表作。如果单就陶塑艺术而言，那么，章丘女郎山新出土的这批彩绘陶乐舞俑，无疑是形神兼备、生活气息最为浓郁的战国陶塑佳作，举凡右臂曲举，左臂下垂，引吭演唱的讴歌俑[11]，长袖飘拂，婆娑起舞的舞蹈俑，右臂上举，左臂平伸的伴舞俑，双手执桴的击鼓俑（击建鼓、应鼓者各一），双手持槌的击鼓撞钟俑与击磬俑，神情贯注的抚琴俑，笼袖而立，踌躇满志的观赏俑等，皆具特定的动作与神态，其塑造技巧虽然尚未摆脱滥觞阶段的粗率类型，而洗练概括能力却十分令人赞叹。

图3
伎乐铜屋（右为透视图）
绍兴狮子山306号战国墓

由于象人明器的迅速发展，在艺术实践的基础上，战国时代已经有人运用朴素简洁的语言总结雕塑创作的经验，如《韩非子·说林》引桓赫之言曰：“刻削之道，鼻莫如大，目莫如小。鼻大可小，小不可大也；目小可大，大不可小也。”章丘女郎山出土的这批陶乐舞俑，其鼻、眼都有刮削刻画痕迹，有一件观赏俑，眼眶刻画得格外清晰，眶内以黑彩点出眼珠，显得炯炯有神，和微鼓的鼻梁、锥画而成的小嘴相配合，取得了五官妥帖、神采奕奕的艺术效果，可谓桓赫所论“刻削之道”的生动体现。

图4
彩绘木俑（摹图）
长沙仰天湖战国楚墓

章丘女郎山这批陶俑的服饰，也颇引人注目。男演奏俑均着黑色翘角高冠，其形式与绍兴306号战国墓出土铜插座垫脚承重的“翘角状额饰”[12]颇为相似，与河北平山中山王陪葬墓出土的一组小玉人的牛角形发髻[13]亦较接近，可能是战国时代嬖幐家臣流行的头饰。其余的歌舞俑与观赏俑，几乎全挽偏左高髻，其形式曾见于临淄郎家庄与长治分水岭出土战国舞女俑及负婴侍婢俑的头上（图2•2—3），可见当时伎乐与嬖幐的身份相同。章丘女郎山的歌舞俑与观赏俑均着被体深邃的长衣，其右衽有向后拥掩的续衽钩边，这与长沙附近出土战国彩绘木俑（图4）的服装形式相似，此乃战国时代广泛流行的“深衣”。这组陶乐舞俑，或穿红地白点深衣，或穿灰地红点深衣，或在深衣下露出彩条、花点长裙；临淄郎家庄出土陶乐舞俑，也残留着彩条衣裙，反映了齐国伎乐服饰花纹之共同好尚。相形之下，齐国服饰以朴素典雅为特色，华丽程度稍逊楚国。

最后，有必要探讨8只陶鸟随乐舞陶俑伴出的含义。在我国先秦文献中，屡有关于祥禽善解音乐的说法，如《尚书·益稷》曰："萧韶九成，凤皇来仪。"《韩非子·十过》曰："师旷……援琴而鼓，一奏之，有玄鹤二八，道南方来，集于郎门之垝。再奏之而列。三奏之，延颈而鸣，舒翼而舞。"《初学记》卷第十六引《瑞应图》亦云："师旷鼓琴，通于神明，而白鹄翔。"这8只大陶鸟，半数作蹲立状，另半数作延颈将鸣状，其闻乐来集、与乐曲共鸣的神态刻画得恰如其分，从而烘托了乐舞场面的愉悦欢快气氛。笔者由此联想到浙江绍兴306号战国墓出土的伎乐铜屋模型，其屋顶柱端也赫然栖立着一只大鸟，论者大多认为这是古代越族崇奉鸟图腾之孑遗；令人遗憾的是铜屋内纯粹是娱人的伎乐，有击鼓、吹笙、抚琴、鼓瑟等4名乐伎和2名歌伎，没有祭神场合必不可少的巫觋。因此，将这件伎乐铜屋解释成娱神的演奏场面，将顶柱上栖立之鸟解释为越族的图腾，缺乏说服力。笔者认为，绍兴出土战国伎乐铜屋顶柱上的大鸟，也是闻乐来集的祥禽，也具有艺术烘托的职能，它"以一当十"，其艺术构思与表现手法可谓精练之极。

补记：近阅《考古学报》1993年第1期所载烟台市文管会《山东长岛王沟东周墓群》一文，知1973年冬该会在南长山岛王沟村发掘一座战国早期齐国大墓（编号M10）过程中，于墓坑二层台东南隅，出土彩绘乐舞陶俑及陶塑牲畜共33件，并有2件扁圆形陶鼓伴出。这批乐舞陶俑多数作立姿，呈舒臂屈体舞蹈状；个别作跪姿，似为奏乐者，其造型与临淄郎家庄1号齐国殉人墓出土者相似。此乃先于章丘女郎山出土的又一批战国乐舞陶俑，为"齐讴女乐"的研究增添了宝贵资料，特此附记。

原载《文物》1993年第3期

注　释

[1] 李曰训：《山东章丘女郎山战国墓出土乐舞陶俑及有关问题》，《文物》1993年第3期。

[2] 山西省文物管理委员会：《山西长治市分水岭古墓的清理》，《考古学报》1957年第1期。

[3] 山东省博物馆：《临淄郎家庄一号东周殉人墓》，《考古学报》1977年第1期。

[4] 陕西省考古研究所：《陕西铜川枣庙秦墓发掘简报》，《考古与文物》1986年第2期。

[5] 中国硅酸盐学会主编：《中国陶瓷史》，文物出版社1982年版，第98页。

[6] 参见《中国大百科全书·美术》“中国原始雕塑”条释文，中国大百科全书出版社1990年版，第1160－1164页。

[7] 金维诺主编：《中国美术全集·雕塑编1·原始社会至战国雕塑》，人民美术出版社1988年版，图四六。

[8] 金维诺主编：《中国美术全集·雕塑编1·原始社会至战国雕塑》，人民美术出版社1988年版，图四〇。

[9] 陕西省考古研究所：《陕西铜川枣庙秦墓发掘简报》，《考古与文物》1986年第2期。

[10] 浙江省文物管理委员会等：《绍兴306号战国墓发掘简报》；牟永抗：《绍兴306号越墓刍议》，《文物》1987年第1期。

[11] 《说文》云：“讴，齐歌也。”又《初学记》卷十五引梁元帝《纂要》云：“齐歌曰讴。”

[12] 浙江省文物管理委员会等：《绍兴306号战国墓发掘简报》，《文物》1987年第1期，图三四。

[13] 河北省文物管理处：《河北平山县战国时期中山国墓葬发掘简报》，《文物》1979年第1期，图版柒.4。

秦国质朴尚武精神的生动写照

——咸阳李家堡战国秦墓出土陶骑马俑观感

1997年9月11日在北京中国历史博物馆中央展览大厅隆重开幕的全国考古新发现精品展，集中展示了近年来我国文物考古工作的辉煌成果，体现了中华民族先民的无穷智慧和伟大的创造能力。在众多精美展品中，陕西咸阳李家堡战国晚期秦墓出土的两件陶塑骑马俑（图1），颇使观众驻足称羡。

我记得1995年秋天，中央电视台曾在《新闻联播》节目中首次播映过这两件陶塑骑马俑出土时的几个镜头，它那风姿绰约、古朴生动的造型，以及早于秦始皇兵马俑的古老年代，给我留下难忘的印象。相隔不久，《光明日报》于同年10月12日在第2版以显著版面刊登了记者杨永林同志题为《我国秦文化考古又有重大发现》的新闻报道。据说，1995年3月至8月，陕西省暨咸阳市文物考古研究所在咸阳东郊李家堡，发掘清理了一处

图1
陶塑骑马俑
战国晚期
咸阳李家堡57号秦墓

规模巨大的战国晚期秦国平民墓葬区，随葬品以陶器为主，出土文物1650件，其中有175件工艺精美的铜带钩。“在57号墓中，出土了两件高约20厘米的骑马俑，马为泥质灰陶，无鞍，俑骑于马上，面部平而圆，用利器刻画出眼睛和嘴巴，头戴毡帽，上身穿袍，腰间束带，手作握缰状，神态沉静，古拙大方，简练生动，这是目前我国发现的时代最早的骑马俑。……除了对研究秦始皇兵马俑的起源和中国雕塑史具有重大意义外，对秦兵种和民族大融合的研究也有重大价值”。笔者基本上赞同杨永林同志的以上描述与评价。下面所谈的几点观感，如果能对杨永林同志的评价有所补充，我就很高兴了。

首先，人们关切的是艺术品的表现内容。从这两件骑马俑的姿态与装备来看，笔者认为它们所塑造的是战国晚期秦国材官骑士的形象。

据《史记·秦本纪》的记载，秦人是从养马起家的。传说秦人祖先“造父以善御幸于周穆王”。周孝王时，秦人祖先非子被周王室“召使主马于汧渭之间，马大蕃息”。春秋时代，秦国保持着擅长养马的传统，秦穆公在位时，秦国出了伯乐、九方皋两位著名的相马专家。

骑兵的应用，始于春秋末期。战国时代，战争方式由车阵作战逐步改变成步骑兵的野战和包围战了[1]。公元前260年，秦、赵长平之战，“秦奇兵二万五千人绝赵军后，又一军五千骑绝赵壁间”[2]，说明战国晚期的秦国，骑兵已发展壮大成独立兵种。

战国中晚期，各国普遍实行郡县征兵制，军队分正规军与地方武装两部分。战士都要经过选拔训练，通常称为“材士”“材官蹶张之士”或“材官骑士”。据《战国策·东周策》记载，秦武王三年（前308），秦使甘茂伐韩宜阳，称宜阳守军为“材士十万”。《汉旧仪》云：秦国“民年二十三为正一岁，以为卫士一岁，为材官骑士，习射御、骑驰、战阵。”《汉书·百官公卿表》亦云：“郡尉，秦官，掌佐守典武职甲卒”，“常以八月太守、都尉、令长、丞、尉会都试材官骑士，习骑驰、战阵，课殿最。”

咸阳李家堡57号秦墓出土的这两件陶塑骑马俑，陶马造型矫健，鼻孔颇大，按照民间相马经的说法：“鼻大则肺大，肺大则能久行。”可见这是能够奔驰千里的良驹。跨坐在马背上的骑士，体形伟岸，神态自若，作左手前举握缰，右手下垂策马状，塑造了秦国材官骑士正在练习骑驰、战阵，或者正在执行首都警卫巡逻任务的状态。

其次，从骑士的服饰来看，赵武灵王于战国中期后段倡导的“胡服骑射”，到战国晚期已风靡秦、赵、燕、韩等国。

《史记·赵世家》载：赵武灵王十九年（前307）实行"胡服骑射"，"以备燕、三胡、秦、韩之边"。这是一项旨在抗击林胡、楼烦、东胡等北方游牧民族侵扰，适应战争方式改变（用骑兵代替车战）而推行的服饰改革，具有深远意义。其具体方法是废除商周以来的裘裳，改穿便于骑马的短衣、长裤和靴，腰带用金属的带钩扣系，比过去要结扎的绅带快捷美观得多。此项服饰改革，虽然一度遭到公子成、赵文、赵造等贵族保守势力的反对，终因其顺宜便用，很快得到推广。

传出洛阳金村，今藏日本永青文库的战国中晚期错金银狩猎纹铜镜[3]，有一组表现骑士刺虎豹的装饰画面。骑士头戴鹖冠，全身披甲，左手握缰，右手持短剑，英姿勃勃地向虎豹刺去（图2）。论及此纹饰者通常认为这是东周或韩国骑士着胡服的珍贵形象资料。咸阳李家堡57号秦墓出土的陶塑骑马俑，骑士头戴翻檐武冠，上身着窄袖右衽齐膝长襦，双腿呈穿裤着靴状，腰间系带，堪称战国晚期更加典型的秦国胡服骑射形象。据《战国策·秦策五》的记载，公元前250年吕不韦、华阳夫人、子楚（秦庄襄王）谋划"夺嫡立庶"时，曾刮起秦人好楚服之风。这两件陶骑马俑的骑士服饰未受此风影响，其年代下限当不晚于公元前250年。咸阳李家堡秦国平民墓地出土175件铜带钩，亦可说明胡服在秦国的普及程度。

需要附带指出的是：在赵武灵王倡导"胡服骑射"的历史背景下，穿胡服者多数不是胡人。杨永林同志在新闻报道中说："有些学者从造型上认为骑马俑为胡人。"笔者不赞成这种说法。因为骑马俑"面部平而圆，用利器刻画出眼睛和嘴巴"，鼻梁的横断面呈等腰三角形等造型特征，完全继承了陕西铜川枣庙村春秋晚期秦墓出土泥塑侍卫、侍仆俑[4]的造型特点；毫无疑问，两者所塑造的都是古代关中秦人的形象。目前是否有典型

图2
战国错金银狩猎纹铜镜之骑士刺虎豹图（墨线图）
传出河南洛阳金村
今藏日本永青文库

的胡人俑形象资料可供比较呢？回答是肯定的，那就是传出洛阳金村，今藏日本永青文库的银质胡人俑（图3）[5]。此俑高8.9厘米，身穿之胡服与咸阳李家堡57号秦墓出土陶骑马俑之服饰颇为相似，而脸面五官刻画得更加细腻，那炯炯有神的目光与微微鼓起的嘴巴，颇具剽悍骁勇之神态。这与陶骑马俑的沉静自若风貌，可谓判然有别。

图3
银质胡人俑
战国
传出洛阳金村
今藏日本永青文库

第三，从秦国的陶塑骑马俑与东方六国（主要是齐、晋、楚等国）陶塑或木雕乐舞俑及侍婢俑的横向比较来看，咸阳李家堡秦墓新发现的陶塑骑马俑，堪称秦国质朴尚武精神的生动写照。

文献记载与考古发现表明，陶俑、木俑等象人明器（亦称冥器）萌生于我国社会由奴隶制向封建制转变的东周时代[6]。据不完全统计，迄今见诸正式报道的东周陶俑与木俑已有九批，现摘要列表如下：

年代归属	出土地点	国别	质地	内容与数量	高度（cm）
春秋晚期	山西长子县牛家坡7号墓	晋	木俑	侍卫、侍仆俑4件	68
春秋末期	陕西铜川枣庙村秦墓	秦	泥俑	侍卫、侍仆俑8件	14-16.5
春秋末至战国早期	山东临淄郎家庄1号墓	齐	陶俑	男侍俑、女乐舞俑6组	10
战国早期	山西长治分水岭14号墓	晋	陶俑	乐舞、侍婢俑18件	4.6-5.1
战国早期	山东长岛王沟村10号墓	齐	陶俑	男女乐舞俑28件、动物5件	5-11
战国早期后段	河南信阳长台关1号墓	楚	木俑	男女侍俑与乐舞俑11件	60-65
战国早期后段	河南信阳长台关2号墓	楚	木俑	男女侍俑与乐舞俑10件	62-64
战国中期	山东章丘女郎山1号墓	齐	陶俑	男奏乐俑、女歌舞俑、观赏俑26件	7.6-8.8
战国晚期	陕西咸阳李家堡57号墓	秦	陶俑	材官骑士俑2件	20

以上资料表明，东周时代的秦国象人明器，塑造侍卫、侍仆、材官骑士等形象，尚武精神特别明显。齐国与楚国的陶、木俑，多刻画乐舞与侍仆、侍婢形象，反映了齐、楚两国的统治者沉溺于声色享乐的精神状态。晋国介于两者之间，侍卫侍仆俑与乐舞侍婢俑并存。

再从陶、木俑身上的彩绘服饰来看，铜川枣庙春秋末期秦墓出土的泥塑侍卫侍仆俑，身着黑色右衽长袍，仅在领缘、衣襟处绘饰红色小圆点；咸阳李家堡战国晚期秦墓出土的材官骑士俑，通体呈灰褐色，仅在冠檐、右衽长襦之领缘、袖口、边缘等处的堆贴泥条上施红彩，其质朴风格可谓一脉相承。齐、楚两国的陶、木俑身上的彩绘与漆绘花纹极为鲜艳细腻，有的身着绢衣，奢靡之风甚为突出。

战国中期，秦孝公任用商鞅实行变法之后，在奖励耕战，有功者显荣的政策感召下，形成了“勇于公战”的尚武精神。战国晚期，赵人荀况曾于公元前267年至前252年入秦考察。《荀子·强国篇》记其观感曰：“入境，观其风俗，其百姓朴，其声乐不流污，其服不挑……”咸阳李家堡57号秦墓出土的陶骑马俑，用生动形象的雕塑语言，表现了战国晚期秦国质朴尚武、锐意进取的精神面貌。秦始皇兵马俑那“示强威，服海内”的艺术构思，从这两件战国骑马俑的身上，不难看到思想源头。

原载《文物天地》1998年第1期

注 释

[1] 杨宽：《战国史》，上海人民出版社1955年版，第138页。

[2] 《史记·白起列传》。

[3] 《中国战国时代の美术》，日本大阪市立美术馆1991年版，封面彩图。

[4] 陕西省考古研究所：《陕西铜川枣庙秦墓发掘简报》，《考古与文物》1986年第2期。

[5] 《中国战国时代の美术》，日本大阪市立美术馆1991年版，封面彩图、第16页。

[6] 黄展岳：《东周俑葬与人殉》，《文物天地》1997年第5期；又见拙稿《齐讴女乐，曼舞轻歌——章丘女郎山战国乐舞陶俑赏析》，《文物》1993年第3期。

第三单元　秦汉美术

秦汉美术史
（前221年至220年）

秦、西汉（含新莽）、东汉三个朝代，是中国统一的多民族封建国家建立与巩固时期，也是我国民族艺术风格确立与发展的极为重要的时期。

公元前221年，秦始皇嬴政统一中国，定都咸阳，建立了我国历史上第一个中央集权制的封建大帝国，在政治、经济、文化等领域，进行一系列改革，如推行郡县制，统一文字、货币、度量衡，修筑驰道等，对社会发展具有进步作用；秦朝的统治者还高度重视造型艺术，使其为宣扬统一功业，显示王权威严的政治目的服务，在建筑、雕塑、绘画等方面，都取得了极其辉煌的成就。由于秦代刑政苛暴，赋役繁重，阶级矛盾迅速激化，秦传至二世即被陈胜、吴广领导的农民大起义推翻，代之而起的是西汉王朝的建立。

西汉初期的统治者鉴于秦王朝覆灭的教训，采取了轻徭薄赋、安抚百姓等缓和阶级矛盾的措施，使社会经济获得恢复和发展。景帝三年（前154）平定吴楚七国之乱，中央集权制得到巩固与加强。武帝执政时期（前140至前87）是西汉王朝的鼎盛时期，凭借雄厚的国力，反击了匈奴族的侵扰，先后开辟通往西域及南海的道路，扩大了汉帝国的疆域，促进了汉族与周围各少数民族的融合，密切了中、外经济文化的交流。在意识形态方面，汉初尚沿袭战国时代百家争鸣的余波，流行黄老神仙之说；武帝时期，为了维护大一统的封建秩序，采纳董仲舒的建议，罢黜百家，独尊儒术。西汉的武帝、昭帝、宣帝时期，视美术为表彰功臣的有效方式，在大型纪念性雕塑、宫殿壁画等方面，建树颇多。

西汉晚期，土地兼并加剧。东汉时期，豪强地主的大庄园经济恶性发展。为了强化封建依附关系，统治者鼓吹唯心主义的“天人感应”论及“符瑞”说，标榜忠、孝、节、义等封建伦理道德。据《初学记》卷二十五引《七略别录》的记载，成帝时期的刘向，既参与辑校《列女传》，还绘制列女传屏风。东汉明帝则指令班固、贾逵整理经史故事，作为“尚方画工”的美术创作题材。士大夫画家在东汉画坛上崭露头角。汉代实行“察举孝廉”制度，助长了“生不极养，死乃崇丧”（王符《潜夫论·浮侈篇》）的厚葬陋习，遂使壁画墓、画像石及画像砖墓广泛流行，美术反映现实生活的广度与深度显著增强。

秦汉时代处在中国封建社会的上升时期，造型艺术表现了广阔无垠的宇宙意识，体现了浪漫主义和现实主义相结合的精神，它那深沉雄大的气魄，在中国美术史上放射着夺目的光彩。

一、绘画艺术

秦汉时代的绘画艺术，大致包括宫殿寺观壁画、墓室壁画、帛画、工艺装饰画等门类。兼有绘画与雕刻两种特点的画像石与画像砖，将另列一节进行介绍。

（一）宫殿寺观壁画

秦汉时代的宫殿衙署，普遍绘制壁画。或以精美的图案和阔绰的画面，显示封建统治的威严；或以借物寄情的手法，标榜吏治的“清明”；或图绘历史故事，作为成败得失的鉴戒；或绘制本朝功臣肖像，作为臣僚励志的楷模。

图1
秦宫壁画车马图
咸阳宫三号建筑遗址

秦宫车马仪仗壁画遗迹　20世纪70年代中后期，在今咸阳市东郊窑店镇牛羊村北原上，先后发现两处绘有壁画的秦宫遗址：其中，画面保存较多的是第三号遗址一处联结宫殿的长廊，在长32.4米、残高0.2—1.08米的廊道坎墙残垣上，绘着长卷式的车马出行、仪仗人物、楼阙、树木、麦穗等图像；七组车马，皆作四马驾一车的组合形式（图1），马的颜色有枣红、黄、黑之别，仪仗人物服饰有褐、绿、红、白、黑等不同色彩。此幅秦宫壁画，画面内容与形式布局和

湖北荆门包山大冢出土战国漆奁盖上的“车马出行图”（或称“王孙亲迎图”）颇多相似，当属封建贵族礼仪活动的写照；壁画人物形象稍嫌粗犷拙稚，但总体气势颇为煊赫壮观。此外，第1号秦宫遗址则发现彩绘流云纹及菱格几何纹壁画残块，当是秦宫锦绣被墙习俗的反映。

西汉宫殿寺观壁画　西汉统治者提倡绘画为政教服务，宫殿壁画逐渐兴盛。文帝三年（前177）在未央宫承明殿，画屈轶草、进善旌、诽谤木、敢谏鼓，借以标榜吏治“清明”。《汉官典职》云：“明光殿省中，皆以胡粉涂壁，紫青界之，画古烈士。”汉初，不少同姓诸侯王也绘制宫殿壁画，其中以鲁恭王刘余营建的鲁灵光殿壁画内容最为丰富。王延寿《鲁灵光殿赋》云：“图画天地，品类群生，杂物奇怪，山神海灵，写载其状，托之丹青。……上纪开辟遂古之初，五龙比翼，人皇九头，伏羲鳞身，女娲蛇躯。……焕炳可观，黄帝唐虞，轩冕以庸，衣裳有殊；下及三后，婬妃乱主，忠臣孝子，烈士贞女。贤愚成败，靡不载叙，恶以诫世，善以示后。”

武帝时，在甘泉宫诏画教子有方的金日磾母（休屠王阏氏）肖像壁画。宣帝甘露三年（前51），在麒麟阁绘制包括霍光、张安世、赵充国、苏武等11人的功臣图壁画。《论衡·须颂篇》云：“宣帝之时，图画汉列士，或不在于画上者，子孙耻之，何则？父祖不贤，故不画图也。”由此可见麒麟阁功臣图壁画影响深远。

东汉宫殿寺观壁画　东汉明帝“雅好图画”，绘制宫殿寺观壁画之风尤盛。据《后汉书·马皇后纪》云：汉明帝曾偕同马皇后观览宫中画室，内有娥皇、女英、陶唐、帝尧等古代帝后像壁画。又据《后汉书·马武传》记载，明帝永平年间（58—75），在雒阳南宫云台进行了我国历史上第二次大规模图绘开国功臣的壁画创作，即绘制“云台二十八将”。明帝还派遣使臣蔡愔、蔡景赴西域寻求佛法，从月氏偕天竺高僧摄摩腾、竺法兰携佛经及释迦像东还雒阳，遂于雒阳西门（雍门）外建白马寺，寺壁曾绘千乘万骑群象绕塔图，此乃中国佛教寺院壁画之肇始。

东汉郡尉府舍及学堂也有壁画。《后汉书·郡国志注》云：“郡府厅事壁诸尹画，肇自建武，讫于阳嘉，注其清浊进退。”同书《南蛮西南夷列传》亦云：汉章帝时，益州“郡尉府舍皆有雕饰，画山神海灵奇禽异兽以炫耀之，夷人益畏惮焉。”又据同书《蔡邕传》载：灵帝“光和元年，置鸿都门学，画孔子及七十二弟子像”。另据《玉海》记述，汉献帝时所立的成都学，有“益州刺史张收，画盘古三皇五帝、三代君臣与仲尼七十弟子于壁间”。

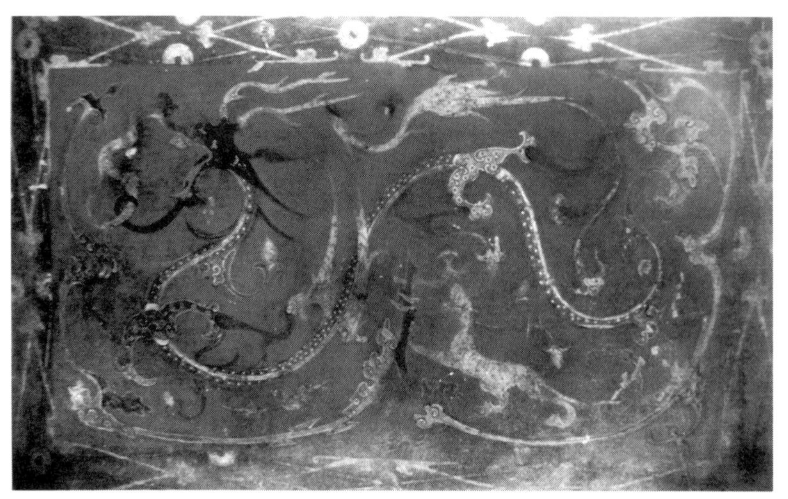

图2
梁王墓主室顶部壁画
巨龙升天图
西汉中期
永城柿园

（二）墓室壁画

秦代的墓室壁画遗迹，迄今尚未发现。《史记·秦始皇本纪》所载，始皇陵地宫“上具天文”，估计墓室顶部绘有天象图壁画。

汉代墓室壁画的发现，始于20世纪20年代初，传出河南洛阳八里台的那组空心砖壁画，是有关西汉墓室壁画的首次重要发现。1931年，辽宁金县营城子壁画墓的清理，揭开了了解东汉墓室壁画的序幕。新中国成立之后，除河南、辽宁继续有重要发现之外，汉墓壁画的分布范围已扩大到广东、河北、山东、江苏、山西、内蒙古、陕西、甘肃等省、自治区，迄今见诸正式报道者达30余处。在发展阶段上，可以划分为西汉前期、西汉后期、新莽时期、东汉前期、东汉后期五个阶段，为探讨汉代绘画艺术发展状况，提供了最重要的实物资料。

西汉墓室壁画　西汉前中期的墓室壁画，以1988年发现于河南永城柿园的梁王墓和1983年发现于广州象岗山的南越王墓壁画为代表。两者均为“凿山为室”的山崖石室墓，构筑于汉武帝初年。梁王墓主室顶部及西、南壁，彩绘着青龙、白虎、朱雀等瑞兽神禽（图2），以及灵芝、荷花、云朵、菱形图案等内容；巨龙长约5米，形态矫健，色彩绚丽，十分壮观。南越王墓前室顶部及四壁，有朱墨彩绘的流云纹壁画，图案蜿蜒缭绕，装饰效果颇佳。

西汉晚期墓室壁画，在洛阳、西安、武威等地共发现五座。其中以洛阳发现的三座最为重要，皆用大型空心砖和小砖混合构筑而成，除“八里台汉墓”因属盗掘而缺乏墓型资料外，卜千秋墓与烧沟61号墓皆坐西朝东，平面略呈“六”字形，壁画绘于空心砖构筑的主室脊顶、门额、后壁或隔墙上，题材有日月星象、驭龙升天、驱鬼逐疫及历史故事等。

卜千秋墓坐落在现今洛阳市面粉厂内，由20块空心砖砌筑的主室脊顶，绘男墓主持弓乘龙、女墓主捧鸟乘三头凤，在持节方士与仙女的导引下，由仙禽神兽卫护升仙的景象（图3），形象活泼生动，勾线流利挺秀，构图繁而不乱，显示出纯熟的绘画技巧。

烧沟61号西汉壁画墓，以保存着精美豪放的历史故事画而著称。前室脊顶绘天象，隔墙正面，花砖部位绘四神及傩仪场面，楣额部位绘长卷式“二桃杀三士”的故事（故事载《晏子春秋·内篇谏下》）。画面上，齐景公的威严，侍卫们的恭顺，晏婴的机智，三壮士的恃勇寡谋与舍生取义的悲壮举动，都描绘得淋漓尽致（图4）。后室后壁上方，绘长卷式的“鸿门宴”故事（另说此图描绘“大傩”准备场面），画面表现了戏剧性的矛盾冲突，人物众多，各有不同的性格刻画，赋彩典雅，格调庄重豪放，代表了西汉绘画艺术的成就。

图3
卜千秋墓主室顶部壁画
升仙图中的伏羲、女娲
西汉晚期
洛阳

传出洛阳八里台，今藏美国波士顿博物馆的五块壁画空心砖，其结构形式酷肖烧沟61号壁画墓的主室隔墙。画面人物众多，主题内容尚待研究。其中比较清晰的一组人物，似属迎宾拜谒场面，笔致洗练洒脱，艺术水平与烧沟61号壁画墓相伯仲。

新莽时期墓室壁画　迄今在洛阳金谷园、山西平陆、陕西千阳、咸阳龚家湾等地，发现新莽时期壁画墓共五座。此时最流行的壁画题材是日月星象与四神，此乃天人感应论和谶纬迷信说极度泛滥的产物。在平陆与千阳的新莽壁画墓中，有庄园坞壁、牛耕牧畜等画面，当是封建庄园经济日益壮大的写照。

东汉墓室壁画　东汉前期壁画墓，在河南洛阳邙山与金谷园、山东梁

图4
烧沟61号汉墓隔墙楣额壁画
历史故事（墨线图）
西汉晚期
洛阳

图5
营城子汉墓壁画门吏
东汉前期
金县

山后银山、辽宁金县营城子共发现四座。壁画题材沿袭西汉晚期以来的传统，仍以日月天象、四神、祝祷升天为主，值得注意的是出现了门卒属吏、车骑出行、男墓主家居宴饮等新内容，生活气息明显增强。1981年在洛阳邙山石油化工厂发现的东汉前期壁画墓，前室顶部绘人面蛇身的羲和捧日和常羲捧月，墓门旁边绘冠帻门吏，线条流利劲健，色彩鲜艳明快，绘画功力甚佳。1931年在辽宁金县营城子前牧城驿发现的东汉砖券壁画墓，结构复杂奇特，主室南门上方绘驱鬼噬蛇的强梁及神虎，室内门洞上方绘辟邪的魌头，门洞两侧画执刀拥彗或持棨戟的门吏（图5），主室后壁绘巨幅的祝祷墓主升天图，画面包括羽人、方士、仙鹤、苍龙、祥云、墓主与侍童、设祭祝祷的家属等众多形象，表现了题材内容的新变化。此墓所绘之门吏，形貌威武，笔法豪放，最足称道。

东汉后期墓室壁画遗例极为丰富，在河北、河南、内蒙古、辽宁、江苏等省区共发现20多处。大型多室墓颇流行，反映了封建贵族生前拥有“连栋数百”的情景。壁画题材主要是标榜墓主人生前地位的属吏与出行车马仪卫，有的还画出幕府官邸。燕居场面通常以墓主夫妇并坐宴饮、观赏乐舞的形式出现，还有描绘庄园坞壁的农牧业生产，标榜封建道德的圣贤、孝子、列女、义士等历史故事画，艺术水平十分高超。日月天象及神禽瑞兽已退居次要地位。河北望都1号汉墓前室左右两壁绘属吏20余人（图6），布局严谨，形象高大，人物性格鲜明，比例准确，堪称东汉壁画最优秀的代表作；河南偃师杏园村汉墓壁画车骑出行图，场面宏大，构图富有节奏，赋彩鲜丽典雅，艺术水平十分出色。内蒙古和林格尔东汉壁画墓，保存画面超过100平方米，壁画题材非常丰富，有从“举孝廉时”到“使持节护乌桓校尉”的显赫车马仪仗，有繁荣昌盛的城池幕府，有各逞技能的乐舞百戏，有农耕放牧的庄园生产，有繁忙丰盛的庖厨宴饮，还有榜题明确的孝子列女等画面，仿佛一部生动形象的东汉社会百科全书。

图6
望都1号汉墓壁画属吏
东汉后期

（三）汉代帛画

汉代画在缣帛上的绘画作品颇多，因历尽沧桑，遗存极少，正如唐人张彦远《历代名画记》卷一“叙画之兴废”所云：“汉武创制秘阁，以聚图书。汉明雅好丹青，别开画室；又创立鸿都学，以集奇艺，天下之艺云集。及董卓之乱，山阳西迁，图画缣帛，军人皆取为帷囊，所收而西七十余车，遇雨道艰，半皆遗弃。”

20世纪70年代，在湖南长沙马王堆、山东临沂金雀山的汉墓发掘中，出土几幅西汉帛画，有的用作殡仪中的旌幡，表现引魂升天的场面；有的则描绘了迎宾、祭神、健身体操等景象，为研究汉代绘画增添了珍贵的资料。

长沙马王堆汉墓，位于长沙东郊，是西汉初期长沙国丞相、轪侯利仓及其家属的坟墓。1972年发掘的一号墓，墓主人是利仓的妻子“辛追”，年约50岁。随后发掘的二号、三号墓，墓主人分别为轪侯利仓及其儿子。利仓卒葬于汉惠帝二年（前193）或稍后；其子卒葬于文帝十二年（前168）；辛追卒葬年代则稍晚于其子。

图7
马王堆一号汉墓旌幡帛画
西汉前期
长沙

马王堆一号、三号墓的内棺棺盖上，均覆盖着“T”字形旌幡帛画（图7），全长2米许，构图基本相同，分三段描绘了天上、人间、地下的景象。上段描绘日、月、升龙及人面蛇身的始祖神，象征天上境界；中段绘墓主人出行、宴飨等人间生活；下段绘神怪、龙蛇、大鱼、大龟等地下（阴间）的生物，其主题思想是引魂升天。这两幅帛画，在艺术处理手法上具有鲜明特色。首先，在构图上，通过穿壁的蛟龙，将人间、地下两部分连成一体，又通过昂扬的龙首与迎候在天门的司阍，构成升天的气氛，使画面的三部分有机地联系起来；其次，将墓主画在旌幡中心部位，并且通过跪迎与随从婢仆的衬托，显示出墓主人的高贵身份；墓主形象或画成正侧面，或画成五分之三的半侧面，形貌服饰皆刻画得惟妙惟肖；各种神禽异兽，姿态矫健活泼，勾线流畅挺拔，设色庄重典雅，展示了西汉绘画所达到的卓越艺术水平。

临沂金雀山九号汉墓出土的长条形西汉帛画，亦属旌幡性质，上部画日、月及仙山琼阁；中部画宴乐、迎宾、纺绩、校武等人间生活；墓主人为一位贵族老妪；下部画龙虎等神怪形象。此画用“没骨”与勾勒相结合的方法绘成，反映了汉画技法的多样性。

新莽至东汉的旌幡帛画，呈现出简化趋势。例如甘肃武威磨嘴子54号及23号汉墓出土约属新莽时期的绢麻柩铭，上端绘金乌、蟾蜍或金乌、蛟龙为代表的日月，写明墓主人的籍贯姓名，以代替繁复的人物画面。54号墓柩铭为“姑臧东乡利居里壶”，23号墓柩铭为“平陵敬事里张伯升之柩，过所毋哭”。

（四）工艺装饰画

秦汉时代，施于漆器、铜器、陶器上的装饰性绘画颇为发达。描绘题材，既有几何纹或动植物纹的图案，也有表现现实社会生活、历史故事及神怪形象的画面；章法或疏或密，格调自由奔放，蕴含着蓬勃的生机。

秦代的工艺装饰画，以湖北云梦睡虎地秦墓出土的双龟单凤纹漆盂、江陵凤凰山秦墓出土的人物纹漆梳篦为代表；后者在梳篦的圆拱形柄部两面，分别描绘着歌舞、宴饮、角抵、送别等生动景象，人物婉约多姿，构图明快醒目。值得注意的是秦代工艺绘画作品，还有今藏美国克利夫兰美术馆朱绘贝壳内的车骑田猎画面，其四马驾一车的形制及画法，酷肖咸阳3号秦宫遗址壁画中的马车。这几件作品都是玲珑小巧之物，但是，在方寸之间，却显示着大匠风度，体现了秦代绘画的水平。

西汉的工艺装饰画，技艺益加成熟。长沙马王堆一号墓出土的神怪瑞兽云气纹漆棺，长沙砂子塘西汉墓出土的舞女图与车骑出行图漆奁（图8），画面内容丰富，色彩庄重华丽。江陵凤凰山八号汉墓出土的神怪（禺

图8
漆奁车马出行图（摹图）
西汉
长沙砂子塘

彊）武士纹漆龟盾，色彩对比强烈，图像颇为醒目。连云港海州西汉侍其繇墓出土的乐舞图漆奁，武威磨嘴子48号墓出土的车马、舞蹈纹漆尊，则以人物姿态生动而见长。临沂金雀山周宽墓和连云港海州西汉墓还出土熊虎相斗纹漆砚盒，色彩艳丽，气氛热烈。

西汉漆画亦施于铜器装饰上，例如广西贵县罗泊湾出土铜提梁竹节筩和铜盆，外壁有漆绘的人物校武田猎纹，十分耐人寻味。西安白家口、红庙坡与广州象岗山南越王墓，先后出土三面彩绘或漆绘铜镜，其中以西安红庙坡出土的彩绘人物车马画像镜保存状况较好，彩绘分里外两圈：纽座旁的里圈，在浅绿的底色上，画蔓草团花图案；紧靠连弧纹的外圈，在朱红的底色上，画谒见、宴享、射猎、游归等生活景象，画面情节连贯，构图富于节奏，艺术水平颇佳。此外，河北定县西汉墓出土的错金银瑞兽流云纹铜管（图9），图案内容丰富，物象生动活泼，代表西汉装饰性绘画构图饱满、格调富丽的特点。

洛阳、咸阳、长沙、临沂等地的西汉墓，还出土不少彩绘陶壶，通常绘饰流云纹，或在壶肩部位画四神图案。洛阳的彩绘陶壶，还有以人面虎身、人画鸟身等神怪形象入画者，亦有彩绘骑士射猎场面者。

东汉的工艺装饰画，以朝鲜平壤南井里（东汉乐浪郡）彩箧冢出土的古烈士孝子图漆箧（图10）、王光墓出土的三熊纹漆盘最为精美。漆箧所绘众多人物，彼此顾盼传神，漆画技艺十分熟练，这批漆器系成都、广汉等地所制造。此外，河南荥阳、密县出土东汉陶仓楼上彩绘的观舞图与纳租图，也是生活气息浓郁的绘画作品。

图9（左）
错金银瑞兽流云纹铜管
西汉
河北定县41号墓

图10 （右）
古烈士孝子图漆箧
东汉
朝鲜平壤南井里彩箧冢

二、画像石与画像砖

画像石与画像砖是遗存丰富、很有特色的秦汉美术史资料。艺术匠师以刀代笔，在坚硬的砖石面上，创作了众多精美的图像。因作品兼具绘画、雕刻两种因素，故单列一节进行扼要介绍。

（一）汉画像石

画像石是雕刻着不同画面，用于构筑墓室、石棺、享祠或石阙的建筑石材。根据现有资料，画像石萌发于西汉武帝时期；新莽时期有所发展。东汉时期，画像石分布地区扩大，形成四个中心区：（1）山东、苏北、皖北区；（2）豫南、鄂北区；（3）陕北、晋西北区；（4）四川地区。此外，北京、河北、浙江海宁等地也有零星发现。

西汉晚期画像石　西汉晚期画像石在山东、豫南两地均有发现。山东沂水鲍宅山的凤凰刻石，上有“元凤”“三月七日”“凤凰”等榜题刻字，画面为阴线刻成的两只简率的凤凰；河南南阳赵寨砖瓦厂画像石墓石门扉与石门柱上雕刻的楼阁、门阙图像，题材比较单调，技法属凹面阴线刻，雕造于昭、宣时期；山东汶上新莽天凤三年（16）画像石，也称“路公食堂画像”，画面为阴线刻成的车骑出行图；河南唐河湖阳始建于天凤五年（18）的汉郁平大尹冯君孺人画像石墓，墓室结构呈周绕回廊的“回”字形，东接带南北两车库的甬道，全部用石材构筑，墓内雕刻着三十余幅画像，有描绘社会现实生活的迎宾拜谒、驯虎骑象、乐舞杂技，有反映升仙思想的羽人、应龙、四首人面虎，还有护卫墓主安宁的蹶张、青龙、白虎、朱雀、铺首衔环等神怪。雕刻技法主要是减地浅浮雕，阴线刻者仅有一石。综观此墓画像石，具有布局疏朗、主题突出、内容丰富、形象质朴等特点，纪年明确，堪称新莽时期画像石墓的最佳遗例。

东汉前期画像石　在山东地区，以肥城栾镇村汉章帝建初八年（83）画像石、长清孝堂山石祠及南武阳石阙画像石为代表。孝堂山石祠位于长清县孝里铺村南的山顶上，旧讹传为西汉孝子郭巨为其母所建之享堂。北魏郦道元《水经注》卷八“济水”注曰：“（巫山）在平阴东北……今巫山之上有石室，世谓孝子堂。”石祠为南向的单檐悬山顶两开间房屋，内有游人题刻多则。石梁西面有“平原湿阴邵善君以永建四年四月二十四日来过此堂叩头谢贤明”的题记，其雕刻技法和边框图案酷肖肥城栾镇村建初八年画像石，故而推断孝堂山石祠建造于东汉章帝、和帝时期（76—

105）。祠内石壁及三角形石梁上，布满精美画像，有神话传说、天文星象、历史故事（周公辅成王、泗水取鼎），也有封建贵族朝会、出行、迎宾、征战、献俘、狩猎、庖厨、百戏等生活场面，具有东汉早期精练质朴的风格特点。

河南南阳地区的东汉早期画像石，以南阳扬官寺和唐河针织厂发现的两座画像石墓为代表。唐河针织厂汉画像石墓，平面呈“回”字形，画像内容颇为丰富，有范雎受袍、晏子见齐景公、二桃杀三士等历史故事，还有伏羲女娲、虎吃女魃、四神、天象、击剑等画面。雕刻技法主要采用物象外留有粗犷凿纹的浅浮雕，布局简洁疏朗，物象鲜明醒目，具有古朴豪放、深沉雄大的风格特点。

陕北、晋西北地区的画像石，多属东汉中期，分别发现于绥德、米脂、榆林、神木、离石等地，画像主要刻在门楣、门框及门扇上，内容较单纯，有牛耕、放牧、车骑出行及东王公、西王母等。

东汉后期画像石　在河南南阳地区，以襄城茨沟汉顺帝永建七年（132）画像石墓、南阳东郊李相公庄汉灵帝建宁三年（170）许阿瞿墓为代表，两者皆属砖石混合结构墓。前者有二龙穿璧、翼龙、翼虎、神熊、游鱼、蟾蜍等石刻画像，后者有孩童（墓主许阿瞿）观赏游戏乐舞、执笏门吏、铺首衔环等石刻画面，艺术风格趋向粗放简率。

山东、苏北地区的东汉后期画像石，以创建于东汉桓帝时期的山东嘉祥武氏石祠、安丘画像石墓、沂南画像石墓及江苏徐州茅山画像石墓等为代表。

武氏石祠位于山东省嘉祥县武宅山村西北，早在宋代即为金石学家所重视。其中的武梁祠画像，最初著录于北宋赵明诚的《金石录》，南宋洪适在《隶释》中录其榜题文字，在《隶续》中采录部分画像。大约在元代至正四年（1344），当地遭受特大水患，武氏祠遂被掩埋地下。及至清乾隆五十一年（1786）九月，浙江钱塘人黄易官济宁运河同知时，亲历其地，主持发掘，武氏祠诸石方重见天日。

武梁祠为面北的单檐悬山顶单开间石结构房屋，由东、西山墙、南墙（后墙）及屋顶前后两坡等五块石材组成。据《隶释》卷十六所录“武梁碑”的记载，祠主武梁，字绥宗，曾任州从事，卒于汉桓帝元嘉元年（151），终年74岁；其子仲章、季章、季立及长孙子侨“竭家所有”，购运南山名石，建造了这座祠堂，全部石刻画像出自“良匠卫改”之手。绝大多数人物故事画面有隶书榜题。

西壁画像（图11）分五层：第一层为山墙锐顶部分，刻西王母和奇禽异兽，西王母作蓬发戴胜状，画面右方有玉兔捣药场面。第二层，自右至左（下同）刻伏羲、女娲、祝融、神农、黄帝、颛顼、帝喾、尧、舜、禹、桀等古代传说中的始祖及帝王图像。第三层，刻曾母投杼、闵子骞失棰、老莱子娱亲、丁兰刻木等孝子故事。第四层，刻曹沫劫齐桓公、专诸刺吴王、荆轲刺秦王等义士故事。第五层，刻车骑人物。

东壁画像亦分五层：第一层山墙锐顶部分，刻东王公、仙人及奇禽异兽。第二层，刻代赵夫人、梁节姑姊、齐义继母、京师节女等列女故事。第三层，刻三州孝人、义浆羊公、魏汤、赵□□、孝孙（原穀）等孝子故事。第四层，刻要离刺庆忌、豫让刺襄子、聂政刺韩王、无盐丑女钟离春等义士、列女故事。第五层，刻庖厨及县功曹迎处士场面。

图11
武梁祠西壁画像
东汉
嘉祥武宅山

南壁（后壁）因无锐顶部分，故而画像分作四层：第一层画像与东西两壁的第二层画像取齐，刻梁高行拒聘、鲁秋胡戏妻、鲁义姑姊、楚昭贞姜等列女故事。第二层，刻柏榆受笞、邢渠哺父、董永佣作侍父、田章孝母、朱明友悌、忠孝李善、金日磾拜谒阏氏像等孝子故事。第三层，中央刻楼宇燕居，楼上端坐一妇女，旁有持镜、捧杯、执便面的侍女四人；右方刻蔺相如奉璧于秦、范雎辱魏须贾故事；左方刻七人画像，居中三人身份高贵，其右二人作跪禀状，左二人手持便面躬身侍立，无榜题，故事不明。第四层，中央为通连第三层之楼宇下层，室内画四人，室外两侧各画一人，近年有人释此图为“楚群臣绝缨图”。两侧为向左方行进的车骑人物。武梁祠屋顶前后坡，皆刻祥瑞图案。

图12
荆轲刺秦王画像
东汉
嘉祥武氏祠左石室

武氏祠前石室与左石室的石刻画像，其题材内容及艺术风格和武梁祠相仿，不同处在于增加了泗水取鼎、孔子见老子、孔子门生等历史故事，并有水陆攻战、鱼龙曼戏、仙人出行、雷神出行等繁复生动的构图，神话色彩更加浓郁。左石室所刻“荆轲刺秦王”（图12），画面保存较完整，它和“泗水取鼎”一样，都具有贬斥秦王的含义，是汉代最流行的画像石刻题材。

武氏祠石刻画像皆用减地平雕加阴线刻的技法雕成。作者擅长抓取历史故事矛盾冲突的高潮，并且善于运用必要的景物以交代特定的环境，人物之间的呼应关系也处理得非常出色。例如：

闵子骞失棰（图13）刻画长幼三人及一马一车，车有裎有盖；车上坐一长者，榜题“子骞父”，车旁立一童子，榜题“子骞后母弟”，车后一青年跪地向长者禀事，榜题“闵子骞与假母居，爱有偏移。子骞衣寒，御车失棰”。师觉授《孝子传》云：“闵损，字子骞，鲁人，孔子弟子也，以德行称。早失母，后母遇之甚酷，损事之弥谨。损衣皆藁枲为絮，其子则绵纩重厚。父使损御，冬寒失辔；后母子御则不然。父怒诘之，损默然而已，后视二子衣，乃知其故，将欲遣妻。谏曰：‘大人有一寒子，犹尚垂心。倘遣母，有二寒子也。’父感其言乃止。”（转引自《太平御览》卷四一三）画面刻画闵子骞跪地向父亲进谏的那一瞬间，其父作左手扶毂，转身以右手抚子骞脖颈状，表现了其父醒悟后愧爱交加的怜子之情。

再如孝孙（原穀）（图14），画面有老壮少三人，居中之少年作躬身收舆、回首答话状，上方榜题“孝孙”二字；右侧一中年人作一边挥

图13（左）
闵子骞失棰画像
东汉
嘉祥武梁祠西壁

图14 （右）
孝孙原穀画像
东汉
嘉祥武梁祠东壁

手，一边质问少年状，上方有横列之“孝孙父”三字榜题；左侧有一偻身跽坐、面朝右方的老人，后上方榜题“孝孙祖父”四字；画面左上角刻画一只飞鸟。由于榜题仅交代三人之长幼辈分，未标姓名，故事内容长期悬而未释。按传出洛阳，今藏美国堪萨斯城纳尔逊美术馆的北魏孝子画像石棺，其右帮刻有“孝孙原穀”画面，原穀挟抱之木舆，形状与此相同。由此证明汉武梁祠石刻画像中的“孝孙”，必为原穀。《太平御览》卷五一九引萧广济《孝子传》曰：“原穀者，不知何许人。祖年老，父母厌患（恶）之，意欲弃之。穀年十五，涕泣苦谏；父母不从，乃作舆舁弃之。穀乃随收舆归。父谓之曰：‘尔焉用此凶具?’穀云：‘后父老不能更作得，是以取之耳。’父感悟愧惧，乃载祖归侍养，克己自责，更成纯孝，穀为纯孙。”武梁祠这段“孝孙（原穀）”石刻画像，采用独幅画的形式表现，情节构图比洛阳北魏孝子棺更加简洁，画面抓取原穀一边收舆，一边用犀利的语言回答其父质问的那一瞬间；背景没有刻画山石草木，仅用一只飞鸟以表示孝孙祖父已被舁弃到人迹罕至的荒野；原穀在中心部位，既突出了故事的主角，又便于和祖父、父亲相互呼应。总之，孝孙原穀和闵子骞失棰，都是情景交融、简洁醒目的汉画佳作，值得后人研究、借鉴。

四川地区的汉画像石，均属东汉后期物，艺术风格明显地受南阳画像石的影响。成都羊子山一号墓出土由8块石材拼接而成的《出行、宴乐画像石》，画面纵高45厘米，横长1120厘米，刻画了封建贵族连车列骑的出行场面及尊案罗列、百戏杂陈的宴乐活动，现藏重庆市博物馆，是四川汉画像石的优秀代表作。

（二）秦汉画像砖

画像砖是秦汉时期的一种建筑装饰构件。秦代至西汉初期，画像砖多用于装饰宫殿府舍的阶基，西汉中期以后，画像砖主要用于装饰墓室壁面；东汉是画像砖艺术的鼎盛时期。

秦代的画像砖用模印和刻画两种方法制成，形状分大型空心砖和实心的扁方砖两类。陕西临潼、凤翔等地出土的模印画像砖，是在砖坯未干时，用预先刻成的印模捺印而成的，花纹凸起。1957年陕西临潼出土的狩猎纹画像砖，印着骑马射猎图。传出凤翔，今藏西北大学的秦代宴享纹画像砖，印着宴享宾客和苑囿景色等画面。临潼出土，今藏陕西省博物馆的一块侍卫宴享、射猎纹画像空心砖，是迄今发现秦代模印画像空心砖的代表作。在临潼秦始皇陵附近，还发现一种模印几何纹的铺地方砖。此外，在咸阳秦宫遗址，曾出土刻画龙凤图像及人面鸟身、珥蛇佩璧的水神（禺彊）画像空心砖，线刻流利生动，仿佛“骞翥若飞”。

今藏陕西省博物馆的一块侍卫瑞璧纹模印画像空心砖，约属西汉初期物，砖面中央为铺首图案，左右两侧印着亭阙侍卫及绶带瑞璧，侍卫作双手捧盾状，状貌颇威武；上下边框部位，印着鱼龙嬉戏及菱格纹图案。1965年发掘咸阳杨家湾西汉初期墓的兵马俑坑，发现回字纹与菱格纹的模印铺地方砖。此外，咸阳、兴平还先后出土浮雕感甚强的青龙、白虎等四神画像砖。

河南洛阳邙山南麓西汉中后期墓出土的模印画像空心砖，多数采用阳模，印成的画像多呈凹陷的阴线；少量使用阴模，画像线条鼓凸。画像题材有执戈门吏、持戟武士、迎宾拜谒（图15）、骑士射猎、驯马（图16）、驯虎、扶桑、珠树、大雁、大犬、朱雀、玄鹤、门阙、铺首、几何纹花边等。综观洛阳西汉画像砖，以线条简洁有力、形象生动传神而著称。

图15（上）
迎宾拜谒画像砖
西汉中后期
洛阳邙山

图16（下）
驯马画像砖
西汉中后期
洛阳邙山

东汉画像砖以河南、四川两省出土最多。河南郑州南关一座两汉之际的空心砖墓，用两块模印着庭院画像的空心砖封门，阴线与阳线兼用的巨幅画面，将封建贵族的深宅大院与阔绰生活，表现得相当具体，构图技巧显著提高。淅川出土的持节人物画像砖，人物造型准确生动，画面具有浮雕效果。这种浮雕式的模印画像砖，新野县东汉后期墓出土甚多，其中以泗水取鼎、鼓舞、盘舞及表演履索、寻幢与杂技戏车等画像最足称道。

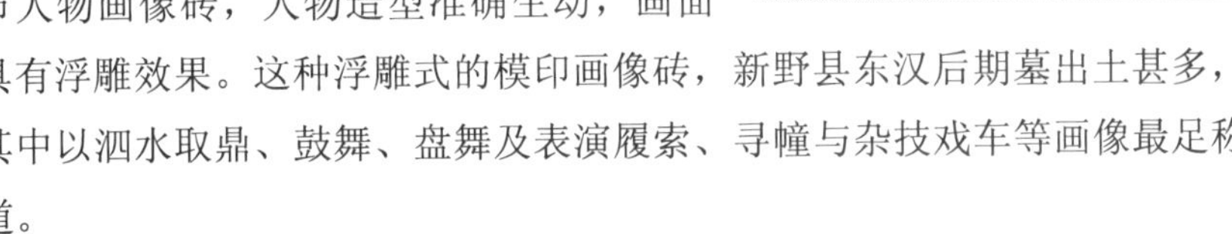

艺术造诣最高的是四川成都一带出土的东汉后期画像砖，皆为实心的方砖（40厘米×40厘米）或长方砖（46厘米×27厘米左右），画面一次模印而成，构图完整生动，与陕西、河南一带多模印成的汉画像砖大异其趣。四川画像砖在题材内容方面也独树一帜，除少量神话内容（如西王母、伏羲女娲、日月神、仙人戏鹿等）之外，绝大部分刻画现实生活，其中既有表现墓主生前社会地位的门阙仪卫、车马出行、经师讲学、宴饮观舞等场面，也有若干反映封建庄园经济农副业生产活动及集市贸易活动的

图17（上）
弋射收获画像砖
东汉
大邑

图18（下）
荷塘渔猎画像砖
东汉
彭县

画面，风格清新隽永，乡土气息特别浓郁。代表作有弋射收获画像砖（成都、大邑均有出土，图17）、荷塘渔猎画像砖（彭县出土，图18）、播种画像砖（德阳出土）、盐井画像砖（成都、邛崃均有出土）、桐园画像砖（成都出土）、市井画像砖（广汉、新都均有出土）、伍伯画像砖（彭县出土）、车骑过桥及宴饮观舞画像砖等。

三、雕塑艺术

秦汉时代，随着统一的中央集权制封建国家的建立、巩固与发展，国家的财力与人力高度集中，为雕塑艺术的繁盛开辟了广阔的前景。秦汉王朝的统治者，将雕塑艺术视作宣扬统一功业、显示王权威严、美化陵园建筑、纪念功臣将帅的有力工具，在陶塑、石雕、木雕、青铜铸像及工艺装饰雕塑等方面均有辉煌的建树，成为中国雕塑史上的第一个高峰。现分类摘要介绍如下：

（一）威武雄壮的秦代陶塑兵马俑

秦始皇陵坐落在陕西省临潼县骊山北麓。《史记·秦始皇本纪》记其营建经过曰：“始皇初即位，穿治骊山；及并天下，天下徒送诣七十余万人，穿三泉，下铜而致椁，宫观百官奇器珍怪徙藏满之。”

1974－1976年，在秦始皇陵东垣外的临潼西杨村南边，约当东陵道之北侧，先后发现三座埋藏大型陶塑兵马俑的从葬坑。其中，呈长方形的一号坑，东西长230米，南北宽62米，总面积达1.3万平方米；坑内作土棱与巷道栉比相间布局，东端设开阔的前厅；巷道与前厅部分，整齐有序地埋藏着与真人真马等高的陶塑兵马俑，按其密度推算，总数达6000余件。这项重大发现，被誉为“世界第八奇迹”。第二、三号坑的规模较小。

从各坑的结构形制及所藏兵马俑的装备情况来看，一号坑象征以战车和步兵混合编组的主体部队；二号坑为弩兵、战车、骑兵穿插组成的混合部队；三号坑是统领一、二号坑的军事指挥部。它们是秦代禁卫军的真实写照，在总体设计上，既担负着守卫陵园的象征职能，又是对秦始皇完成统一中国这一历史功业的纪念。

为数众多的陶塑兵马俑（图19），通过严谨的布局，排列成面向东

图19
秦始皇陵兵马俑（一号坑）
秦
临潼西杨村

方、气势磅礴、威武雄壮的军阵场面，再现了秦军奋击百万、战车千乘、军容整肃、勇于攻战的宏伟气派。这是秦代造型艺术取得划时代成就的标志。

秦俑的主要艺术特点是：崇尚写实，手法严谨；性格鲜明，形象生动；在总体布局上，利用众多直立静止体的重复，造成排山倒海的气势，使人产生敬畏而难忘的印象。

（二）简洁生动的两汉陶俑和陶塑动物

“汉承秦制”（《晋书·刑法志》），西汉前期，从皇帝到某些军功显赫的将领、诸侯王或贵戚，也用陶塑兵马俑随葬，以炫耀其生前地位与权力，其大宗者，已发现三批。

第一批，1950年在陕西咸阳东郊狼家沟汉惠帝安陵十一号陪葬墓的从葬坑中，发现数十件陶塑彩绘武士俑，分射击俑和步兵俑两类；射击俑作昂首侧身、举臂投射状，姿态极为生动。

第二批，1965年秋在陕西咸阳杨家湾汉墓从葬坑中，出土骑兵俑500多件，步兵俑1800多件（图20）。骑兵俑通高68厘米，步兵俑高44－48厘米，多数敷彩，造型洗练，神态威武，装备精良，反映了文、景时期国力增强，骑兵壮大的概貌。

第三批，1984年冬在江苏徐州狮子山西麓发现三座长条形兵马俑坑，挖掘出数以千计的陶塑兵马俑。以一号坑为例，南北宽2米许，东西长约

图20
杨家湾汉墓兵马俑
西汉前期
咸阳

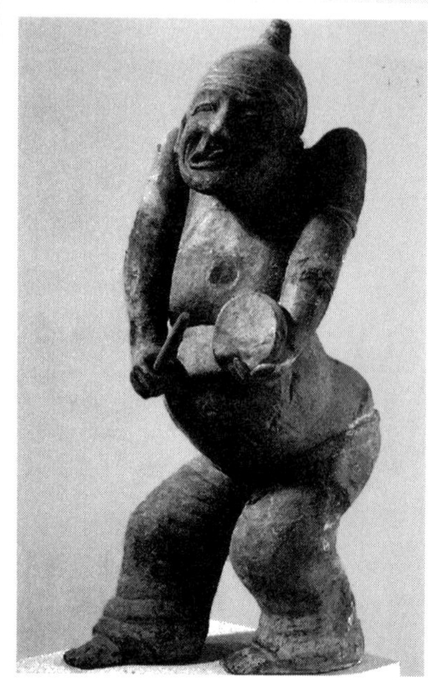

28米；兵马俑排列成密集的多路纵队，一律面向西方，立俑高42厘米，跪坐俑高25—28厘米，皆戴头盔，穿战袍；弓弩手背箭壶，步卒作持械状，神态机警肃穆，气势咄咄逼人，展示了西汉前期某代楚王拥兵逞骄的面貌。

西汉陶塑侍女俑，以西安东郊姜村白鹿原出土者最为娴静俊美。舞女俑以西安白家口出土者最为出色（图21），长袖飘拂，舞步轻盈，体态极为洒脱。山东济南无影山西汉墓出土的乐舞杂技陶俑盘，则以塑造欢快热烈气氛而著称。总的看来，西汉陶俑长于刻画动态，艺术手法趋向简洁概括。

东汉陶塑题材扩大，形象愈加生动传神。河南陕县刘家渠和淅川出土附有众多部曲家兵的陶水榭，反映了豪强地主惶恐不安的心态。广东佛山澜石圩出土陶水田模型，表现了东汉农夫插秧运肥的辛勤劳作。四川成都天回山出土的击鼓说唱俑（坐式）和郫县出土的立式说唱俑（图22），将民间说唱艺人兴高采烈、自我陶醉的神情，刻画得惟妙惟肖，令人过目难忘，堪称东汉陶塑杰作。

两汉的陶塑动物，例如陕西兴平马嵬坡出土的西汉釉陶狗及陶马，四川乐山斑竹湾出土的东汉陶马驹，河南辉县百泉出土的东汉陶母子羊等，都是极富生活情趣的优秀遗例。

（三）深沉雄大的汉代石刻

据《三辅黄图》“渭桥”条记载，秦始皇统一中国后，为适应政治形势发展的需要，对秦昭王时建筑的横桥进行加固扩建，在施工中，因“重不能胜，乃刻石作力士孟贲等像”，用以激励服役工匠的士气；同书“五柞宫”条又记载，秦代营建骊山陵园时，曾雕刻一对“头高一丈三尺”的石麒麟，开后世陵墓前雕造大型石兽之先河。令人遗憾的是，这两项秦代大型石刻未能保存至今。

图21（上）
舞女俑
西汉
西安白家口

图22（下）
立式说唱俑
东汉
郫县

西汉雕塑艺术的新成就，突出地表现在大型纪念性石刻及园林、陵墓装饰雕刻上。

赵佗先人墓附近之踞坐石人　我国现存最古老的大型石刻，是1985年在河北石家庄西北郊小安舍村发现的一对踞坐石人，皆用青石雕成，其一为男像，高174厘米；另一为女像，高160厘米。两像造型相似，皆为椭圆脸，尖下巴，大眼直鼻小口，头戴平巾帻，腰间系带，作双手抚胸踞坐状，身上无衣纹。其踞坐姿态及古朴风格，与西汉昆明池石刻牵牛、织女像相近，而与山东曲阜及四川都江堰等地出土作站立姿态的东汉石人相异。石像所在地距西汉南粤王赵佗先人墓（在赵陵铺村东）仅3000米。《史记·南越列传》与《汉书·两粤传》均有汉文帝元年（前179）为了怀柔远方，曾遣人赴真定修治赵佗先人墓的记载。因此，这一对石人当是汉文帝初年特地为赵佗先人冢雕刻的；之所以刻成一男一女，可能代表赵佗的考妣。这项发现，使我国现存的古代大型石雕人像提前半个世纪，具有极重要的学术价值。

西汉昆明池石刻牵牛、织女像 我国现存年代次早的一组大型石刻，是原存陕西长安常家庄村北的牵牛像和斗门镇内的织女像（图23），系汉武帝元狩三年（前120）在上林苑“发谪吏穿昆明池”时所雕造。牵牛像高258厘米，整体作踞坐状，上身微向左扭，眉宇间表现出刚毅憨厚的性格；织女像高228厘米，双眉蹙锁，作笼袖罢织姿态。此项创作题材，来源于《牛郎织女》这则美好而古老的神话传说。班固《西都赋》曰：“集乎豫章之宇，临乎昆明之池。左牵牛而右织女，似云汉之无涯。”这两件石像皆用花岗岩雕成，造型简洁，风格古朴，堪称我国古代园林景观雕塑的第一座丰碑，亟待加强保护。

霍去病墓石刻 这是西汉纪念碑性质的一组大型石刻，现存陕西兴平道常村西北，系汉武帝元狩六年（前117）少府属官“左司空”署内的优秀石刻匠师所雕造。

据《史记·卫将军骠骑列传》记载，霍去病自幼善骑射，从元朔六年（前123）18岁任骠姚校尉开始，到元狩四年（前119）为止，五年之内六次率军反击匈奴侵扰，为解除匈奴对西汉王朝的威胁，为打开通往西域的道路，建立了不朽功勋，深受汉武帝器重，初封冠军侯，晋封骠骑将军。这位青年将军，不幸于元狩六年（前117）病逝，年仅24岁。噩耗传来，朝野震悼。汉武帝特地在茂陵东面不远处，选定霍去病的墓址，“为冢象祁连山”，以纪念元狩二年（前

图23
牵牛、织女像
西汉元狩三年（前120）
长安汉昆明池遗址

图24
立马
西汉元狩六年（前117）
兴平茂陵霍去病墓前

121）霍去病在河西战役中取得的关键性胜利。

现存的霍去病墓石刻，包括立马（图24）、卧马、跃马（图25）、卧虎、卧象、石蛙、石鱼（2件）、野人、母牛舔犊、卧牛、人与熊、野猪、石蟾等14件，另有题铭刻石2件，全部用花岗岩雕成。作者运用循石造型的艺术手法，巧妙地将圆雕、浮雕、线刻等技法融会在一起，刻画形象以恰到好处、足以表现客体特征为度，绝不作自然主义的过多雕镂，从而加强了作品的整体感与力度感，堪称“汉人石刻，气魄深沉雄大”的杰出代表。

原置于墓冢周围的各种石刻动物，烘托出霍去病战斗生涯的艰苦。其中，列于墓冢前面的立马石刻，是这项纪念碑群雕的主体。在这件高168厘米的主题雕刻中，作者运用寓意手法，以一匹气宇轩昂、傲然卓立的战马来象征骠骑将军；以战马将侵扰者踏翻在地的典型情节，来赞颂骠骑将军在抗击匈奴战争中建树的奇功；那仰面朝天的失败者，手中握有弓箭，尚未放下武器，这是告诫人们切不可放松警惕。这件作品的外轮廓，雕刻得极其准确有力，马头到马背部分，做了大起大落的处理，形象十分醒目；马腹下不作凿空处理，这虽是技术的局限，但加强了作品的整体感和厚重、稳定的感觉。总之，立马石刻是思想性与艺术性完美统一的典范，是西汉纪念碑雕刻取得划时代成就的标志。

图25
跃马
西汉元狩六年（前117）
兴平茂陵霍去病墓前

东汉石人 东汉石刻人像多采用方柱形石材雕成，具有凝重雄健的格调。典型遗物是四川都江堰出土汉灵帝建宁元年（168）雕刻的李冰石像（图26），此像作立姿，高290厘米，形貌雍容大度，它既是一尊历史名人纪念像，又被用作观测水位的“水则”，其前襟与两袖部位有隶书刻铭。属石翁仲性质者，有东汉安帝元初五年（118）用方柱形石材雕成的河南登封中岳庙前两件石人，以及原存山东曲阜张曲村，传鲁王墓前的一对石人，其神态肃穆恭谨。山东邹县汉匡衡墓前石人，高约120厘米，用沙石雕成，双手叠置胸前，也作站立姿态。此外，江苏东海昌梨水库一号汉墓的高浮雕母抱婴蜀柱、山东安丘画像石墓的高浮雕多人物蜀柱，则以形象活泼著称。

东汉石俑，以河北望都二号墓（入葬于汉光和五年，即公元182年）出土，今藏中国历史博物馆的石刻骑马俑最为完好。通座高79厘米，表现某位买鱼沽酒、骑马而归者的怡然自得神态；马腹与基座之间已作镂空处理，标志着圆雕技艺益发成熟。重庆及峨眉、芦山等地出土的东汉石俑，以表现题材多样为特色。

图26
李冰石像
东汉建宁元年（168）
都江堰

东汉石兽　东汉石刻的新成就，主要体现在造型劲健的大型石辟邪上。河南洛阳孙旗屯及伊川出土的一对石辟邪（图27），颈后有“缑氏蒿聚成奴作”隶书刻铭，姿态雄健豪迈。河南南阳宗资墓约雕造于汉桓帝延熹年间（158—166）的石天禄与石辟邪，陕西咸阳沈家村出土的一对石兽，于雄健中蕴含着秀丽灵动的格调。此外，四川雅安姚桥高颐墓前的石辟邪，也属东汉晚期造型凝重、气宇不凡的优秀遗例，对后世陵墓装饰石雕具有深远影响。

东汉佛教雕刻　佛教自西汉末传入我国。东汉时期，我国已有佛教美术的创作。山东滕县画像石中的六牙白象，沂南画像石中顶有头光、手施无畏印的佛像，均属东汉佛教雕刻遗迹。特别引人注目的是四川乐山麻浩崖墓享堂后壁上方的浮雕坐佛像，连同头光高39厘米，头顶有高肉髻，身着通肩袈裟，右手施说法印，左手执襟带状物，结跏趺坐。乐山柿子湾崖墓中也有浮雕坐佛像，因风化较重，形象不及前者清晰。坐落在黄海之滨的江苏连云港孔望山摩崖造像中，释迦说法立像与涅槃变浮雕，是毋庸置疑的佛教雕像，通过考古学与风格学的考察，造像的雕刻年代当属东汉晚期。

图27
石辟邪
东汉
洛阳孙旗屯

（四）宏伟壮丽的青铜铸像

秦汉时代，青铜铸像亦有辉煌的创作，其形体之伟巨、设计之巧妙及工艺之精良，均超过先秦时代。

据《史记·秦始皇本纪》所载："二十六年……收天下兵，聚之咸阳，销以为钟镰金人十二，重各千石，置廷宫中。"此乃安置在咸阳宫中做成铜人模样的12件大型钟镰。

另据《汉书·五行志》《水经注》《三辅旧事》等史籍记载，秦代又铸造"各重二十四万斤"的12个金狄，即身着夷狄服装的大铜人，原置阿房殿前，汉初，移至长乐宫大夏殿前。东汉末年董卓作乱，将其中的10个铜人销毁铸钱。剩下的两个大铜人，"魏明帝欲将诣洛，载到霸城，重不可致"（见《关中记》），到十六国时期，才被前秦苻坚销毁。

1980年冬，在秦始皇陵西侧，出土两乘铸工无比精良的铜车马（图28），其形体为真车真马的二分之一，每乘总重量约1200千克。由此不难想见秦代"钟镰金人"与"金狄"的壮丽面貌。

西汉时代，不少大型青铜铸像用于宫苑装饰，如上林苑之飞廉观，未央宫之金马门，建章宫之凤阙（北阙），皆因青铜铸像而得名。西汉最宏伟的青铜景观雕像，是神明台上建造"高三十丈，大七围"的铜铸仙人承露盘。存世的西汉青铜雕塑，以陕西兴平茂陵东侧出土的鎏金铜马（高约58厘米）、广西贵县风流岭出土的大铜马（高115.5厘米）与军吏铜俑、陕西西安汉城遗址出土的铜羽人等最为精美。此外，河北满城刘胜墓出土的跽坐说唱铜胡俑，甘肃灵台傅家沟出土的四人博戏铜俑，则以表情幽默、神态生动而著称。

图28
铜车马（安车）
秦
临潼秦始皇陵西侧

东汉的大型青铜雕塑，有河北徐水防陵村出土的一对大铜马（高116厘米，图29）、贵州清平坝出土的铜车马、甘肃武威擂台东汉墓出土的青铜车马仪仗俑等。擂台东汉墓出土的一件铜马式，俗称"马

踏飞燕”，通高34.5厘米，作者独具匠心，铸造一匹矫健奔驰的骏马，三足腾空，一足踩在展翅疾飞的燕背上，侧视的基本构图呈倒三角形，运动感很强，堪称中国古代青铜雕塑的奇葩。

图29
大铜马
东汉
徐水防陵村

（五）汉代木雕

汉代的木雕艺术，在继承传统的基础上，表现题材有所扩大，雕刻技艺亦有进步。

西汉前期的木俑，以长沙马王堆、江陵凤凰山、云梦大坟头及广州马鹏岗出土者为代表。马王堆汉墓出土木俑260余件，分着衣和彩绘两大类，头像雕刻得比较精致，比当地楚墓木俑更为写实传神。云梦大坟头一号墓出土的木俑，轮廓鲜明，脸面保留着刻削的棱线，尚存楚木俑的古朴遗风。江陵凤凰山167号墓出土24件车仗奴婢木俑，包括持戟谒者俑、伫立侍女俑、荷锄农奴俑、执斧工奴俑、驾车木马及木轺车等，俑身颀长，躯体轮廓极富曲线变化，彩绘服饰鲜丽典雅，堪称汉初木雕佳作。

西汉后期的木俑，以江苏连云港云台高高顶、高邮县天山、盱眙县东阳、邗江县胡场及湖南长沙杨家湾刘骄墓出土者为代表。其中，连云港云台高高顶出土的抄手侍俑，高51厘米，体态丰盈，亭亭玉立；持盾俑表情庄重，刀法明快。邗江胡场出土的跽坐说唱俑，五官清晰，神态活泼，手势生动，感染力很强，是西汉后期木雕艺术有了长足进展的标志。此外，在盱眙东阳和邗江胡场汉墓中，还发现少量木版浮雕作品。

地处河西走廊东段的甘肃武威磨嘴子汉墓群，出土木雕作品甚多，风格雄浑质朴，其年代归属西汉末期至东汉中期。大型的木轺车、木马及木牛，采用分部雕凿、嵌接成形的制作方法，刀法酣畅明快；中小型的木俑及家畜家禽，则多用单块木头砍削而成，木雕外表均施彩绘；举凡老叟六博俑（图30）的专注神情，舞女俑的轻盈舞姿，卧狗的温顺机敏，木猴的顽皮，独角兽的雄强气势等，无一不给观众留下难忘的印象。

图30
老叟六博俑
西汉晚期
武威磨嘴子

四、建筑艺术与工艺美术

（一）建筑艺术

秦汉时代伴随着统一的中央集权制封建国家的建立与巩固，国力增强，都城、宫苑、陵园等各类建筑的规模急剧扩大，建筑艺术也日趋成熟。秦汉建筑的独特风格与艺术成就，对后世具有深远影响。

秦都咸阳与阿房前殿　秦都咸阳始建于战国中叶秦孝公时，遗址在今陕西咸阳东15千米的咸阳原上，南临渭水，北倚黄土原，地势北高南低。宫殿区设在咸阳北坂上，东西横贯全城，居高临下，气魄雄伟。1974－1975年，在约当咸阳故城中轴线附近的“牛羊沟”东西两侧，发现了秦宫一号（在沟西）、二号（在沟东）遗址。秦宫一号遗址做了发掘，证明它是一处台榭式建筑，台高约6米，平面呈曲尺形，南部卧室曾发现壁画残片；台顶主体宫室的厅堂部分，有研光的朱红色地面。厅堂东侧连接卧室，可能是嫔妃、宫娥居住区。

秦始皇于统一东方六国过程中，在咸阳北坂上仿建了六国宫殿。经勘察，仿六国宫殿分处于旧宫殿区的东、西两端，今柏家嘴、毛家沟一带曾分别出土燕国与楚国形式的瓦当，推测是六国宫殿遗物。

秦始皇统一中国后，地处渭水北岸的咸阳故城已不适应政治形势发展的需要，计划将都城迁往渭水南岸，以便接近东出潼关的渭南大道。《史记·秦始皇本纪》记其迁都设想曰：“吾闻……丰镐之间，帝王之都也。乃营作朝宫渭南上林苑中，先作前殿阿房，东西五百步，南北五十丈，上可以坐万人，下可以建五丈旗。周驰为阁道，自殿下直抵南山，表南山之巅以为阙；为复道，自阿房渡渭，属之咸阳，以象天极阁道。绝汉抵营室也。”今陕西西安西郊赵家堡保存着阿房前殿的巨大夯土台基，东西1200米，南北450米，高出周围地面约7－8米，这里曾出土秦代瓦当等建筑遗物。

西汉长安与东汉雒阳　西汉都城长安，遗址在今西安市西北约3千米处。汉高帝初居栎阳，五年（前202）将秦代建在渭水南岸的兴乐宫改建为长乐宫，七年又在长乐宫西边建未央宫，遂定都长安。汉惠帝元年至五年（前194至前190），完成了长安城墙的夯筑。调查发掘结果表明，长安城的形制布局（图31），基本上符合《周礼·考工记》“面朝后市”的规制；城市平面大体上近似方形，由于城址北临渭水，南部长乐、未央两宫东西错列，故而平面形状不甚规整，除东城墙比较端直外，其余三面均有转折。经实测，长安城总面积约为36平方千米，每面城墙约长6千米，12

个城门平均分布在四面，每个城门有3个门道。汉长安城南郊，有王莽执政时营建的明堂、辟雍、灵台等礼制建筑。

东汉的雒阳城遗址，在今河南洛阳东约15千米处，原为周代的成周城。北倚邙邙山，南临洛水，故称洛阳。但因汉为火德，忌水，故称洛阳为“雒阳”。全城平面略呈长方形，南北约合汉代九里，东西约合汉代六里，故有“九六城”之称。除南面城墙因洛河改道被冲毁外，其余三面城墙遗迹尚存，墙垣有曲折，全城共设12个城门，东、西各3门，南面4门，北面2门。城内设东西、南北向大街各5条，城内有南、北两宫，相距七里（另说仅隔一里），有复道相通。太仓、武库设在城的东北角。洛阳有三个工商业区：金市设在城内西侧，南市在南郊，马市在东郊。东汉光武帝中元元年（56）建造的辟雍、明堂和灵台，均设在南郊偏东处，20世纪70年代做了清理发掘。

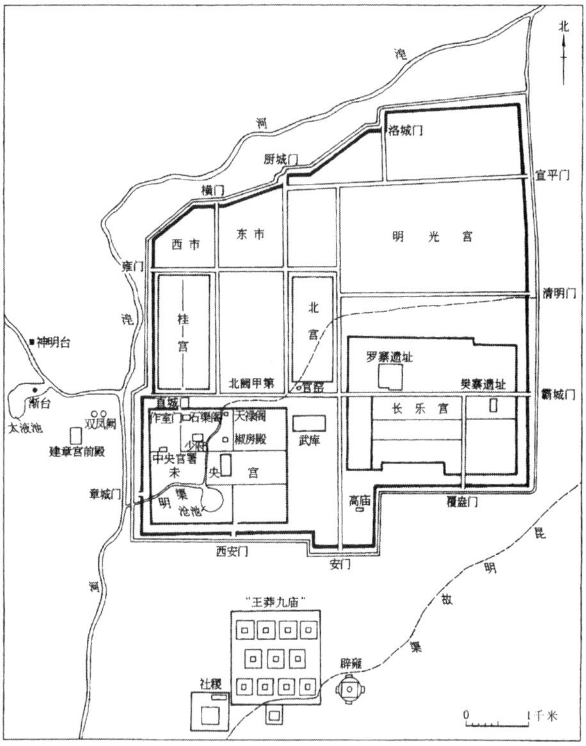

图31
汉长安城遗址平面图
（采自《中国考古学·秦汉卷》）

综观汉代长安、雒阳两都城的平面布局，具有由不规整型（战国都城为代表）向规整型（曹魏及隋唐的都城为代表）发展的过渡阶段特征。

宫苑与陵园建筑 据《三辅黄图》记载：秦代除兴建阿房前殿之外，“离宫别馆，弥山跨谷”，规模十分惊人。汉高帝七年（前200）由萧何监修的未央宫是汉代皇帝朝会场所，平面呈方形，四面筑围墙，每面各开1门，东门与北门外建有仪阙。宫内主要建筑多取中轴对称的群体构图方式。汉武帝太初二年（前103），又在长安城西营造建章宫，因属离宫性质，故其宫殿布局比较灵活自由，南门称阊阖门，意即用建章宫比拟天宫，门楼三层，下以玉为陛，上以铜凤饰楼顶，充分反映了汉武帝晚年祈求长生、贪图享乐的思想情趣。建章前殿“层构厥高，临乎未央”（《西都赋》），现存遗址有高8米的夯土台基。殿北为太液池，池中垒筑仙山；其西有虎圈；宫内还有骀荡宫、骀娑宫、奇华殿、神明台、井干楼等建筑，神明台上树立高大的铜铸捧承露盘的仙人。建章宫的北门外建有北阙，东门外建立凤阙，后者遗址尚存，由此不难想见西汉宫苑建筑的奢华程度。

秦汉陵墓都有高大的覆斗形封土，其中，以陕西临潼的秦始皇陵及兴平汉武帝茂陵最为高大；封土周围有双重陵垣，皆四向辟门。通常情况是陵前建享堂，陵侧建寝殿。西汉诸陵都在渭水南北，尤以渭北二道原上居多。东汉诸陵多在洛阳北邙山上，规模小于西汉诸陵。东汉大墓前通常建立双阙，并设置石兽、墓碑、墓表，加强了陵墓建筑的纪念气氛。

东汉石阙与陶屋模型　门阙是秦汉时代显示威仪等第的建筑物。全国现存石阙20余座，都是东汉的墓阙或庙阙。墓阙以四川雅安高颐阙（图32）最为精美，它是仿木结构，表示可以登临瞭望的子母阙（即在大阙旁边附有小阙者），由台基、阙身、阙楼、屋顶等四部分组成。台基、阙身上雕出柱、枋和栌斗，阙楼上雕刻楼面平坐木枋和挑檐斗拱，屋顶雕刻椽木及瓦饰，为研究汉代建筑的立面形式提供了宝贵资料。庙阙以现存河南登封的太室阙为代表，只有台基、阙身、屋顶三部分，无阙楼，它代表一种纯威仪性的、不可登临的土石型实心阙。

关于汉代的住宅建筑或单体建筑形式，从河北安平与辽宁辽阳的汉墓壁画、山东沂南与诸城的汉画像石、四川与河南的东汉画像砖上，从广州、郑州、陕县、武威等地出土的东汉陶屋模型上，都可以获得具体的形象资料。总的看来，汉代的封建庄园坞壁，均筑高大的围墙，正面或前后两面开门，上建门楼，墙院四隅设有角楼，或在院内建高楼，上有部分家兵手持弓弩或执刀警卫，院内有多种功能的单体建筑，有奴仆从事家务劳作，或饲养家畜家禽。作为中国建筑特色的各种屋顶，汉代已经齐备；木构建筑的斗拱形式，除流行“一斗二升”外，在四川新津出土院落画像砖的门阙形象上，还可以看到“一斗三升”的形式。

图32
高颐阙
东汉
雅安姚桥

建筑装饰　秦汉时代的建筑装饰，主要包括壁画、画像砖、画像石、瓦当等四个门类，前三类已在第一、二节述及，现就秦汉瓦当，作一扼要介绍。

早在战国时代，秦国的建筑装饰已有相当程度的发展，陕西凤翔、西安等地出土饰有奔鹿纹、凤鸟纹、豹纹、双獾纹的秦国圆瓦当，布局平正中有变化，其艺术水平比燕、齐等国的半瓦当明显高出一筹。

秦始皇统一中国后，瓦当图案更加丰富多样，除流行云纹与葵瓣纹瓦当外，咸阳、西安等地还出土四鹿纹、四兽纹、子母凤纹及鹿鸟昆虫纹圆瓦当，构图更为饱满，形式益加华丽。

此外，秦代开始出现吉祥文字瓦当，例如咸阳等地曾发现“唯天降灵，延元万年，天下康宁”12字篆文瓦当；中国历史博物馆则藏有秦代的“海内皆臣，岁登成熟，道毋饥人”12字篆文方砖。

两汉最流行卷云纹瓦当及吉祥文字瓦当。西汉末年到新莽时期，出现青龙、白虎、朱雀、玄武等四神瓦当（图33），形象矫健活泼，瓦当中央的半球形图案越来越显著。汉人擅长将表意的汉字，变成庄重典雅的装饰艺术品，故而在陕西栎阳、周至等地曾出土“汉并天下”“长乐未央”等西汉文字瓦当；在长安汉城遗址，还发现“延年益寿，与天相侍，日光同光”为内容的12字瓦脊。内蒙古包头市出土东汉时代的“单于和亲”瓦当，则是对当时汉族与匈奴族保持和睦关系的颂歌。

图33
四神瓦当
西汉晚期至新莽时期
西安汉长安城
南郊礼制建筑遗址

（二）工艺美术

秦汉时代的工艺美术，呈现出璀璨夺目的景象。在陶瓷、玉雕，髹漆、青铜等实用工艺领域，均有新的创造。其中，髹漆工艺的突出成就，已在前面的“工艺装饰画”中作过扼要介绍，本节不再赘述。

陶瓷工艺　秦统一中国后，陶器制作仍沿袭战国时代的传统，如咸阳故城一带出土彩绘着弦纹的陶茧形壶、流云纹陶钫等，具有造型庄重，纹饰艳丽的特色。

西汉后期低温铅釉陶的出现，是汉代陶瓷工艺的杰出成就之一。它的主要着色剂是铜和铁，在氧化气氛中烧成，铜使釉呈现美丽的翠绿色；铁使釉呈黄褐色和棕红色；铅釉陶因系低温烧成，不宜实用，故而纯属丧葬用的明器。其代表作有陕西咸阳石桥乡任家嘴及兴平陈阡村西汉墓出土的浮雕云山鸟兽纹绿釉陶尊，河南济源轵城泗涧沟西汉墓出土的棕红釉熊戏座陶灯盏、骑马俑及绿釉执盾俑，内蒙古包头召湾汉墓出土浮雕西王母及后羿射日图黄釉陶尊，陕西西安东汉墓出土绿釉陶水榭及河南灵宝汉墓出土绿釉陶六博俑等。

我国商周时代已经萌芽的原始瓷，于秦汉初期在越国故地复兴。浙江义乌西汉中期墓出土的一组原始瓷器，包括鼎、盒、壶、瓿、勺等器型；其中，瓿的肩、盖部位饰弦纹、人字形针点纹及水波纹，瓿身前后饰绶带谷璧图案，瓿耳面上饰有罕见的捺印而成的持盾举剑武士像；器盖及器身上半部施土黄色釉，挂釉上厚下薄，并且都不到底。这组纹饰考究的器物，标志着原始瓷发展到一个崭新的阶段。

浙江上虞、宁波、慈溪、永嘉等地的汉代瓷窑遗址发掘成果表明：东汉中、晚期，原始瓷已发展为真正的瓷器，这是我国陶瓷史上划时代的伟大成就，也是我国古代劳动人民对世界物质文明的一项伟大贡献，当时常见的瓷器有碗、盏、盘、钵、盆、洗、壶、钟、罍、瓿等，还有少量的砚、唾壶及五联罐。

玉雕工艺　据晋王嘉《拾遗记》卷四记载，秦代有刻玉善画的工艺匠师名烈裔者，“刻玉为百兽之形，毛发宛若真矣”。

西汉玉雕技艺精湛，水平杰出。1983年广州象岗山南越王赵眛墓的发掘，出土不少高浮雕的玉雕精品。玉剑具上雕饰的螭虎纹，通过高低起伏、回环倚侧的形式处理，产生忽隐忽现，变幻无穷的艺术效果，十分耐人寻味；透雕双龙凤纹玉环，虚实相生，繁而不乱。风格与此相近者，有河北满城、北京大葆台西汉墓出土的玉剑具和舞女形玉佩，徐州北洞山楚王墓出土的九龙玉饰等。

西汉玉雕的杰出代表作，是陕西咸阳北郊汉元帝渭陵附近出土的羽人骑天马玉雕（图34），质料为洁白润泽的羊脂玉，以圆雕形式雕琢而成，包含仙人盗药、天马行空的情节构思，寄寓着西汉统治者祈求长生、幻想升仙的思想。该处还出土玉辟邪、玉熊等作品，造型极古朴精美。传世的西汉玉雕，以美国已故著名收藏家赛克勒氏所藏羽人骑辟邪玉雕最佳。

图34
羽人骑天马玉雕
西汉
咸阳汉元帝渭陵
礼制建筑遗址

东汉玉雕以河北定州北陵头43号墓出土刻有东王公、西王母形象的玉座屏，定州北庄汉墓出土刻有勾连云纹的玉枕，陕西宝鸡北郊东汉墓出土的玉辟邪最为重要。后者高18.5厘米，造型格外威武雄奇，那昂首嘶鸣的姿态，仿佛具有震撼天地的力量，堪称东汉玉雕之杰作。台北故宫博物院所藏之青玉辟邪，高9.3厘米，造型与河南洛阳出土石辟邪相似，当属东汉遗物，以保存完好而著称。此外，各地东汉墓还不时出土刀法简洁的玉卧猪和玉蝉，形象概括，耐人寻味。

青铜工艺　秦汉时代的青铜器，朝着世俗日用方向发展，铜镜和铜灯具成为两项最大宗的实用工艺品。

秦代铜镜以湖北云梦睡虎地9号墓出土的武士刺虎豹纹镜为代表，镜背中央有三弦纹的小纽，方形纽座四周，在细密的菱形羽地纹上，饰以两两相对的浅浮雕武士刺虎豹纹，武士手持剑、盾，作伺机向野兽发起突袭状，体现了"人定胜天"的思想。

西汉前期的铜镜，继承战国铜镜的传统，云雷纹地的蟠螭纹镜继续流行，有些蟠螭纹镜，花纹中出现规矩纹及四叶纹。镜铭产生，多"长相思，毋相忘，常富贵，乐未央"等吉语。

西汉中叶，即武帝前后，铜镜的形制及花纹发生显著变化：地纹逐渐消失；三弦纹桥形小纽经过伏兽纽、蛙纽及连峰状纽之后，普遍变成半球状圆纽；花纹严格对称于镜的圆面中心，或匀称地分成四区；铭文增多。当时主要流行简化蟠螭纹镜、边缘有连弧纹的草叶纹镜及星云纹镜。

西汉后期，约从宣帝开始，以铭文作为主要装饰，出现有"见日之光，天下大明"铭文的日光镜，有"内清质以昭明，光辉象夫日月"铭文的昭明镜，还有四乳四螭镜。

王莽前后，流行规矩四神镜，其纽座旁常有十二辰铭文，外圈常有"青龙白虎掌四方，朱雀玄武顺阴阳"等铭文，还有铭文字体趋向方正的宽缘昭明镜及鸟兽纹带镜。从这时起，有的铜镜铭文中出现纪年。

东汉初期，日光、昭明、规矩及鸟兽纹带镜继续存在，新出现的是连弧云雷纹镜。

东汉中、后期，镜纽变得更厚大结实，当时最流行的是蝙蝠形柿蒂纹镜、夔凤镜、兽首镜及直行铭文双兽镜，通常带有"长宜高官"或"长宜子孙，君宜高官""位至三公"等铭文。此外，从东汉中期起，新出现浮雕式花纹的方格环状乳神兽镜，传世者有"元兴元年"及"永康元年"等纪年铭。浙江绍兴是东汉后期最重要的铜镜制造中心，该地铸造重列神兽镜和画像镜，标志着铜镜纹饰的新发展，前者以东王公、西王母等神像和龙、虎等瑞兽为主纹，后者除神、兽形象外，还有车马、歌舞、历史人物及传说故事等浮雕图像。

从战国晚期开始，封建贵族把灯具视为重要的案头实用雕塑品，造型日趋考究华丽。西汉前期，广东广州南越王赵眛墓出土的龙形、朱雀形及兽面形铜支灯，气势庄严宏伟。河北满城窦绾墓出土的鎏金长信宫灯（图35），构造精美，捧灯之宫女作跪地侍奉状，眉宇间蕴藏着被奴役者的痛苦神情，人物性格鲜明；人像中空可以容纳烟垢，手臂充作烟道，实用性

与艺术性完美结合，堪称工艺雕塑的典范。东汉灯具以江苏邗江甘泉山和睢宁刘楼出土的铜牛灯最为精美，牛体是一个优美而稳定的底座，牛腹也可容烟垢；类似的铜牛灯，在湖南长沙桂花园也有出土。此外，山西平朔汉墓出土的铜雁鱼灯，安徽合肥出土的东汉青铜辟邪灯，也可称为别具一格的灯具佳作。

匈奴族及滇族的金属工艺 匈奴族是生活在我国北方草原地区的古老部族。西汉时期匈奴族的金属工艺作品，有内蒙古准格尔旗西沟畔4号墓出土高浮雕卧羊包金饰牌，新疆阿拉沟出土的浮雕虎纹圆金牌及虎纹金箔带。此外，最具时代特色的艺术品，是衬托着草木（或柳叶）图案的动物纹与人物纹透雕铜带饰，其优秀遗例有辽宁西丰西岔沟出土的双牛纹、双驼纹、骑马捉俘纹铜带饰，内蒙古鄂尔多斯采集的双牛纹铜带饰，陕西长安客省庄140号墓出土的两件双人角斗纹铜带饰等。内蒙古与吉林榆树等地出土的鎏金天马纹铜带饰，乃是东汉初期鲜卑族的遗物。以上金属工艺品，充满草原生活的情趣，展示了匈奴族的卓越艺术才能。

图35（上）
长信宫灯
西汉
满城陵山窦绾墓

图36（下）
俘获、二豹搏豕透雕铜扣饰
西汉
晋宁石寨山

云南晋宁石寨山出土青铜贮贝器上表现祭祖场面的群雕，刻画骑猎、俘获、双人盘舞、二豹搏豕、单虎搏鹿等透雕铜扣饰（图36），情节惊险生动，再现了西汉时代滇族的生活面貌。

边境各族古代艺术匠师的上述优秀创造，为秦汉美术增添了夺目的光彩。这种开放的、多元的面貌，也正是秦汉美术的魅力之一。

原载中央美术学院美术史系中国美术史教研室编著：《中国美术简史》，高等教育出版社1990年版

略论秦始皇时代的艺术成就

秦始皇（前259至前210）是我国封建社会初期杰出的政治家。他为建立和巩固统一的专制主义中央集权，推动历史进步，做出了重大的贡献，成为我国封建社会的“千古一帝”。秦始皇时代的艺术，作为新兴地主阶级专政的工具，在实现中华民族统一中，在坚持社会革新中，发挥了重要的作用，取得了巨大的成就。根据考古发现的遗迹、遗物，并参照历史文献的记载，对秦始皇时代的艺术成就做出正确的评价，无疑是十分必要的。

一、建筑艺术

建筑艺术作为一种观念形态，它反映了当时的经济基础，并为政治、经济服务。秦始皇时代的建筑艺术，通过对建筑整体与局部所作的艺术配置和艺术加工，集中地反映出秦始皇时代生气勃勃的精神面貌。

战国时期，诸侯割据，各国在建筑形象和装饰艺术上，具有明显的地区特征。秦国的劳动人民和建筑匠师，在长期的实践过程中，创造了具有独特风格的建筑艺术。经过商鞅变法，秦国“乡邑大治”，推动了都城建筑艺术的发展。

秦自孝公十二年（前350）定都咸阳。秦始皇执政以后，仍以咸阳为都城。他在领导统一东方六国战争的过程中，就致力于都城的扩建。据《史记·秦始皇本纪》的记载：“秦每破诸侯，写放其宫室，作之咸阳北坂上。”秦始皇博采关东六国的建筑艺术风格，于渭河北岸营建“六国宫殿”，把不同艺术风格的建筑，组织在一个建筑群中，使“殿屋复道周阁相属”，从变化中求统一，在中国古代建筑艺术史上是别具一格的。它们的营建，充分显示了秦始皇统一山东六国的决心，象征着封建大一统的功业。

著名的咸阳宫，位于渭河北岸。考古工作者在今咸阳窑店镇东北，已大体探出宫城和主体建筑的范围。目前地面上残留的巨大夯土台基，东西遥遥相望，整体布局严密。据记载，秦始皇统一六国后，销天下兵器，铸造十二个铜人[1]，矗立在咸阳宫前。可以想见宏伟壮丽的咸阳宫，加上高大的铜铸群像的艺术配置，更加显示出秦始皇建立专制主义中央集权的威严和气魄。

公元前212年在渭河南岸兴建的阿房宫，总体规划更有所发展。主体建筑阿房前殿“东西五百步，南北五十丈，上可以坐万人，下可以建五丈旗。周驰为阁道”[2]，北渡渭河，和咸阳宫相连，殿南的“阁道”直抵南山，“表南山之颠以为阙”，把峰峦连绵的终南山组织到整个建筑群中，充分体现了秦始皇统一中国的宏大魄力。

建筑的形体和空间结构，决定着建筑物的艺术美。战国以来各国盛行的高台建筑，仍然是秦代宫殿建筑的主要形式。目前已经挖掘的咸阳故城第六号建筑基址[3]，夯土台基高达6米。四周设回廊和层叠的殿屋，最上为宫殿的主体，有阁道和其他建筑群相连接，整个建筑主次分明。这种高台建筑的形象，反映了统治阶级高踞于人民之上的思想意识。

建筑装饰作为一种细部艺术加工，紧密配合建筑空间与形体的艺术配置，更加烘托出整体建筑的艺术风格。从文献记载和考古发现来看，秦代宫殿建筑已广泛采用铜柱和铜质构件，咸阳故城出土的铜建筑构件上，刻有秀丽的夔凤纹和几何形图案。宫殿壁面、台阶或铺地砖，也大量使用龙凤纹、回纹和菱形纹的空心砖、长方砖等建筑材料，以增加建筑物外观的艺术美。殿屋内部有朱红色的地面，配以绘有各种几何形图案的彩色壁画，显得更加绚丽夺目。

瓦当是强烈反映各个时代艺术风格的建筑遗物（图1）。秦国早期流行的动物纹、葵纹、叶纹、辐射纹等图案的圆瓦当[4]，如凤翔蕲年宫遗址出土的鹿纹瓦当，大郑宫遗址出土的双兽纹瓦当，西安北郊出土的豹纹

图1
秦国及秦代动物纹瓦当
出土地点：
（上）凤翔蕲年宫、大郑宫遗址
（下）咸阳宫、阿房宫遗址

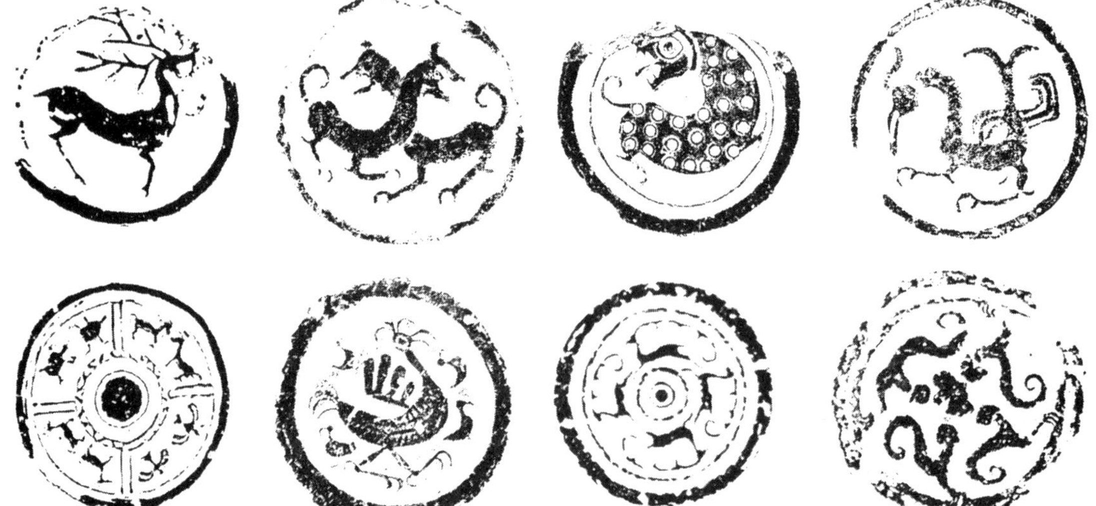

瓦当，以及传世的立鸟纹瓦当，富有矫健活泼的特色，有着浓厚的生活气息。咸阳宫瓦当图案样式繁多，云纹成了主要的装饰图案，新出土的由鹿、鸟、昆虫以及蜻蜓等纹样组成的瓦当，图案新颖。阿房宫遗址出土的四鹿纹、四兽纹、子母凤纹瓦当，在继承秦国传统的基础上，吸取了关东地区若干健康而优秀的因素，从而在瓦当的装饰图案上有了显著的发展。此外，始皇陵陵园建筑上使用一种大型夔凤纹瓦当[5]，凤纹遒劲，图案华丽。咸阳故城出土一种印有“唯天降灵，延元万年，天下康宁”的十二字瓦当，字体是经李斯规范的秦代标准小篆，内容是加强王权，赞颂统一功业。这是秦始皇时代在建筑装饰上密切地为维护统治服务的很好例证。

综观秦代的建筑艺术，从建筑群体组合到单体建筑形象以至细部装饰，表现出新兴地主阶级的意识形态和艺术风格，体现了处于上升时期封建地主阶级生气勃勃的精神面貌。秦代建筑虽然表现着统治阶级的意识形态，但在艺术加工上，却表现出劳动人民的艺术才能。

二、绘画艺术

秦始皇继承了战国时代思想家提出的“禁无用”、尚功利的艺术主张，要求绘画艺术充分体现美“当今”、法“新圣”的政治路线，为巩固秦王朝的统治服务。现在尚能据以了解秦始皇时代绘画艺术面貌的遗物是历年来从临潼、凤翔等地出土的模印画像砖，以及咸阳秦宫遗址出土的壁画残片和刻纹画像砖。

临潼、凤翔等地出土的模印画像砖，是在砖坯未干时，用预先刻成的印模捺印而成的，由于印模的种类不同，形成了不同的画面。模印画像砖的特点是线条凸起，同一块砖上往往出现相同的画面。1957年临潼出土的狩猎纹画像砖，印着骑马射猎图（图2·1）。传出自凤翔的秦代宴享纹画像砖，印着宴享宾客和苑囿景色的画面（图2·2）。临潼出土今藏陕西省博物馆的一块狩猎纹空心砖，是迄今发现的秦代模印画像砖中最有代表性的作品。它使用五种印模，在砖面上捺印出宫廷侍卫、宴享宾客、苑囿景色、骑马射猎等四种画面（图2·3）。在描绘宫廷侍卫的画面里，运用两种印模，印出五名持盾与执戟的卫士严于职守的神态；宴享宾客的画面描绘了两个人对坐宴乐的情景，主宾之间有着互相呼应的关系，地上陈放着耳杯、壶、尊、碗等器皿，画面右侧有一少年侍者正在“击瓮叩缶”，演奏乐器，显示了秦国“声乐不流污”的社会风俗；在表现苑囿景色的画面里，于起伏的山峦之间，出没着各种野兽。骑马射猎图是全砖中最生动的画面。勇敢的猎手骑着一匹飞驰的骏马，正在弯弓射鹿，他放出的那匹猎

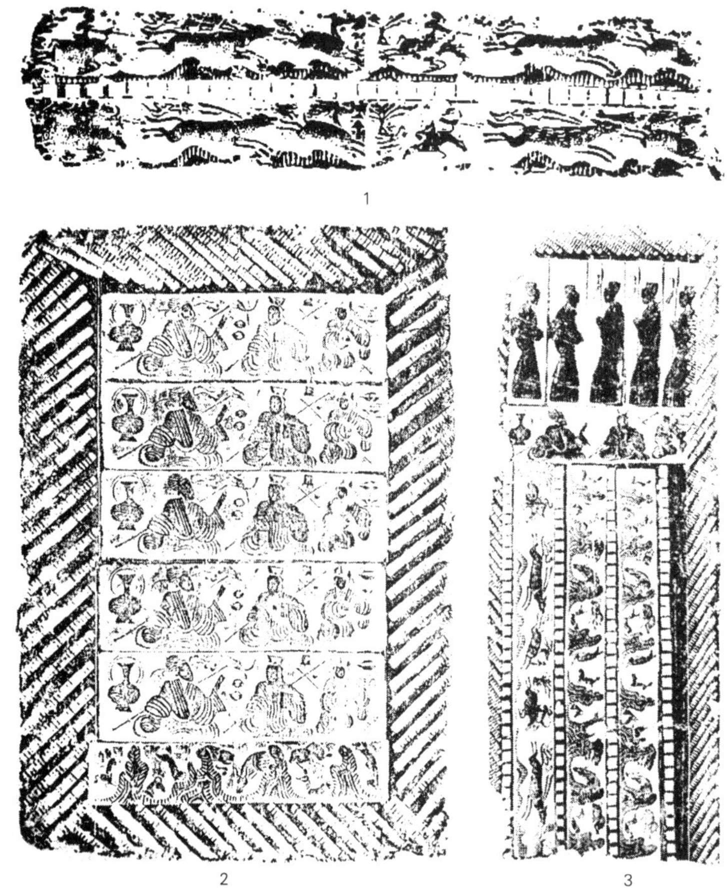

图2
秦代画像砖
1.骑马射猎图（临潼）
2.宴享苑囿图（传出凤翔）
3.侍卫、宴享、苑囿、骑射图（临潼）

犬，紧紧地追赶着受惊奔逃的小鹿，画面描绘了箭将离弦、胜利在望的那一刹那的情景，具有紧张的运动感，其背景部分画着树木、亭阙和流云。总之，创作这块画像砖的艺术匠师，运用洗练明快的构图和卓越的造型能力，成功地刻画了“百吏肃然”和勇于习射的都邑面貌，深刻地体现了秦始皇实行法治、奖励耕战的治国思想。

据《史记·秦始皇本纪》的记载，秦始皇接受和改造了战国末年流行起来的“五德相胜”说，认为周代奴隶社会是火德，秦王朝以水德克服了火德。水德呈黑色。因此，秦朝规定“衣服旄旌节旗皆上黑”，黑色成了象征秦王朝政权的颜色标志。咸阳秦宫遗址曾出土若干壁画残片，系用黑、蓝、红、黄等颜色，绘制成直线纹、流云纹及四方连续的几何纹等可能是模拟锦帷的图案，全部壁画残片中以黑彩绘制的所占比例最高，具有瑰丽肃穆的艺术风格。

此外，据《史记·封禅书》的记载，秦始皇还根据“昔秦文公出猎，获黑龙”的传说，作为秦得水德的象征。秦代的著名画工烈裔也擅长于绘制“云龙之象”，且“画为龙凤，骞翥若飞”[6]。咸阳故城曾出土刻着龙纹的画像空心砖，以及刻画人面鸟身、珥蛇佩璧的水神[7]画像空心砖，当是“秦得水德”这一观念在绘画艺术中的反映。

三、雕塑艺术

春秋战国时期，随着奴隶制的崩溃和封建制的兴起，在丧葬制度上发生了用俑葬代替人殉的重大变革，用木俑、陶俑、铅俑、铜俑等“象人”明器取代商周以来残酷的人殉制，成为不可抗拒的历史潮流。这一变革，推动了我国古代雕塑艺术的发展。到战国晚期，已经有“象人百万”[8]的记载，足见当时制作明器之盛。与此同时，在广大匠师的艺术实践的基础上，已经有人总结了雕刻艺术的某些经验，说：“刻削之道，鼻莫如大，目莫如小。鼻大可小，小不可大也。目小可大，大不可小也。”[9]这些有关雕塑艺术的实践与理论活动，为雕塑艺术的进一步成熟与发展，奠定了坚实的基础。但是，从目前已经发现的先秦时代的雕塑作品来看，无论是洛阳、辉县、长治、易县等地出土的东周、魏国、韩国、燕国的铜俑、铅俑或陶俑，还是信阳、江陵、长沙等地出土的楚国木俑，都是形体较小，形象的刻画与塑造也比较粗糙，铜人的造型大多还作为礼器的装饰附件而出现。

秦始皇建立的中央集权制封建国家及其推行的法治路线，有力地推动了雕塑艺术的发展。秦始皇统一六国后，曾铸造12个形体高大、形貌写实、“各重千石”的铜人，显示了秦代雕塑艺术与冶铸技术的高度水平。此外，秦始皇在建造渭桥的时候，曾雕刻力士孟贲的石像[10]。传说秦蜀郡太守李冰在建造都江堰时，曾雕刻石牛，赋有奖励农耕和镇水的含义。秦代著名的“刻玉善画工”烈裔，“刻白玉为兽，毛发若真”[11]。由此可知秦代雕塑的人物与动物，已经具有相当高的艺术水平。

现在能够见到的秦始皇时代的雕塑艺术作品，是历年来从临潼秦始皇陵区出土的陶俑。据《史记·秦始皇本纪》的记载，始皇“初即位”就着手“穿治郦山”；在他去世之前，已是“宫观百官奇器珍怪徙臧满之”。因此，骊山附近出土的秦代陶俑，是代表秦始皇时代雕塑艺术成就的宝贵资料。以往，曾出土一种相当于宫廷侍女身份的陶女坐俑（图3）[12]，高约64.5－72厘米不等，身着交襟长衣，脑后有圆形发髻，五官及人体各部比例都塑造得相当准确，有着优美的造型和端庄的神态，并且通过对衣纹的不同处理，使陶俑的衣饰具有不同的质感。

图3
秦代陶女坐俑
临潼秦始皇陵区

1974年夏，在临潼秦始皇陵东侧发现一座规模巨大的陶俑坑[13]，面积达12600平方米，出土大批形体高大、造型生动的兵马俑（图4）。据试掘部分的藏俑密度估计，此坑埋藏的武士俑总数应当在6000个左右。

武士俑体高约1.82米，身披铠甲或穿短袍，挟弓挎箭，或手执剑、矛、弩机等实用兵器。雄骏的陶马，高约1.63米，双耳前倾，额前分鬃上翘，双目注视前方，尾巴挽着小结，呈现出十分警觉而肃穆的姿态；它们以四匹为编组，拖着一辆辆战车。这批陶兵马俑，通过严谨的布局，排列成气势磅礴、威武

1

2

雄壮的军阵场面，再现了秦始皇兵强马壮、千里驰骋、横扫奴隶主残余势力、统一中国的雄伟壮丽的图景；同时，也是秦始皇注重革命暴力，建立专制主义中央集权制，直接统率军队的真实写照。

临潼新出土的这批兵马俑之所以具有较高的艺术感染力，一方面在于这批陶俑体现了处于上升时期的封建地主阶级是生气勃勃的革命者的时代特征；另一方面，还在于这批陶俑具有比较完美的艺术形式，深刻地反映了秦始皇时代在造型艺术上取得的新成就。它们既能表现威武雄壮的宏大场面，又能刻画人物的内心世界，体现了新兴地主阶级对前途充满信心的精神面貌。

3

4

图4
秦代陶塑兵马俑
临潼秦俑1号坑
1.陶马头部
2.陶马
3.武士俑
4.兵马俑出土的情况

从每个武士俑的个体来看，比例适宜，造型准确，注意刻画不同类型的人物性格（图5），是秦始皇时代在雕塑艺术上取得划时代成就的显著标志。武士俑的面容各异，没有雷同之感。作者通过对眉眼、嘴唇、胡须等细部形象的刻画，着重表现武士们坚毅沉着、机智勇敢、威武刚强的性格特征，深刻地揭示了武士们“勇于公战”的精神境界。武士的发式多样，铠甲、带钩、绑腿、战靴等服饰也刻画得细致入微，符合实战的需要。这些成就表明：秦代的陶塑匠师们非常熟悉将士们的战斗生活，并且具有一丝不苟、严肃认真的创作态度和高超的艺术技巧。

这批杰出的雕塑艺术作品，有些捺印着陶工的印记。这种“物勒工名”的制度，是法治路线在手工艺品生产领域中的体现。值得注意的是，有的武士俑身上所捺印的“宫彊”二字的铭文和秦始皇陵曾经出土的零星建筑材料上所刻铭文相同。如果“宫彊”是陶工的名字，那么，这批兵马俑的作者就是当时的陶工，他们既是物质财富的生产者，又是精神文化的创造者。他们精心创作的这批兵马俑，不仅在我国古代雕塑艺术史上谱写了光辉的一章，而且也为世界古代雕塑艺术宝库增添了罕见的艺术珍品。

艺术作为一种观念形态，它是一定的社会生活在人类头脑中反映的产物。秦始皇为建立统一的专制主义中央集权的封建国家而进行的斗争，是秦始皇时代各种艺术创作取之不尽的源泉。气势磅礴的兵马雕塑群，庄严肃穆的宫廷侍卫的画面，异彩竞放的六国宫殿建筑艺术，这些艺术创作，是秦始皇所处的社会大变革时代的产物。

秦始皇时代的艺术，不论是雕塑艺术、绘画艺术，还是建筑艺术、实用艺术，都远远超过战国时代的艺术成就。秦代艺术作品，是秦代劳动人民智慧和血汗的结晶。在部分艺术作品上，刻有工匠的名字，更多的作品出于无名的劳动人民之手。他们一丝不苟的创作精神，在中国封建社会初期的艺术史上留下了许多珍贵的作品，至今仍然放射着夺目的艺术光彩。

图5
秦代陶塑武士俑细部特写
临潼秦俑1号坑

原载《考古》1975年第6期

附记：此文由汤池执笔写出初稿，并吸取北京汽车制造厂工人理论组及中央五七艺术大学美术学院美术史系的修改意见后写成。此次刊出，删去受当时政治运动影响的一些词句，基本资料保持不变。

注 释

[1] [2]《史记·秦始皇本纪》。

[3] 吴梓林、郭长江：《秦都咸阳故城遗址的调查和试掘》，《考古》1962年第

6期。

[4] 赵学谦、吴梓林：《陕西凤翔南古城村遗址试掘记》，《考古》1962年第9期；陕西省文物管理委员会：《秦都栎阳遗址初步勘探记》，《文物》1966年第1期。

[5] 王玉清、雒忠如：《秦始皇陵调查简报》，《考古》1962年第8期。

[6] 《太平御览》七百五十二引王子年《拾遗记》。

[7] 《山海经·海外北经》："北方禺彊，人面鸟身，珥两青蛇。"《山海经·大荒东经》："（禺彊）字玄冥，水神也。"

[8] 《韩非子·显学》。

[9] 《韩非子·说林》。

[10] 《三辅黄图》卷六"渭桥"。

[11] 《太平御览》七百五十二引王子年《拾遗记》。

[12] 王玉清、雒忠如：《秦始皇陵调查简报》，《考古》1962年第8期。

[13] 新华社报道：《陕西临潼县秦始皇陵东侧发现一处巨大的秦代陶俑坑，出土大批举世罕见的兵马俑等珍贵文物》，《人民日报》1975年7月12日第4版。

西汉石雕牵牛织女辨

陕西省长安县斗门镇附近，保存着两座用火成岩雕成的大型石刻圆雕，其一在常家庄村北，其二在斗门镇棉绒加工厂内，两者东西间距约3千米。据历代文献记载，这两座石雕是汉武帝元狩三年（前120）“发谪吏穿昆明池”[1]时建立的牵牛织女像（图1、图2）。

这两座石雕的雕凿年代，比兴平县道常村霍去病墓前的石刻组雕早三年，是我国迄今所知大型石雕遗物时代最早的[2]，在我国雕刻艺术史上占有重要地位。然而，对于这两座石雕中孰为牵牛、孰为织女的问题，却存在两种不同的看法：

第一种看法，认为斗门镇内的石雕是牵牛像，俗称“石父”或“石爷”；认为常家庄村北的石雕是织女像，俗称“石婆”[3]。

第二种看法，和上述看法恰恰相反，认为常家庄村北的石雕是牵牛像，斗门镇内的石雕才是织女像，即汉昆明池“东边的石刻应为牵牛而西边的应是织女”[4]。

鉴于辨明孰为牵牛、孰为织女的问题，不仅关系到对这两座石像造型意境的认识，而且也关系到对西汉石雕艺术成就的评价，因此，我认为有必要就这个问题谈谈个人的几点粗浅看法。

首先，从石雕作品本身具有的形象特征来看。立在常家庄村北的石像，下半身埋于地下，目前仅露上半身在地表之上，高约190厘米（图1）。此像保存较好，五官清晰，头发的刻痕尚历历在目，身着交襟式衣服，腰间束带（从侧视图上可见束带迹象）。它具有挺立的短发、宽阔的前额、刚健的眉弓、硕壮的下颌，充分显示出男性的脸形特征。保存在斗门镇内的石像，身着右衽交襟长衣，双手环垂于腹前，整体作踞坐状，高约230厘米（图2）。

图1（上）
牵牛像（摹图）
长安常家庄村北
1.正视
2.侧视

图2（下）
织女像 （摹图）
长安斗门镇
1.半正视
2.侧视

此像鼻口部分已经后人重装，估计与原状相去不远；颈部有断裂痕，左臂及后背风化剥蚀较严重。它具有后垂的发辫、圆润的脸庞等女性的形象特征。这座石像的姿态造型，和临潼、广州等地出土的秦汉时代的女坐俑[5]颇为接近。

我国关于牵牛织女的神话传说，由来已久。周代的《诗经·小雅·大东》说："维天有汉，监亦有光。跂彼织女，终日七襄。虽则七襄，不成报章。睆彼牵牛，不以服箱。"秦代在营建都城过程中，"引渭水贯都，以象天汉。横桥南渡，以法牵牛。"[6]到了西汉初期，民间流传着《迢迢牵牛星》这首脍炙人口的古诗；"迢迢牵牛星，皎皎河汉女。纤纤濯素手，扎扎弄机杼。终日不成章，泣涕零如雨。河汉清且浅，相去复几许？盈盈一水间，脉脉不得语。"[7]鲁迅先生曾把这首古诗誉之为"天质自然""意志自深"[8]的佳作。

牵牛织女这个美好的神话传说，在汉代的美术作品中得到广泛的表现。例如河南洛阳1957年发现的西汉晚期壁画墓，在前室顶脊上绘有牵牛（河鼓三星）、织女星[9]。东汉画像石中，还刻画出牛郎、织女的具体形象。如南阳有一块画像石（图3），画面右上方刻画河鼓三星，其下刻画着叉腿而立的牛郎，右手持鞭上举，左手握缰牵牛，形象栩栩如生；画面左下方，有四颗星连接成不规则的"∩"形，是二十八宿中的女宿，其中有一挽着高髻作跽坐状的妇女，当是织女形象[10]。再如山东肥城孝堂山郭氏祠三角形石梁底面，有日月星象石刻，在以金乌作标志的日象内侧，刻着连成"∧"形的织女三星，其下刻画着坐在机杼前操机织锦的织女[11]。从这两幅东汉画像石刻中，不难发现如下的造型规律：牛郎作站着牵牛的姿态；织女像则不论是正在织锦也罢，或者废织也罢，总是坐着的姿态。

现在，我们来看图1所示常家庄村北的石雕像，从它那微向左侧的头部，曲肘上举作持鞭状的右手，以及紧贴腹前作用力握缰状的左手等富于生活气息的动作中，观众自然会产生如下的艺术联想：石像注视的右前方，仿佛伫立着一头倔强的老牛。这种以人物的特定动态去唤起观众的艺

图3
南阳汉画像石牛郎织女星宿（摹图）

术联想，从而收到以少胜多的效果，正是造型艺术上的比兴手法，也是作者巧妙地运用雕刻艺术手段的高明之处。此外，作者还通过炯炯有神的双目和紧抿的嘴唇等细部形象的刻画，出色地表现了牛郎坚毅刚强、憨厚质朴的性格。总之，从这座石雕的神态和造型意境来看，应该是牵牛像。

我们再来看图2所示斗门镇内的石雕坐像，其姿态和南阳画像石刻中的织女非常相似。它那微蹙的眉头和下撇的嘴角，活现出被银河阻隔、不得与牛郎团聚的织女所独具的痛苦神情。这座袖手而坐、悲愤填膺的石像，无疑是"终日不成章，泣涕零如雨"的织女像。

其次，从"左牵牛而右织女"的文献记载来看。班固《西都赋》云："集乎豫章之宇，临乎昆明之池。左牵牛而右织女，似云汉之无涯。"[12]

张衡《西京赋》云："乃有昆明灵沼，黑水玄阯……牵牛立其左，织女处其右，日月于是乎出入，象扶桑与濛汜。"[13]

《三辅黄图》卷四"汉昆明池"条，引关辅古语说："昆明池中有二石人。立牵牛织女于池之东西，以象天河。"

据此，立在昆明池左岸的是牵牛像，处于右岸的是织女像。我国古代有以左指东、以右指西的习惯。例如：《礼记·曲礼》用"前朱雀而后玄武，左青龙而右白虎"来记载南北东西的方位神；司马相如在《上林赋》中，也以"左苍梧，右西极，丹水更其南，紫渊径其北"来描写上林苑东西南北的景色。所以，"左牵牛而右织女"，等于东牵牛而西织女。关辅古语："立牵牛织女于池之东西"，也充分证实了这一点。

基于以上两个方面的分析，可以肯定：今常家庄村北——汉昆明池东边的石雕是牵牛像，斗门镇内——汉昆明池西边的石雕是织女像。

原载《文物》1979年第2期

注　释

[1]《汉书·武帝纪》。

[2] 我国新石器时代和商周时代，就有了玉石雕刻，但形体较小。大型的石雕作品约出现于战国晚期，如传说秦蜀郡太守李冰在建造都江堰时，曾雕刻石牛；又据《三辅黄图》卷六的记载，秦代在建造渭桥时，曾雕刻力士孟贲的石像。但这两件大型石雕，今已无存。因此，就我国现存的古代大型石雕而论，当以陕西省长安县斗门镇附近的牵牛、织女石雕为最早。

[3] 把斗门镇内的石雕视为牵牛，把常家庄村北的石雕视作织女的论著有：（1）顾铁符：《西安附近所见的西汉石雕艺术》，《文物参考资料》1955年第11期；（2）陕西省博物馆编：《西安历史述略》第三、五章，陕西人民出版社1959年版；（3）〔日〕藤田国雄：《汉代の雕刻》，《世界美术全集》第13卷，日本东京角川书店1962年版；（4）《考古》1962年第6期第305页图一、第333页图一。

[4] 俞伟超：《应当慎重引用古代文献》，《考古通讯》1957年第2期。

[5] 临潼出土的秦代陶质女坐俑，见《考古》1975年第6期第338页图三；广州出土的西汉鎏金铜女坐俑，见《文物》1961年第2期图版肆。

[6] 张宗祥校录：《校正三辅黄图》卷一“咸阳故城”条，古典文学出版社1958年版。

[7] 萧统编：《文选》卷二十九。

[8] 鲁迅：《汉文学史纲要》第八篇。

[9] 夏鼐：《洛阳西汉壁画墓中的星象图》，《考古》1965年第2期。

[10] 周到：《南阳汉画像石中的几幅星象图》，《考古》1975年第1期。

[11] 罗哲文：《孝堂山郭氏墓石祠》图2，《文物》1960年第4、5期合刊。

[12] 班固：《西都赋》，见《后汉书·班彪列传》及《文选》卷一。

[13] 张衡：《西京赋》，见《文选》卷二。

释郫县东汉画像西王母图中的三珠树

《考古》1979年第6期发表的《四川郫县东汉砖墓的石棺画像》一文中，有三具石棺的棺头或棺侧分别刻着以西王母神话传说为题材的画像（图1），画面繁简不同，但有一个共同点，即在西王母头顶上方皆雕刻着一株枝叶扶苏、叶上生珠的神木。对此种神木，该文作者一概名之曰“扶桑”。我认为这不是“扶桑”，而是“三珠树”。

从文献记载看，西王母是居住在西方昆仑山或弇兹山上的神话人物。而“扶桑”乃是生长在东方汤谷上的神木，通常总是与日出东方联系在一起。如《山海经·海外东经》云：“汤谷上有扶桑，十日所浴，在黑齿北。”《楚辞·九歌》：“暾将出兮东方，照吾槛兮扶桑。”《淮南子·天文训》亦称：“日出于汤谷，浴于咸池、拂于扶桑，是谓晨明。”众所周知，在以神话传说为题材的古代石刻画像中，画面上的各种具体事物，总是用来说明神话故事的特定环境与情节的，绝不是随意拼凑的。我们从上面所引的各种文献记载中，却根本找不到东方的扶桑和住在昆仑山的西王母有任何瓜葛，与长沙马王堆一号汉墓出土的帛画上的扶桑图像，和河南济源县汉墓出土的釉陶扶桑木的形象大相径庭。因此，从实物形态的比较中，也不能将郫县西王母图中的那种神木称作“扶桑”。

战国秦汉时代，祈求长生不老与死后升仙的迷信思想弥漫一时，从而，在东汉石刻画像、墓室壁画、漆器绘画及铜镜上，屡见不鲜地出现西

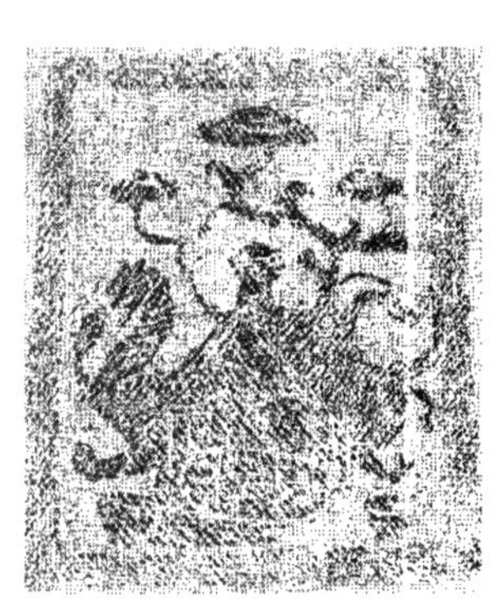

图1
石棺画像
东汉
郫县新胜汉墓
左：2号棺左侧
右：1号棺前端

王母的画面。

关于东汉画像西王母图或仙人图中的神木释名问题，学术界曾经有过各种不同的意见：如《金石索·石索三》认为是“三珠树”；闻宥《四川汉代画像选集》图三六的说明认为是“扶桑”；同书图八四和图九九的说明又认为是“嘉禾”；袁珂《中国古代神话》第196页则认为是“不死树”。其中，我认为“三珠树”说比较合理。这种解说，首先是由清代的金石学家冯云鹏、冯云鹓兄妹二人在《金石索·石索三》中提出来的，他们在考释山东嘉祥武氏祠后石室第二石的“西王母会东王公”画像时写道：“此石画云物神仙之状，上坐二神，一男一女，疑为东王公西王母也……（西王母右侧）一侍者手执一物而三珠，疑即三珠树。”近二十年来，常任侠先生在考释重庆沙坪坝出土女棺后端的“灵蟾捣药”石刻画像时，也认为该画像之“中立仙人，手持三珠树”[1]。又，孙作云先生认为四川新津出土东汉石函“驾龙升仙”画像及河南密县打虎亭一号汉墓的墓门石刻中，都有“枝叶扶苏、珠实累累”的“珠树”[2]。

按我国古代的神话传说，西王母所居昆仑山附近的赤水上，生长着一种名叫“三珠树”的神木，树叶上皆长着明珠。如《山海经·海外南经》云：“三珠树，在厌火北，生赤水上；其为树如柏，叶皆为珠。一曰其为树若彗。”又《淮南子·地形训》亦云：“增城九重……珠树……在其西。”郫县东汉石棺画像西王母图中的神木，其枝干有连理枝式或曲柄华盖式两种不同的画法，然而，在枝干上方皆有三片椭圆形的大树叶，每片树叶上皆生长着一颗形若花苞的大明珠，画面形象与《山海经·海外南经》关于“三珠树”的记载相符合。因此，我认为唯有将郫县东汉画像西王母图中的神木称作“三珠树”，才是比较确切的。

原载《考古》1980年第6期

注　释

[1] 常任侠：《汉画艺术研究》，上海出版公司1955年版，图版五二下右图及其说明。

[2] 孙作云：《河南密县打虎亭东汉画像石墓雕像考释》，《开封师院学报》（社会科学版）1978年第3期。

秦及西汉时期的雕塑艺术

一、秦代雕塑艺术

秦始皇从公元前230年开始，经过十年时间，击灭韩、赵、魏、楚、燕、齐等六个诸侯国，于公元前221年（秦始皇二十六年）完成了统一中国的大业，建立起中国历史上第一个中央集权的封建专制国家——秦朝。国家的统一，财力与人力的高度集中，为雕塑艺术的繁盛开辟了广阔的前景。

秦代的雕塑艺术，是密切地为宣扬统一功业、显示王权威严服务的。在建筑装饰雕塑、青铜纪念雕塑、墓葬明器雕塑等方面，都取得了极其辉煌的成就。

从战国中期秦孝公任用商鞅实行变法之后，秦国乡邑大治，国力迅速发展。秦孝公十二年（前350），都城由栎阳徙至咸阳。至战国晚期，秦国在建筑装饰雕塑方面，取得了若干引人注目的成就。据《三辅旧事》记载，秦昭王时，修建了跨越渭河的横桥（亦称渭桥、石柱桥），在桥之北端，曾雕刻一尊忖留神石像，以为装饰。又据传说：秦昭王时任蜀郡太守的水利工程家李冰，于建造都江堰过程中，曾雕刻一件石牛，用作镇水“压胜”之物。此外，从陕西凤翔蕲年宫及大郑宫遗址出土的奔鹿纹、双兽纹圆瓦当来看，其艺术水平亦比齐临淄、燕下都出土的树木对兽纹及饕餮纹半瓦当更胜一筹。

秦始皇执政之后，即致力于都城咸阳的扩建。据《史记·秦始皇本纪》所载：“秦每破诸侯，写放其宫室，作之咸阳北坂上。”即在渭河北岸营建“六国宫殿”。这项集大成的建筑工程，与其说是为了满足统治者奢华享乐的需要，不如说是为了标榜秦始皇统一六国的决心。通过考古工作者的多年努力，在今咸阳市东郊窑店镇东北，已经探明咸阳宫的宫城和主体建筑的大致范围。

瓦当是强烈反映时代艺术风格的建筑装饰构件。秦咸阳宫出土的瓦当

图1
秦花纹空心砖
秦咸阳宫1号宫殿遗址
左：龙纹
右：水神禺彊

图案，样式繁多，纹饰精美。其中最新颖活泼的，是由鹿、鸟、昆虫等浮雕纹样组成的圆瓦当；此外，秦阿房宫遗址还出土四鹿纹、四兽纹、子母凤纹圆瓦当。比起凤翔蕲年宫及大郑宫出土的动物纹瓦当，秦代瓦当的内容更加丰富，构图趋向饱满，风格益加华丽。在咸阳故城一号宫殿遗址，还发现两种花纹空心砖，一种是刻画着龙纹或水神“禺彊”形象的空心砖（图1），另一种是模印出回纹及菱形纹的空心砖（图2），用作宫殿壁面、台阶及地面的装饰，以增加宫殿外观的艺术美。上述情况表明，秦始皇统一六国后，建筑装饰雕塑有了新的发展。

秦代在玉石雕刻方面的成就，也颇可观。据晋王嘉《拾遗记》卷四记载：“始皇元年（前246），骞霄国献刻玉善画工名裔（一作烈裔）。刻玉为百兽之形，毛发宛若真矣。”秦始皇统一六国后，为了适应政治形势发展的需要，对秦昭王时期修建的横桥，进行加固扩建。在施工中，因“重不能胜，乃刻石作力士孟贲等像”[1]。又据《三辅黄图》“五柞宫”条记载，骊山秦始皇陵园，曾雕刻两件“头高一丈三尺”的石麒麟，开汉代陵墓前雕造石辟邪之先河。

图2
秦菱形花纹砖
秦咸阳宫1号宫殿遗址

秦代有大型青铜纪念像的铸造，这在雕塑史与冶金史上，都是空前未有的创举。

据《史记·秦始皇本纪》的记载：“二十六年……收天下兵，聚之咸阳，销以为钟鐻金人十二，重各千石，置廷宫中。”太史公自序引贾谊《过秦论》亦曰：“销锋铸鐻，以为金人十二。”长期以来，由于实物资料缺乏，人们主要依靠文字训诂材料来讨论问题，所以对何谓

图3
战国时期钟鐻金人
随县曾侯乙墓

“钟鐻金人”的理解颇不一致：有主“钟鐻金人”为一物说者，有主“钟鐻、金人”为二物说者，更有主“钟、鐻、金人”为三物说者[2]。自从1978年湖北随县曾侯乙墓出土六件钟鐻金人[3]（图3）之后，“钟鐻金人”为一物之说已获确证[4]。太史公所说的“钟鐻金人十二”，就是做成铜人模样的十二件钟鐻。考虑到秦代实行“数以六为纪”[5]的制度，恰好与曾侯乙墓出土之曲尺形双层编钟架共用六件钟鐻金人相符，那么，放置在秦咸阳宫（即“廷宫”）的十二件钟鐻金人，可能是供两具曲尺形双层编钟架上使用的。

另据《汉书·五行志》记载：“史记秦始皇二十六年，有大人长五丈，足履六尺，皆夷狄服，凡十二人，见于临洮……是岁始皇初并六国，反喜以为瑞，销天下兵器，作金人十二以像之。”张衡《西京赋》所谓“高门有闶，列坐金狄”，就是指这十二个身着“夷狄服”的大铜人。郦道元在《水经注·河水》中，还说这十二个大铜人，胸前刻有李斯撰写的赞颂秦始皇统一功业的铭文，“各重二十四万斤，坐之宫门之前，谓之金狄”。《三辅旧事》对这十二个金狄的安置地点，说得更加具体：秦代“立在阿房殿前；汉移长乐宫大夏殿前”。据此，这十二个“坐之宫门之前”或“立在阿房殿前”的铜人，名曰“金狄”，与前述“置廷宫中”的十二个“钟鐻金人”不仅安置地点不同，名称也相异，实难按一物二名去理解。这批金狄的损毁经过也有案可稽：东汉末年（汉灵帝时），董卓作乱，其中十件被椎破以铸小钱[6]。所剩两件，到十六国时，被后赵石季龙徙至邺；不久，又被前秦苻坚运回长安销毁掉[7]。这批金狄是否“各重二十四万斤”，今已无从考订。然而，从“魏明帝欲将诣洛，载到霸城，重不可致”[8]的情况来看，其体积异常巨大是肯定无疑的。

秦代铸造形体高大的“钟鐻金人”及“金狄”，配置在咸阳宫中及阿房殿前，使巍峨壮丽的宫殿与金光闪闪的铜像交相辉映，其艺术功能——体现王权威严的精神作用，是不能低估的。

中国古代在葬礼中使用“象人”明器，其历史非常悠久。但是，大量地制作“象人”的陶俑、木俑或铜俑，是在奴隶制崩溃、封建制兴起的春秋战国时代，即新兴地主阶级提出废除人殉制（即“止从死”）之后。《韩非子·显学》有“象人百万”之语，足见战国晚期制作偶人风气之盛。在大量的艺术实践基础上，战国晚期已经有人运用朴素浅显的语言，进行人物头像雕刻经验的总结。例如《韩非子·说林》引桓赫的话说：“刻削之道，鼻莫如大，目莫如小。鼻大可小，小不可大也；目小可大，大不可小也。”被誉为“世界第八奇迹”的秦始皇陵兵马俑，就是在这样的历史背景下出现的。

秦始皇陵坐落在陕西临潼的骊山北麓。《史记·秦始皇本纪》记其营建经过曰：“始皇初即位，穿治郦山；及并天下，天下徒送谐七十余万人，穿三泉，下铜而致椁，宫观百官奇器珍怪徙藏满之。”

据《皇览》记载：“始皇陵坟高五十余丈，周围五里余。”现存之封丘呈覆斗状，高76米，占地面积约12万平方米。经勘测，陵园周围有内外两道城垣，四面皆设门[9]。以往，在陵区内曾出土一种相当于圉人（马丁）身份的陶坐俑，高约65—72厘米不等，身着交襟长衣，造型严谨，神态端肃，服饰有较强的质感。

1974年3月，在秦始皇陵东垣外约1000米处，于东陵道北侧，临潼县晏寨乡西杨村农民在挖井过程中，发现一座埋藏秦代大陶俑的从葬坑（一号坑）。随后由陕西省考古所进行勘探试掘，探明一号坑平面呈长方形，东西长230米，南北宽62米，总面积达13000平方米。坑内作土棱与巷道栉比相间布局，东端有开阔的前厅；巷道与前厅部分，整齐有序地埋藏着与真人真马等高的兵马俑，按其密度推算，总数达6000余件。这是中国考古史上空前重大的发现，举世为之瞩目。

1976年夏，在一号坑北侧，又发现规模较小的二号和三号兵马俑坑。三坑埋藏兵马俑的总数，估计超过7000件。现已出土各类武士俑1400余件，鞍马29匹，拉车的陶马100余匹，木质战车20辆[10]。

从各坑的结构形制及所藏兵马俑的装备情况来看，一号坑象征以战车和步兵混合编组的主体部队；二号坑为弩兵、战车、骑兵穿插组成的混合部队；三号坑是统领一、二号坑的军事指挥部。它们是秦代禁卫军的真实写照；在总体设计上，担负着守卫陵园的象征职能。

为数众多的陶塑兵马俑，通过严谨的布局，排列成面向东方、气势磅礴、威武雄壮的军阵场面，再现了秦军奋击百万、战车千乘、军容整肃、勇于公战的宏伟气派，具有强大的艺术感染力。这是秦代造型艺术取得划时代成就的标志。

崇尚写实、手法严谨是秦俑的主要艺术特点。秦俑及陶马的体型，与真人真马相等，形貌服饰皆严格地模拟现实。举凡花样繁多的发髻、连缀甲片的皮筋、扣接革带的带钩、绑扎腿部的裹腿、系在脚背的靴带、穿纳鞋底的针脚、马身披挂的鞍鞯等等，无不做出一丝不苟的刻画，处处体现陶塑匠师们创作态度的严谨，观察生活的深邃和表现技巧的卓越。

性格鲜明、形象生动是秦俑的又一艺术特点。武士俑大致可分为军吏俑、着甲步兵俑、轻装步兵俑、立式弩弓俑、蹲式弩弓俑、骑兵俑、驭手俑等七类；皆分类模制成型，再经人工修饰而制成。每类之中，又有几种不同的头像模型。这种模制和手塑相结合的方法，既便于大批制作，又避免了多人一面之弊。作者通过对眉眼、鼻翼、嘴唇、胡须等细部形象的刻画，着重塑造将士们坚毅勇敢、沉着机智、威武刚健的性格；同时，又通过不同的衣冠服饰，表现出不同的级别身份。在威武刚强的共性之中，还有各自的个性。例如：一号坑出土的一件按剑将军俑，具有运筹帷幄、指挥若定的神态。二号坑出土的一件垂手将军俑，作肃立注视状，表现了治军有方、凛然不可侵犯的气势。再如二号坑出土的一件蹲式弩弓俑，显得格外机智勇敢。一号坑出土的一件着甲步兵俑，具有坚忍不拔的气质。一件蓄须的轻装步兵俑，显得格外地风趣乐观。

1980年冬，在秦始皇陵封丘西侧，发掘出两乘铸造精致的铜车马。出土时，作一前一后顺序排列。两车均属单辕、四马、一驭手的配置。所异者，前车为伞盖，驭手作立姿；后车为篷盖，驭手作跽坐姿。在后车的金属辔绳末端，刻着“安车”二字，可能是仿照秦始皇出巡的御乘设计的。用铜铸“安车”陪葬，纪念意义极为明显。

“安车”已经修复，形体约为真车真马的二分之一，总重量为1200多千克。铜马高92厘米，姿态健壮，装饰华丽。铜车结构精密，挽具齐全，棱格车窗启闭自如，金属辔绳宛转灵活。驭手神情贯注，老成持重。两乘铜车马的出土，标志着秦代的雕塑艺术与冶铸工艺具有极高的水平[11]。由此可以佐证秦代铸造“钟镰金人”及“金狄”的可能性，并可借以想见其宏伟壮丽程度。

秦始皇为中国的统一做出了贡献。但是，由于他不惜民力，广征徭役，赋敛苛重，从而激化了全国人民的不满。秦二世继位后，统治集团内部互相倾轧，政局动荡，民怨沸腾。公元前209年爆发陈胜、吴广领导的农民大起义，很快地推翻了秦王朝。

二、西汉雕塑艺术

秦朝被轰轰烈烈的农民大起义推翻之后，项羽和刘邦展开了争夺封建统治权的“楚汉相争”。经过数年浴血攻战，公元前202年，项羽败于垓下，刘邦取得胜利，建立汉朝，定都长安，史称西汉。

西汉时期，是统一的中央集权制封建国家得到巩固和发展的时期，社会比较安定，经济、文化得到迅速发展。西汉的冶炼技术居于世界领先地位，为大型石刻的发展提供了有利条件。雕塑艺术的应用范围更加广阔，表现技巧进一步提高，在大型纪念性石刻、园林装饰雕塑、各种明器雕塑、实用装饰雕塑等方面，都有显著的发展，留存至今的西汉雕塑作品极为丰富。

西汉雕塑艺术的新成就，突出地表现在大型纪念性石刻及园林装饰雕刻方面。

汉高祖刘邦曾欣然采纳萧何提出的“非壮丽无以重威”[12]的建筑设计主张，重视宫苑的建筑装饰雕塑。但是，汉初财力有限，在营建未央宫和长乐宫时，还很少出现纯供观赏的大型装饰雕塑。惠帝、高后、文帝、景帝时期，实行了休养生息、安集百姓的政策。到公元前140年汉武帝即位时，社会呈现出繁荣富庶景象：“京师之钱累百鉅万……太仓之粟陈陈相因。”[13]凭借如此雄厚的物质基础，汉武帝时期的大型纪念性雕刻与宫苑装饰雕刻，犹如雨后春笋，蓬勃兴起。

从史籍记载来看，汉武帝元封二年（前109）在上林苑筑飞廉观，观上置铜铸飞廉像；太初元年（前104）造建章宫，其北阙以铜凤凰为饰；又造神明台，台上树立“高三十丈，大七围”的铜铸仙人承露盘[14]；在太液池的西北岸，分别雕造石鳖与石鱼（图4）。

图4
太液池石鱼
西汉
现置于陕西历史博物馆门前景池中

我国现存年代较早的一组大型石刻，是原存陕西省长安县常家庄村北的牵牛像[15]和长安县斗门镇棉绒加工厂内的织女像[16]。两者东西间距约3000米。据《汉书·武帝纪》记载，它们是元狩三年（前120）在上林苑“发谪吏穿昆明池”时建立的。汉昆明池遗址在今斗门镇东南面，总面积约10平方千米。

在昆明池进行皇家园林装饰雕塑，即在池之东西两岸，分别建立牵牛、织女石像，乃是依据《牛郎织女》这则美好而古老的神话传说。如班固《西都赋》说：“集乎豫章之宇，临乎昆明之池。左牵牛而右织女，似云汉之无涯。”《三辅黄图》卷四“汉昆明池”条，引关辅古语说：“昆明池中有二石人。立牵牛织女于池之东西，以像天河。”

牵牛、织女石像，采用花岗岩雕成，造型简洁，风格古朴。牵牛石像高258厘米，右手曲举，左手贴在腹前，作跽坐状；织女像高228厘米，双眉蹙锁，嘴角下撇，笼袖端坐。

牛郎织女，是人民心目中热爱劳动、忠于爱情、向往幸福、敢于向恶势力及封建等级观念作斗争的典型形象。汉昆明池畔的牵牛、织女石像，是我国古代较早用于园林装饰的一组雕塑。

留存至今的另一组西汉大型石刻，是陕西省兴平县道常村西北的汉骠骑将军霍去病墓石刻，汉武帝元狩六年（前117）由少府属官“左司空”署内的优秀石匠所雕造[17]。

据《史记·卫将军骠骑列传》记载，霍去病自幼善骑射，从元朔六年（前123）18岁任嫖姚校尉开始，到元狩四年（前119）为止，五年之内六次率军反击匈奴侵扰，为解除匈奴对西汉王朝的军事威胁，为打开通往西域的道路，建立了不朽的功勋，深受汉武帝器重，初封冠军侯，晋封骠骑将军。这位青年将军，不幸于元狩六年（前117）病逝，年仅24岁。噩耗传来，朝野震悼。汉武帝特地在茂陵东面不远处，选定霍去病的墓址，“为冢象祁连山”，以纪念元狩二年（前121）霍去病在河西战役中取得的关键性胜利。

现存的霍去病墓石刻，包括立马、卧马、跃马、卧虎、卧象、石蛙、石鱼（2件）、野人、母牛舐犊（旧称怪兽吃羊）、卧牛、人与熊、野猪、石蟾等14件。另有“左司空”“平原乐陵宿伯牙霍巨孟”题铭刻石（图5）各1件。

这批大型石刻，均用花岗岩雕成。作者运用循石造型的艺术手法，巧妙地将圆雕、浮雕、线刻等技法融汇在一起，刻画形象以恰到好处，足以表现客体特征为度，绝不作自然主义的过多雕镂，从而加强了作品的整体感与力度感，具有古朴浑厚、沉雄博大的风格特色，堪称“汉人石刻，气魄深沉雄大”[18]的杰出代表。

原来散置于墓冢周围的各种石刻动物，烘托出霍去病战斗生涯的艰

1

2

图5
霍去病墓题铭刻石（拓本）
1.左司空
2.平原乐陵宿伯牙霍巨孟

苦。原置于墓冢前面的立马石刻，则是这项纪念碑群雕的主体。在这件高168厘米的主题雕刻中，作者运用寓意手法，以一匹气宇轩昂、傲然卓立的战马来象征骠骑将军；以战马将侵扰者踏翻在地的典型情节，来赞颂骠骑将军在战争中建树的奇功。其主题思想是一目了然、浅显明确的，其表现手法却是含蓄深刻、耐人寻味的。这件作品的外轮廓，雕刻得极其准确有力，马头到马背部分，做了大起大落的处理，形象极为醒目。马腹下不做镂空处理，既利于保持作品的整体感，又可以加重对失败者的震慑力量。卧马和跃马的马头，刻成前伸的形状，显得机警待命。而这匹卓立的战马，却特意刻成收颈垂头姿态，既烘托了悲壮肃穆的气氛，又便于向仰面朝天的失败者发出严厉的警告，使两者之间产生呼应关系。总之，立马石刻，是思想性与艺术性完美统一的典范，是西汉纪念碑雕刻取得划时代成就的标志。

图6
石蹲虎
西汉
咸阳石桥乡

陕西城固汉博望侯张骞墓前的一对“石虎”，约雕造于西汉元鼎三年（前114），虽已严重风化，犹存雄壮之姿。

属于西汉时期的零星石刻，有咸阳石桥乡引玉村出土的石蹲虎（图6），山西安邑杜村出土的石虎，青海海晏出土的石虎座等，亦用循石造型手法刻成，与霍去病墓石刻的古朴风格相一致。西汉的小型石刻，有河北满城刘胜墓出土的跽坐石俑，西安灞桥及兴平北吴村等地出土的石虎镇等。

“汉承秦制”，西汉前期，某些军功显赫的将领及受封的诸侯王，也使用陶塑兵马俑随葬，以炫耀其生前地位与权力。这种西汉陶塑兵马俑，迄今已发现三批：

第一批，1965年秋出土于咸阳杨家湾汉墓的11个从葬坑中，计有骑兵俑500多件，步兵俑1800多件[19]。墓主人可能是文景时期某位高级将领。骑兵俑高68厘米左右，步兵俑高约44－48厘米，制作精细，神态威武。骑兵俑与步兵俑分置于不同坑内，和秦俑坑车、步、骑诸兵种混合编队的情况不同；骑兵在总兵力中的比重也明显增加，展示了文景时期骑兵有了巨大发展的状况。

第二批，出土于咸阳东郊狼家沟汉惠帝安陵十一号陪葬墓的从葬沟中，已清理出土84件，除众多的武士俑外，还有少量女侍俑伴出；另外还有陶塑家畜[20]。武士俑高44—46厘米，分步兵俑与射击俑两类，皆赋彩。

射击俑上身向右倾侧，作举臂叉腿、投掷武器状，姿态颇生动。

第三批，1984年12月，在江苏省徐州市东南郊狮子山西麓，发现三个埋藏彩绘陶塑兵马俑的从葬坑，现已初步清理出两个坑，清理出数以千计的兵马俑。从其造型来看，时代大致属西汉前期。以一号坑为例，坑宽约2米许，长约28米，呈东西向的长方形。兵马俑排列成四路纵队，一律面朝西方，气势咄咄逼人。此坑中段，有陶马四匹，作并辔拉车状。武士俑分立姿与坐姿两种，坐姿者多数头戴兜鍪（形状颇似风帽）、背箭箙。估计使用这批陶塑兵马俑随葬的墓主人，是西汉前期封于徐州的某代楚王。此项考古新发现，生动地展示了某代楚王拥兵逞骄的面貌。

除上述出土兵马俑外，在西安东郊姜村、长安故城遗址、兴平齐家坡、临潼床单厂、河南省孟津白合、江苏省铜山县江山、徐州北洞山等地，还出土西汉侍女俑或舞女俑。

侍女俑以西安姜村出土的最为典型，1966年7月，出自窦后墓的从葬坑中，共42件。埋葬年代在汉武帝初年。其中，立式侍女俑眉目清秀，作拥物侍立状；坐式侍女俑或笼袖跽坐，姿态恬静；或微微侧首，作举臂抚琴状。这批侍女俑，形象俊美，体态端庄，是西汉宫女的生动写照[21]。值得注意的是：临潼床单厂出土的侍女俑，形貌服饰和西安姜村出土者如出一辙，故疑皆为西汉朝廷赐给贵戚之东园偶人。

舞女俑以西安白家口出土者最为优美。那柔软的身姿，贯注的神情，飘拂的长袖，轻盈的舞步，构成了富有旋律的美感。

西汉还有成组陶俑的塑造。山东济南无影山西汉墓出土的乐舞杂技陶俑群，在一块长方形陶盘上，塑造21个人物，中央有7名演员正在表演歌舞杂技，后方是伴奏乐队，两侧有7名峨冠博带的观者。捏塑手法颇为简练泼辣，敷彩华而不躁，出色地表现了汉代杂技表演的欢快热烈气氛。

总的看来，西汉陶俑多为合模制成，具有形体适中、比例适度、姿态生动、手法简洁等特点。在人物动态塑造上，比秦俑有明显进步，生活气息日趋浓郁；在审美情趣上，总是力求表现高于生活的美。

西汉木雕在继承楚、秦艺术传统的基础上，又有新的发展。目前能见者，皆属明器；多数是圆雕的偶人车马，木版浮雕仅在江苏盱眙东阳和扬州邗江胡场两地西汉晚期墓中，有少量发现。

西汉前期的木俑，以长沙马王堆、江陵凤凰山、云梦大坟头汉墓出土者为代表。马王堆汉墓出土260多件，分着衣木俑和彩绘木俑两大类，头像雕刻得比较精致，五官部位准确，比当地楚墓木俑更为写实传神[22]。云梦大坟头一号墓出土的木俑，轮廓鲜明，脸面保留着刻削的棱线，尚存楚墓木俑的古朴遗风。江陵凤凰山一六七号墓出土一队车仗奴婢木俑[23]，共24件，包括持戟谒者俑、伫立侍女俑、荷锄农奴俑、执斧工奴俑、驾车木马及木轺车等，内容丰富，生活气息较浓。这批木俑，身材颀长，躯体轮廓极富曲线变化，衣纹具有质感，服饰彩绘鲜丽典雅，堪称西汉初期木俑中的佳作。

西汉后期的木俑，以江苏连云港云台高高顶、高邮县天山、盱眙县东阳、邗江县胡场及湖南长沙杨家湾刘骄墓出土者为代表。其中，连云港出土的抄手侍俑，高51厘米，体态丰盈，亭亭玉立；持盾俑表情庄重，刀法明快[24]。邗江胡场汉墓出土两件跽坐说唱俑，手势生动，五官清晰，脸上流露出欢快的笑容，神态活泼，极富感染力，是西汉后期木雕艺术有了长足进步的标志[25]。广州皇帝岗出土西汉晚期的木船模型，附有5名举桨划水的船夫木俑，作片状造型，侧视效果良好[26]。

西汉时期的铜俑，形体一般都不大，但善于刻画特定人物的表情和动态。首先引人注意的，是两广地区西汉前期的几组铜俑。广西贵县是汉代郁林郡治所在地，1980年秋，贵县风流岭三十一号墓出土的一件青铜跽坐俑，表情端肃，铸工严谨。伴出的一匹青铜大马，高约25厘米，姿态威武雄健。这是继秦代铜车马之后，西汉前期的优秀青铜雕塑，具有承前启后的重要意义[27]。广西西林县普驮粮站铜鼓墓，出土一件青铜骑马俑和一组青铜六博四人俑，形体不及风流岭的铜俑高大，但造型亦甚生动。这组六博俑，形体轮廓很洗练，重点刻画了表情与手势，把因六博胜负而引起的得意或沮丧神态，表现得惟妙惟肖[28]。广州动物园西汉初期“辛偃”墓，曾出土两件鎏金侍女俑（图7），出色地塑造了地位卑微而善良聪慧的侍女形象[29]。

图7
鎏金侍女俑
西汉初期
广州动物园“辛偃”墓

西汉后期的铜俑，题材更为多样，造型更加精美。优秀遗例有西安未央区玉丰村出土的铜羽人，河北满城陵山刘胜墓出土的铜说唱俑，以及甘肃灵台、西安东郊、四川资阳等地出土的铜六博俑等。其中，西安玉丰村出土的铜羽人，运用浪漫主义手法，雕铸了一位长脸尖鼻、颧骨隆起、大耳过顶、肩臀生翼、举手微笑的仙人，反映了当时封建贵族祈求“羽化登仙”的风尚[30]。刘胜墓出土的铜说唱俑，形貌服饰似胡人，满脸笑容，显得滑稽幽默。灵台出土的一组六博四人俑，手法写实，其表情之生动与服饰之质感，均比西汉前期同类作品为佳[31]。值得特别一提的是，1981年5月，在兴平茂陵东侧的一个从葬坑中，出土一匹高62厘米的鎏金大铜马，筋骨劲健，金光熠熠，气势不凡，展示了西汉后期雕塑与冶铸的卓越技艺。

西汉的实用装饰雕塑，也有长足的进展。先谈玉雕。西汉时期从西域于阗输入大量玉料（一种称作“羊脂玉”的软玉）。西安附近的蓝田亦产美玉。在封建贵族好玉风尚的影响下，西汉玉雕在继承传统的基础上，又有新的发展，创作了若干立体感很强的优秀作品。

1983年广州象岗山西汉前期南越王赵眛墓的发掘，出土不少高浮雕的玉雕精品[32]。其中，玉珌及玉剑首上雕刻的龙虎纹，通过高低起伏、回环倚侧的形式处理，产生忽隐忽现、变幻无穷的艺术效果，格外耐人寻味。透雕双龙凤纹玉环，繁而不乱，虚实相生，具有巧夺天工的技艺。年代接近的河北满城刘胜墓，也出类似的玉剑具。北京丰台大葆台汉墓出土的螭虎纹玉佩，亦称透雕玉饰之佳作。

1966年春，咸阳北郊新庄汉元帝渭陵附近出土的羽人骑天马玉雕（亦称玉奔马）[33]，以圆雕形式雕琢而成，质料为洁白润泽的羊脂玉。天马的前胸及后臀以阴线刻出飞翼，奔驰在琢有流云纹的托板上；骑者为羽人，高鼻长脸，双耳耸立，肩臀均生羽翼，形貌酷肖西安玉丰村出土之铜羽人，其右手抓住一朵灵芝，左手作握缰状。显然，这件精美绝伦的玉雕，是按照仙人盗药、天马行空的情节构思雕成的，寄寓着西汉统治者祈求长生、幻想升仙的思想。此外，渭陵附近还出土玉辟邪、玉鹰、玉熊等圆雕作品，造型简洁浑厚，古朴可爱。传世的西汉玉雕，以美国萨克勒收藏的灰绿玉辟邪为最佳，辟邪作昂首奋进状，兽背上踞坐着肩臀生翼的仙人，雕琢精良，艺术构思与渭陵附近出土的玉奔马相仿[34]。

再谈青铜装饰雕塑。据《西京杂记》记载，长安巧匠丁谖，善做九层博山香炉，镂以奇禽怪兽，“穷诸灵异，皆自然运动”。河北满城刘胜墓出土的错金博山炉，炉盖铸成重峦叠嶂之形，层次丰富，山间缀以猎人和奔驰的野兽，雕饰华丽，铸工精致，与《西京杂记》所述，可相互印证。

从战国晚期开始，王室贵族很注重灯具的雕饰。汉代的灯具更加华丽考究，成为重要的案头雕塑作品。广州南越王赵眛墓出土的龙形、朱雀形、兽面形屏风铜构件，具有神秘威严的格调。满城窦绾墓出土的鎏金长信宫灯，捧灯的宫女作跪地侍奉状，眉宇间蕴藏着被奴役者的痛苦神情，很有性格特点，整体结构合理而优美，堪称案头装饰雕塑的典范。

西汉陶器上的装饰浮雕，也有较高成就。西安、咸阳及洛阳等地，均有西汉釉陶壶及釉陶尊的出土，在器盖或肩、腹部位，用浮雕的云山瑞兽

图8
陶井栏上的土伯驭蛇浮雕
西汉
洛阳烧沟汉墓

纹或狩猎纹装饰，颇为清新醒目。内蒙古包头召湾出土的黄釉陶尊，器腹以西王母和后羿射日等神话为题材，作成立体感很强的浮雕装饰，具有很高的艺术水平。洛阳烧沟出土陶井栏上的土伯驭蛇浮雕（图8），在有限的空间内，安排了众多的形象，神怪与长虫猛兽间，展开殊死的搏斗，作者运用浮雕的艺术语言，谱写了一曲力量的赞歌[35]。

西汉时期，以汉族为主体的多民族统一国家，得到进一步的巩固和发展，各民族之间的交往日益频繁，关系更加密切；边境各族的雕塑艺术，都有了明显的发展。

匈奴族是生活在我国北方草原地区的古老部族。战国晚期，匈奴族游牧于河套地区及秦、赵长城沿线。20世纪70年代以来，在内蒙古杭锦旗阿鲁柴登、准格尔旗玉隆太及西沟畔[36]、陕西神木县纳林高兔[37]、宁夏固原杨郎公社[38]等地，相继发现匈奴酋长（或王）及贵族的墓葬，出土若干具有草原生活情趣的、以动物为题材的金属雕塑作品。其中，阿鲁柴登出土的鹰形金冠与虎牛争斗纹浮雕金饰牌，西沟畔2号墓出土的虎豖争斗纹金饰牌，玉隆太出土的圆雕铜鹿与铜马，纳林高兔发现的圆雕金鹿形怪兽、银鹿及银虎，固原出土的虎背驴纹透雕铜饰牌，都是战国晚期匈奴族的装饰雕塑精品，其艺术构思与制作技巧均臻完美。特别引人注目的是：西沟畔2号墓出土的两件虎豖争斗纹金饰牌和银节约的背面，均有汉字“少府”刻款，生动地说明匈奴与中原的密切关系。

公元前209年，匈奴酋长冒顿自立为单于，正式建立国家，统一了鄂尔多斯各部族。西汉初期，朝廷无力北顾，冒顿单于遂乘机展开其征服事业。当时，匈奴东击东胡，囊括辽东；西击月支，占有河西走廊，直至塔里木盆地之东北。汉武帝时期，汉匈战事频繁，匈奴势力被迫转移到阴山以北。西汉晚期，匈奴分裂为南北二部，北匈奴往西迁徙，南匈奴在呼韩邪单于率领下降汉，一部分入塞定居，一部分仍在鄂尔多斯地区放牧。

西汉时期匈奴族的雕塑作品，有内蒙古准格尔旗西沟畔4号墓出土的高浮雕卧羊包金饰牌，新疆阿拉沟竖穴木椁墓出土的浮雕虎纹圆金牌及对虎纹金箔带。此外，最具时代特色的艺术品，是衬托着草木（或柳叶）图案的动物纹与人物纹透雕铜带饰[39]。其优秀遗例有：辽宁西丰西岔沟出土的双牛纹、双驼纹、骑马捉俘纹铜带饰，内蒙古鄂尔多斯采集的双牛纹铜带饰，内蒙古博物馆收藏的双驼纹铜带饰，以及陕西长安客省庄140号墓出土的两件双人角斗（摔跤）纹铜带饰等（图9）。内蒙古和吉林榆树等地出土的鎏金天马纹铜带饰，乃是东汉初期鲜卑族的遗物。

1

2

3

4

图9（上）
匈奴族透雕铜带饰
西汉
1.双牛纹铜带饰
（鄂尔多斯采集）
2.双牛纹铜带饰
（西丰西岔沟）
3.双驼纹铜带饰
（内蒙古博物馆藏）
4.二人角斗纹铜带饰
（长安客省庄）

秦汉时期，居住在岭南地区的少数民族，通称“百越”。早在战国时期，“吴起为楚收杨越”。秦统一全国后，置桂林、南海、象郡，并徙民与百越杂处。广西西林普驮发现的汉初铜鼓墓，铜鼓上饰有翔鹭、鹿、渔民划船等刻纹，还出土五件浮雕山羊纹的鎏金铜饰牌（图10），山羊造型矫健，作举头回望状，颇有顶天立地的气概。这种带有浓厚民族地域色彩的装饰雕铸品，也许是西瓯越所作。

图10（下）
山羊纹浮雕铜饰牌（摹图）
西林普驮铜鼓墓

秦汉时期，居住在今四川省西南和云贵地区的夜郎、滇、邛都、嶲、昆明等族，汉代通称“西南夷”。其中，除夜郎外，以滇族为最强大。从战国末期，楚将庄蹻入滇，直到汉武帝元封二年（前109）在此置益州郡之后的一段长时间内，滇族还处在奴隶制的早期阶段。

1955年至1972年，在云南晋宁石寨山[40]、安宁太极山[41]、江川李家山[42]，先后发现滇族古墓群，时代约当战国晚期至东汉早期，出土大量具有滇族文化特色的青铜雕塑作品。在石寨山6号墓中，发现金质“滇王之印”，与《史记·西南夷列传》关于汉元封二年（前109）在滇置益州郡，“赐滇王王印”的记载相符。

江川李家山出土战国晚期的牛虎形铜祭案，显示了滇族匠师卓越的雕塑才能。晋宁石寨山出土贮贝器上的群雕和铜扣饰上的透雕，刻画了战争、生产、祭祀、贡纳、狩猎、舞乐等场面，再现了西汉时期滇族的生活面貌。

真实的表现生活，是石寨山青铜群雕的显著特点。举凡生产活动中由奴隶主监工，祭祀活动中用奴隶（战俘）作牺牲，战争以掠夺财富（牛羊）与人口为目的等等，都不加掩饰地塑造出来。为了尽可能接近生活原型，有的祭祀群雕竟多达127人。

善于刻画动态，努力表现惊险之美，是滇族透雕铜扣饰的艺术特点。如骑猎、双人盘舞铜扣饰，均以姿态生动见长；二虎搏豕、一虎搏鹿铜扣饰，则以情节惊险著称。

边境各族古代艺术匠师的上述优秀创造，是中国秦汉雕塑艺术辉煌成就的重要组成部分。

原载傅天仇主编：《中国美术全集·雕塑编2·秦汉雕塑》，人民美术出版社1985年版

注　释

[1]《三辅黄图》卷六“渭桥”。

[2] 史岩：《秦之钟鐻金人考》，《金陵学报》第10卷第1、2期合刊，1940年5月；何兹全：《秦汉史略》，上海人民出版社1955年版，第11页。

[3] 随县擂鼓墩一号墓考古发掘队：《湖北随县曾侯乙墓发掘简报》，《文物》1979年第7期。

[4] 张振新：《曾侯乙墓编钟的梁架结构与钟鐻铜人》，《文物》1979年第7期。

[5]《史记·秦始皇本纪》。

[6]《三国志·魏书·董卓传》；《史记·秦始皇本纪》，正义引《魏志·董卓传》及《关中记》。

[7][8]《史记·秦始皇本纪》，正义引《关中记》。

[9][10] 袁仲一：《秦始皇陵兵马俑》，陕西始皇陵秦俑坑考古发掘队、秦始皇兵马俑博物馆编：《秦始皇陵兵马俑》，文物出版社1983年版。

[11] 秦俑考古队：《秦始皇陵二号铜车马清理简报》，《文物》1983年第7期。

[12]《史记·高祖本纪》。

[13]《汉书·食货志》。

[14]《史记·孝武本纪》索隐引《三辅故事》。

[15] 原存长安县常家庄村北的牵牛像，近年被辗转迁移到和汉昆明池无关的长

安县草堂寺内。

[16] 关于牵牛、织女石像的辨识正名问题，参见俞伟超：《应当慎重引用古代文献》，《考古通讯》1957年第2期；汤池：《西汉石雕牵牛织女辨》，《文物》1979年第2期。

[17] 王子云：《西汉霍去病墓石刻》，《文物参考资料》1955年第11期；傅天仇：《陕西兴平县霍去病墓前的西汉石雕艺术》，《文物》1964年第1期。

[18] 《鲁迅书信集》（下卷），人民文学出版社1976年版，第873页。

[19] 陕西省文物管理委员会、咸阳市博物馆：《陕西省咸阳市杨家湾出土大批西汉彩绘陶俑》，《文物》1966年第3期；陕西省文管会、博物馆、咸阳市博物馆杨家湾汉墓发掘小组《咸阳杨家湾汉墓发掘简报》，《文物》1977年第10期。

[20] 咸阳市博物馆：《汉安陵的勘查及其陪葬墓中的彩绘陶俑》，《考古》1981年第5期。

[21] 王学理、吴镇烽：《西安任家坡汉陵从葬坑的发掘》，《考古》1976年第2期。

[22] 湖南省博物馆、中国科学院考古研究所：《长沙马王堆一号汉墓》（下集），文物出版社1973年版，图版201－203。

[23] 凤凰山一六七号汉墓发掘整理小组：《江陵凤凰山一六七号汉墓发掘简报》，《文物》1976年第10期。

[24] 周锦屏、刘洪石：《连云港市出土的汉唐木俑》，《美术研究》1980年第4期。

[25] 杨泓：《汉代木雕简述》，《美术研究》1980年第4期。

[26] 广州市文物管理委员会：《广州皇帝岗西汉木椁墓发掘简报》，《考古通讯》1957年第4期。

[27] 广西壮族自治区文物工作队：《广西贵县风流岭三十一号西汉墓清理简报》，《考古》1984年第1期。

[28] 广西壮族自治区文物工作队：《广西西林县普驮铜鼓墓葬》，《文物》1978年第9期。

[29] 广州市文物管理委员会：《广州动物园古墓群发掘简报》，《文物》1961年第2期。

[30] 西安市文物管理委员会：《西安市发现一批汉代铜器和铜羽人》，《文物》1966年第4期。

[31] 灵台县文化馆：《甘肃灵台发现的两座西汉墓》，《考古》1979年第2期。

[32] 广州象岗汉墓发掘队：《西汉南越王墓发掘初步报告》，《考古》1984年第3期。

[33] 咸阳市博物馆：《咸阳市近年发现的一批秦汉遗物》，《考古》1973年第3期；

张子波：《咸阳市新庄出土的四件汉代玉雕器》，《文物》1979年第2期。

[34] 邓淑苹：《汉代的玉雕动物》，《故宫文物》一卷九期（1983年），台北。

[35] 《古都洛阳秘宝展》，日本冈山，1983年版，图38之1－4。

[36] 田广金、郭素新：《内蒙古阿鲁柴登发现的匈奴遗物》，《考古》1980年第4期；内蒙古博物馆、内蒙古文物工作队：《内蒙古准格尔旗玉隆太的匈奴墓》，《考古》1977年第2期；伊克昭盟文物工作队、内蒙古文物工作队：《西沟畔匈奴墓》，《文物》1980年第7期。

[37] 戴应新、孙嘉祥：《陕西神木县出土匈奴文物》，《文物》1983年第12期。

[38] 钟侃：《宁夏固原县出土文物》，《文物》1978年第12期。

[39] 乌恩：《中国北方青铜透雕带饰》，《考古学报》1983年第1期。

[40] 云南省博物馆：《云南晋宁石寨山古墓群发掘报告》，文物出版社1959年版。

[41] 云南省文物工作队：《云南安宁太极山古墓葬清理报告》，《考古》1965年第9期。

[42] 云南省博物馆：《云南江川李家山古墓群发掘报告》，《考古学报》1975年第2期。

孔望山造像的汉画风格

孔望山摩崖造像是我国黄海之滨一处规模宏大的古代雕刻遗迹，位于江苏省连云港市海州城东北2500千米。

这处造像缺乏早期的铭刻题记和文献记载，从而为确定其雕造时代带来一定的困难。历来的多数人持“东汉说”，如清嘉庆《海州直隶州志》卷十一引《淮安府志》，即有孔望山“诸贤摩崖像，冠裳甚古，如读汉画”之语。20世纪50年代中期，江苏省文管会的寄庵、人俊同志谓孔望山石刻造像“就画像作风看，似与汉武梁祠画像相似”[1]。朱江同志也说“可能是汉代的东西”[2]。80年代初，连云港市博物馆在《连云港市孔望山摩崖造像调查报告》（以下简称《调查报告》）中，称其“属于东汉晚期”[3]；俞伟超先生和信立祥同志在《孔望山摩崖造像的年代考察》（以下简称《考察》）一文中，认为“孔望山的全部摩崖造像都应是东汉桓、灵时期的雕刻”[4]。阎文儒先生在《孔望山佛教造像的题材》一文中，也称“其造型风格、技法似汉画像石”[5]。此后，若干同志在有关文章中[6]，亦持此说。

对“东汉说”持异议者亦早已有之。例如50年代中期，上海某大学教授“参观孔望山摩崖造像后，曾提出一些疑义，怀疑造像的年代不会过早，可能与龙洞的宋人题字有关”[7]。80年代初，又有主汉晋之间说者，以为孔望山石刻造像“制作时代晚不过晋，有可能为东汉”[8]。《考古》月刊于1985年第1期，刊发阮荣春同志《孔望山佛教造像时代考辨》（以下简称《考辨》）一文，首次提出“唐代说”，认为“孔望山佛教摩崖造像，无论是文物制度的时代特征和造像风格的时代精神，或客观条件的可能，都应属唐代前后，而不是东汉”。笔者认为阮文的发表，促进了孔望山造像的进一步研究与讨论，但是，其中的若干看法与结论是值得商榷的。

风格史家、瑞士人沃尔夫林（Heinrich Wölfflin）曾经说过：“视象有其自身的历史，而对其层面的发掘陈示，必须被当成艺术史的首要工作。”[9]通过对特定作品视象结构的分析，将有助于判断缺乏题铭的艺术作品的大致年代。笔者作为调查测绘工作参与者，拟从视象结构的角度，对孔望山造像的衣冠器用及某些人物形象做一些比较分析，以期进一步阐明其汉画风格与时代特征。浅陋不当处，期望各方专家和同志们批评、指正。

一、尖锥形无翅或垂翅胡帽

孔望山造像中，深目高鼻、着尖锥形胡帽者凡12躯，分无翅、单翅、双翅等三种形式。其中，着无翅胡帽者4躯，占33.33%，编号X69、X77、X81、X82属之；着单翅胡帽者7躯，占58.34%，编号X3、X65、X70、X72、X75、X78、X79属之；着双翅胡帽者1躯，占8.33%，编号X74属之[10]。

王国维根据《史记·六国年表》关于赵武灵王十九年（前307）“初胡服”的记载，指出“胡服之入中国，始于赵武灵王。其制，冠则惠文”；又云：“其插貂蝉者，谓之赵惠文冠……其加双鹖尾者谓之鹖冠”[11]。沈从文先生根据洛阳金村出土战国错金银刺虎镜，考订骑士所戴上插二鸟羽的头盔，即赵武灵王胡服骑射的“鹖冠”[12]。着尖锥形无翅胡帽的形象，则首见于洛阳出土西汉胡服骑射纹模印画像空心砖上（图1），此骑士所戴的胡帽，无疑是孔望山造像Ⅰ式胡帽的祖型。

东汉画像石中，有不少胡汉交战、汉胜胡败、胡王献俘图像。据夏超雄同志研究，这种历史题材“反映的是西汉武帝或东汉明帝、和帝两个时期的历史事实”[13]。从山东嘉祥五老洼、肥城栾镇村、长清孝堂山等东汉前期画像石的胡汉交战图上，可见两种形式的胡帽，除沿袭西汉的Ⅰ式无翅胡帽外，出现了Ⅱ式单翅胡帽。着这种尖锥形帽者，都是深目高鼻的胡人，孝堂山那位头戴单翅胡帽、颏下多须髯的胡人身后，有“胡王”二字刻铭；又如“微山县两城出土的一块战争画像残石，深目高鼻戴尖帽的骑马者，题刻‘胡将军’三字”[14]。因此，笔者认为《调查报告》及《考察》称着尖锥形帽者为“胡人形象”，甚确。从形象比较图上，可以清楚地看到：孔望山造像之Ⅰ、Ⅱ式胡帽，是东汉前期画像石胡帽形式的延续和发展（图2）。

图1
洛阳出土西汉胡服骑射纹模印空心砖（局部）
（采自郭若愚《模印砖画》图版第三十九）

东汉后期的胡帽，可以列举山东苍山前姚、沂南北寨、临沂白庄出土画像石作代表，在胡汉交战或乐舞百

图2
孔望山造像与东汉画像石胡帽之比较

比较单位		胡帽形式			资料来源
		Ⅰ式（无翅）	Ⅱ式（单翅）	Ⅲ式（双翅）	
东汉前期	嘉祥五老洼、肥城栾镇村画像石	 1	 2		（1）嘉祥五老洼第八石，见《文物》1982年第5期第76页 （2）肥城栾镇村建初八年画像石，见《山东汉画像石选集》图473
东汉前期	孝堂山画像石				中央美术学院图书馆藏孝堂山石祠右壁拓本
东汉后期	苍山前姚画像石				《山东汉画像石选集》图418
东汉后期	沂南汉墓画像石				《沂南古画像石墓发掘报告》拓片第一幅、图版95
东汉后期	临沂白庄画像石				《山东汉画像石选集》图363、365、366
孔望山摩崖造像					《文物》1981年第7期第4页之拓本及实测图

戏图中，可见众多着尖锥形胡帽者。当时，Ⅰ式无翅胡帽已不多见，Ⅱ式单翅胡帽最为盛行，并且出现Ⅲ式双翅胡帽的新形式。孔望山造像之三种胡帽形式及多寡比例，与东汉后期石刻画像呈现的胡冠制度符合，时代特征一目了然。

到魏晋南北朝民族大融合时期，胡帽形式发生显著变化。当时存在篱子形毡帽和卷顶形毡帽这样两种胡帽形式（图3）。篱子形毡帽以甘肃嘉峪关魏晋墓壁画、长沙西晋墓陶俑、敦煌北魏刺绣刻画者为代表，其特点是帽身较高，帽顶呈半球形。卷顶形毡帽以嘉峪关壁画及磁县、寿阳、邓县等地出土舞蹈俑（或舞蹈画像砖）为代表，其特点是帽顶向前弯曲度甚大，帽檐显著卷翘。孔望山造像之尖锥形胡帽，与魏晋南北朝时期所流行的胡帽形式，判然有别。

《考辨》无视东汉画像石刻中存在大量尖锥形胡帽的事实，硬将孔望山8个戴单翅或双翅胡帽的造像，附会成“俱着带翅幞头”；在其“服饰对

图3
魏晋南北朝时代的胡帽形式
1.2.采自嘉峪关魏晋墓壁画
3.长沙西晋俑
4.敦煌北魏刺绣
5.磁县东魏陶俑
6.寿阳北齐陶俑
7.北朝陶俑
（美国纳尔逊美术馆藏）
8.邓县南北朝模印画像砖

照图”中，又将孔望山的胡帽和东汉画像中的平巾帻及铁梁冠做比较，笔者认为其方法和结论都是不妥当的。

二、关于平巾帻

《后汉书·舆服志》曰：“帻者，赜也，头首严赜也。至孝文乃高颜题，续之为耳，崇其巾为屋，合后施收，上下群臣贵贱皆服之。”注引《独断》曰：“帻，古者卑贱执事不冠者之所服也……元帝额有壮发，不欲使人见，始进帻服之，群臣皆随焉。然尚无巾，故言‘王莽秃，帻施屋’。”

考古发现表明，陕西关中地区大约在秦汉之际即已出现平巾帻，如临潼出土秦至西汉初期射猎纹画像砖之捧盾门吏所着者，即加覆耳纱冠的平巾帻（详下节）；东都河南一带，直到西汉后期，仍然流行冠巾约发而不裹额的习俗，如洛阳出土西汉画像空心砖及“八里台汉墓”壁画的男子发式属之。到东汉时期，平巾帻才普遍流行于全国。所谓“崇其巾为屋”，指帻顶隆起作尖劈形，恰如屋顶，是平巾帻的标准样子[15]。

《考辨》曾有“平巾帻，在孔望山众多的佛像中均所未见”的说法。《调查报告》并无佛像着平巾帻之说；佛像的发式是高肉髻，这是众所周知的常识。但是，细读《考辨》全文，特别是看了该文所附的“孔望山与东汉、唐代服饰对照图”之后，可知作者的语意不是单纯指佛像，而是泛指孔望山造像。那么，孔望山造像中究竟有无着平巾帻的实例呢？答案不仅是有，而且相当丰富。从《调查报告》刊出的实测图上，至少可以分辨出五种形式的平巾帻实例（图4）：

Ⅰ式 编号X66造像所着者属之。《调查报告》称它“著汉式冠服，正襟危坐”。李洪甫同志称其为“头上戴帻，长方形的‘颜题’，三角形的‘屋’都很清晰；帻上加武弁冠，短耳”[16]，其说甚是。沂南画像石摇鼗者所着平巾帻，与此相仿。

Ⅱ式 编号X1所着者属之。《调查报告》称它亦“著汉式衣冠”。此像所着平巾帻与I式相近，唯帻上加覆耳纱冠，稍异于X66。滕县西户口延光元年（122）画像石之捧盾者、密县打虎亭一号汉墓甬道西壁之石刻门吏，均着这种加纱冠的平巾帻。

Ⅲ式 编号X93、X94、X95、X96、X99所着者属之。其特点是帻上加冠而无“屋”。《调查报告》和李洪甫同志均称X93、X99“头戴进贤冠”[17]。按《后汉书·舆服志》记载，进贤冠即前高后低的梁冠；沂南汉墓、诸城前凉台孙琮墓等画像石上，不乏进贤冠（梁冠）的形象实例。X93、X99冠前无梁，与孙琮墓“髡刑图”右侧属吏、辽阳三道壕汉墓壁画低级贵族、金乡朱鲔墓石刻青年贵族所着平巾帻相似，故而仍宜做平巾帻看待。

Ⅳ式 编号X104、X105所着者属之。此乃“崇其巾为屋”的东汉平巾帻标准样式，裹额之帻往左右两鬓做折角转弯。沂南画像石不乏其例。

Ⅴ式 编号X98、X97所着者属之。其特点是巾帻在额角做叠折收裹。密县打虎亭一号墓石刻侍仆，其巾帻裹法与此相似。

总之，在孔望山非佛教题材的造像中，有众多着平巾帻的形象，其形式与东汉画像石及墓室壁画所描绘者相同，与东汉时代贵贱皆服平巾帻的社会习尚不悖。

比较单位	平巾帻形式				
	Ⅰ式	Ⅱ式	Ⅲ式	Ⅳ式	Ⅴ式
东汉后期画像石	 1	 2	 3	 4	 5
孔望山摩崖造像	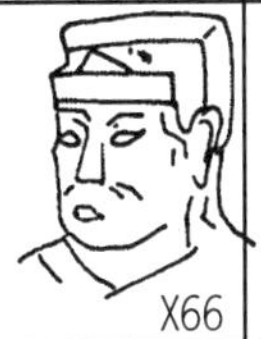 X66	 X1	 X93	 X104	 X98

图4
孔望山造像与东汉画像石平巾帻之比较

比较单位·东汉后期画像石
1、4.属吏画像，见《沂南古画像石墓发掘报告》图版93、拓片49
2.滕县西户口延光元年墓之捧盾者，见《山东汉画像石选集》图216
3.诸城前凉台孙琮墓之属吏画像，见《文物》1981年第10期第18页
5.密县打虎亭一号墓之侍仆，见《文物》1972年第10期第57页
比较单位·孔望山摩崖造像
采自《文物》1981年第7期

三、关于捧盾门吏

孔望山造像群之西侧，雕刻着一位形体魁伟的捧盾门吏，编号X1，头戴加覆耳纱冠的Ⅱ式平巾帻，双手抬起作捧盾状，目光炯炯，神态威武（图5上栏右1）。

按长沙五里牌及江陵李家台战国墓曾出土彩绘漆盾实物。关于战士执盾出征作战的形象，在河南汲县山彪镇、四川成都百花潭出土的战国水陆攻战纹铜鉴或铜壶上、东汉画像石的胡汉交战图上、敦煌285窟西魏壁画“五百强盗”图及邓县出土南北朝武士画像砖上均有发现，其执盾姿态无甚变化。关于卤薄仪仗的持盾形象，从咸阳杨家湾西汉墓及连云港云台高高顶西汉墓出土的陶、木执盾俑，到河北磁县东魏北齐墓出土的持盾陶俑，其盾牌或竖或斜置于腹前，执盾姿态亦无显著变化。然而，有一种执盾形象，即门吏的执盾形象，从两汉到隋唐却发生了极为显著的变化，大致上经历捧盾、持盾、按盾等三个不同阶段（图5）。从艺术史和美术考古标型学的角度来说，这种视象结构的变化具有断代意义。因此，有必要做扼要阐述。

Ⅰ式 捧盾门吏形象，流行于两汉时代。其最早实例是临潼出土今藏陕西省博物馆的秦至西汉初期的侍卫宴享射猎纹画像空心砖[18]，在描绘宫廷侍卫的画面左侧，模印着两名捧盾侍卫，头戴加漆纱冠的平巾帻（或称武冠、武弁大冠），身着曲裾袍和大口裤，双手捧着彩绘漆盾，横置于胸前，呈现出严于职守的肃穆神态（图5上栏左1）。按《史记·滑稽列传》所载，这种捧盾门吏，秦代称“陛楯郎”[19]，担负宫殿门户侍卫任务。汉承秦制，两汉时代的宫殿衙署门阙下，普遍设置捧盾门吏，如西安西郊出土今藏陕西省博物馆的西汉宫阙侍卫纹画像砖[20]、洛阳烧沟出土今藏洛阳博物馆的东汉前期车骑画像砖、河南新野出土东汉后期门阙亭长画像砖及车骑出行画像砖[21]、沂南汉墓中室西壁上横额之车骑出行画像石[22]，图中之门吏皆作捧盾姿态。此外，河南省南阳县和唐河县[23]、山东省滕县西户口和嘉祥县齐山[24]、安徽省亳县董园村2号墓（约属桓帝末年）[25]等，亦有双手捧盾、躬身侍立的石刻门吏形象。四川成都扬子山、德阳、彭县等地的东汉墓，出土《亭前迎谒》画像砖，其门亭长亦双手捧盾。这种形象的大量出现，与《后汉书·蓬萌传》关于亭长捧盾迎宾的记载相符。

Ⅱ式 持盾门吏形象，存在于两晋北魏时期。长沙西晋墓、南京东晋墓、西安北魏墓出土持盾武士俑属之。洛阳北魏宁懋石室的石刻门吏，头

	时代	秦至西汉初	西汉	东汉	东汉	东汉晚期
	出处	临潼画像砖	西安画像砖	南阳画像石	滕县画像石	孔望山造像
Ⅰ式	捧盾门吏形象示意					

	时代	西晋	东晋	北魏
	出处	长沙晋墓陶俑	南京晋墓陶俑	西安市文管会藏陶俑
Ⅱ式	持盾门吏形象示意	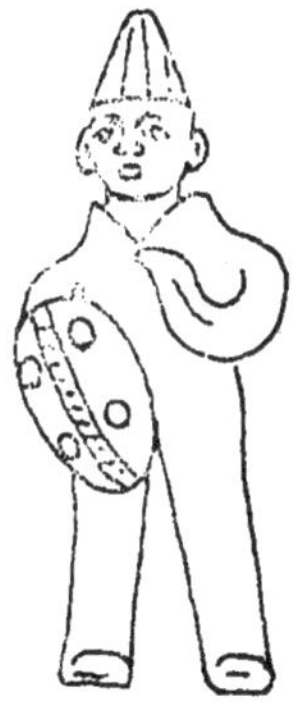		

	时代	北魏	东魏	北齐	隋	初唐
	出处	洛阳元邵墓陶俑	磁县尧赵氏墓陶俑	平山崔昂墓陶俑	咸阳隋墓陶俑	西安白鹿原陶俑
Ⅲ式	按盾门吏形象示意				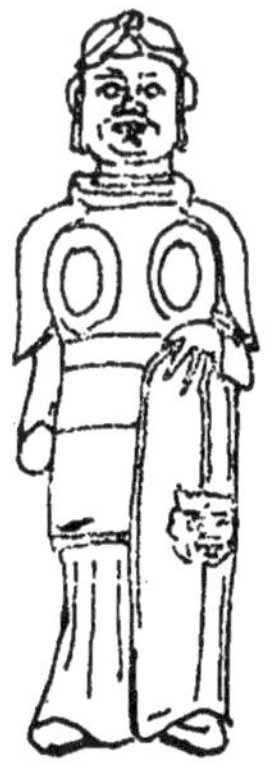	

图5　汉唐时代门吏执盾形象演变示意图

戴鹖尾冠，身着鱼鳞甲，作右手持戟、左手持盾姿态[26]，其身份和所执兵器（戟、盾）与洛阳出土西汉亭长砖[27]相似，但执盾姿态发生变化，由汉代的双手捧盾演变成单手持盾了。

Ⅲ式 按盾门吏形象，始于北魏，定型于北齐，隋唐沿袭之。例如洛阳北魏元邵墓、磁县东魏尧赵氏墓及茹茹公主墓、平山北齐崔昂墓及磁县北齐高润墓与尧峻墓、咸阳底张湾隋墓及西安白鹿原初唐墓等，皆出土头戴兜鍪、身披明光甲、形貌威猛的按盾武士俑（图5下栏）。这种武士俑形体较同墓伴出的其他陶俑高大，通常发现于墓门附近；山东临朐近年发现的北齐壁画墓[28]，于紧靠墓门的甬道两壁，绘有形貌服饰相仿的按盾门吏，足证这种陶塑按盾武士俑具有门吏身份。当时门吏执盾姿态的显著特点是用左手将盾牌按在腿前，盾的下端着地，故称按盾门吏。

在明了汉唐时代门吏由捧盾到持盾，继而由持盾到按盾的形象演变规律之后，再去观察孔望山造像X1的捧盾门吏形象，其时代归属与汉画风格昭然若揭。因此，笔者认为此捧盾门吏的雕刻时代，非东汉晚期莫属。

四、执便面与执金吾

孔望山造像群的中央部位，在大、中型造像之间，凿有三个长方形小龛，《调查报告》编号16组X93-X95、17组X96、18组X97-X105属之。从总体布局来看，这批小龛似有点缀补白性质，不少同志认为小龛的雕凿年代最晚或稍晚；为此，着重分析这三个小龛造像的衣冠器用及纹饰特点，对于探讨孔望山造像的时代下限，具有重要意义。

三个小龛的造像，皆运用较细的阴线雕成。首先值得注意的是每龛均有执便面者，共凡三见。其中，X93、X96是画面里的主人公，身份似属低级官吏，两颊有须，头戴有冠无“屋”的Ⅲ式平巾帻，身着宽博的右衽长袍（《调查报告》谓X93衣左衽，恐误），左手执便面，作跽坐状。X98属侍仆身份，站在主人公身后，左手亦执便面。其次，编号18组的小龛造像中，有执金吾者二人，X97、X102属之。在测绘图上，只有X102执金吾，据李洪甫同志考订，同龛X97亦执金吾[29]，其说当经目验，今从之；其身份亦属侍仆或侍卫。

《汉书·张敞传》载：“敞无威仪，时罢朝会，过走马章台街，使御史驱，自以便面拊马。”颜师古注曰：“便面，所以障面，盖扇之类也。不欲见人，以此自障面则得其便，故曰便面，亦曰屏面。”

《汉书·百官公卿表》曰：“中尉，秦官，掌徼循京师。武帝太初元年，更名执金吾。”崔豹《古今注》曰：“汉朝执金吾，亦棒也，以铜为

比较单位		执便面及执金吾的形象	资料来源
东汉画像石	诸城前凉台孙琮墓	 1 2 3	《山东诸城汉墓画像石》，刊《文物》1981年第10期 1.图七庖厨图中图像 2—3.图八谒见图中图像
	沂南画像石墓		《沂南古画像石墓发掘报告》拓片第38幅之车前伍伯
	其他	 1 2 3	1.南阳市西关汉墓画像石之观舞贵族 2.南阳市东关汉墓《讲经图》之学监，见《南阳汉代画像石》图206、211； 3.《浙江海宁东汉画像石墓发掘简报》图四四，见《文物》1983年第5期
孔望山造像		 X93 X98 X102	《连云港市孔望山摩崖造像调查报告》图九、一〇，刊《文物》1981年第7期

图6
孔望山造像与东汉画像石执便面及执金吾之比较

之，黄金涂两末，谓为金吾，御史大夫、司隶校尉亦得执焉。”

从考古发现的实物及图像来看，执便面及执金吾的风尚，肇自西汉，盛于东汉，魏晋南北朝已属尾声。在各地发现的东汉画像石和墓室壁画里，于车骑出行、拜谒、讲经、宴饮、庖厨、乐舞百戏、西王母等画面上，执便面与执金吾的形象屡见不鲜。例如沂南汉墓车骑出行图石刻，车前伍伯行列中，有6人执便面、1人执金吾（图6第二栏）；滕县黄家岭画像石之第二层，有17名仪卫执便面[30]；临沂白庄、安丘王封画像石，均刻有男主人手执便面凭几而坐的形象[31]；南阳市西关汉墓观舞图石刻，跽坐赏乐之男主人亦自执便面；南阳市东关汉墓讲经图石刻之学监，海宁长安镇东汉墓石刻之门吏，均作一手执便面、一手执金吾的画法（图6第三栏）。最有对比价值的是，山东诸城“汉故汉阳太守”孙琮墓的石刻画像[32]，据王恩田同志考证，孙琮卒于东汉桓帝末年[33]，该墓用阴线刻画几幅生活气息格外浓郁的画面，在《庖厨图》右侧，刻一位聚精会神跽坐在四足火炉旁烤羊肉串的厨师，左手翻动肉串，右手执便面扇火（图6上栏1）；另一幅《谒见图》，在厅堂阶前庭院中，肃立着12名执便面的仪卫，厅堂内，墓主孙琮头戴梁冠、笼袖端坐在围屏前，围屏左外侧，有2名头裹巾帻、手执便面与金吾的侍卫（图6上栏之2、3），其人物造型、衣冠器用与雕刻技法，和孔望山第18组X97、X98、X102如出一辙。若非同一时代的作品，如何能有如此相同的艺术风格。

五、案、尊、勺、幢

孔望山造像编号17组、18组两小龛内，在主人公面前，皆刻画叠置的三足案、尊、勺等酒器。稍异者，17组的酒尊呈直筒平底状，18组的酒尊则有三个支足。

班昭《东征赋》云：“酌尊酒以弛念兮。”《后汉书·孔融传》曰：“坐上客常满，尊中酒不空。”在汉墓出土文物、东汉画像石、画像砖及墓室壁画中，不乏三足案、尊、勺成组排列的实例。诸城孙琮墓、沂南汉墓及南阳县汉墓出土的谒见图、宴饮图、乐舞图、投壶图画像石上，辽阳北园附近东汉晚期墓的宴饮观舞图壁画上，皆有这类图像。北京故宫博物院藏有“建武二十一年”铭鎏金铜尊及三足案，器形与孔望山编号18组龛内所刻者相仿（图7）。从山西右玉曾出土西汉“河平三年”铭“温酒尊”来看，这组酒器出现于西汉晚期，流行于东汉时代。王振铎先生曾系统地研究过东汉画像中所见的尊、勺，认为这组器物是“东汉时期上层阶级在宴饮生活中普遍使用的酒器”[34]，具有鲜明的时代特色。

孔望山编号18组小龛的画面右上角，刻画着一个覆葵状图案，其形象与沂南画像石《乐舞百戏图》《车骑出行图》中的“幢”相似，此乃东汉时代的一种仪仗，如《后汉书·韩延寿传》载：功曹引车有“千人持幢旁毂”之语。由于该龛画面右侧风化剥蚀较严重，幢杆已漫漶不清。

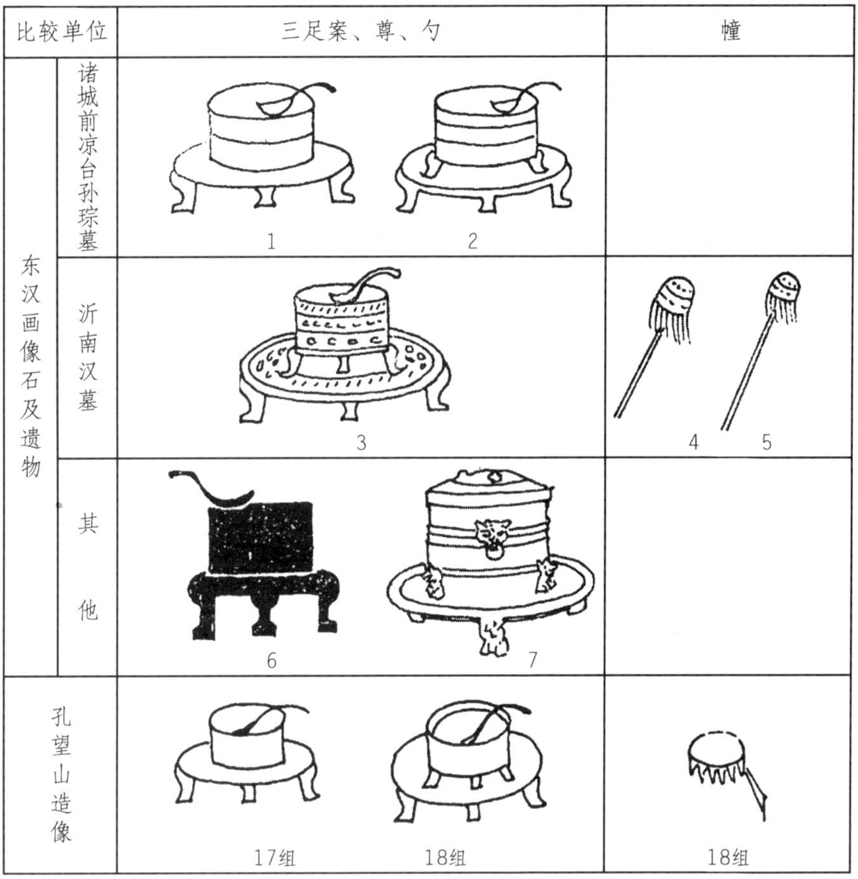

比较单位		三足案、尊、勺	幢
东汉画像石及遗物	诸城前凉台孙琮墓	1　2	
	沂南汉墓	3	4　5
	其他	6　7	
孔望山造像		17组　18组	18组

图7
孔望山造像与东汉画像石及遗物三足案、尊、勺、幢的形式比较
1—2.《文物》1981年第10期第18、20页
3—5.见《沂南古画像石墓发掘报告》拓片第34、37幅
6.见《南阳汉代画像石》图215
7.见《文物》1963年第4期图版二之6

六、垂幛式帷幔纹

孔望山编号16组、17组、18组这三个小龛，画面上沿皆雕饰垂幛式帷幔纹。《调查报告》与《考察》二文，对此均有介绍。

按东汉墓室壁画、画像石及画像砖上，做垂幛式帷幔纹装饰的实例不胜枚举，通常出现在表现家居宴饮观舞等现实生活的画面上。例如河南密县打虎亭一号东汉晚期墓中室北壁巨幅壁画《百戏图》、北耳室西壁石刻《宴饮图》，画面上缘皆做垂幛纹与绶带纹装饰[35]。辽阳北园附近东汉晚期墓后室北壁《宴饮观舞图》壁画上方，亦绘垂幛纹[36]，其简洁而富装饰味的线条，酷肖孔望山小龛上沿的垂幛纹饰。又如山东曲阜西颜林画像石拜谒图、滕县西户口画像石赏乐图、南阳李相公庄汉建宁三年(27)许阿瞿墓石刻观赏游戏图、南阳县画像石拜谒图、四川成都羊子山东汉墓石刻宴饮观舞图、彭县画像砖宴饮图、河南新野画像砖伎乐图、淅川画像砖《王将军、使者尹》等，画面上沿均有边框状的垂幛帷幔纹饰。

综上所述，作为孔望山造像年代下限的上述三个小龛，其衣冠器用、装饰纹样、人物造型乃至流利活泼中略带古拙的线刻技巧，皆具东汉晚期的艺术特色。因此，笔者认为《调查报告》及《考察》关于孔望山造像年代的论断是可信的，《考辨》提出的“唐代说”不能成立。

原载《考古》1987年第11期；又载《孔望山造像研究》第一集，海洋出版社1990年版

注 释

[1] 《江苏省文管会调查孔望山石刻造像》，《文物参考资料》1954年第7期。

[2] 朱江：《海州孔望山摩崖造像》，《文物参考资料》1958年第6期。

[3] [4] [5]《文物》1981年第7期。

[6] 步连生：《孔望山东汉摩崖佛教造像初辨》，《文物》1982年第9期；李洪甫：《孔望山造像中部分题材的考订》，《文物》1982年第9期；丁义珍：《孔望山杯柈刻石考》，《文物》1984年第8期。

[7] 朱江：《海州孔望山摩崖造像》，《文物参考资料》1958年第6期。

[8] 《孔望山摩崖佛教画像石刻》，《中国历史学年鉴》（1981年），人民出版社1981年9月版。

[9] 引文见方闻著，石守谦译：《西方的中国画研究》，《故宫文物月刊》第45期，1986年12月，台北。

[10] 孔望山造像实测图上，将X74误画作单翅胡帽；经《考辨》标出双翅后，笔者核对《调查报告》图八所刊拓本，X74确是双翅的胡帽，特此说明。

[11] 《观堂集林》卷二十二“胡服考”。

[12] 沈从文：《中国古代服饰研究》，商务印书馆（香港）1981年版，第49页。

[13] 夏超雄：《孝堂山石祠画像、年代及主人试探》，《文物》1984年第8期。

[14] 山东省博物馆、山东省文物考古研究所：《山东汉画像石选集》，齐鲁书社1982年版，绪言、图216、图178。

[15] 沈从文：《中国古代服饰研究》，商务印书馆（香港）1981年版，第84页。

[16] [17]李洪甫：《孔望山造像中部分题材的考订》，《文物》1982年第9期。

[18] 关于临潼出土侍卫宴享射猎纹画像空心砖的制作年代，一说属秦代，参见北京汽车制造厂工人理论组、中央五七艺术大学美术学院美术史系：《略论秦始皇时代的艺术成就》，《考古》1975年第6期；另说属西汉，参见陕西省博物馆编：《陕西省博物馆》有关该砖之图版说明，文物出版社1983年版。

[19]《史记·滑稽列传》："秦始皇时，置酒而天雨，陛楯者皆沾寒……优旃临槛大呼曰：陛楯郎！"

[20] 参见西北历史博物馆辑：《古代装饰花纹选集》载汉画像瓦脊正面饰纹，西北人民出版社1953年版。

[21]《河南汉代画像砖》图221、图222、图243。

[22]《沂南古画像石墓发掘报告》拓片第37幅左侧。

[23]《南阳汉代画像石》图278－282。

[24] 山东省博物馆、山东省文物考古研究所：《山东汉画像石选集》，齐鲁书社1982年版，图343。

[25]《文物资料丛刊》（2），文物出版社1978年版，第173页。

[26] 沈从文：《中国古代服饰研究》，商务印书馆（香港）1981年版，第149页。

[27] 沈从文：《中国古代服饰研究》，商务印书馆（香港）1981年版，第63页。

[28] 此墓位于临朐冶源海浮山南麓，1986年4月发现，由山东省文物考古研究所协同该县文化馆清理，发掘简报待刊。

[29] 李洪甫：《再论孔望山造像的时代》，《考古》1986年第10期。

[30] 山东省博物馆、山东省文物考古研究所编：《山东汉画像石选集》图362，齐鲁书社1982年版。

[31] 山东省博物馆、山东省文物考古研究所编：《山东汉画像石选集》图540，齐鲁书社1982年版。

[32] 任日新：《山东诸城汉墓画像石》，《文物》1981年第10期。

[33] 王恩田：《诸城凉台孙琮画像石墓考》，《文物》1985年第3期。

[34] 王振铎：《张衡候风地动仪的复原研究》（续），《文物》1963年第4期。

[35] 安金槐、王与刚：《密县打虎亭汉代画像石墓和壁画墓》，《文物》1972年第10期。

[36] 此墓在辽阳北园附近胜利村，1986年8月发现，由辽阳市博物馆清理，发掘简报待刊。清理发掘过程中，承市文化局及该馆同志允许参观，谨此附笔致谢。

“孔望山造像学术研讨会”会议总结

各位领导、各位同志：

孔望山造像学术研讨会于1987年8月12日至16日在江苏省连云港市连云饭店召开。这次会议是在中共连云港市委与市政府的重视与领导下，由连云港市哲学社会科学联合会、市文化局、市博物馆等单位会同国家文物局、文物出版社联合发起的，来自科研单位、高等院校、文博部门及新闻出版界的外地代表，包括思想史、宗教史、文学史、美术史、中外交通史、石崖艺术史及考古学等学术领域的老中青专家学者40余人出席了这个盛会。有些因故缺席的代表寄来了学术论文。著名学者季羡林先生和周绍良先生托人带来了贺信，还有日本、美国、法国不少学者恳切地希望参加这个讨论会。这些情况雄辩地说明了孔望山包含早期佛教题材的摩崖造像，确已引起国内外学术界的高度重视。毫无疑问，这项艺术造像是值得我国人民，特别是连云港市人民引以为自豪的。

这项珍贵的古代艺术遗迹，过去只有零星报道。自从1980年6月中国历史博物馆研究员史树青先生来连云港考察，首次指出孔望山摩崖造像有佛教内容，又经北京大学俞伟超、中央美术学院金维诺、北京故宫博物院副研究员步连生等先生一起复查赞同，随后由连云港市博物馆邀请北京大学、中央美术学院和中央民族学院的有关同志进行联合调查测绘，并于1981年3月3日的《光明日报》上刊发消息，7月号的《文物》月刊上发表调查报告，指出孔望山造像中存高肉髻、施无畏印或具项光的佛像及“涅槃变”“萨埵那太子舍身饲虎”等佛教故事雕刻，从雕刻技法看是东汉晚期的石刻造像。这个消息发表后，国内外学术界为之震惊，对孔望山造像的研究也进入了一个崭新的阶段。到1986年年底，国内各种报刊上已发表的学术论文，据不完全的统计已有30余篇。这些文章，围绕着孔望山造像的时代归属、题材内容、雕造技法、衣冠制度、风格特色及佛教艺术传播路线等问题，展开了热烈的讨论，出现了“百家争鸣”的可喜局面。其中，争论焦点主要集中在时代归属和题材内容两个问题上。有些观点，分歧甚大。关心这项学术争鸣的专家学者很多，不少同志只是由于未曾目睹实物而不敢轻易发表意见。会议发起者把握住这一良好时机，提出召开今年暑期的“孔望山造像学术研讨会”的倡议，立刻得到了各地同行们的热烈响应与支持。

这次学术研讨会是在充分准备的基础上召开的。与会代表多数都撰写了讨论孔望山造像或早期佛教艺术的论文，同志们不论是老相识或新相识，不论持何种学术观点，本着“百家争鸣”的原则，畅所欲言，各抒己见，展开了既严肃认真又心平气和的讨论，不论是大会小会、会内会外，都充满着浓厚的学术研讨气氛。会议期间，安排了两次对孔望山摩崖造像的实地考察，并张挂大部分石刻造像的拓本供与会代表观摩，从而为深入地讨论创造了有利条件。

经过讨论，与会代表在两个问题上取得了一致的认识：

第一，孔望山造像存在佛教的内容。例如，靠近西侧的立佛X2、中央部位的坐佛X76，处于东侧上方的立佛X71，均有高髻，均着通肩大衣，有的施无畏印，有的作说法印，有的刻画出圆形的项光，大家认为确是佛像，而且具有早期佛像的造型特征。总之，对单尊佛像的认识比较一致，对成组的造像尚有存疑或保留的意见，在世俗内容的造像上表现得尤为明显。

第二，孔望山存在东汉晚期的造像（图1），例如西侧的捧盾门吏X1、中上部着武弁大冠的大像X66、最上部的那尊大像X68，从其衣冠服饰，形象特点以及剔地隐起加阴线刻的雕刻技法等方面来看，与鲁南苏北地区的东汉石刻画像十分相似，不少同志说：到孔望山一见这几尊像，确有“如读汉画”的感觉。因此，称其为东汉造像，大家没有异议。

图1
孔望山造像群（西部）
连云港

会议中，分歧意见较大的，仍然是孔望山造像整体的时代归属问题。从讨论情况来看，基本上可归纳为三种不同意见：

第一种是“东汉说”，即认为孔望山的全部造像，不论是世俗内容或佛教内容的造像，都是东汉晚期雕造的。理由是：1.孔望山造像的衣冠器用、雕刻技法均有鲜明的东汉画像石的风格；2．孔望山造像虽然初看有零乱无章之感，但细细品味，许多造像还是具有明确的呼应关系的，尤其是东部的几个戴尖顶胡帽的侧面像及中部偏西的戴尖顶胡帽举花献佛的形象，它们所戴的有翅或无翅胡帽是鲁南东汉画像石胡汉战争图上习见的胡帽，这种深目高鼻着尖锥形帽的胡人形象肯定出自东汉匠师的手笔。处于从属地位的礼佛者，既然是东汉时代的作品，那么，被他们礼拜的立佛、坐佛像，当然不可能是东汉以后的作品了。3．还有一些同志则运用考古学上的打破关系分析法与器物标型学比较法，论证了几个小龛的阴线刻，认为作为孔望山造像时代下限的小龛，不论其雕刻内容是属宴饮图、讲学图或谒见图，其衣冠器用、人物造型都具备东汉画像石的风格；既然最后雕成的小龛都没有超越东汉的范畴，整个摩崖造像的时代归属也就不言自明了。4．还有一些同志列举沂南、安丘东汉画像石为例，说明剔地隐起加阴线的刻法和浅浮雕、高浮雕等技法是同时共存的，因此，不能将孔望山造像存在几种不同的雕刻技法作为孔望山造像延续数百年方分期分批完成的论据。5．持东汉说者还认为东汉时代在海州出现包含佛教内容的孔望山摩崖造像，和《后汉书·楚王英传》关于刘英在徐海地区崇尚“浮屠之仁祠”的记载相符。

第二种意见是“汉魏说”，认为孔望山造像不是短期内雕成的，而是延续相当长的一段时间才完成的，其时代上限在东汉桓灵以后，下限在三国初期。主要理由是：1．从造像的衣冠器用来说，像小龛中刻画的便面、三足案、尊、勺，这组酒器是汉魏时代习见的生活用具，在河西魏晋墓壁画中屡见不鲜，小龛所谓“宴饮图”中着“笠状冠”者是有檐毡帽，与辽阳棒台子屯汉（晋）墓壁画骑马门卫所着的笠子形缨盔帽相似；2．孔望山造像中的佛像缺乏犍陀罗造像的风格特色，而且这种佛像混在东王公、西王母这类神仙形象之中，这种现象恰恰与汉末至三国时代神兽镜与佛兽镜上刻画的同类题材相仿。

第三种意见认为孔望山造像的时代跨度更长，是经历了自汉至唐的好几个朝代才雕成的。具体地说，对于孔望山几尊世俗内容的大像认为是东汉时代雕成的，几尊单身佛像具有西域传入的风格，有犍陀罗造像风格的明显影响或痕迹，如眼窝低陷，眉宇凸起，着通肩大衣，双脚外撇的立佛像，似乎与炳灵寺169窟的大佛造型相近，这种具有一定仪轨的佛像当然是参照外来粉本雕凿的，它出现在我国的年代，以划在公元30年至400年间比较合适；有的同志则认为小龛的阴线刻图像，颇有洒脱之味，似与魏晋《竹林七贤图》的笔意相近；还有《涅槃变》那组石刻，从举哀者的丰圆脸形及头上所戴的花饰来看，从其艺术水平较其他造像明显地高出一筹来看，有些同志认为具有较多的唐代造像风格。还有少数同志则坚持造像中的尖顶帽为唐代幞头的看法，并认为造像中过半数人像着圆领衣，有部分光头形象，也是唐代所造的证据。

此外，会议还讨论了佛教艺术传入我国的时间及路线问题。一种意见认为佛教艺术是经由西域的丝绸之路传入我国的，但迄今河西、新疆一带尚未发现早于公元3世纪的佛教造像实物，因此，即使从西路传入的"东渐说"为考虑问题的出发点，西域也只是一个经过站，而外来文化艺术的生根场所，还是在中原地区。有的同志则明确地认为：东汉徐海地区，即彭城海州一带的佛教造像，肯定是接受洛阳的影响而产生的，如果在探讨孔望山佛教造像渊源时把注意力放到海路传入的假设上，则有坠入迷雾的危险。另外一种意见，则认为两汉到三国时代，印度佛教艺术从海路或南边的陆路传入我国的可能性也是不容抹杀的，并且认为最早传入的佛像不一定是犍陀罗风格的造像，也可能是南印度的造像或笈多式的造像。还有的同志认为：印度何时有佛像雕刻，现在还是存在颇多争议的问题，有的书上说公元前2至1世纪印度已有佛像雕刻，有的则说纪元后1、2世纪之交才有佛像雕刻，在此情况下，要想有较大说服力地论证佛教艺术传入中国的时间与路线，显然条件尚不成熟。

众所周知，学术问题上存在不同观点、不同意见，是正常现象。真理要通过反复的论辩，特别是要通过实践的检验才能确立。这次会议叫作学术研讨会，不是产品鉴定会，因此，我相信与会代表谁也不抱有来听结论的奢望，而是抱着相互学习，相互切磋，看看实物，听听不同意见，以便启迪思路，寻找深入研究的突破口的愿望而来的。会议取得很大的成果，达到了预期的目的。与会代表一致认为这是一次具有浓厚的学术气氛又有良好的学术品德的会议，它对于孔望山造像多种课题研究的进一步深入，也将产生积极的影响。

最后，我们以外地代表的身份谨向连云港市党政领导及会议发起单位表示敬意，对于市博物馆各位同志辛勤操劳与热诚接待表示由衷的感谢。

原载《孔望山造像研究》第一集，海洋出版社1990年版

西汉陵墓雕塑艺术概述

中国西汉时期（前206—25），上起汉高祖刘邦被封为汉王，下讫更始帝刘玄覆灭，先后历时231年。

汉初约70年的历史，是社会经济从凋敝走向恢复和发展的历史，也是中央集权逐步战胜地方割据的历史。高祖初兴，在楚汉战争中为了争取同盟军，共同击灭项羽，刘邦不得不面对秦亡之后“山东大扰，异姓并起”[1]的现实，分封一批异姓诸侯王。到高祖晚年，除长沙、南越、闽越得以继续存在之外，其余皆以叛变之罪加以诛灭，正如韩信所言：“狡兔死，走狗烹。”[2]刘邦又“惩戒亡秦孤立之败，于是剖裂疆土，立二等之爵。功臣侯者百有余邑，尊王子弟，大启九国。而藩国大者跨州兼郡，连城数十；宫室百官，同制京师”。[3]这些同姓王，有的即山铸钱，有的围海晒盐，经济实力迅速膨胀；他们广延宾客，拥兵自重，甚至自为法令，拟于天子。这种尾大不掉之局面，到文帝、景帝时代日趋严重。“故文帝采贾生之议分齐、赵，景帝用晁错之计削吴、楚。”[4]景帝三年（前154），眼看削地之令将及吴国，吴王刘濞联络楚、赵、胶西、胶东、菑川、济南等国，公开举兵叛乱，史称“吴楚七国之乱”，这是地方割据势力和中央集权之间矛盾的总爆发。由于梁国的坚守和汉将周亚夫所率汉军的进击，这场叛乱在两个月内就被平定了。此后，诸王治民补吏之权被剥夺，诸侯王强大难制的局面得到基本解决，中央集权开始走向巩固。到元朔二年（前127），汉武帝采纳主父偃的建议，颁行推恩之令，使诸侯王得分户邑以封子弟，从而收到不行黜陟而藩国自析之目的。武帝时期，王国和侯国数目锐减，诸侯唯得衣食租税，不与政事，中央集权制得到进一步巩固。

“尝考汉室同姓众王，高祖昆弟子孙为王者凡二十国。文帝子孙为王者凡七国。景帝子孙为王者凡十七国。武帝子孙为王者凡六国。宣帝子为王者凡四国。元帝子为王者凡二国。”[5]迄今见诸报道已发掘的（个别系遭盗掘）西汉诸侯王及王后陵墓，据不完全统计有43座[6]，其中西汉前期15座，西汉中期19座，西汉晚期9座。这种多寡变化，恰好反映了西汉时期诸侯王由强变弱、由多到少的状况。

陵墓雕塑是借以寄托哀思、彰显权位的古代丧葬礼仪的重要形式。西汉陵墓雕塑之兴盛，是西汉时期上层封建统治集团奢侈之风与厚葬观念的产物。《盐铁论·散不足》云："古者瓦棺容尸，木板堲周，足以收形骸、藏发齿而已。……今富者绣墙题凑，中者梓棺楩椁。""古者，明器有形无实……今厚资多藏，器用如生人……桐人衣纨绨。"武帝元光元年（前134）明令推行"郡国举孝廉"制度，孝廉一科成为士大夫仕进的主要途径，更助长了社会上的厚葬之风，形成"厚葬重币者则称以为孝，显名立于世，光荣著于俗。故黎民相慕效，至于发屋卖业"[7]。

西汉朝廷设有专门机构与官吏，负责陵园地上地下所需物品的制造，从而为保证西汉陵墓雕塑的高质量，创造了有利条件。据《汉书·百官公卿表》记载，作为西汉九卿之一的少府，其属官有"左、右司空……东园匠"等十七官令丞。颜师古注曰："东园匠，主作陵内器物者也。"陪葬茂陵的霍去病墓，伴随石人、石马出土的，有篆书"左司空"石刻二品，陈直先生早已指出"左司空兼造石刻工艺"[8]。

西汉陵墓雕塑在表饰坟垄的大型石刻、小型玉石雕刻、木俑、青铜雕塑、陶俑等诸多领域，均取得彪炳史册的巨大成就，现分类概述如下。

一、表饰坟垄的大型石刻

中国的大型陵墓石刻，肇始于秦汉时期。唐人封演《封氏闻见记》卷六"羊虎"条云："秦汉以来，帝王陵前有石麒麟、石辟邪、石象、石马之属；人臣墓则有石羊、石虎、石人、石柱之属；皆所以表饰坟垄，如生前之仪卫耳。"据《西京杂记》《三辅黄图》等古籍记载，坐落在西安市周至县的西汉离宫五柞宫青梧观内，有两件"头高一丈三尺"的石麒麟，其胁部刻铭表明，它们原是秦始皇骊山墓上之物，可惜今已不知其下落。[9]

我国现存最古老的大型陵墓石刻，是1985年在河北石家庄西北郊小安舍村发现的一对跽坐石人，皆用整块青石雕刻而成，其一为男像，高174厘米；另一为女像，高160厘米[10]。两者造型相似，皆为椭圆脸、尖下巴，大眼直鼻小口，男像单眼睑，女像双眼睑；男像头戴冠帻，女像戴巾帽；脖颈下皆刻有斜领衣纹，腹部皆系菱格纹腰带，做双手抚胸跽坐状，雕刻技法古朴写实。那硕大的形体、炯炯的双目及张嘴欲语的表情，令人过目难忘。其跽坐抚胸姿势、着斜领衣之服饰及男女石人成对出现的组合方式，与元狩三年（前120）昆明池石刻牵牛、织女像[11]及河北满城西汉中山靖王刘胜墓出土的男女跽坐石俑[12]颇为相似，而与山东曲阜、四川都江堰、北京丰台等地出土做站立姿势的东汉石人明显不同。石人发现地（小安舍村）东距西汉南越王赵佗先人冢（在赵陵铺村东）约3000米。据《史记·南越列传》与《汉书·两粤传》记载，吕后称制五年（前183），对南越实行“别异蛮夷，隔绝器物”的错误政策，并曾派人掘毁真定赵佗先人冢。汉文帝即位之初（前179），对南越改行怀柔政策，在委派太中大夫陆贾再度出使南越之前，遣人赴真定修治了赵佗先人冢。鉴于这种历史背景，发现于小安舍村的这对大型跽坐石人，很可能是吕后派人掘毁赵佗先人冢时，被赵姓族人特意从陵庙中搬迁隐藏而保存下来的；或者是汉文帝派人修治赵佗先人冢时所补刻。其雕刻年代不晚于汉文帝初年，比霍去病墓石刻早半个世纪，在中国古代雕塑史上占有重要地位。

留存至今的第二项大型陵墓石刻，是陕西兴平道常村西面的汉骠骑将军霍去病墓石刻，系汉武帝元狩六年（前117）少府属官“左司空”署内的优秀石匠所雕造。据《史记·卫将军骠骑列传》记载，霍去病自幼善骑射，从元朔六年（前123）18岁任骠姚校尉开始，到元狩四年（前119）止的五年之内，六次率军反击匈奴侵扰，为解除匈奴对西汉王朝的威胁，打开通往西域的道路，建立了不朽的功勋，深受汉武帝器重，初封冠军侯，晋封骠骑将军。这位青年将军，不幸于元狩六年（前117）病逝，年仅24岁。噩耗传出，朝野震悼。汉武帝特地在茂陵东面不远处，选定霍去病墓址，“为冢象祁连山”，以纪念元狩二年（前121）霍去病在河西战役中取得的关键性胜利。

现存的霍去病墓石刻，包括立马（或称马踏匈奴）、卧马、跃马、伏虎、卧象、石蛙、石鱼（两件）、野猪、石蟾、母牛舐犊（或称怪兽吃羊）、卧牛、石人、人与熊等十四件，另有题铭刻石四件，全部用花岗岩雕成，西汉石刻匠师运用循石造型的艺术手法，将圆雕、浮雕、线刻等技法巧妙地融会在一起，刻画形象以恰到好处、足以表现客体特征为度，绝不作自然主义的过多雕镂，从而加强了作品的整体感和力度感，堪称“汉人石刻，气魄深沉雄大”[13]的杰出代表。

原置于墓冢前的立马石刻，是这项纪念碑式群雕的主体。在这件高168厘米、长190厘米的主题雕刻中，作者运用寓意手法，以一匹器宇轩昂、傲然卓立的战马来象征骠骑将军；以战马将侵扰者踏翻在地的典型情节，来赞颂骠骑将军在抗击匈奴战争中建树的奇功。那仰面朝天的失败者，手中握着弓箭，尚未放下武器，这不啻在告诫人们切不可放松警惕。这件作品的外轮廓，雕刻得极其准确有力，马头到马背部分，作了大起大落的处理，形象十分醒目；马腹下不作镂空处理，加强了作品的整体感及厚重感。总之，立马石刻是思想性与艺术性完美统一的典范，是西汉纪念碑雕刻取得划时代成就的标志。

原来置于墓冢周围的石刻野人及各种动物，烘托出霍去病生前战斗环境的险恶。举凡战马的雄健机警，小象的温顺可爱，卧牛的憨厚有力，卧虎的凶猛威武，人熊搏斗的惊心动魄，都雕刻得形神兼备，耐人观赏。

现存的第三项西汉大型陵墓石刻，是陕西城固饶家营汉博望侯张骞墓前的一对石翼兽（《汉中府志》《城固县志》及国家文物事业管理局主编的《中国名胜词典》，皆称其为“石虎”），东石兽残高81厘米，残长174厘米，胸宽62厘米；西石兽残高89厘米，残长184厘米，胸宽70厘米[14]。这对石翼兽大约雕造于西汉元鼎三年（前114）以后，虽已严重风化，犹存雄健之姿。其昂首挺胸、肩胛生翼[15]、健步迈进的姿态（图1），可视为河南南阳宗资墓及四川雅安高颐墓东汉有翼石雕（通常称为天禄、辟邪）之祖型，具有重要的学术研究价值。

零星发现的西汉墓冢石刻，有陕西咸阳石桥乡引玉村出土的石蹲虎、山西安邑杜村出土的石走虎[16]等。各地的这类遗存，当与我国古代好在墓前立虎与柏用以驱除魍象的风俗相关[17]。

图1
汉博望侯张骞墓前石翼兽
（右为西侧，左为东侧）
西汉元鼎三年（前114）以后
城固饶家营

二、巧夺天工的小型玉石雕刻

西汉帝陵附近及各地相继发现的诸侯王墓，通常都有为数众多的精美玉器出土，例如徐州狮子山楚王墓与广州象岗南越王墓，出土玉器均达200多件（套）。其中，圆雕的玉石雕刻艺术品，最能代表西汉雕刻艺术的新成就。

西汉前期，江苏徐州狮子山楚王墓出土镇席用的石豹镇[18]，用青灰色大理石雕成，形象取材于汉代贵族驯养的猎豹，脖颈上佩戴着华丽的嵌贝项圈，做瞪目注视状，神态机警威武，雕刻手法十分简洁凝练；其侧首蜷

图2
错银铜卧牛
战国
寿县丘家花园

卧样式，与安徽寿县丘家花园出土的战国错银铜卧牛（图2）颇为相似。徐州北洞山楚王墓出土的玉熊镇[19]，用青玉雕琢而成，整体呈伏卧状，其脖颈亦佩戴嵌贝项圈，形体肥硕，耐人观赏，是西汉实用装饰雕塑不可多得的佳作。广州象岗南越王赵眜墓出土的圆雕玉舞人[20]，舞女头后之螺髻偏向右侧，身穿右衽长袖衣裙，正在扭腰甩袖起舞。从舞女头顶至弯曲的下肢，贯穿系线的小孔，表明它是玉组佩的一个组成部分。整器高、宽仅3.5厘米，其生动舞姿令人过目难忘。河北满城中山靖王刘胜墓出土的圆雕王公玉人[21]，玉质洁白晶莹，玉人头戴系带小冠，身着右衽宽袖长衣，做凭几而坐姿态，腰间所系菱格纹带与石家庄小安舍村发现的西汉跽坐石人相同。此项作品手法写实，格调庄重，堪称小型玉雕人像之佳作。

咸阳北郊新庄汉元帝渭陵附近，1966年春出土的羽人骑天马玉雕（亦称玉仙人驭天马）[22]，是西汉晚期玉雕工艺取得辉煌成就的重要标志。此作品以圆雕形式雕琢而成，质料为乳白色的羊脂玉。天马肩胛部位用阴线刻出飞翼，奔驰在琢有流云纹的托板上；骑者为羽人，高鼻长脸，双耳过顶，形貌酷肖西安西北郊汉长安城遗址出土之西汉铜羽人（图3），其右手握住一株灵芝，左手做握缰状。显然，这件巧夺天工的精美玉雕，是按照仙人盗药、天马行空的情节构思雕成的，寄寓着西汉统治者祈求长生、幻想升仙的思想。1972年以后，该地又陆续出土玉辟邪、玉鹰、玉熊、玉俑头等小型圆雕艺术精品[23]，造型简洁浑厚，皆能小中见大，各具神态。这些玉雕精品的出土地点，在渭陵以北稍西360米处，调查者认为是“陵旁立庙”的宗庙所在[24]，杨宽先生则认为该处是渭陵的寝殿遗址，而玉雕是寝殿中的陈设[25]；刘庆柱、李毓芳则认为从该地所处的位置来看，“应为元帝陵或孝元王皇后陵的礼制建筑。……至于它们属于寝园还是陵庙，还需进行全面的考古发掘才能了然”[26]。

图3
铜羽人
西汉
西安汉长安城遗址

三、生动传神的木俑

木俑作为一种“象人”明器，兴起于俑葬取代人殉的东周时代。《韩非子·显学》有“象人百万，不可谓强”之说，足见战国后期木俑雕刻之盛。西汉时期，木雕偶人车马更为发达，在湖南、湖北、江苏、山东、广东、广西、四川、陕西、甘肃等省和自治区，都有比较大宗的发现。由于木雕材质及埋藏环境各不相同，木俑保存状况差别很大，有的完好如新，有的朽不成形。如据南朝宋谢惠连《祭古冢文·序》所述，公元5世纪初叶，丹阳郡之东府城因挖掘城堑，发现一座竖穴木椁墓，“明器之属，材瓦铜漆有数十种，各异形，不可尽识。刻木为人，长三尺可，有二十余头。初开见，悉是人形；以物枨拨之，应手灰灭。棺上有五铢钱百馀枚”[27]。推测这是一座西汉中晚期的木椁墓，距南朝宋约500年左右，其陪葬木俑已“应手灰灭”，可见其不易保存。

西汉前期木俑，以湖南长沙马王堆，湖北江陵凤凰山、云梦大坟头，广东广州马鹏岗出土者为代表。马王堆一号、三号汉墓，共出土木俑260多件，有戴冠男俑、着衣女侍俑、着衣歌舞俑、彩绘乐俑、彩绘立俑、辟邪木俑等六种类型。这批木俑，头部雕刻得比较精致，五官部位准确，通过形体之高矮、服饰之精粗、姿态及道具之不同，表现等级身份及职司之差别，艺术手法简练概括，具有藏巧于拙、寓美于朴的艺术魅力[28]。云梦大坟头1号西汉前期墓出土的10件木俑，可区分为骑马俑、立俑、跪俑三种，有的素面，有的施彩绘，其躯体轮廓清晰，脸面保留着刻削的棱线，尚存战国楚木俑的古朴遗风；伴出的8匹木马，也雕刻得生动别致[29]。江陵纪南城凤凰山168号汉墓，营建于汉文帝前元十三年（前167），出土圆雕木俑46件，全部用整木雕出人形及其动态，头部及服饰则浮雕与彩绘并用，依据其形态与职司，可区分为袖手女侍俑、持物女侍俑、持农具奴婢俑、佩剑男俑、骑马男俑、驭车男俑、赶车男俑、划船男俑等八种类型。该墓还出土木马、木牛、木狗等象牲明器，以及木车（轺车、安车、牛车各一辆）、木船等模型[30]。地望相邻、年代相近的江陵凤凰山167号汉墓，出土车仗奴婢木俑24件[31]，包括持戟谒者俑、伫立侍女俑、荷锄农奴俑、执斧工奴俑、驾车木马及木轺车等，内容丰富，生活气息浓郁。凤凰山汉墓出土的木俑，身材颀长，躯体轮廓极富曲线变化，衣纹具有质感，彩绘服饰艳丽典雅，堪称西汉初期木俑中的佳作。广州北郊马鹏岗西汉墓出土木俑80多件，其中木雕女侍俑70多件，脸形可大致区分为瓜子脸与椭圆脸两种，双手垂拱于腹前，呈拢袖状，膝部稍向前弓，躯体侧视有优美曲线，衣裙下摆外展，以求作品重心稳定。该墓还出土木雕骑马俑、戴盔披甲武士俑及木马、木兽、木车等明器[32]，是汉初岭南地区木雕作品的一项重要发现。此外，广西贵县罗泊湾西汉早期墓[33]、贵县风流岭西汉墓[34]，亦有少量木俑出土。山东章丘洛庄汉墓（可能是吕台墓）从葬坑曾发现高20厘米左右的木质仪仗俑、御俑、牵马俑，以及木马、木偶车，惜已腐朽，未能提取[35]。陕西咸阳北原汉景帝阳陵南区第17号从葬坑及第20号、第21号从葬坑，均有大量木俑及彩绘木车马的发现[36]，唯保存状况欠佳。汉昭帝平陵的从葬坑亦曾发现朱漆木马、木驼，惜因朽蚀严重，无法提取[37]。

西汉中晚期的木俑，以四川绵阳双包山、湖北光化五座坟、安徽六安双墩、江苏泗阳大青墩、邗江胡场、盱眙东阳、江苏连云港云台高高顶及甘肃武威磨嘴子等地汉墓出土者为代表。绵阳市永兴镇双包山二号墓为四川省迄今发现最大的西汉中期木椁墓，出土随葬品以漆木器居多，其中木俑120多件，包括侍立木俑、插立木俑、跽坐木俑、骑马木俑、经脉漆雕木俑等不同种类。另有木胎漆马100匹，木牛30头，漆车20辆[38]。这些木俑的造型，明显沿袭西汉前期作风，木胎漆马格调威武雄壮；经脉漆雕木俑，足部稍缺，残高28.1厘米，人体比例协调，符合解剖学标准，体表绘有数道代表经脉的红线，是中国迄今发现最古老的医用人体模型[39]，比河南南阳医圣祠先前出土的东汉针灸陶人（图4）[40]约早两个世纪，具有极高的学术研究价值。湖北省光化县（今老河口市）五座坟构建于汉武帝时期的三号墓，发现随葬木俑100多件，木马、木禽畜亦逾百件，因朽烂过甚，难窥完整形象，仅知木俑可分侍立与跽坐两种，侍立者又有着长袍不露脚与着短袍露双脚之区别。有一件舞女俑，头、臂已缺，其细腰肥裙的躯体造型，与江苏泗阳大青墩出土的举臂舞女俑如出一辙。该墓出土木禽畜有鸡、牛等形象；木马之身躯用整木雕成，马腿单做，马腹下面有四个卯眼，专供安装马腿[41]。2006年在安徽六安新发现的双墩一号汉墓，东墓道两侧之从葬坑出土木俑、木马、木车等物；木俑分侍立与跽坐两种，有的尚存彩绘痕迹，神态各异，造型生动；木马之头、身、腿分别制作，拼装而成。其椁室为“黄肠题凑”结构，出土多件“共府”刻铭铜壶及“六安飤丞”封泥，发掘者推测该墓是西汉六安国始封王共王刘庆的陵墓[42]，卒葬于汉昭帝始元三年（前84）。

图4
针灸陶人
东汉
河南南阳医圣祠

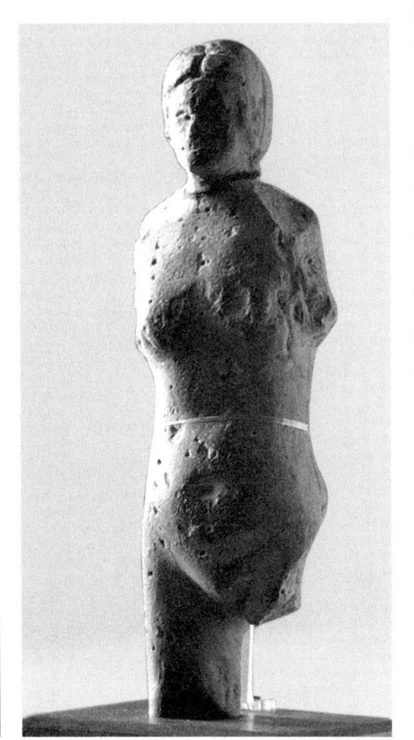

江苏省北部，是西汉中、晚期木雕工艺最发达，艺术水平最出色的地区。2002年冬，在江苏泗阳大青墩，发掘清理了一座大型土坑木椁墓，推测墓主人是西汉中晚期泗水国某代国王，在700多件出土陪葬品中，木雕作品超过半数，计有木俑300多件，木马90多匹，木雕动物20余件，打开了一座西汉木雕艺术的宝库[43]。这批木俑，按形态可区分为骑马俑、立俑、伎乐俑、跽坐俑等四类，部分尚存彩绘痕迹。骑马俑束发戴冠，双手握缰，双腿叉开呈八字形，跨坐在马背上，格调威武肃穆。立俑分持械俑、抄手俑、步行俑、伎乐俑等，以持械俑居多，其高度在46厘米至60厘米之间，有的持剑执盾，有的持戟，有的执刀，有的持矛，有的持弓箭或弩机，表情威严，颇有几分始封诸侯王权力鼎盛时期的不凡气度。伎乐俑亦多种多样，有的细腰肥裙，双臂上扬，翩翩起舞；有的吹箫，有的抚琴，有的击鼓；有的表情诙谐，有的脸形夸张，成功地渲染出欢乐气氛。该墓出土的木雕动物，除为数众多的木马之外，还有伏虎、卧狗、肥猪、鸽子、鳄、鲵等多种形象，雕刻手法洗练概括，艺术风格生动传神，令人过目难忘。

图5
木雕说唱俑
西汉
盱眙东阳汉墓

1980年，江苏连云港云台高高顶一号木椁墓出土一批木俑[44]，其中男俑4件，分拱手男侍俑、持物男侍俑、拥盾武士俑等不同品种；女俑7件，分捧物女侍俑、拱手女侍俑、舞女俑等品种。木俑高度通常为34.5厘米至44.5厘米不等，多数用整段荆楸木雕成，拥盾武士俑之盾牌则另行制作，用木钉固定在手上；人像比例匀称，衣裙或肥裤下摆宽大，作品重心非常稳定，这是连云港地区西汉晚期木俑造型的显著特色。邗江县胡场[45]与盱眙县东阳[46]两地汉墓出土的木雕说唱俑（图5），喜形于色，笑逐颜开，其艺术风格与泗阳大青墩汉墓出土的伎乐俑十分相似。这一现象表明，地处洪泽湖南北两岸的汉代广陵国与泗水国，其文化艺术及丧葬习俗是一致的。值得顺便提及的，还有邗江胡场1号墓出土的浮雕建筑图木版画，盱眙东阳汉墓出土的浮雕历史故事图（泗水捞鼎）、乐舞百戏图及天象图的木版画（图6），这些画面浮雕于椁室的壁板与顶板上，与河南、山东等地萌生于西汉时代的画像石相比较，有异曲同工之妙。

地处河西走廊东段的甘肃武威磨嘴子汉墓群，曾先后出土近200件木雕偶人车马。由于当地降雨量少，土质干燥，出土木雕质地如新[47]。其中，属于西汉晚期的48号墓，出土老叟博戏俑、男侍俑、铜饰木轺车马、木羊群、木卧狗、木猴等明器，刀法酣畅明快，造型删繁就简，营造了西汉晚

图6
椁板浮雕
西汉
盱眙东阳汉墓
左：泗水捞鼎图
右：乐舞百戏图

期河西地区小官吏或庄园主生活优裕、六畜兴旺的景象。

四、华丽新颖的青铜雕塑

西汉时期的铜俑，善于刻画特定人物的表情和动态。首先引人注意的是岭南地区西汉前期的几组铜俑。广西贵县是汉代郁林郡治所在地，1980年秋，贵县风流岭三十一号西汉墓出土一件青铜跽坐俑，塑造了一位长须飘逸、戴冠着袍、肩披护甲、双手握缰的老年驭手，仪态端肃，铸工严谨。伴出的青铜大马，高115.5厘米，体形高大，肌肉丰满，右前腿抬起，呈昂首嘶鸣状，造型威武雄健，这是继秦始皇陵出土铜车马之后，西汉前期的一组优秀青铜雕塑，具有承前启后的重要意义[48]。广西西林县普驮粮站铜鼓墓，出土一件鎏金铜骑马俑和一组青铜六博四人俑[49]，体形略小于风流岭铜俑，造型亦颇生动。这组青铜六博俑的轮廓很洗练，重点刻画了博戏者的表情和手势，把因六博胜负而引起的得意或沮丧神态，表现得惟妙惟肖。广州麻鹰岗西汉初期“辛偃”墓，出土两件鎏金铜女俑，高24.5厘米，五官清秀，头发中分，颈后挽髻，身着交领广袖长衣，整体做拱手跽坐状，神态恬静安详，出色地塑造了地位卑微却善良聪慧的侍女形象[50]。江苏徐州狮子山楚王墓出土的一对镇席铜豹，呈翘首伏卧姿，颈套镶贝项圈及铜环，系用铜铸外形、体内灌铅法制成，高逾11厘米，在汉代同类作品中体形最大、年代最早[51]。

西汉中期，利用人物与动物形象而创作的实用装饰雕塑，有了长足的进展，错金银、鎏金、镶嵌等技艺使用得更加广泛，遂使青铜雕塑步入更加富丽堂皇的阶段。1968年在河北满城陵山，发掘了西汉中山靖王刘胜及其妻窦绾的两座大型崖洞墓。刘胜是西汉景帝刘启之子，汉武帝刘彻的庶兄，景帝前元三年（前154）被封为中山王，死于武帝元鼎四年（前113）；窦绾比刘胜晚死若干年，当不晚于太初年间（前104－前101），刘胜墓出土的错金博山炉，是封建贵族用于居室熏香的生活用器，其炉盖铸成重峦叠嶂之形，山间缀以猎人和奔驰的野兽，炉体饰有错金云气纹，烘托出仙山气氛；炉柄透雕三条盘龙，其铸工之精致，雕饰之华丽，令人称绝。刘胜墓出土之铜羊灯，也是造型优美、寓意吉祥的实用雕塑佳作，高18.6厘米，点灯时，背部可以掀开支在羊头上，当作灯盘，设计精巧合理。

窦绾墓出土的鎏金长信宫灯，捧灯之宫女做跪地侍奉状，眉宇间蕴藏着被奴役者的痛苦神情，很有性格特点；整器结构合理，既能调节照明角度，又能吸纳烟尘，通体光彩熠熠，堪称工艺装饰雕塑的典范。此灯有

"长信尚浴""阳信家"等刻铭。有些研究者认为"长信"当指刘胜祖母窦太后所居之长信宫，此灯可能是窦太后赐给窦绾的[52]。对"阳信家"的理解也有过分歧，一种意见认为阳信家可能是宫灯旧主阳信夷侯刘揭家[53]，另一种意见则认为阳信家当为武帝姊阳信长公主家，长信宫灯是阳信长公主转送给窦绾的[54]。窦绾墓还出土一组四件鎏金镶嵌铜豹镇（图7），亦用铜铸外形、体内灌铅法制成，比徐州狮子山楚王墓的铜豹镇形体虽小一些（高仅3.5厘米），而华丽程度过之。

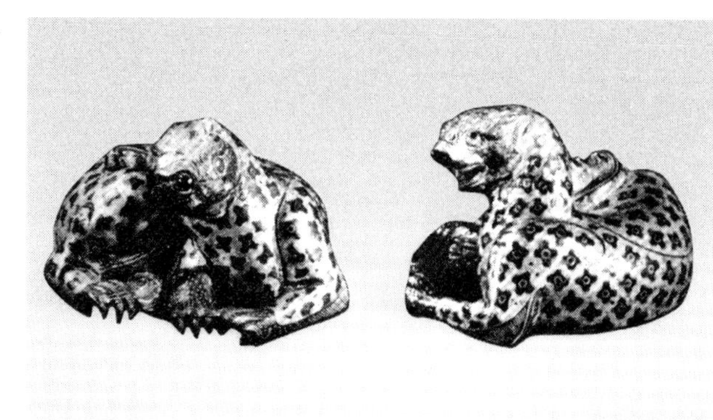

图7
鎏金镶嵌铜豹镇
西汉
满城陵山窦绾墓

刘胜墓还出土一对盘腿而坐的铜俳优俑，高度不到8厘米，头戴圆帽，顶露高髻，颧骨隆起，脸颊丰满，张嘴露齿，袒胸露腹，手臂或上举过肩，或下垂抚膝，表情滑稽生动，成功地刻画了供封建贵族娱乐的俳优形象。相似的铜俳优俑，在江西南昌东郊14号西汉墓中亦出土过一组四件[55]，说明西汉中期中山国上层贵族流行的随葬品也在豫章郡出现。

与长信宫灯之设计理念相同而造型相异的西汉灯具，还有山西朔州及陕西神木两地出土的彩绘铜雁鱼灯[56]、广西合浦望牛岭1号墓出土的铜凤灯[57]。朔州出土的铜雁鱼灯（图8），彩绘保存完好，最足称道。

能够与河北满城中山靖王夫妇墓青铜雕塑媲美的，是陕西兴平汉武帝茂陵东侧一座陪葬墓从葬坑出土的鎏金铜马及鎏金银竹节铜熏炉[58]。鎏金铜马高62厘米，呈昂首站立状，双耳劈竹形，筋骨劲健，剪鬃修尾，金光熠熠，神骏非凡，属于汉武帝梦寐以求的大宛马，代表西汉中期雕塑与冶铸技艺达到新的高度，堪称罕见的艺术珍品。鎏金银竹节铜熏炉，通高58厘米，由盖、体、柄、座四部分构成，炉体与炉盖形如博山，层峦叠嶂，异兽出没，云雾缭绕；炉体下面与竹节高柄下端，均有蟠龙承托，金勾银勒，华贵异常，炉口及圈足外侧，有"内者未央尚卧，金黄涂竹节熏炉一具""四年内官造"或"四年寺工造""五年十月输"等刻铭。正是因为这件高柄熏炉是汉武帝建元年间（前140—前135）由官府作坊专为未央宫制作的，所以才有如此华丽的造型与非凡的气度。

图8
彩绘铜雁鱼灯
（中国国家博物馆藏）
西汉
朔州

地处西北高原东缘、临近关中通往西域要道的甘肃

省灵台县傅家沟村，1974年冬清理了一座西汉晚期墓，出土一组铜博戏俑（四件），皆束发脑后，身着长袍，腰间束带，肩部袒露，席地而坐，俑高7.9—9.2厘米，皆合范铸成，通过不同的表情与手势，刻画了因博戏胜负而带来的欢乐与沮丧情态，其生动程度及服饰质感，在西汉前期同类作品中为佳[59]。

秦汉时期，居住在今四川省西南和云贵地区的夜郎、滇、邛都、巂、昆明等族，汉代通称“西南夷”。其中，除夜郎外，以滇族为最强大。2000年秋，在黔西北赫章县可乐村，发掘了一座“套头葬”的夜郎贵族墓（编号为274号墓），墓主头顶罩着一口虎耳铜釜[60]，釜肩铸饰一对昂首扬尾、威风凛凛的老虎，与云南晋宁石寨山贮贝器腰部有虎形双耳的装饰手法相仿；虎颈所套的海贝纹项圈，与徐州狮子山楚王墓石豹镇、铜豹镇之项圈也很相似。

1955年至1960年，云南晋宁石寨山古墓群进行过四次发掘，出土了大量具有滇族文化特色的青铜雕塑作品。在石寨山六号墓中，发现金质“滇王之印”，与《史记·西南夷列传》元封二年（前109）“赐滇王王印”的记载相符，为滇池地区青铜文化的年代、族属提供了直接证据[61]。1972年江川李家山古墓群的发掘，极大地丰富了滇池区域青铜文化的内涵[62]。到20世纪90年代，这两处滇族古墓群再次做了抢救性的发掘。两地出土铜贮贝器上的群雕和铜扣饰上的透雕，刻画了战争、生产（播种）、祭祀、纳贡、狩猎、舞乐等场景，直观地再现了西汉时期滇族的社会面貌。

本卷收录的几件单体铜铸人物，执伞男俑通常出现在贮贝器群雕的主像身旁，属侍从、侍卫身份；执伞女俑通常发现于棺木两端，当属侍女身份。滇族乐舞铜俑，通常由偶数组成，腰后系兽皮的舞俑屡见不鲜，尚存远古狩猎舞的遗风；习见乐器是葫芦笙、錞于及短笛。石寨山的四牛骑士贮贝器和李家山的播种贮贝器上，男骑士和女主人皆通体鎏金，达到突出主角、鹤立鸡群的艺术效果。

用雕塑组群的形式表现宏大的场面，是滇族青铜雕塑的显著特色。石寨山出土的祭祀贮贝器，在直径32厘米的盖面上，铸焊着各种人物竟达127人。

竭力表现惊险之美，是滇族透雕铜扣饰的艺术特点。如晋宁石寨山出土的鎏金俘获铜扣饰、二豹噬猪铜扣饰，皆以情节惊险著称，从中不难看到滇族匠师卓越的艺术才能及特定历史阶段的审美习尚。

五、折射出时代风云的陶俑

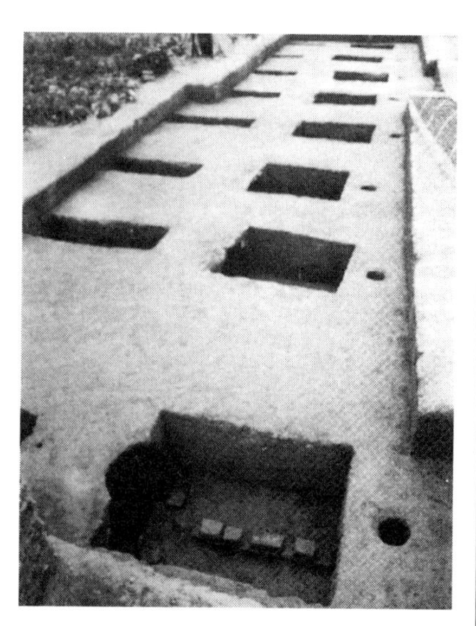

图9
烧制裸体陶俑的陶窑
西安汉长安城遗址西北部

西汉王朝建立之后，在丧葬礼仪制度方面也是“汉承秦制”[63]，无论是长安附近的帝陵与陪葬墓，或者是各地的诸侯王墓与陪葬墓，都有大量陶俑陪葬。汉代少府属官“东园匠”有专门烧制陶俑的窑场，1990年在汉长安城西北部发掘的21座专门烧制裸体陶俑的官办陶窑（图9）[64]，便是最佳实例。

西汉的11座帝陵，9座分布在西起兴平豆马村，东到咸阳张家湾的渭河北岸咸阳原上，2座（文帝霸陵、宣帝杜陵）在今西安市东南郊的白鹿原与杜东原上。其中，出土过大批陶俑的陵墓是：

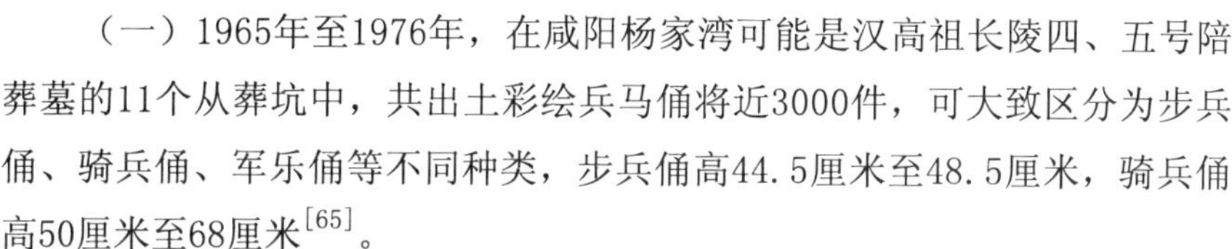

（一）1965年至1976年，在咸阳杨家湾可能是汉高祖长陵四、五号陪葬墓的11个从葬坑中，共出土彩绘兵马俑将近3000件，可大致区分为步兵俑、骑兵俑、军乐俑等不同种类，步兵俑高44.5厘米至48.5厘米，骑兵俑高50厘米至68厘米[65]。

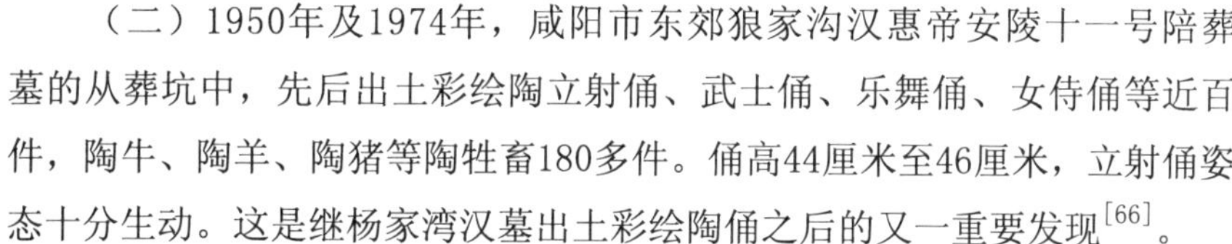

（二）1950年及1974年，咸阳市东郊狼家沟汉惠帝安陵十一号陪葬墓的从葬坑中，先后出土彩绘陶立射俑、武士俑、乐舞俑、女侍俑等近百件，陶牛、陶羊、陶猪等陶牲畜180多件。俑高44厘米至46厘米，立射俑姿态十分生动。这是继杨家湾汉墓出土彩绘陶俑之后的又一重要发现[66]。

（三）从20世纪90年代初期开始，对咸阳市正阳乡汉景帝阳陵陵园内外的多座从葬坑与陪葬墓进行了勘查、发掘，出土陶俑数以万计，有仪仗俑、步兵俑、骑兵俑、宦官俑、女侍俑、伎乐俑、驭手俑、执物立俑及跽坐俑等不同种类[67]。其中，绝大多数是陶躯木臂、赋彩着衣的着衣式陶俑[68]，陶塑家畜、家禽有马、牛、羊、狗、猪、鸡等。阳陵陶塑以内涵丰富、造型精美、史料价值极高而著称。

（四）1966年7月，在西安东郊对陪葬文帝霸陵的窦皇后墓作过勘查，发掘了窦后陵园西垣外的47个从葬坑，埋葬年代在汉武帝建元六年（前135），出土彩绘陶女侍俑38件，分立式与坐式两种，姿态恬静，形象俊美，堪称西汉宫女的生动写照[69]。

（五）1983年春，在西安市雁塔区曲江乡三兆镇南的汉宣帝杜陵北部的一号从葬坑，出土数以百计的裸体陶俑（即陶躯木臂的着衣俑），俑高56厘米，俑体遍刷白衣，头部和腿部有红黑彩绘痕迹（图10）。伴出器物

图10
着衣式陶俑
西汉
西安汉宣帝杜陵一号从葬坑

有铁戟、铁矛、铁剑、铜镞、铜带钩等[70]。

西汉陶塑艺术的另一大块，是各地诸侯王墓及列侯墓出土的陶俑。迄今各地已发掘的西汉诸侯王墓40多座。出土陶俑较多的，首推江苏徐州附近的楚王墓，其次是山东章丘圣井镇危山汉墓与青州谭坊镇香山汉墓，河南永城芒山镇附近的梁王墓及北京大葆台西汉墓亦有少量发现。

江苏徐州，古称彭城，是汉高祖刘邦的故乡。西汉初年，刘邦将故里封给同父异母弟刘交，定为楚国，称楚元王，辖薛郡、东海、彭城36县，成为汉初政治、经济及军事实力最强大的封国之一。汉制，诸侯王死葬封国，因此，徐州附近埋葬着西汉分封于徐州的十二代楚王。从20世纪80年代以来，徐州附近的楚王山、狮子山及羊鬼山、驮篮山、北洞山和桓山、龟山、南洞山、东洞山、卧牛山等地，先后发现8处16座西汉楚王与王后的陵墓[71]。这些陵墓，多数已遭严重盗掘，只有少量耳室或从葬坑幸免劫难。在劫余的随葬品中，出土陶俑最多的是狮子山楚王墓、驮篮山楚王墓、北洞山楚王墓及龟山楚王墓。

地处徐州东郊狮子山主峰南坡的楚王墓，于1984年首先发现在狮子山西麓埋藏陶塑兵马俑的从葬坑，7年之后的1991年才发现主墓，于1994年至1995年进行发掘。从陵墓构造及出土铜钱（半两钱）、铜官印与封泥、金器与玉器等诸多因素判断，狮子山楚王墓的墓主人很可能是参与“七国之乱”兵败自杀的楚王刘戊[72]。卒葬于汉景帝前元三年（前154）。埋藏陶塑兵马俑的从葬坑，设在主墓西南约500米处，共发现6个坑，出土陶兵马俑2000多件。以一号坑为例，南北宽2米许，东西长约28米；由步兵、车兵和少量骑兵组成的兵马俑，排列成密集的多路纵队，一律面朝西方；立俑高42厘米至47.5厘米，多数做持械状；站在驷马战车后面的一件高54厘米的戴冠着袍官吏俑，做拢袖状，其身份似为指挥官；驭手俑和甲胄俑皆做跽坐状，高25厘米至28厘米，甲胄俑头戴风字盔，背箭箙。陶俑系采用模制为主、手塑为辅的方法制成；陶马则用分段塑造、套接而成的制作方法。整体来看，这些陶兵马俑神态机警肃穆，格调咄咄逼人，呈现出墓主人拥兵逞骄的面貌。此外，在狮子山主墓发掘中，于外墓道口东西两侧之从葬坑，清理出彩绘侍卫陶俑70多件；在外墓道后端之“食官监”陪葬墓及内墓道东侧一号耳室（编号E1，功能似为庖厨间），共发现30多件男、女侍从俑（图11），俑高17厘米至19.5厘米，皆着右衽及地长袍，做拢袖侍立状，脸形正视略呈倒三角形[73]，与1992年徐州韩山西汉刘宰墓[74]、1993年徐州簸箕山西汉宛朐侯刘埶墓[75]出土之男女侍俑（图12）十分相似，由此亦可佐证狮子山楚王墓属西汉早期无疑。

羊鬼山王后墓位于狮子山楚王墓北侧，山峰较小，山顶有堆筑的封土；墓道向南，其东侧有较多的陪葬器物坑，2005年清理了其中一座从葬坑，出土陶俑有身高54厘米，着三重深衣，做拢袖状的官吏俑，身高48.5厘米，还有着阔袖深衣的众多执兵俑，并有四匹驾车陶马伴出[76]。除了执兵俑的服饰稍有区别外，羊鬼山从葬坑与狮子山兵马俑坑的陶俑造型风格如出一辙，说明两者的入葬年代相近。

驮篮山楚王和王后墓，坐落在徐州市东北郊驮篮山东西两山丘之南麓，皆凿山而藏，楚王墓居西，王后墓居东，1989年至1990年进行了发掘。两墓构筑精致，有完整而考究的盥洗设施（厕所和沐浴室），楚王墓还设置武库。两墓早年被盗，但出土劫余文物仍有1000多件，其中以彩绘陶俑最为引人注目[77]。可区分为男官吏俑、女舞乐俑、仆役俑三大类。造型优美、动态夸张的绕襟衣陶舞俑，令人过目难忘。2004年在驮篮山二号墓南侧，还发现一座马俑坑[78]。从墓葬形制与出土文物判断，驮篮山一、二号墓属西汉早期墓，很可能是楚文王刘礼与王后之墓。

北洞山楚王墓位于徐州市北郊铜山县茅村乡洞山村，1986年发掘。其

图11（左）
男、女侍从陶俑（墨线图）
西汉
徐州狮子山楚王陵
“食官监”陪葬墓

图12（右）
男、女侍立陶俑（墨线图）
西汉
徐州韩山刘宰墓

图13
着曲裾衣舞女俑
西汉
徐州北洞山楚王墓

规模仅次于狮子山楚王墓，是迄今所知墓室最多、结构最复杂的大型汉墓之一。此墓曾多次被盗，但多间墓室及墓道壁龛内出土陶俑总数仍有400多件。墓室出土陶俑包括侍立俑、跽坐俑、乐舞俑等三类，以形象清秀、服饰华丽为特色，其身份为楚王宫廷之近侍、宫内劳作者、宫廷乐队及舞蹈伎。乐舞俑之造型酷肖驮篮山汉墓出土者，其中着曲裾衣之舞女俑（图13），可谓如出一辙。墓道壁龛出土之彩绘仪卫俑，大致包括拱手、执兵器、背箭箙三种姿态，色彩鲜艳如新，笔触老辣熟练，具有极强的艺术表现力，成功地塑造了楚王宫廷宿卫的威武形象，堪称西汉彩绘陶俑中不可多得的珍品。根据此墓出土的铜官印、钱范、铜钱及玉器等随葬品，邻近的桓山王后墓出现“擎天柱”的结构特点等情况推断，北洞山楚王墓的墓主人应为第五代楚安王刘道（前150年至前129年在位）[79]。

龟山汉墓位于徐州市西北约7000米的龟山西坡，属徐州市九里区拾屯镇孤山村（原属铜山县）。由于种种原因，此墓于1981年、1982年、1992年分成三期进行清理发掘。龟山汉墓坐东朝西，为两座由墓道、甬道、多间墓室组成并有过道相通的“同茔异穴”崖洞墓；甬道及墓室修整考究，有四间墓室及一间耳室采用“擎天柱”的结构方式[80]。1985年，徐州市在文物普查中征集到出自此墓第六室的阴刻篆文“刘注”龟纽银印（图14）。刘注是西汉第六代楚王，系第五代楚安王刘道之子，于武帝元朔元年（前128）嗣，元鼎二年（前115）薨，在位14年，谥号襄王，《汉书·楚元王传》有简要记载。由此确认龟山汉墓为卒葬于元鼎二年（前115）的楚襄王刘注夫妇合葬墓[81]。此墓曾多次被盗，出土随葬品有五铢钱8枚，出土陶俑包括女侍俑（分直立、跽坐两种）、舞女俑、圉人俑、驭手俑及驾车陶马等[82]，不见象征现实军队的兵马俑；陶俑皆模制，脸形椭圆，表情端庄，姿态渐趋程式化，生动程度不及西汉初期。

图14
龟纽银印
西汉
徐州龟山楚襄王刘注墓

综观江苏徐州附近出土的西汉楚国陶俑，其数量之多、品种之全、造型之美，

是其他诸侯王国不能比拟的。尤其难能可贵的是，从狮子山楚王墓经驮篮山、北洞山楚王墓，再到龟山楚襄王刘注墓，展现了楚国陶俑在种类构成及艺术特征等方面的演变规律。以从葬坑形式埋藏的陶兵马俑，大致出现于文帝、景帝时期的狮子山、羊鬼山、驮篮山楚王（后）墓；汉武帝元光、元鼎年间的北洞山楚王（后）墓与龟山楚襄王刘注夫妇墓，已无埋藏兵马俑的从葬坑。狮子山楚王墓从葬坑出土的兵马俑，由步兵、车兵、骑兵混合组成，步兵多着不过膝的长襦，外罩甲衣，手持兵器，是一副披坚执锐的野战部队装束；北洞山楚王墓出土的彩绘持笏俑与执兵俑，多着曲裾深衣，左腰佩剑，部分绶带悬挂的印章有“郎中”二字，其身份属于王宫卫士。男、女侍从俑自汉初至武帝时期一直存在，早期多做直立拢袖状，后来则直立与跽坐皆有。乐舞俑分乐俑和舞俑两类，第三代楚王墓尚未发现，第四、五、六代楚王墓则普遍存在。乐俑皆做跽坐姿，有钟、磬类打击乐俑，抚瑟类弦乐俑，笙、箫类吹奏乐俑；舞俑皆立姿，有单臂举袖和双臂举袖之别，前者舞姿舒缓含蓄，后者热烈奔放。狮子山楚王墓与宛朐侯刘埶墓为代表的西汉早期陶俑，制作比较粗糙，脸型比较瘦削，呈倒三角形；到武帝时期的龟山楚襄王刘注墓，陶俑的脸形演变成椭圆形了。

除了江苏徐州楚王墓之外，出土西汉彩绘陶俑较多的是山东省。2002年冬，在山东章丘圣井镇危山北坡，发掘清理了两座埋藏兵马俑的西汉王陵从葬坑。以一号坑为例，南北长约9.5米，东西宽1.9米，深0.7米至0.9米，共出土173个陶俑、56匹陶马、4辆陶车、90余面盾牌及建鼓、鞞鼓等遗物[83]。一号坑出土陶俑可区分为仪卫俑、骑兵俑、立姿驭者俑、步兵俑、击鼓俑；二号坑出土陶俑有跽坐驭者俑、拢袖女侍俑等。陶俑皆模制装配而成，俑表饰彩。步兵俑身穿不过膝的长襦、足蹬战靴、手执盾牌的服饰装备，骑马俑及陶马的造型，与陕西咸阳杨家湾及江苏徐州狮子山汉初从葬坑出土兵马俑颇为相似，时代特征鲜明。参照《汉书》文帝纪、景帝纪、诸侯王表及《章丘县志·古迹考》的相关记载，发掘者推测危山汉墓之墓主人为西汉济南王刘辟光（文帝前元十六年即公元前164年始封，景帝前元三年即公元前154年参与七国之乱，兵败自杀）。

2006年6月，在山东青州谭坊镇香山附近，发现并清理了一座大型汉墓的从葬坑。主墓为甲字形竖穴土坑墓；从葬坑在北向墓道西侧，南北长约7米，东西宽5米，深4米，陪葬品以彩绘陶俑、陶车马、陶畜禽及陶器皿为主，亦有为数可观的铜、铁兵器模型。出土彩绘陶俑共800多件，陶马约350匹，陶畜禽（陶牛、陶羊、陶猪、陶狗、陶鸡等）150余件，陶车2辆[84]。彩绘陶俑大致包括持兵仪仗俑、骑兵俑、拢袖男侍俑、拢袖女侍俑、双膝微屈的椎髻女侍俑等不同种类。骑马俑的形制服饰特点及女侍俑的椎髻形状，与章丘危山汉墓从葬坑出土者十分相似；陶马身上彩绘马具、马饰之华丽考究，在全国首屈一指。青州博物馆推断此坑出土陶俑为“西汉早期”遗物[85]；根据该坑的地理位置及陪葬品的时代、等级特征，其墓主可能是被封为菑川国王的齐悼惠王之子刘贤或刘志[86]。

河南省永城市芒砀山群，是西汉梁国王陵的集中分布区。1985年至1992年，位于保安山东部的柿园西汉大型崖洞墓，于墓顶封土四周及墓道之南北两侧共出土陶俑50件，包括守陵俑5件、守门俑1件、着衣式女侍俑4件、着衣式骑士俑40件。守陵俑与守门俑形制服饰基本相同，以守门俑（SM1:2835）为例（图15），高69.5厘米，鼻梁隆起，双目墨绘，唇部涂朱，头戴武弁冠，身穿右衽及地深衣，衣领、衣襟及袖口饰有彩绘花纹，腰间束带，足蹬齐头翘首履，双手做拢袖状，左右腋下各有一个方形穿孔，推测原先插有剑、戟等兵器模型[87]。柿园汉墓出土的着衣式女侍俑与着衣式骑士俑，皆呈陶躯无臂状，原先应装有木质双臂，因年久受潮变质，木臂今已腐朽不存。值得注意的是，这种着衣式侍女俑与骑士俑，在陕西咸阳汉景帝阳陵东侧18号外藏坑及南区11号从葬坑中曾有大量发现，而在各地的西汉诸侯王陵墓中，河南永城柿园梁王墓则是迄今所知的唯一孤例，这可能是梁王接受帝室“赏赐”的产物。

1993年12月，河南永城市夫子山一号汉墓的二号从葬坑，出土男、女侍从俑17件，俑高52厘米或41厘米不等，脸形椭圆丰满，颈后皆挽发髻，男侍俑身着双重右衽宽袖深衣，女侍俑身穿宽袖喇叭状曳地长裙，腰际皆系带，双手屈拱于腹前[88]。夫子山一号墓从葬坑仅出男女侍从陶俑，不见兵马俑与侍卫俑，体现了梁王政治地位已经明显削弱，墓葬年代当属西汉中期。

图15
守门陶俑（墨线图）
西汉
永城柿园梁王墓

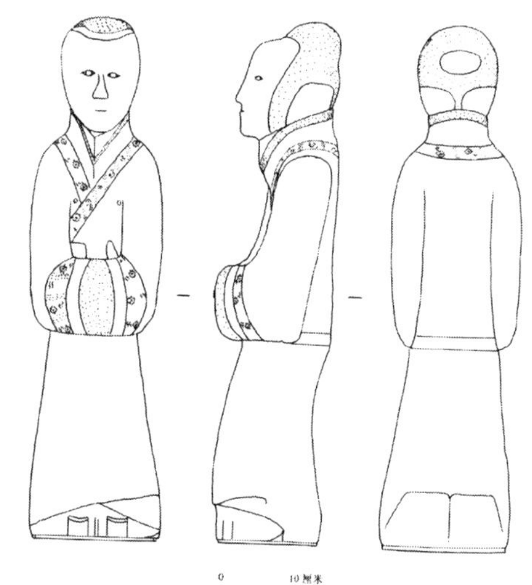

1974年至1975年，在北京丰台大葆台发掘了两座大型竖穴土坑题凑椁室墓，其中一号墓使用玉衣，出土漆器残片上有针刻“二十四年”纪年字样，并伴出大量五铢钱；二号墓出土平雕线刻、姿态优美的玉舞人。推测这两座墓为广阳顷王刘建（公元前73年至前45年在位）与王后的同茔异穴墓。大葆台一号墓出土陶俑约240件，主要分布于墓室外回廊和题凑门西侧，均为立俑（图16），高38

厘米至40厘米，上身扁平，下身椭圆，泥质灰陶，模手合制，可分实心与空心两种，有的脸涂白粉，墨绘眉眼口鼻及胡须；衣纹简练，造型古朴[89]。大葆台汉墓的陶俑制作工艺，明显地趋向粗放草率。

图16
陶侍立俑
西汉晚期
北京丰台大葆台1号汉墓

六、结语

西汉时期处在中国封建社会上升阶段，统治者视造型艺术为提高国家政权威望的重要手段，用汉初丞相萧何的话来说，即“天子以四海为家，非壮丽无以重威”[90]。军队是国家机器的主要组成部分，正如古代军事家孙子所云：“兵者，国之大事，死生之地，存亡之道，不可不察也。”[91]“重威”的最佳途径莫过于显示强大的军队。西汉前期，外有匈奴族的侵扰，内有诸侯王的割据，可谓内忧外患频发时期；营建于西汉前期的长陵、安陵、阳陵等帝陵从葬坑，以及楚、齐、菑川等国诸侯王墓从葬坑，皆有为数众多的陶塑彩绘兵马俑出土，这是时代风云的生动写照。

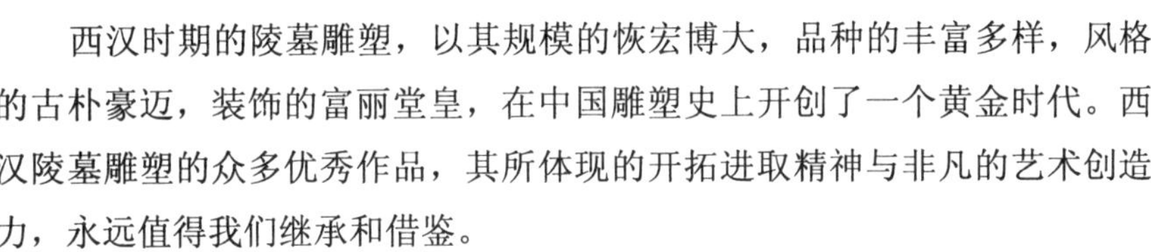

西汉时期的陵墓雕塑，以其规模的恢宏博大，品种的丰富多样，风格的古朴豪迈，装饰的富丽堂皇，在中国雕塑史上开创了一个黄金时代。西汉陵墓雕塑的众多优秀作品，其所体现的开拓进取精神与非凡的艺术创造力，永远值得我们继承和借鉴。

原载汤池主编：《中国陵墓雕塑全集2·西汉》，陕西人民美术出版社2009年版

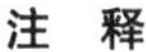

注 释

[1] [2]《史记·淮阴侯列传》。

[3] [4]《汉书·诸侯王表》。

[5] 钱穆：《秦汉史》，生活·读书·新知三联书店2005年版，第262页。

[6] 黄展岳：《汉代诸侯王墓论述》中收录西汉诸侯王及王后墓34座，《考古学报》1998年第1期。近年新发现的9座，即江苏徐州羊鬼山楚王王后墓（从葬坑）、江苏泗阳大青墩汉墓（某代泗水国王墓）、山东章丘洛庄汉墓（吕台墓从葬坑）、山东章丘圣井镇危山汉墓（可能是济南国王刘辟光墓）、山东青州

谭坊镇香山汉墓（从葬坑）、北京老山汉墓（燕王或广阳王王后墓）、安徽六安双墩1号汉墓（六安国始封王共王刘庆墓）、湖南望城风篷岭1号汉墓（长沙国王后墓）、湖南望城风篷岭2号汉墓（长沙国王墓）。

[7] 《盐铁论·散不足》。

[8] 陈直：《汉书新证》，天津人民出版社1979年版，第103、104页。

[9] 参见《西京杂记》丙卷“五柞宫”条，《三辅黄图》卷五“青梧观”条。

[10] 河北省石家庄市文保所：《石家庄发现汉代石雕裸体人像》，《文物》1988年第5期。

[11] 傅天仇主编：《中国美术全集·雕塑编2·秦汉雕塑》，人民美术出版社1985年版，图版34、35及其说明。

[12] 《文化大革命期间出土文物》，文物出版社1973年版，第27页下图。

[13] 鲁迅：《1043致李桦》，《鲁迅书信集》（下卷），人民文学出版社1976年版，第873页。

[14] 林通雁：《西汉张骞墓大型石翼兽探考》，《汉中师院学报》（哲学社会科学版）1986年第2期。

[15] 王子云先生曾云：张骞墓石兽仅存残躯，“从两肩雕有飞翅看，可能为辟邪一类的护墓兽……西汉则仅见此一例”。《中国雕塑艺术史》（上），人民美术出版社1988年版，第41页。按：也有研究者认为，张骞墓石翼兽为东汉时补雕。

[16] 山西省博物馆：《安邑县杜村出土的西汉石虎》，《文物》1961年第12期。

[17] 《太平御览》卷954引《风俗通》曰：“魍象畏虎与柏，故墓前立虎与柏。”

[18] 狮子山楚王陵考古发掘队：《徐州狮子山西汉楚王陵发掘简报》，《文物》1998年第8期。

[19] 中国国家博物馆、徐州博物馆：《大汉楚王——徐州西汉楚王陵墓文物辑萃》，中国社会科学出版社2005年版，第268－275页。

[20] [21] 卢兆荫主编：《中国玉器全集4·秦汉南北朝》，河北美术出版社1993年版，图版66、92。

[22] 咸阳市博物馆：《咸阳市近年发现的一批秦汉遗物》，《考古》1973年第3期；王丕忠：《咸阳市新庄出土的玉奔马》，《文物》1979年第3期。

[23] 张子波：《咸阳市新庄出土的四件汉代玉雕器》，《文物》1979年第2期。

[24] 李宏涛、王丕忠：《汉元帝渭陵调查记》，《考古与文物》1980年创刊号。

[25] 杨宽：《中国古代陵寝制度史研究》，上海古籍出版社1985年版，第207页。

[26] 刘庆柱、李毓芳：《西汉十一陵》，陕西人民出版社1987年版，第109页。

[27] 谢惠连：《祭古冢文》，《文选》卷六十“祭文”。
[28] 湖南省博物馆、中国科学院考古研究所：《长沙马王堆一号汉墓》，文物出版社1973年版；湖南省博物馆、中国科学院考古研究所：《长沙马王堆二、三号汉墓发掘简报》，《文物》1974年第7期；张广立：《漫话西汉木俑的造型特点》，《文物》1982年第6期。
[29] 湖北省博物馆等：《湖北云梦西汉墓发掘简报》，《文物》1973年第9期；湖北省博物馆：《云梦大坟头一号汉墓》，《文物资料丛刊》（4），文物出版社1981年版。
[30] 湖北省文物考古研究所：《江陵凤凰山一六八号汉墓》，《考古学报》1993年第4期。
[31] 凤凰山一六七号汉墓发掘整理小组：《江陵凤凰山一六七号汉墓发掘简报》，《文物》1976年第10期。
[32] 广州市文物管理委员会：《广州三元里马鹏岗西汉墓清理简报》，《考古》1962年第10期。
[33] 广西壮族自治区博物馆：《广西贵县罗泊湾汉墓》，文物出版社1988年版，图版33、58。
[34] 广西壮族自治区文物工作队：《广西贵县风流岭31号汉墓清理简报》，《考古》1984年第1期。
[35] 济南市考古研究所：《山东章丘洛庄汉墓从葬坑1999年考古发掘》，国家文物局编：《1999中国重要考古发现》，文物出版社2001年版。
[36] 陕西省考古研究所汉陵考古队：《汉景帝阳陵南区从葬坑发掘第一号简报》，《文物》1992年第4期；《汉景帝阳陵南区从葬坑发掘第二号简报》，《文物》1994年第6期。
[37] 汉平陵考古队：《巨型动物陪葬少年天子——初探汉平陵从葬坑》，《文物天地》2002年第1期。
[38] 四川省文物考古研究院、绵阳博物馆：《绵阳双包山汉墓》，文物出版社2006年版。
[39] 何志国、唐光孝：《我国最早的人体经脉漆雕》，《中国文物报》1994年4月17日；马继兴：《双包山汉墓出土的针灸经脉漆木人形》，《文物》1996年第4期。
[40] 傅天仇主编：《中国美术全集·雕塑编2·秦汉雕塑》，人民美术出版社1985年版，图版121及其说明。
[41] 湖北省博物馆：《光化五座坟西汉墓》，《考古学报》1976年第2期。
[42] 汪景辉、杨立新：《安徽六安双墩一号汉墓》，国家文物局编：《2006中

国重要考古发现》，文物出版社2007年版。

[43] 徐湖平、庄天明：《泗水王陵出土西汉木雕》，天津人民美术出版社2003年版。

[44] 连云港市博物馆：《连云港地区的几座汉墓及零星出土的汉代木俑》，《文物》1990年第4期。

[45] 扬州博物馆、邗江县文化馆：《扬州邗江县胡场汉墓》，《文物》1980年第3期。

[46] 南京博物院：《江苏盱眙东阳汉墓》，《考古》1979年第5期。

[47] 甘肃省博物馆：《武威磨嘴子三座汉墓发掘简报》，《文物》1972年第12期；张朋川、吴怡如：《武威汉代木雕》，人民美术出版社1984年版。

[48] 广西壮族自治区文物工作队：《广西贵县风流岭三十一号西汉墓清理简报》，《考古》1984年第1期。

[49] 广西壮族自治区文物工作队：《广西西林县普驮铜鼓墓葬》，《文物》1978年第9期。

[50] 广州市文物管理委员会：《广州动物园古墓群发掘简报》，《文物》1961年第2期。

[51] 中国国家博物馆、徐州博物馆：《大汉楚王——徐州西汉楚王陵墓文物辑萃》，中国社会科学出版社2005年版，第264－267页。

[52] 王伯敏：《中国美术通史》第一册，山东教育出版社1987年版，第48页。

[53] 中国社会科学院考古研究所、河北省文物管理处：《满城汉墓发掘报告》，文物出版社1980年版。

[54] 贠安志：《谈“阳信家”铜器》，《文物》1982年第9期。

[55] 江西省博物馆：《南昌东郊西汉墓》，《考古学报》1976年第2期。

[56] 朔县出土的彩绘铜雁鱼灯，参见中国历史博物馆：《中国通史陈列》，朝华出版社1998年版，第79页；神木县出土的铜雁鱼灯，参见王文清：《陕西省十大博物馆》，香港广汇贸易有限公司1994年版，第17页。

[57] 广西壮族自治区文物考古写作小组：《广西合浦西汉木椁墓》，《考古》1972年第5期。

[58] 咸阳地区文管会、茂陵博物馆：《陕西茂陵一号无名冢一号从葬坑的发掘》，《文物》1982年第9期。

[59] 灵台县文化馆：《甘肃灵台发现的两座汉墓》，《考古》1979年第2期。

[60] 《贵州赫章可乐墓地》，国家文物局编：《2000中国重要考古发现》，文物出版社2001年版。

[61] 云南省博物馆：《云南晋宁石寨山古墓群发掘报告》，文物出版社1959年

版。

[62] 云南省博物馆：《云南江川李家山古墓群发掘报告》，《考古学报》1975年第2期。

[63] 语出《后汉书·班彪传》《后汉书·舆服志》及《晋书·刑法志》。

[64] 中国社会科学院考古研究所汉城队：《汉长安城窑址发掘报告》，《考古学报》1994年第1期。

[65] 陕西省文物管理委员会、咸阳市博物馆：《陕西省咸阳市杨家湾出土大批西汉彩绘陶俑》，《文物》1966年第3期；陕西省文管会、博物馆、咸阳市博物馆杨家湾汉墓发掘小组：《咸阳杨家湾汉墓发掘简报》，《文物》1977年第10期。

[66] 咸阳市博物馆：《汉安陵的勘查及其陪葬墓中的彩绘陶俑》，《考古》1981年第5期。

[67] 陕西省考古研究所：《汉阳陵》，重庆出版社2001年版。

[68] 王学理：《着衣式木臂陶俑的时代意义》，《文博》1997年第6期。

[69] 王学理、吴镇烽：《西安任家坡汉陵从葬坑的发掘》《考古》1976年第2期。

[70] 中国社会科学院考古研究所杜陵工作队：《1982——1983年西汉杜陵的考古工作收获》，《考古》1984年第10期。

[71] 李银德：《徐州西汉楚王陵墓考古的发现与收获》，中国国家博物馆、徐州博物馆：《大汉楚王——徐州西汉楚王陵墓文物辑萃》，中国社会科学出版社2005年版。

[72] 王恺、葛明宇：《徐州狮子山楚王陵》，生活·读书·新知三联书店2005年版，第138－140页。

[73] 狮子山楚王陵考古发掘队：《徐州狮子山楚王陵发掘简报》，《文物》1998年第8期。

[74] 徐州博物馆：《徐州韩山西汉墓》，《文物》1997年第2期。

[75] 徐州博物馆：《徐州西汉宛朐侯刘埶墓》，《文物》1997年第2期。

[76] 中国国家博物馆、徐州博物馆：《大汉楚王——徐州西汉楚王陵墓文物辑萃》，中国社会科学出版社2005年版，第98－104页。

[77] 邱永生、徐旭：《徐州市驮篮山西汉墓》，《中国考古学年鉴》（1991），文物出版社1992年版，第173页。

[78] 李银德：《徐州西汉楚王陵墓考古的发现与收获》，中国国家博物馆、徐州博物馆：《大汉楚王——徐州西汉楚王陵墓文物辑萃》，中国社会科学出版社2005年版，第16页。

[79] 徐州博物馆、南京大学历史系考古专业：《徐州北洞山西汉楚王墓》，文物出版社2003年版。

[80] 南京博物院、铜山县文化馆：《铜山龟山二号西汉崖洞墓》，《考古学报》1985年第1期。

[81] 南京博物院：《〈铜山龟山二号西汉崖洞墓〉一文的重要补充》，《考古学报》1985年第3期。

[82] 徐州博物馆：《江苏铜山县龟山二号西汉崖洞墓材料的再补充》，《考古》1997年第2期。

[83] 《山东章丘危山汉代墓葬及从葬坑》，国家文物局编：《2002中国重要考古发现》，文物出版社2003年版，第81—86页；王守功：《危山汉墓——第五处用兵马俑陪葬的王陵》，《文物天地》2004年第2期。

[84] 孙波、崔圣宽、王瑞霞：《山东青州香山汉墓从葬坑》，国家文物局编：《2006中国重要考古发现》，文物出版社2007年版。

[85] 马洪刚：《青州市博物馆藏珍·综合卷》，深圳海天出版社2006年版，第66—73页。

[86] 菑川王世系见《汉书》高五王传、诸侯王表。

[87] 河南省商丘市文物管理委员会等：《芒砀山西汉梁王墓地》，文物出版社2001年版，第5章第7节。

[88] 郑清森：《河南永成芒砀山出土西汉梁国陶俑初论》，《中国历史文物》2006年第1期。

[89] 大葆台汉墓发掘组、中国社会科学院考古研究所：《北京大葆台汉墓》，文物出版社1989年版。

[90] 《史记·高祖本纪》。

[91] 《孙子兵法·计篇》。

第四单元　中国古代墓室壁画

今藏美国波士顿的洛阳汉墓壁画

〔美国〕方腾　吴同　著　汤池　译

译者按：约60多年前由洛阳的“土夫子”盗掘出土、今藏美国波士顿博物馆的西汉墓室空心砖壁画，以其卓越的绘画水平与古老的年代而闻名于世。贺昌群先生于1934年1月出版的《文学季刊》创刊号上，在《三种汉画之发现》一文中，首次向国内读者扼要地介绍了这项重要发现；此后，朱杰勤先生的《秦汉美术史》、俞剑华先生的《中国壁画》、秦岭云先生的《中国壁画艺术》、傅抱石先生的《中国的绘画》（上辑）、常任侠先生的《汉画艺术研究》及《汉代绘画选集》等著作，基本上都是转引贺昌群先生之说，并对此项画迹的题材内容及绘制年代，做了若干推测，有笼统称作“汉画”者，有订作“汉晋间”者，有称“三国到西晋间的产物”者，其说不一，共同存在的问题是断代偏晚；甚至对此项画迹的出土年代也以讹传讹，普遍说它是“1925年出土”的，实际上是1924年以前出土的。特别令人遗憾的是，国内以往的出版物中，除转载过这项画迹的几个局部画面之外，从未转载过它的全貌图样。

1983年春天，笔者从美国波士顿博物馆馆长方腾先生和该馆中国美术部副主任吴同先生合著的《中国的出土文物》（Unearthing China's Past）一书中，见到了关于这批壁画空心砖流传经过及国外学者对它的研究情况的详细报道，并有这组壁画空心砖的全貌图样。为了便于国内学术界对它作进一步的研讨，笔者特地将这一报道译成中文，并冠以《今藏美国波士顿的洛阳汉墓壁画》之题目；另外，又从其他书上翻拍了几幅比较清晰的局部图样，以飨国内同好。

图1（上）
传出自洛阳八里台西汉空心砖山墙壁画全貌
（美国波士顿博物馆藏）

图2（中）
梯形山墙两侧三角形空心砖上的人物与动物画

图3（下左）
空心砖楣额右侧的一组人物故事画

图4（下右）
空心砖楣额背面的一组妇女画面

传出自洛阳今藏美国波士顿博物馆的这组作品，包括一堵梯形的山墙和一长条楣额（图1－图4），通高73.8厘米、宽240.7厘米。其中，梯形山墙由两块三角形空心砖和一块矩形空心砖组成，楣额由两块长条形空心砖拼接而成。矩形空心砖的中央，饰有一具公羊头的塑像。作楣额用的空心砖于烧成之后，即被切割掉左右两端的上角；之所以要作这样的处理，可能是出于使它和斜坡状的墓顶结合得更加稳固的考虑。这五块空心砖皆以白灰刷成底色，然后以墨色和彩色绘制人物壁画。其中，呈矩形的那块空心砖，因遭受潮湿的危害特别严重，其表面的图像几乎剥蚀殆尽。

波士顿博物馆获得这批空心砖之后不久，巴塞尔大学教授奥托·费斯屈（Otto Fischer）在赴洛阳的一次野外旅行中，打算了解这批古物的准确出土地点。那是1926年8月的事，费斯屈在河南洛阳访问了古董商刘鼎方（音译），从刘那里得到一幅这批空心砖出土后不久所拍摄的照片，并且了解到有关这批壁画空心砖的详细出土情况。刘对费斯屈说，大约十年前，他是怎样独自挖掘（更确切地说，他只是监督了这项挖掘）位于洛阳西边八里地、在缠水对岸的那座大土冢的。历时一年左右，刘几乎把每个夜晚的时光都耗费在秘密挖掘这座土冢，直到最后抵达“距地表有若干米深”的墓室，并且成功地取出各种随葬品。按照刘鼎方的叙述，该墓筑有“四间大小不同的长方形墓室”；每间墓室有一个入门口；每个入门口皆用三根门柱支撑着两条楣额，其上放置着由三块空心砖组成的山墙。在墓内刘鼎方没有见到题铭资料，仅在几间墓室内，发现若干素面无纹、未经磨压光滑的灰色陶壶和陶罐。其中，有一堵山形门墙的正背两面皆绘有壁画。构筑这堵门墙的五块壁画空心砖，被刘拆卸下来，随后卖给一位上海商人，复由上海运往美国，再从美国运到巴黎。

大概由于语言方面的障碍，有关这座墓的确切坐落地点，已经产生了误解。代替“洛阳西边八里地、缠水对岸”的另一说法，刘鼎方或许说过那个地区有一座村庄名叫“八里庄”。新近出版的一本关于汉代绘画的中文著作中，则把洛阳西边称作“八里台”的村庄当作这批壁画空心砖的出土地点。在波士顿博物馆关于中国绘画的案卷中，有一份报告又管该村叫“八阵里”。然而，在有关洛阳的各种详细地图上，从未出现过这些村名。

卢芹斋（C. T. Loo，巴黎古董商）于1924年提供的报告说，在经历数载地搬运、保管过程中，那块饰有公羊头的矩形空心砖和另外几块砖互相脱离了。这块矩形空心砖上的画面，实际上已剥落殆尽；而在刘鼎方最初拍摄的照片上，不少图像还是清晰可辨的。当波士顿博物馆获得其他四块壁画空心砖之后不久，这块矩形空心砖就被确认为整堵山墙的一个组成部分。同年，卢芹斋将它赠给波士顿博物馆。

法国汉学家鲍尔·丕流特（Paul Pelliot）和波士顿博物馆理事兼捐助人D. W. 罗斯博士（Dr. Denman Waido Ross），最先理解这批壁画空心砖在美术史和考古学上的重要性。该馆亚洲美术部主任J. E. 洛格（John Ellerton Lodge）不赞成他们的观点。在致卢芹斋的信上，洛格写道：“当然，就目前看来，这项作品具有罕见的价值。但是，正如您所知道的那样，这种价值是不可能持久的。保存状况更佳的同类作品，肯定将会被发现。”罗斯博士做出了具有远见卓识的决断，他拒绝了洛格期待更好的作品送上门来的冒险建议，并且为博物馆买下这批壁画空心砖而慷慨解囊，从而使转让谈判取得结果。经过了30多年的漫长岁月，洛格的预言才获得实现。

自从1950年起，洛阳附近发掘出大批汉墓。在洛阳老城西北面的烧沟，早在1952年就发掘了500多座汉墓。1957年，在这一带又发掘出另一批汉墓群，在170多座汉墓中，中国的考古工作者终于发现一座和波士顿藏砖风格相似的有壁画山墙的汉墓（详见河南省文化局文物工作队：《洛阳西汉壁画墓发掘报告》；郭沫若：《洛阳汉墓壁画试探》，皆刊《考古学报》1964年第2期）。

这座被发掘者编定为61号的壁画汉墓，系用大型空心砖和小砖混合构筑而成。它包括一间主室和两间边室，还有两间小耳室分别和边室连接。由一根中心柱支撑着的一堵山墙，将主室分隔成前后两部分（图5）。像波士顿藏砖那样，洛阳新发现的这批壁画空心砖，也是正背两面都有画的。所异者，61号汉墓构成山形门墙上部的那三块空心砖的图案花纹，是在绘制壁画之前，先雕镂出孔眼的。三角形花砖的正面，描绘着左右对称的两群动物（鹿、马、熊）和某些奇异生物；中央那块方形花砖上的纹饰，

图5
洛阳烧沟61号西汉壁画墓结构示意图

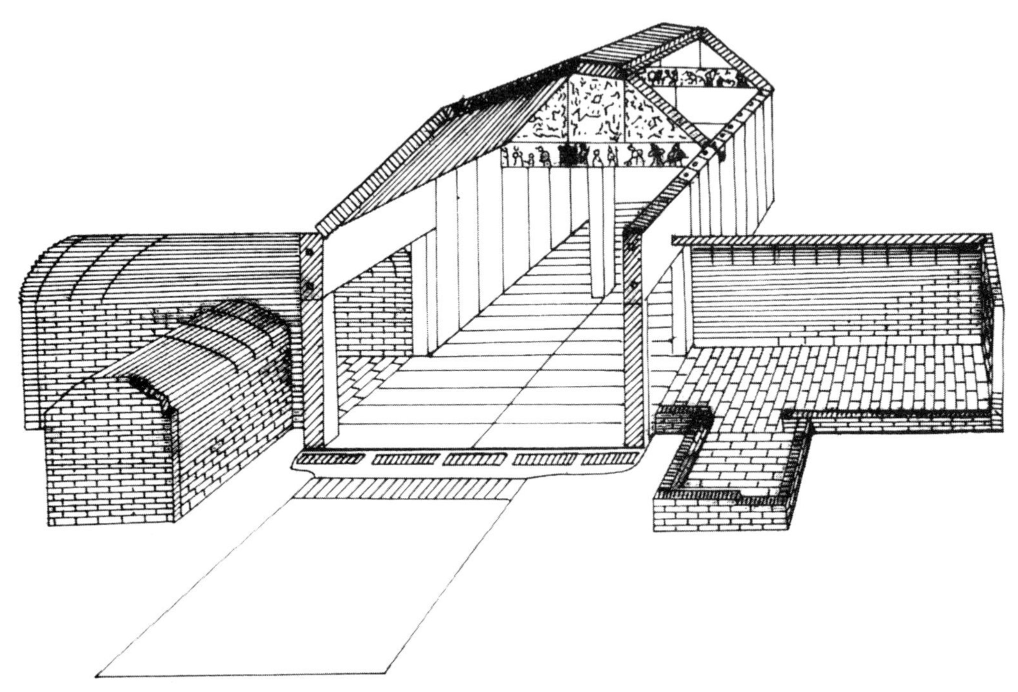

虽已部分褪色，但是仍然可以看出某些相似的风格，图案题材包含代表四方的神兽：朱雀、青龙、玄武及白虎。其背面图案，两侧是羽人骑龙的画面，中央是一座象征性的天门，门框上方饰棱格纹和五枚瑞璧纹。

洛阳61号汉墓主室隔墙下部之楣额，画一列生动的人物场面。其中，至少有一组画面已经确切地鉴定为“二桃杀三士”故事的图解，此故事记载见古典著作《晏子春秋》，类似的画面曾见于汉代画像石刻上。这项人物壁画的风格和波士顿藏砖的画法，虽然有着十分密切的关系，但是，新发现的壁画在刻画人物的戏剧性动态和富有个性特征的面部表情方面，显得更为出色。61号汉墓的壁画人物，以栩栩如生的神态见长；波士顿藏砖所绘人物，则具有从容沉着的表情。因此，两者的艺术表现手法是有很大区别的。

洛阳61号汉墓的这堵壁画山墙，已经成为中国各种刊物广泛讨论的题目，并且也是西方若干出版物热烈争论的对象。但是，基于洛阳61号汉墓的发现，对波士顿博物馆所藏壁画空心砖的建筑功能，人物画的表现手法与风格，所属年代等问题提出的新看法，尚未引起人们足够的注意。

今藏波士顿的壁画山墙，画的是一只老虎和熊展开激烈格斗的场面。其构图虽力求均衡对称，但是，远不如洛阳61号汉代壁画墓那样得到严格的保持。波士顿藏的两块三角形空心砖，都描绘着一位官吏，由两名侍仆陪衬，其下角蜷缩着一只被链子拴住的动物，其右侧画一只熊，左侧画一只虎。这些动物好像都是为真实的格斗而预备的，但是具体的格斗场面，目前几乎完全看不清了，现在能看到的仅有熊的后腿和虎的尾巴。即使在刘鼎方早先拍摄的照片上，可清楚地看到猛虎、熊的形象，但猛兽格斗场面也极难辨识。在每只做攻击状的野兽的上方，画一位站着的人像。用高浮雕手法塑造的公羊头的右下方，画着一个铺首衔环纹。这种铺首衔环图案，通常总是成对地布置在门道两旁（也有见之于山墙背面的，如洛阳61号汉墓）；在波士顿所藏空心砖上，却被单独画出，似乎丝毫没有考虑传统布局和含义。

奥托·费斯屈教授第一个指出：波士顿藏空心砖山墙上的画面，表现了汉代皇帝的御猎场——上林苑中野兽格斗的景象。这个意见，曾被富田幸二郎（Kojiro Tomita）所采纳，尽管看起来有些吞吞吐吐。首先站出来否认这项考释意见的学者是卡尔·汉斯（Carl Hentze），他强调了这些动物的象征意义，认为像“上林斗兽”这种世俗的、耍马戏似的娱乐场面，绝不会描绘在墓室之中。汉斯指出：假如像很多汉墓那样，这堵山墙上的公羊头朝向南方，老虎被画在公羊的右边，即西边；那么，按照传统的图案组合方式，西方的神兽恰好就是老虎。

爱华德·H.斯卡福（Eward H Schafer）的最新研究成果，包含丰富的关于汉代动物园的新看法；他所揭示的某些事例，表现了想把汉斯的观点和费斯屈的最初考释意见调和起来的倾向。首先应当指出的是：野兽格斗，远非世俗的逗熊取乐所能比拟，在很大程度上，它是与某种礼仪相关的活动。由于画面上的动物园是御苑的小型摹写品，因此，其中的动物总是被安排在特定的位置上。在动物园的兽圈中，大大小小的熊和虎总是格外惹人驻足观赏的；而在汉代，唯对老虎采用特制的木槛关着。如果把熊和虎视为力量和勇气的象征，那么，在描绘两者之间的格斗场面时，势必要着重刻画它们极其凶残的特征。

对于我们理解波士顿藏砖的人物画面来说最重要的启迪也许是：洛阳61号汉墓的山形隔墙上，画的是寓意性、象征性的图案；而在楣额上，则描绘着含义显然不同的人物场面。如果将这种主题区分法运用到波士顿藏砖上，那些由扈从和侍仆陪同、正在窃窃私语或干其他事情的男人和女人，肯定不是皇帝禁苑的访问者；从时代特征来看，他们只能出现在像“二桃杀三士”之类的故事图解画中。然而不巧的是，除了旁边的一位妇女背负着一名婴儿，一名侍仆与众不同地跪着等情节之外，没有更多的人物动态特征可以帮助我们鉴别这些画面。苏桑·巴舒（Susan Bush）曾提出另外一种解说：画面中的一部分，可能描绘了老莱子在父母跟前扮演婴儿、娱乐双亲的故事。但是，偏巧被视为老莱子双亲的那两位年迈者，都画成手持枪矛的模样，这种状况与他们的身份及年龄都是大相径庭的。

考释波士顿所藏空心砖壁画的另一困难，在于这批空心砖的画面保存状况极差。楣额上画的壁画，已经由波士顿博物馆研究实验室的小威廉（Willian Young）作过清理，楣额背面有待进一步清理。从红外线摄影的结果推测，似乎无法指望进一步的清理能提供有助于考释画面的更多细节。由于这条楣额背面所画的人物多属妇女，正面则主要画男子形象，人们也许会产生这样的猜想：这一长列人物画面，分别绘着古代的烈女和孝子。诚然，在未能做出确切的考释之前，要想阐明此项壁画的题材，是很困难的。

洛阳先后出土的这两堵山形门墙，建筑风格十分相似，以致双方各块空心砖的结构功能都是大致相同的。然而，也存在少许差别需要作进一步的解释。在洛阳61号汉墓中，高浮雕的公羊头置于主要入口墓门的山墙内侧；波士顿所藏的山墙，按刘鼎方的说法，也是该墓入口墓门的组成部分。值得怀疑的是，墓门外壁究竟会不会用壁画作装饰？大概十之八九，我们应当抛弃刘鼎方的说法。按照刘的描述，该墓似乎由彼此大小不同的四间长方形墓室所组成，而且每间墓室都是作为独立的单元来考虑的。可是，我们只能假设，波士顿所藏的山墙是将一间墓室分隔成两部分的隔墙，因为楣额中央的凹槽表明，它是卡在中心柱头上的；此外，楣额两端与墓壁交接处也有凹槽。

发现洛阳61号汉墓的重要意义之一，也许在于为我们判断波士顿藏砖的年代，提供了有力的证据。尽管J. E. 洛格曾经对这组壁画空心砖是否属汉代提出过疑问，学术界还是倾向于把它订在汉代末年或稍晚。按照发掘数百座汉墓的研究结果，中国考古学家认为：在洛阳地区，全部用空心砖构筑的墓，时代较早；全部以小砖构筑的墓，时代较晚；介于两者之间的，是用空心砖和小砖混合构筑的墓，它代表了一种过渡类型。从洛阳61号汉墓的墓室结构及出土随葬品来看，其时代属于公元前1世纪上半叶。即使今藏波士顿的壁画空心砖和山墙，与洛阳61号汉墓确有某些方面的区别，认为波士顿藏砖的年代在公元1世纪或者更早的意见，似乎是可取的。

原载四川美术学院学报《当代美术家》总第3期，1986年

附记：本文译自方腾、吴同合著：《中国的出土文物》（Jan Fontein and Tung Wu: Unearthing China's Past），美国马萨诸塞州波士顿博物馆1973年版。据国家文物局主编、中国地图出版社1991年出版《中国文物地图集·河南分册》图95、文字简介第104页关于洛阳八里台汉墓的介绍，该墓在关林镇八里台村西，为西汉空心砖起脊壁画墓，壁画内容为驱邪镇墓、历史故事等，姿态非常生动传神，新中国成立前遭盗掘，部分遗物流失国外，现存美国波士顿美术博物馆。该墓旧址尚存。

中国古墓壁画的发现、研究及保护方法概述

台湾《雄狮美术》编者按：古墓壁画发端于人类对自身最后归宿场所的装饰，是祖先崇拜与鬼神观念发展到一定历史阶段的产物。伴随着考古学的发展，原于古代绘画史籍中缺乏文献记载的古墓壁画，已逐渐累积出相当成果。通过古墓壁画的研究，不仅填补了中国绘画史的空白，也提供了对当时社会历史研究的许多形象资料。

作者针对古墓壁画的研究、发展阶段，以及保护古墓壁画的意义，做列举的分析阐述，试图借此引导读者对古墓壁画的学术与艺术价值有进一步的认识，另外，更仔细介绍现行古墓壁画的四种保护方法，说明大陆目前保护古墓壁画的状况。盼透过此文能提高读者对古迹维护的认识。

作者按：本文之初稿曾由东京国立文化财研究所的胜木言一郎译为日文，刊载于日本的学术性杂志《佛教艺术》1993年第1期。为便于国内读者阅读，特以中文重撰此文之补充修改稿。

用壁画装饰坟墓并为逝者祈求冥福，是中国古代祖先崇拜与鬼神观念发展到一定历史阶段的产物。由于墓室壁画特定的功能与特殊的环境，壁画绘成之后，不久即被封闭掩埋，不像地上的殿廷、衙署、寺观壁画能在较长时期供人们观瞻欣赏。壁画绘制者多数属于社会地位卑微的民间画工，所以在中国保存浩瀚的古代绘画史籍中，缺乏关于墓室壁画的文献记载。

一、中国古墓壁画发现与研究的三个阶段

有关中国古代墓室壁画的知识，基本上是伴随着近代考古学的诞生与发展，逐步积累起来的。其发现与研究工作，大致经历了三个阶段：

第一阶段从20世纪初至40年代末，可称零星发现期。1915年英国学者

斯坦因（Stein Aurel）在新疆吐鲁番阿斯塔那墓地发现四座十六国时代的壁画墓[1]，揭开了发现中国古墓壁画的序幕。随后，在1920年左右，河南洛阳的盗墓贼（俗称“土夫子”）在所谓“八里台”的地方，挖出一组西汉墓的壁画空心砖，其顾盼传神的人物形象，名震遐迩。不久，经古董商之手，辗转流散国外，最后为美国波士顿博物馆收藏[2]。在20世纪30年代至40年代，日本军国主义势力不断向中国扩张，日本考古学家森修、内藤宽、池内宏、梅原末治、田村实造及小林行雄等人，先后在辽宁金县营城子、辽阳市郊、吉林集安通沟、内蒙古巴林右旗白塔子等地，相继发现东汉、高句丽、辽代的几座壁画墓。此外，浙江上虞东关曾发现一座晋代壁画墓。总括起来看，本期工作有如下特点：发现古墓壁画数量不多；发掘与研究工作主要由外国学者主持，中国学者只有贺昌群、李文信等少数人涉足古墓壁画的研究或发掘[3]；除营城子、通沟两处壁画墓资料[4]刊发比较及时外，其他各处均未及时而完整的发表资料；个别的古墓壁画实物，经盗墓贼与古董商之手，流散国外。总之，第一阶段的工作带有半封建半殖民地的烙印。

第二阶段从1950年初至1976年秋，可称逐步积累期。伴随着经济建设事业的发展和文物考古事业的进步，中国学者在全国绝大多数省、市、自治区，先后发现上自西周、下迄明代的壁画墓一百余座。墓室壁画作为美术考古学的一项重要内容，日益广泛地受到学术界的重视。1951年至1952年河南禹县白沙宋墓与河北望都东汉壁画墓的发掘，以及随后《望都汉墓壁画》《白沙宋墓》等发掘报告[5]的出版，是中国学者独立从事壁画古墓发掘研究的良好开端。1958年中国古典艺术出版社出版俞剑华先生编著的《中国壁画》，其中的第二编，对当时已发现的十多座古墓壁画资料做了初步整理。20世纪60年代至70年代，陕西乾县唐永泰公主墓、懿德太子墓及章怀太子墓等大型壁画墓的发现，郭沫若、夏鼐、孙作云等先生对洛阳61号西汉墓壁画内容的考释[6]，使人们对古墓壁画学术与艺术价值的认识进一步提高。本期后段即1966年至1976年秋，由于“文化大革命”极“左”路线对文物考古工作的干扰与冲击，有些地方发现的壁画古墓得不到及时抢救清理，造成了一定程度的损失。

第三阶段从1976年冬至今，可称成熟丰收期。首先，本期发现若干重要的壁画古墓，填补了墓室壁画发展史上的不少空白。例如：1976年10月清理完毕的洛阳西汉卜千秋墓[7]，年代属昭帝至宣帝时期，比过去发现的洛阳“八里台”及61号西汉壁画墓年代稍早。20世纪80年代在广州象岗山与河南永城芒砀山发现的两座西汉石室壁画墓，年代属公元前2世纪，约汉武帝初年[8]。此外，甘肃酒泉丁家闸发现的十六国北凉壁画墓[9]，河北磁县发现的大冢营东魏茹茹公主壁画墓[10]与磁县湾漳北朝晚期壁画墓[11]，山西太原王郭村发现的北齐娄叡壁画墓[12]，山东嘉祥英山及宁夏固原南郊发现的隋代壁画墓[13]，陕西礼泉陵光村发现的初唐长乐公主壁画墓[14]，内蒙古自治区库伦旗发现的第六、七号辽代壁画墓[15]与奈曼旗发现的辽陈国公主驸马合葬壁画墓[16]，河南焦作老万庄金代冯汝楫壁画墓[17]，内蒙古赤峰元宝山元代壁画墓[18]等，均可视作各时代墓室壁画的代表作。其次，在研究工作方面，分区研究与综合研究日益深入，陕西、吉林、甘肃等省的文物考古机构，发表了有关唐墓壁画、高句丽壁画及魏晋墓壁画的研究成果[19]。文物出版社1989年出版宿白先生主编的《中国美术全集·绘画编12·墓室壁画》，除刊发大量珍贵的彩色图版之外，还从结构布局、题材内容到艺术形式，系统阐述了中国古代墓室壁画的分期特征，标志着这项专题研究达到新的水平。再次，1991年6月陕西历史博物馆唐墓壁画陈列室的开放，使国内外的广大观众，有机会观赏古墓壁画原作，领略其宏伟气魄与精湛技艺，对于增强保护古墓壁画的自觉性，具有积极意义。

二、保护古墓壁画的重要意义

随着古墓壁画资料的不断积累与研究工作的逐步深入，笔者认为保护古墓壁画的意义，至少有下列三点：

第一，古墓壁画是一项珍贵的艺术遗产，可以填补绘画史的许多空白。迄今所知，中国最早的绘画遗物，如果不算工艺装饰图案花纹及岩画，则以长沙楚墓出土的两幅战国帛画为鼻祖，传世的卷轴画只能追溯到东晋顾恺之的《女史箴图》（唐代摹本，今藏英国伦敦不列颠博物馆）。寺观壁画也只能上溯到十六国晚期有西秦“建弘元年”（420）题记的永靖炳灵寺第169窟壁画。墓室壁画的零星遗迹可以上溯到西周[20]，保存得相当完整的实例，也可以追溯到西汉前期。此外，甘肃嘉峪关的魏晋墓壁画，河北磁县、山西太原及宁夏固原等地的北朝墓壁画，内蒙古库伦旗、辽宁法库及河北宣化等地的辽墓壁画，都极大地丰富了各个时代的绘画资料。由于自然与社会的原因，存世的寺观壁画与卷轴画只会逐年减少。而古代墓室壁画却似源头活水，几乎每年都有新的发现，是研究绘画史取之不尽的资料源泉。

第二，古墓壁画是反映意识形态与现实生活的历史画卷，具有极高的学术价值与审美价值。考古发现表明，墓室壁画的题材极为广泛，举凡日月星象、天神地祇、宗教偶像、历史故事、农牧副业、衣食住行、音乐舞蹈、属吏婢仆、侍卫仪仗、域外使节、步骑战斗、奇禽异兽、山峦花卉等等，可谓包罗万象，是研究社会历史最宝贵的形象资料。从艺术风格来看，墓室壁画通常比较粗放，精细程度不及宫殿寺观壁画，但也不乏精美绝伦之佳作，例如河南永城芒山柿园西汉石室墓，其主室顶部保存着大幅巨龙升天画面（图1），以气势宏伟、状物生动、色彩艳丽而著称。洛阳61号西汉墓保存的历史故事画“二桃杀三士”与“鸿门宴”，构图主从有序，人物性格鲜明，笔墨豪放精练，赋彩明快热烈，完美地表现了各个故事矛盾冲突的高潮，郭沫若先生评论其艺术成就可与意大利文艺复兴时期达·芬奇《最后的晚餐》相媲美[21]。又如山西太原北齐娄叡墓壁画鞍马人物（图2）与笼冠门吏（图3），河北磁县湾漳北朝晚期墓壁画举幡仪仗（图4），陕西乾县唐永泰公主墓壁画宫娥仕女（图5），章怀太子墓壁画迎接客使（图6），内蒙古自

图1
巨龙升天图（局部）
西汉中期
永城柿园西汉某代梁王墓主室顶部

图2（左）
鞍马人物（局部）
北齐武平元年（570）
太原王郭村娄叡墓墓道西壁

图3（右）
笼冠门吏
北齐武平元年（570）
太原王郭村娄叡墓甬道西壁

图4
举幡仪仗（上）
北朝晚期
磁县湾漳北朝墓墓道西壁

治区库伦旗辽墓壁画契丹贵族卜卦（图7），赤峰元宝山元墓壁画墓主夫妇肖像（图8）等，都是造型准确生动、功力深厚娴熟的壁画佳作，代表各时代绘画艺术的卓越成就，至今仍有极高的审美价值。

第三，古墓壁画是东北亚文化圈的一大特色。从世界范围来看，用壁画装饰坟墓为逝者祈求冥福的古老习俗，虽然不仅仅是远东特有的文化现象，但是在西方却非常罕见。迄今笔者仅知地中海沿岸的古埃及与古意大利，发现过零星的古代墓室（或墓窟）壁画，例如坐落在上埃及底比利斯西郊的古埃及第十八王朝国王图坦哈蒙墓（构筑于公元前14世纪中叶），有描绘阴府神祇与埋葬仪式的椁室壁画[22]。前罗马时期居住在意大利半岛中部的伊特鲁里亚人，曾创造具有装饰性的墓室壁画[23]；此外，意大利罗马城内外，尚有埋葬早期基督教徒的地下墓窟（建造于2－4世纪），其窟壁上绘着耶稣形象及圣经故事等画面[24]。在东方，地处亚洲东北部的中国、朝鲜和日本，则是古代墓室壁画最发达的地区。其中，延续时间最长、发现数量最多的是中国，迄今发现壁画古墓达200多座，此外，朝鲜已发现高句丽、百济及新罗时代的壁画墓将近40座，日本九州岛、奈良等地也发现古坟、飞鸟时代

图5（下左）
宫娥仕女图
唐神龙二年（706）
乾县永泰公主墓前室东壁

图6（下右）
迎接客使（礼宾）
唐景云二年（711）
乾县唐章怀太子墓墓道东壁

图7（左）
契丹贵族占卜
辽代
库伦旗6号墓墓道东壁

图8（右）
墓主夫妇对坐
元代
赤峰元宝山沙子梁墓墓室

的壁画墓多座，其中以构筑于7世纪末至8世纪初的奈良县高市郡明日香村高松冢古坟壁画最负盛名。通过古墓壁画的研究，可以从一个侧面，了解东北亚地区古代文化交流的概况。

三、中国现行的古墓壁画保护方法

为了使古墓壁画这项珍贵的艺术遗产得到妥善的保护，尽可能延长其“寿命”，中国的文物管理机构和文物保护研究机构，历年来投入大量的人力与物力，积极从事古墓壁画的保护，现已取得显著成绩。1990年11月，在联合国教科文组织的倡导与支持下，我国在山东省泰安市举办了壁画保护研讨班，意大利、新加坡的壁画修复专家和中国学者汇聚一堂，交流切磋了保护古代壁画的经验。中国现行的古墓壁画保护方法，大致包括就地加固保护法、整体搬迁保护法、拆卸复原保护法、揭取地仗保护法等四种方法，现作如下扼要介绍：

就地加固保护法　在地势比较高的地方，发现有重大学术与艺术价值的壁画古墓，墓室构筑坚固、壁画保存较多者，通常采用这种保护方法。例如广州象岗山西汉南越王墓、河北望都一号汉墓与安平逯家庄东汉壁画墓、河南密县打虎亭东汉壁画墓、内蒙古和林格尔壁画墓、辽宁辽阳市郊汉晋壁画墓、山东临朐海浮山与济南马家庄北齐壁画墓、内蒙古巴林右旗与河北宣化辽代壁画墓、河南焦作老万庄金代壁画墓等均采用就地加固保护法，其最大优点是能保持壁画布局原貌，耗资亦较节省。

就地加固保护的先决条件，是壁画的支撑结构——墓室建筑必须坚固可靠。一般地说，凿山为室的山崖石室墓及石条、石板构筑的墓室最为坚固，其次是用大型空心砖或小砖砌筑的拱券墓。加固工作包括两个方面，即墓室加固与壁画加固，前者如拆换墓室的断裂构件，增设承重的支撑点，通过培厚封土、延长甬道或墓道、修筑两道以上墓门等措施，以保持墓室内温度与湿度的稳定。后者如对壁画残缺部分采用白灰膏填补，防止现存壁画因地仗层边缘翘起而继续剥落；清除画面的污物，喷洒防霉杀菌剂；对于出现轻度松脆起甲的地仗层与颜料层，最安全简便的加固措施是喷洒一遍胶矾水（通常用一两胶、二两矾、二斤半水的传统配方），此外也有用渗注一定浓度的树脂溶液加固的。

吉林集安高句丽墓壁画运用此法保护，经历半个世纪的考验，效果良好。1987年夏季，笔者曾到集安做过实地考察，大多数高句丽壁画墓内的壁画与1940年出版的《通沟》图版无异。另据集安博物馆林至德、耿铁华等介绍，当年曾和池内宏、梅原末治一同从事通沟发掘的日本考古学家三上次男，1985年以76岁高龄来到集安，再度参观了角抵冢与舞踊冢的壁画，对我国现行的古墓壁画保护方法及效果，给予很好的评价。[25]

甘肃嘉峪关、酒泉的魏晋壁画墓，其砖砌墓室埋藏在比较干燥的戈壁滩地下，砖面上刷一遍极薄的白灰即行作画，多数没有地仗层，采用就地保护法，效果也很好。目前发现新病害的是河南密县打虎亭东汉壁画墓，由于多年开放供游客参观，污染的空气致使画面滋生霉斑；加上环境绿化措施不当，在墓顶封土植树，向下发育的根须沿砖缝伸入墓室，撑破地仗层，或使壁画地仗层产生大面积空鼓。目前，河南省文物主管部门正在设法改进保护措施，努力治理该墓壁画之病害。

整体搬迁保护法　有重大学术与艺术价值的砖砌壁画墓，因当地地下水位高，或与重点基建工程用地发生矛盾，无法就地保护时，可以采用整体搬迁保护法。此法是将整座砖砌墓按结构特点切割成几大块，使壁画地仗层与墓壁连在一起，用起重机吊运搬迁。例如处在河南禹县白沙水库设计淹没区内的宋代壁画墓，处在山东济南齐鲁宾馆广场中央的元代壁画墓，先后于1953年和1992年采用此法移往他处保护。其共同特点是：有仿木构的雕砖与彩绘壁画交相辉映，墓室构筑严谨坚固。据报道，位于济南齐鲁宾馆前的元代壁画墓，由前后两室组成，平面呈“吕”字形，前室重26.5吨，后室重25.5吨，经文物保护专家的精心设计与严格施工，在公安、城建及施工单位的鼎力支持与协助下，一次吊运与就位拼装成功，现已迁到济南市博物馆新馆保存。[26]

拆卸搬迁保护法　此法适用于空心砖砌筑的壁画墓、石板构筑的壁画墓及一砖一画的小砖壁画墓。方法是先绘图、编号，拆卸后运往他处重新拼砌保存。例如洛阳老城西郊61号西汉壁画墓，洛阳面粉厂西汉卜千秋壁画墓，皆用空心砖和小砖构筑而成，壁画皆绘在大型空心砖上，两墓均经拆卸，并于20世纪80年代中期迁到洛阳邙山古墓博物馆保存。由于墓室地理条件改变，温度与湿度变化太大，拆卸与重新拼砌的时间相隔太久，拆卸后的保护措施不够周密，致使两墓壁画严重褪色，值得从中汲取深刻的教训。甘肃嘉峪关新城第五号西晋壁画墓，于20世纪70年代迁至兰州甘肃省博物馆旁边妥善保存，既便于专业研究者参观，又避免了戈壁滩地下盐碱对壁画的危害，目前保存状况良好，笔者曾数度前往考察，认为它是拆卸搬迁保护法的成功例证。

揭取地仗保护法 凡属土质不够坚固的土洞墓壁画，生土墓道两壁的壁画，或地仗层比较完好的大型砖室墓壁画，当地环境条件恶劣（如地下水位太高），既不能就地加固保护，也无法搬迁保护者，适宜采用揭取地仗保护法。宁夏固原的北周隋唐壁画墓、山西太原的北齐娄叡墓、河北磁县后湾漳的北朝晚期壁画墓、山东嘉祥英山一号隋代壁画墓、陕西省的许多唐代壁画墓、辽宁法库叶茂台的辽代壁画墓、内蒙古赤峰元宝山的元代壁画墓，均采用这种保护方法。

将壁画的颜料层与地仗层连同揭取的大致工序是：测量、绘图、照相、临摹；清除画面污物，加固画面；分块画线并绘制标明尺寸的分块关系图；制作揭取板，其设计应与修复用的承托框架一并考虑；在画面上贴纸或布；烘干壁面；开缝并安装揭取板；锯取地仗层及画面，或用拆墙、震取、撬取等方法揭取之。

壁画揭取后的修复工序是：减薄地仗层（一般保留0.3－1厘米厚度为宜）并用合成树脂做加固处理；补做底层，以期提高壁画的机械力学性能；翻转画块，用清水或溶剂浸润后，揭去画面上所贴的纸或布；加固画面（通常待画面干燥后，喷洒一遍胶矾水）；最后，将画块黏结在底托框架上[27]。

揭取的壁画，目前都由各地博物馆或文物考古单位妥善保存。此法的优点是抢救并保存了若干难以就地保存或搬迁保存的古墓壁画和遗迹；缺点是将通壁的大幅壁画切割成众多块面，不能再现原作的宏伟气派，难以了解原先的构图全貌。为了弥补这个缺点，必须下大气力，高度重视做好壁画临摹工作。要郑重邀请熟悉中国传统绘画技法、艺术造诣较深的著名画家进行临摹，以保证壁画摹本的高质量。我国的著名画家董希文、潘絜兹、叶浅予、刘凌沧、陆鸿年、黄均等先生，都参加过墓室壁画的临摹工作；日本的著名画家平山郁夫先生，是奈良高松冢古坟壁画的临摹者。他们不辞辛苦，将此种临摹工作视作学习与研究传统绘画的宝贵机会，其精神值得年轻的中国画家效法。

原载台湾《雄狮美术》1993年第4期，总266期

注 释

[1] 张小舟：《北方地区魏晋十六国墓葬的分区与分期》，《考古学报》1987年第1期。

[2] 方腾、吴同著，汤池译：《今藏美国波士顿的洛阳汉墓壁画》，四川美术学院学报《当代美术家》总第3期，1986年。

[3] 贺昌群：《三种汉画之发现》，《文学季刊》创刊号，1934年1月；李文信《辽阳北园壁画古墓记略》，《国立沈阳博物院筹备委员会汇刊》1947年第1期。

[4] 日本东亚考古学会：《营城子》，刀江书院1934年版；池内宏、梅原末治：《通沟》，昭和十五年（1940年）版。

[5] 北京历史博物馆、河北省文物管理委员会编：《望都汉墓壁画》，中国古典艺术出版社1955年版；宿白：《白沙宋墓》，文物出版社1957年版。

[6] 郭沫若：《洛阳汉墓壁画试探》，《考古学报》1964年第2期；夏鼐：《洛阳西汉壁画墓中的星象图》，文物精华编辑委员会编：《文物精华》第3册，文物出版社1964年版；孙作云：《洛阳西汉壁画墓中的傩仪》，《郑州大学学报》1977年第4期。

[7] 洛阳博物馆：《洛阳西汉卜千秋壁画墓发掘简报》，《文物》1977年第6期。

[8] 广州象岗汉墓发掘队：《西汉南越王墓发掘初步报告》，《考古》1984年第3期；河南省文物研究所、永城县文物管理委员会：《河南永城芒山西汉梁国王陵的调查》，《华夏考古》1992年第3期。

[9] 甘肃省博物馆：《酒泉、嘉峪关晋墓的发掘》，张朋川：《酒泉丁家闸古墓壁画艺术》，《文物》1979年第6期。

[10] 汤池：《东魏茹茹公主墓壁画试探》，《文物》1984年第4期。

[11] 中国社会科学院考古研究所、河北省文物研究所邺城考古工作队：《河北磁县湾漳北朝墓》，《考古》1990年第7期。

[12] 山西省考古研究所、太原市文物管理委员会：《太原市北齐娄叡墓发掘简报》，《文物》1983年第10期。

[13] 山东省博物馆：《山东嘉祥英山一号隋墓清理简报》，《文物》1981年第4期；宁夏文物考古研究所等：《宁夏固原隋史射勿墓发掘简报》，《文物》

1992年第10期。

[14] 唐长乐公主壁画墓，1986年发掘，部分壁画图样参见宿白主编：《中国美术全集·绘画编12·墓室壁画》，文物出版社1989年版。

[15] 哲里木盟博物馆、内蒙古文物工作队：《库伦旗第五、六号辽墓》，《内蒙古文物考古》第2期；内蒙古文物考古研究所、哲里木盟博物馆：《内蒙古库伦旗第七、八号辽墓》，《文物》1987年第7期。

[16] 内蒙古文物考古研究所：《辽陈国公主驸马合葬墓发掘简报》，《文物》1987年第11期。

[17] 河南省博物馆、焦作市博物馆《河南焦作金墓发掘简报》，《文物》1979年第8期。

[18] 项春松：《内蒙古赤峰市元宝山元代壁画墓》，《文物》1983年第4期。

[19] 贺梓城：《唐墓壁画》，《文物》1959年第8期；宿白：《西安地区唐墓壁画的布局和内容》，《考古学报》1982年第2期；王仁波、何修龄、单暐：《陕西唐墓壁画之研究》，《文博》1984年第1、2期合刊；李殿福：《集安高句丽墓研究》，《考古学报》1980年第2期；甘肃省文物队、甘肃省博物馆、嘉峪关市文物管理所：《嘉峪关壁画墓发掘报告》，文物出版社1985年版。

[20] 罗西章：《陕西扶风杨家堡西周墓清理简报》，《考古与文物》1980年第2期。

[21] 郭沫若：《洛阳汉墓壁画试探》，《考古学报》1964年第2期。

[22] 刘文鹏：《图坦哈蒙墓》，《中国大百科全书·考古学》，中国大百科全书出版社1986年版，第535—536页。

[23] 朱龙华：《伊特鲁里亚文化》，《中国大百科全书·考古学》，中国大百科全书出版社1986年版，第606页。

[24] 朱龙华：《罗马地下墓窟》，《中国大百科全书·考古学》，中国大百科全书出版社1986年版，第292页。

[25] 耿铁华：《集安高句丽古墓壁画及其保护》，中国泰安壁画保护研讨班教学处油印教材，1990年印。

[26] 何洪源：《济南市一座元代壁画墓整体迁移成功》，《中国文物报》1992年7月19日2版。

[27] 徐毓明：《中国古代壁画保护和修复概论》、陈进良：《壁画揭取技术初探》，中国泰安壁画保护研讨班教学处油印教材，1990年印。

汉魏南北朝的墓室壁画

墓室壁画发端于人类对自身最后归宿场所的装饰。从观念形态的角度来考察，是有神论和祖先崇拜的产物。早在新石器时代仰韶文化阶段，人们就通过个别墓坑的特殊装饰，以表达对已故部落首领或氏族酋长的崇敬。例如1987年在河南濮阳西水坡遗址，发现一座距今6000多年前埋葬壮年男性的大墓（第45号墓），墓坑两旁，用蚌壳摆塑着一幅龙腾虎跃的生动画面（图1）[1]，为后世以龙虎为题材的绘画找到了先例。

先秦时期的墓室壁画，以模仿贵族宅邸的豪华装饰为主要特色。例如1979年在陕西扶风杨家堡发掘的4号西周墓，在二层台上的生土墓壁四周，用白色绘着二方连续菱格纹图案的带状壁画[2]，据分析，此乃“宫墙文画”或壁衣帷帐的写照。1957年在河南洛阳小屯发掘的一座战国大墓，墓圹四壁及墓道两侧壁的白灰面上，残存着用红黄黑白四色绘制的壁画，可惜残破太甚，难以辨识画面内容，值得重视的是此墓已在墓道施绘壁画[3]。比较重要的一项先秦墓室壁画遗迹，是1978年在湖北江陵天星观一座战国中期大型

图1
用蚌壳摆塑的龙虎图像
濮阳西水坡仰韶文化第45号墓
墓坑东西两侧

木椁墓中发现的，在分隔椁室的板墙面上，描绘着菱形纹、田字纹和卷云纹彩色壁画多幅（图2）[4]，用以象征贵族宅第的豪华门户。

图2
木椁上的几何纹壁画（摹图）
江陵天星观战国墓

秦始皇建立中央集权制封建国家之后，役使大量人力物力，在骊山北麓建造规模空前的陵墓，司马迁对其厚葬陋习曾作过深刻揭露。《史记·秦始皇本纪》有“上具天文”之语，结合咸阳秦代宫殿遗址发现大量壁画的情况推测，秦始皇陵羡室顶部绘有天象壁画，是符合逻辑的。

汉墓壁画的发现，始于20世纪20年代初。那时，号称“九朝古都”的河南洛阳，盗墓之风甚为猖獗。传为洛阳“八里台”的一组空心砖壁画，就是在这样的社会背景下出土的[5]。其精美的人物图像，名震遐迩，此乃西汉墓室壁画的首次发现。1931年，辽宁金县营城子壁画墓的发现，揭开了人们了解东汉墓室壁画的序幕。20世纪40年代，在辽宁辽阳市郊，又有东汉晚期壁画墓的相继发现。然而，汉墓壁画更多、更重要的发现是近三四十年的事。迄今，见诸正式报道的达30余处；分布地区由过去已知的河南、辽宁两省，扩大到广东、河北、山东、江苏、山西、内蒙古、陕西、甘肃等省区。广州南越王墓发现朱墨彩绘卷云纹壁画（图3）[6]，填补了西汉中期壁画遗迹的空白。

一、西汉及新莽时期墓室壁画

北方发现西汉壁画墓共五座，时代均属西汉晚期。其分布状况是：河南洛阳地区三座[7]，陕西西安交通大学一座[8]，甘肃武威五坝山一座[9]。洛阳三座西汉壁画墓，皆用大型空心砖与小砖混合构筑而成，除“八里台”汉墓结构形制不清外，卜千秋墓与烧沟61号墓皆坐西朝东，平面布局呈“六”字形，壁画绘于空心砖构筑的长方形主室脊顶、门额、后壁或隔墙上。彩绘之前，空心砖面先

图3
前室石壁上的卷云纹壁画
广州象岗山西汉南越王墓

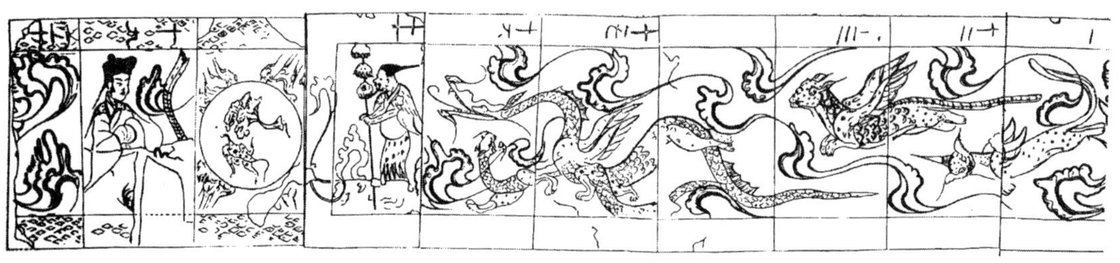

图4
主室脊顶壁画升仙图（摹图）
洛阳西汉卜千秋墓

刷一层白粉。壁画题材包括日月星象、驭龙升天、驱鬼逐疫及历史故事等。

洛阳卜千秋墓主室东端门额，绘象征吉祥的人首神鸟；后壁上方，绘旨在驱鬼辟邪的猪头方相及青龙白虎；脊顶壁画包含天象和升仙两方面内容，东西两端分别描绘月象和女娲、日象和伏羲，中央绘男墓主持弓乘龙、女墓主捧鸟乘三头凤，在持节方士和仙女的导引下，由双龙、枭羊、朱雀、白虎、蟾蜍、九尾孤等仙禽神兽卫护，浩浩荡荡的升天景象（图4）[10]。各种物象富有生气，勾线流利挺秀；缭绕多变的流云纹将众多物象联结在统一的画面之中，布局繁而不乱，表现了纯熟的绘画技巧。

洛阳烧沟第61号西汉壁画墓，以描绘历史故事而著称。此墓门额内侧，影塑象征吉祥的羊头，并绘有神虎噬女魃。主室中部加一堵山形隔墙，分成前后两室。前室脊顶绘天象，有日象、月象及代表“五宫”的星辰[11]；隔墙正面呈梯形的花砖部位，绘四神及傩仪；楣额绘长卷式的“二桃杀三士”故事。隔墙背后，雕绘驭龙升天场面；后室后壁上方，绘长卷式的宴饮画面，郭沫若释为“鸿门宴”故事[12]，孙作云则考释作“傩仪”准备图[13]。此墓两幅历史故事壁画，宣扬智勇忠义等封建道德，旨在加强人身依附关系。

传出洛阳“八里台”、今藏美国波士顿博物馆的五块壁画空心砖，其结构功能酷肖烧沟61号壁画墓的主室隔墙；上部中央矩形空心砖正面，亦影塑羊头；两旁的三角形砖上，共绘六名武士及一熊一虎，武士或执棨戟，或执斧戚，旧释“上林斗兽”，近年有人主张释为“傩仪”[14]。下部楣额部分，正背两面皆绘众多的男女人物，正面右侧的五位人像比较清晰，彼此顾盼多姿，笔致洒脱洗练，敷彩浓淡相间，艺术水平与烧沟61号壁画墓相伯仲。

近年在西安交通大学和武威五坝山相继发现的西汉晚期墓室壁画，题材内容与洛阳发现诸墓大致相仿，但表现形式有别。西安交通大学的西汉壁画墓，墓室顶部亦绘日月星象（图5），二十八宿分别以不同形态的人物与动物作标志，其间缀以云、鹤，下沿绘青龙、白虎、朱雀、玄武等四神。这是继湖北随县战国曾侯乙墓出土漆绘“二十八宿与青龙白虎”之后的又一重要发现，对研究绘画史及天文史均有重大价值。武威的西汉壁画墓，墓室内残存着羽人、树木、老虎及狩猎活动等零星壁画。值得注意的是：首先，在狩猎图中用几条蜿蜒曲折的粗线代表山川，保留着用鸟瞰法勾画地形的古老画法。其次，羽人的形貌服饰，和洛阳卜千秋墓“升天图”中的持节方士相似，两者皆呈古怪的老人相貌，唇边飘着长须，羽衣下摆多开衩，皆作举臂屈腿姿态。其职能想必也是导引墓主灵魂升天，而非通常娱乐性质之舞蹈。羽人导引墓主升天这一墓室壁画题材，在西汉晚期已经传到河西地区，足见张骞通西域之后，中原与河西的文化联系极为紧密。

新莽时期的壁画墓迄今发现四座，即河南洛阳金谷园新莽壁画墓[15]、山西平陆枣园村壁画墓[16]、陕西千阳壁画墓[17]、陕西咸阳龚家湾一号墓[18]。其中，金谷园新莽壁画墓沿袭当地西汉晚期用空心砖与小砖混合构筑的方法，平面略呈曲尺形，由甬道、耳室、宽阔的前室及副耳室、后室等部分组成，后室朝南而甬道朝西。平陆枣园村壁画墓是一座由长方形主室加单耳室的砖券墓，墓门朝东。千阳壁画墓为长方形单室土洞墓，但墓室用砖铺地并有砖券墓门，方向朝南。咸阳龚家湾一号墓是砖石合构墓，由

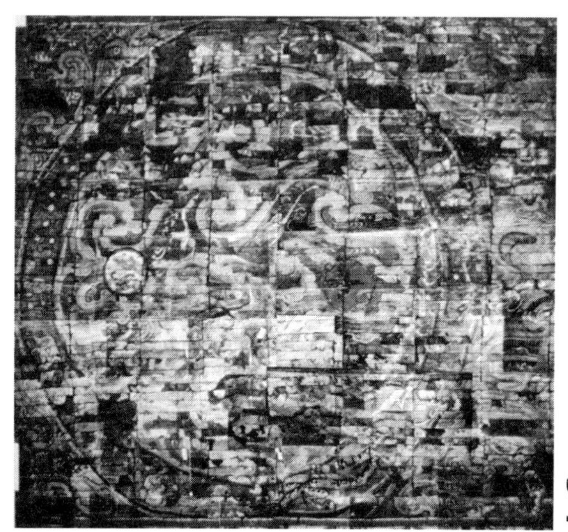

图5
西安交通大学
西汉壁画墓
主室顶部壁画日月星象
（右为摹图，采自《自然科学史研究》1991年第3期）

图6
咸阳龚家湾一号墓
石门楣上的墨线画（摹图）

墓道、前室、甬道、后室等部分组成，方向亦朝南。四座墓皆出土“大泉五十”或“货泉”等王莽铜钱，不见东汉“五铢”。最流行的壁画题材是日月星象及四神，此乃“天人感应”论和谶纬迷信说极度泛滥的产物。

洛阳金谷园新莽壁画墓保存画面较多。甬道南壁隐约可见一个墨绘的举剑门奴形象，旁有“门奴命口”榜题文字；甬道后端的陶门扉上，绘铺首衔环图案：前室四壁绘柱枋斗拱，穹隆顶绘角梁藻井，藻井内绘日月星象。太阳居南，月牙居北，外沿绘流云、飞鸟及立鹤。后室全部用空心砖构筑，壁画绘于平棋和壁眼部位，脊顶平棋绘日象、太乙（二龙穿壁）、后土（土伯驭蛇）、月象等四幅图像；东、西、北三壁之壁眼，画十二幅怪诞奇特的神灵，或人面鸟身，或人面虎身，或仙人驭龙，或仙人驭虎，还有青龙、白虎、朱雀、玄武等四神穿插其间，寓有辟除邪恶、卫护墓主灵魂升天之意。

平陆和千阳的新莽壁画墓，主室顶部皆绘日月星象及四神，但四壁或门额出现新的壁画题材。例如平陆枣园村壁画墓的主室四壁，残存着山林房屋、车马人物、庄园坞壁、牛耕耧播等描绘庄园经济的画面。咸阳龚家湾1号墓后室石门楣上，保存着一幅墨线画（图6），中央绘象征吉祥的羊头，右侧绘一人头戴三山冠，凭几而坐，身后画一株仙树，面前画玉兔捣药，下方画起伏的山峦，笔者认为此乃东王公的形象；左侧画面与右侧对称，形象比较模糊，推测为西王母形象。

二、东汉时期墓室壁画

东汉时期，由于庄园经济的发展，与厚葬风气的盛行，建造豪华墓室，用壁画为逝者祈求冥福并夸示其生前的社会地位及拥有的财富，成为统治阶级竞相效尤的习尚。某些有才艺的封建官吏，也从事墓室壁画的创作设计。例如京兆长陵人赵岐，汉献帝时“拜岐为太常。年九十余，建安六年卒。先自为寿藏，图季札、子产、晏婴、叔向四像居宾位，又自画其像居主位，皆为赞颂”[19]。已发现的东汉墓室壁画甚夥，可大致划分前后两期。

东汉前期的壁画墓，在河南洛阳邙山石油化工厂[20]、洛阳金谷园[21]、山东梁山后银山[22]、辽宁金县营城子[23]等地共发现四座。除梁山汉墓为砖石合构墓之外，其余皆为砖砌墓。墓形结构不一，通常有前、后室及耳室。壁画题材仍以日月天象、四神、祝祷升天为主，沿袭西汉晚期以来的传统，值得注意的是出现了门卒属吏、车骑出行、男墓主家居宴饮等新内容，生活气息增强。

1981年在洛阳邙山脚下石油化工厂发现的东汉壁画墓，以绘画水平卓越而著称。该墓前室墓顶绘人面蛇身的羲和捧日和常羲捧月，旁绘流云纹，并有仙人驭龙虎的画面；四壁画面残泐较甚，有一门吏戴平巾帻，穿右衽宽袖长袍，形象高大，比例准确，线条挺劲，绘画功力甚佳。金谷园东汉壁画墓清理于1983年，前室顶部绘日象、月象、彩云、朱雀及白虎等天象神兽，南门两侧分别绘门吏、侍女，南北两壁绘珠树，连接前后室的甬道券顶，绘云气纹。

1931年在辽宁金县营城子前牧城驿发掘的东汉壁画墓，是一座砖砌多室墓，主室为双重穹隆顶，平面呈回字形，外套回廊。主室南门上方，画驱鬼噬蛇的强梁与神虎；室内南门上方绘辟邪的魑头，门洞两侧绘门吏，后壁绘巨幅祝祷墓主升天的画面，包括羽人、方士、仙鹤、苍龙、祥云、墓主与侍童、家属设祭等众多形象。其中，两名门吏形象，笔法豪放，神情矍铄，最足称道。

山东梁山后银山壁画墓，发现于1953年，前室呈覆斗形，其北并列三个砖券棺室。前室藻井绘日月流云，东、西、南三壁画面分上下两栏，多处附有榜题文字。西壁上栏绘翔凤、“伏羲”等形象，下栏绘车马出行画面，前有“游徼”导骑、“功曹”车马，中间绘墓主“淳于鸿卿车马”，后随“主簿”车马及执板躬送者。东壁北侧画栖有乌鸦之大树，南侧画“子元”“子礼”“子任”“子仁”等九人。南壁上栏绘“都亭”重楼一座，面阔三间的楼上，每间端坐一位白衣老人，楼下画一人启门，楼西一人躬身迎客，楼东一人榜题“曲成侯驿”；下栏绘执戟武士一人，榜题“怒太”。北壁的棺室石楣上，绘流云、帷幔及穿环等东汉前期流行的装饰纹样。此墓壁画形象拙稚，但是榜题较多，为探讨东汉前期的礼仪制度提供了珍贵资料。

东汉后期墓室壁画遗例颇多，在河北、河南、内蒙古、辽宁、江苏等省区共发现20多座，即河北望都一号墓[24]、二号墓[25]，安平逯家庄壁画墓[26]；河南偃师杏园村壁画墓[27]，密县打虎亭二号壁画墓[28]，后土郭一号、三号壁画墓[29]，新安铁塔山壁画墓[30]，洛阳西工壁画墓[31]；内蒙古和林格尔新店子壁画墓[32]，托克托县古城壁画墓[33]；江苏徐州黄山陇汉代壁画墓[34]；辽宁辽阳旧城东门里壁画墓[35]，北园一号墓[36]、二号墓[37]和三号墓[38]，棒台子屯一号墓[39]和二号墓[40]，南雪梅村一号墓[41]，鹅房一号墓[42]及三道壕三号墓[43]等。从结构形制来看，河北、河南和内蒙古发现的皆为砖室墓，除新安、洛阳的两座是单室墓之外，其余皆为大型多室墓，在中轴线上筑有三进至四进墓室，其旁还连有耳室。这些墓葬中，最大的是望都2号壁画墓，墓室全长达32.18米。辽阳为汉代辽东郡首府，是南通乐浪、西连中原的枢纽。辽阳发现的东汉末年壁画墓，皆用淡青色大块石板支筑，中部设棺室，四周绕回廊，回廊左右及后部设小室或耳室；也有棺室两端设前后廊者。江苏徐州发现的东汉壁画墓，是具有前中后三室的石室墓。这类大型多室墓，是当时封建庄园经济恶性发展的产物，也是墓主生前担任高官显宦、拥有“连栋数百”的反映。壁画题材主要是表现墓主人生前地位的属吏及出行车马仪卫，有的还画幕府官邸，燕居图往往以墓主夫妇并坐宴饮、观赏乐舞的形式出现，还有表现庄园坞壁、农牧生产和标榜封建道德的圣贤、孝子、烈女、义士等历史故事画。日月天象与神禽瑞兽已退居次要地位。

以描绘属吏仪卫为主要内容的典型遗例，有望都一号、二号壁画墓，密县后土郭一号、三号壁画墓以及辽阳北园、鹅房、棒台子屯发现的壁画墓等。望都一号墓是一座大型砖砌多室墓，壁画绘于前室四壁及通往中室的甬道两侧；布局皆分上下两栏，上栏绘属吏人物，下栏绘“祥瑞”动物，图像旁有隶书榜题（图7、图8、图9）；显然，壁画主题为属吏，其分布状况是：前室南壁墓门西侧绘捧盾佩剑的“门亭长”，东侧绘双手拥彗的“寺门卒”，皆躬身向着墓门，呈迎送宾客姿态。西壁共画6人，由北往南依次为“门下功曹”“门下游徼”“门下贼曹”“门下史”“攄鼓掾”“□□掾”，或持笏，或拱手，皆躬身朝北而立，貌甚恭顺。门下史身后有“……皆食太仓”题记。东壁共画11人，由北往南为“门下小史”“辟车伍佰八人”“贼曹”“仁恕掾”等。其中，8名伍伯作前后两列相间排列，或举杖，或拄杖，皆粗眉圆目，胡须猬张，活现出惯于仗势欺人的封建社会衙卒性格。门券北侧，画一火盆置于四足方座上，榜题“戒火”二字。北壁甬道口两侧，西为“主簿”，东为“主记史”，相向坐于矮榻之上，前置圆砚、墨丸、水盂等文具，主簿做握笔执牍记录状。通向中室的甬道，券顶上画云气鸟兽纹，两壁共画四名属吏，西壁为“小史”

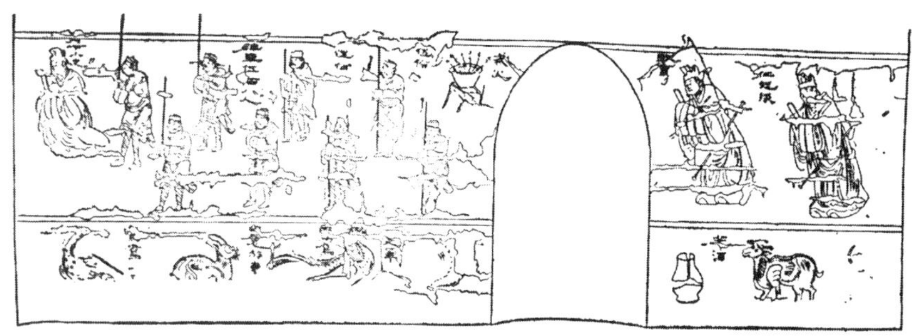

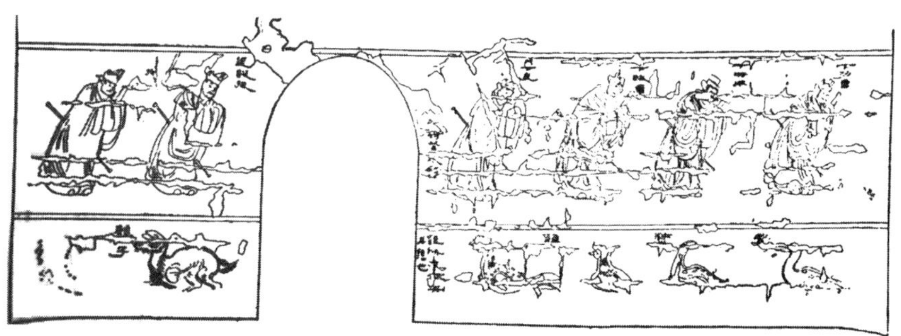

图7（上）望都一号汉墓前室东壁壁画（摹图）

图8（下）望都一号汉墓前室西壁壁画（摹图）

和“勉□谢史”，东壁为“侍阁”和“白事史”。望都1号墓共画属吏25人，布局严谨，立像高约80厘米，形象生动，性格鲜明，堪称东汉壁画最优秀的代表作。河南密县发现的几座东汉晚期壁画墓，壁画皆绘于横堂式的中室。其中，后土郭一号墓中室东壁，绘有10人组成的仪仗队；后土郭三号墓中室西、南壁，画6名形象高大的属吏，或戴梁冠，或着巾帻，形象亦颇生动。密县打虎亭二号壁画墓，中室北壁上部所绘宽726厘米、高95

图9 望都一号汉墓壁画属吏（二幅）

厘米的巨幅宴饮百戏画面，实质上也是一幅属吏图，只不过表现形式与上述诸例不同，此墓是通过墓主夫妇和众多属吏同赏乐舞百戏的场面，来炫耀墓主生前的地位。此外，辽阳北园三号墓前廊东壁，在男墓主宴居图下方，画执金吾仪卫2人；前廊西壁，画头戴进贤冠、手捧长简的属吏7名；前廊北壁西段，又画捧简属吏5名。辽阳鹅房1号墓之前廊左耳室正壁，绘8名捧简属吏。棒台子屯二号墓所绘属吏，有“主簿”“议曹掾”榜题。以上众多属吏画面，既衬托了墓主人的高贵身份，也反映了封建依附关系的紧密。

以连车列骑的车马出行为主，辅以宴饮庖厨、乐舞百戏、宅第望楼等画面的遗例颇多，著名的如安平逯家庄“熹平五年”壁画墓、偃师杏园村壁画墓、洛阳西工壁画墓、徐州黄山陇壁画墓、辽阳棒台子屯一号墓、和林格尔新店子壁画墓等。安平逯家庄壁画墓的中室四壁上方，分上下四栏，画辟车、主车、从车等马车80余乘，此外，还有墓主人端坐帐中和伎乐、门卒、坞壁望楼等画面。偃师杏园村壁画墓横列式前堂的南西北三壁上部，画前后连续的车骑出行，画面长12米、高0.6米，共画9乘安车、50余匹奔马及70多人；主车位于第四乘，前有导车3乘，车前伍伯6人，后随安车5乘及单骑10名；构图富有节奏，人物前后呼应，赋彩鲜丽典雅，艺术水平很高。洛阳西工（玻璃厂）壁画墓是一座砖券单室墓，甬道朝北，墓室南壁东段绘场面较小的车马出行，东壁及北壁东端绘一幅墓主夫妇家居宴饮。主人坐矮榻上，前置几案，后设围屏，有侍女多人举扇端盘在旁侍奉。内蒙古托克托县古城壁画墓，所绘车骑出行场面也不大，还有奴婢、庖厨等画面。这两座只有简陋的出行壁画的墓主人，可能是没有官职的一般富豪。辽阳棒台子屯一号墓的车骑出行，绘于棺室旁边东西两廊的石壁上，做上下两栏布局，共画10辆车、127匹马及173人，主车前有斧车、鼓车、金钲车及辟车伍伯为导，画面次第有序，笔致洒脱豪放，形象生动活泼，艺术水平亦颇足称道。此外，该墓还绘有乐舞百戏、家居宴饮、宅第庖厨、门卒、门犬等画面，家居宴饮只画男墓主，床榻、几案、围屏等器具酷肖洛阳西工壁画墓。

和林格尔新店子壁画墓是内蒙古自治区迄今发现规模最大的汉墓，墓主为官秩二千石以上的“使持节护乌桓校尉”，卒葬年代约在东汉桓帝时期。墓内布满壁画，并有丰富的榜题。墓门甬道两侧，绘“莫府门”武装门卫，或仗剑执戟，或佩剑执盾，并有髡头赭衣者俯身入门。前室顶部，残存着“仙人骑白象”“凤鸟”“朱雀”“麒麟”“雨师”等灵异图像。前室四壁画面分上下两栏，上栏是反映墓主生前仕途经历的车马行列。从

图10
内蒙古和林格尔汉墓壁画
西河长史出行图（摹图）

西壁上栏“举孝廉”开始，历经“郎”“西河长史”（图10）、“行上郡属国都尉”“繁阳令”到“使持节护乌桓校尉”，场面壮观。下栏画与墓主历经职务相关的城池、府舍、粮仓、属吏等。前室之南北耳室，画庄园牛马。从前室通中室的甬道北壁延伸到中室东壁下栏，绘耐人观赏的“宁城图”。中室东壁门券上方，绘“使君从繁阳迁度关时”的车骑行列。中室西壁绘墓主人夫妇宴居，下栏绘澧泉、神鼎、三足乌等祥瑞。中室西北两壁上栏，绘古代圣贤、孝子、烈女、义士等历史人物；中室北壁下栏绘乐舞百戏。中室南耳室绘庖厨。后室顶部绘四神，正壁（西壁）画墓主夫妇像，下方画侍婢。北壁绘重楼双阙的“武城”；南壁绘庄园坞壁，包含牛耕、畜牧、桑园及手工作坊等景象。总之，此墓壁画表现社会生活的众多方面，仿佛一部形象的东汉百科全书。

三、魏晋十六国时期墓室壁画

魏晋十六国时期，战乱频仍，洛阳、长安屡遭涂炭，中原人口纷纷向东北与西北地区迁徙。因此，这一时期的壁画墓在东北、西北地区发现较多，中原及江南地区发现极少。

1955年发现的河南灵宝坡头村砖砌大型多室墓[44]，是迄今所知中原地区发现唯一的晋代壁画墓。该墓分前中后三室，前室左右附设耳室；前室券门上方残存车马出行壁画多幅，画面高约45厘米，有“部郎”“世奇绥将军”“方玉珍笔陈留公”“南部常（尚）书”“北

图11
昭通东晋霍承嗣墓壁画
主人与侍从（摹本）

地”“龙凤建义将军司□妻庞”等榜题。

江南地区亦有零星的晋代壁画墓发现。浙江上虞县东关在抗日战争时期曾发现东晋“太宁壁画墓”，墓内残存着人物、凤鸟等彩绘形象[45]。1963年在云南昭通后海子，发现东晋太元十□年“建宁、越嶲、兴古三郡太守……使持节都督江南交、宁二州诸军事”霍承嗣墓，墓室壁画分上下两栏，上栏绘云、鸟及四神；北壁下栏画墓主人手执麈尾的坐堂场面，旁设旌节、兵阑、华盖等仪仗；其余壁面绘“夷汉部曲”、铠马、家丁、宅邸等形象[46]（图11），壁画技法拙稚，但对研究当时西南地区的礼仪习尚及民族关系，具有重要价值。

东北地区的魏晋壁画墓，早期（曹魏至西晋）仍集中在辽东郡首府（今辽阳市）近郊；晚期（东晋十六国）除辽阳外，在朝阳、北票等县有少量发现。辽阳的魏晋壁画墓仍用石板构筑墓室，但形制结构较之东汉晚期有了显著变化。先前那种带回廊的大型多室墓消失，代之以仅有前廊的中型多室墓，即在纵列的二三个长方形棺室前面设比较宽阔的前廊，前廊左右各连耳室；稍后，前廊扩充成近方形的前室，两旁再加耳室，墓主人大约是地方官吏或大姓[47]。辽阳魏晋壁画墓多数分布在三道壕附近，如魏令支令张君墓[48]，窑业二场一号墓和二号墓[49]，窑业四场壁画墓[50]等。流行家居宴饮、乐舞百戏、牛车出行、楼阁宅第、门卒及庖厨等壁画题材。家居宴饮皆画墓主夫妇对坐场面，妇女发饰日趋复杂；出行画面，墓主多乘牛车。例如魏令支令张君墓，右耳室正壁及后壁所绘家居宴饮，有堂屋三间，男墓主戴三梁冠坐右间之床榻上，前置几案，后设围屏，榜题“魏令支令张□□”；中间屋内坐“□夫人”，左间屋内坐“公孙夫人”，两位夫人额前有花饰，头上插发簪；男女主人身旁皆有侍仆丫鬟。

辽阳上王家村壁画墓[51]，右耳室正壁亦绘墓主人家居宴饮画面，男墓主头戴梁冠、手执麈尾坐方榻上，背后设曲屏，屏外立“书佐”；左耳室正壁绘车骑出行，在导骑8人之后，画着牛车。墓主执麈尾的形象与昭通霍承嗣墓相同；壁画题材风格，与朝鲜安岳东晋永和十三年（357）冬寿墓[52]亦颇相似，因此，壁画时代亦当接近。

1982年在辽宁朝阳袁台子发现的东晋石室壁画墓[53]，以壁画题材丰富、保存状况良好而著称。壁画内容主要是：日月星云、四神、门吏、墓主夫妇宴饮、宅第、庖厨、祭奠奉食、狩猎、牛耕、车骑（牛车）出行等。妇女挽高髻，贯朱笄，发饰十分华丽。残存狩猎画面中，一骑士头戴黑帻，弯弓欲射奔窜的群鹿与黄羊，下沿绘山峦树木，这种“人大于山”[54]的狩猎画面，已开高句丽壁画及敦煌石窟北朝壁画狩猎图画法之先河。

1965年辽宁北票西官营子发现的北燕冯素弗夫妇墓，系同坟异葬的长方形石椁墓。墓主冯素弗是北燕主要统治者之一，墓内出土“范阳公章”“车骑大将军章”“大司马章”及“辽西公章”等印章4枚，与《晋书·冯跋载记》所述冯素弗官爵相符，素弗卒于北燕太平七年（415）。两墓墓室内的白灰面上，皆残存彩绘壁画，椁顶绘日月星象，四壁绘人物、出行、家居、建筑物、黑犬等。一号墓画头戴三梁冠、白面微须、容貌清秀的头像，可能是冯素弗像。二号墓北壁家居图中，画18名侍女，皆挽高髻，上身着襦，下系彩裙；轩车出行画面中，也画10多名侍女，有的手捧器物，有的手执麈尾、团扇、华盖等长柄仪仗，场面显赫非凡。其绘画风格具有由汉魏向南北朝过渡的特点[55]。此外，朝阳县大平房亦曾发现东晋壁画墓，残存有仕女画面[56]。

河西地区魏晋十六国时期的壁画墓，在甘肃酒泉、嘉峪关、敦煌及新疆吐鲁番盆地的阿斯塔那、哈喇和卓等地均有发现。

属于曹魏至西晋时期的河西壁画墓，比较集中地分布于嘉峪关市东北新城地区的戈壁滩上。从1972年至1979年，先后发现9座，即新城一号墓、三号墓、四号墓、五号墓、六号墓及七号墓[57]，新城十二号墓及十三号墓[58]，观蒲九号墓[59]。此外，还有1956年发现的酒泉下河清一座壁画墓[60]。这些墓皆用砖砌筑，规模较大，在中轴线上有前中后三室或前后二室，在前室左右或中室一侧附设耳室，也有不设耳室的。墓门上砌高大的门楼式照墙，嵌彩绘或浮雕的神怪造型砖，墓室壁面有彩绘壁画，通常都是一块砖一个画面的小砖画，个别墓有小幅壁画。例如：嘉峪关新城一号墓由前后室和前室的左右耳室组成，坐南朝北，墓内出土一件曹魏甘露二年（257）朱书纪年陶壶；前室诸壁嵌四五层小砖画，皆属一砖一画的

图12
进食
嘉峪关新城曹魏一号墓壁画

图13
耕播
嘉峪关新城曹魏一号墓壁画

形式，但同壁相近几幅往往能组成同一主题。前室右半部，主要表现厨炊与宴饮场面。细分之，表现厨炊的有炊具、肉架、屠羊、宰猪、涤器、井边抬水、灶前炊煮等画面，除屠宰由男人操作外，其他皆由妇女承担；表现宴饮的有男女墓主在婢仆侍奉下的进食场面，其中一幅画一男仆递炙肉与男墓主（图12），主人手持便面坐榻上，榜题“段清”二字（按：段氏为魏晋时期河西土著姓）；前室左半部，描绘牛车出行、奏乐、放牧、出猎、耕播（图13）、扬场、坞壁等画面。后室后壁画婢女、丝束、衣物等，表现内宅情景。新城三号墓是一座具有前中后三室的多室墓，所嵌小砖画略同一号墓，稍异者，此墓前室后壁绘出行、营垒等题材的小幅壁画，墓主可能是拥兵自保的豪强大族。河西魏晋墓室壁画，以笔法简练豪放（图14）、生活气息浓郁而著称。

属于东晋十六国时期的河西壁画墓，有1944年发现的敦煌佛爷庙翟宗盈墓[61]、1977年发现的酒泉丁家闸五号墓[62]等。翟宗盈墓是砖砌单室墓，左侧设耳室，右侧设小龛，规模较河西的曹魏西晋墓缩小，但是仍保留墓门上砌筑高大照墙、墓室内嵌小砖画的做法。砖画内容有持帚门吏、射猎、青龙等。丁家闸五号墓可能属于十六国西凉或北凉时期，墓内出现通壁之大幅壁画，在河西地区壁画发展史上，具有承前启后的重要意义。该墓是一座具有弧方形前室和长方形后室的砖砌双室墓；砖壁上薄施一层草泥，再刷一层黄土，然后彩绘壁画。前室顶部绘复瓣莲花藻井，以下的壁面用土红色栏线分作五层，第一层无彩绘。第二层的四壁中央皆画倒悬龙首，东（前）壁绘内立三足乌的红日及东王公；西（后）壁绘内有蟾蜍的满月及西王母，旁立侍女手执曲柄华盖，座前绘九尾狐和三足乌；北（左）壁绘飞驰的神马；南（右）壁绘奔腾的白鹿。以上画面，上方皆绘卷云纹，下

图14
双虎
嘉峪关西晋五号墓门扉壁画

方皆画重峦叠嶂，并有羽人、青鸟、神兽出没其间。第三、四层，以后壁第三层所绘宴乐场面为中心，描绘了墓主人家居宴乐、牛车出行、厨炊、坞壁、农牧生产等景象。最下部的第五层，画四只龟。后室壁画分三层，上层画卷云纹，中、下层画奁、盒、弓箭、便面、拂子、丝束、绢帛等财物。值得注意的是，墓主人头戴进贤冠、手执麈尾、凭几而坐的形象，出行所乘的牛车（通幰车），女乐伎的多环形发髻，与昭通、辽阳、北票等地东晋十六国的墓室壁画相仿，山峦树木的画法和朝阳袁台子东晋墓壁画亦颇相似，时代特征十分鲜明。这一情况表明，即使在豪强割据、关河阻隔的情况下，文化面貌的一致性仍然占有主导地位。

新疆吐鲁番地区的东晋十六国壁画墓，早在1915年英国的斯坦因盗掘阿斯塔那古墓群时，就发现过四座。1975年在吐鲁番哈喇和卓，又发现五座北凉时期的壁画墓，即第94－98号墓[63]。这五座墓皆为有斜坡墓道的方形单室土洞墓，在砂砾石洞室的后壁，先抹泥皮，再刷白灰，然后绘制表现墓主人生前庄园生活的壁画。其题材内容及绘画风格，与河西魏晋墓壁画相近，为了解北凉时期高昌的社会生活与绘画艺术，提供了珍贵资料。以第97号墓为例，墓室后壁经抹刷的壁面上，绘一幅横列式壁画，用墨线分划成六个画面，自左而右，分别描绘厨炊、箭箙、墓主夫妇家居并坐、牧放驼马、果树牛车及田园等内容。在表现家居生活的前三个画面上方，绘日月形象；后三个画面，表现庄园中的农牧经济。墓主人家居画面中，上方悬挂帷幔，男墓主头戴小冠，女墓主挽双鬟髻，男前女后，拢袖坐在方榻上，神态清秀安详，墙壁上悬挂弓箭，几案上放着笔盂，画面简洁而耐人寻味。第98号墓壁画内容与此相仿，不同的是：有须的男墓主戴进贤冠，主妇身后加绘两名婢女，庄园图中有葡萄园，厨炊图中有人推磨，墓主身份可能略高于前者。

四、南北朝时期墓室壁画

南北朝时期的墓室壁画，主要发现于河南、河北、山东、山西、陕西、宁夏等省区。从墓葬的平面结构来看，自北魏开始，普遍流行弧方形单室墓，由斜坡墓道、甬道和墓室等部分组成，具有前后室者甚少见，目前仅知河北景县高长命墓一例。建筑墓室的材料，各地因地制宜，颇不相同，大致说来，地处黄土高原的宁夏、陕西两省区流行土洞墓，河南、河北、山西三省流行砖砌墓，山东省则流行石室墓或砖石合构墓。在墓室壁画发展史上具有重大意义的现象，是若干皇室贵族的坟墓出现了巨幅的墓道壁画。虽然早在战国时代就有墓道施绘壁画的遗例，但是，最大限度地利用墓道壁面绘制重大主题的画面是从北朝开始的，这不仅增加了墓室壁画的面积，扩大了壁画题材的容量，也有利于画家艺术才能的发挥。

属于北魏和东、西魏的壁画墓，有河南洛阳北魏江阳王元乂墓[64]，陕西咸阳胡家沟西魏侯义墓[65]，河北磁县东陈村东魏尧氏赵郡君墓[66]、景县东魏高长命墓[67]、磁县大冢营东魏茹茹公主墓[68]等5座。其中，洛阳北魏孝昌二年（526）元乂墓和磁县东魏武定八年（550）茹茹公主墓的壁画内容具有代表性，两者互为补充，可以窥见当时墓室壁画的全貌。元乂墓墓室穹隆顶上，残存着一幅比较完整的星象图，图中有星辰300余颗，星与星之间附有连线，绝大多数星象可以证认[69]。图中有银河纵贯南北，西侧绘周绕环鼓的雷神，东侧绘雨师车；穹隆顶下沿，还隐约可辨四神图像，符合汉代以后用四神代表四方的惯例。

茹茹公主亦称邻和公主，是茹茹主阿那瓌的孙女，东魏丞相高欢为了与茹茹族联姻，特地聘她作第九子高湛的幼妻，卒年十三。由于身份显赫，“送终之礼，宜优常数”[70]。此墓结构宏伟，保存彩色壁画将近150平方米，为东魏画迹最重大的发现。墓道路面画象征地毯的花草纹图案，两壁前端绘青龙、白虎，中后段画仪卫行列，每壁14人，做夹道相对肃立或端坐姿态；立像身高190厘米，头戴小冠，足穿麻鞋，手执骨朵或幡戟；坐像高约95厘米，皆拥盾坐在廊屋状兵阑之后。墓道后段上栏画方相、羽人、凤凰。门墙画朱雀及方相氏。甬道两壁，画班剑门官、奏事属吏及执鞭驭手。墓室穹隆顶所绘天象因塌毁严重，仅残存下沿的四神及山峦树木；四壁画茹茹公主家居生活情景，通过属吏问安、伎侍盈房的画面，着意表现茹茹公主荣贵之甚。壁画布局严谨，场面壮阔，画仪卫具有威严肃穆的气势，写鬼神则有满壁风动的效果，堪称东魏墓室壁画杰作。

北齐的墓室壁画，主要发现于河北磁县和山西太原附近。前者地处邺都西北郊，是北齐皇室贵族陵墓区；后者为北齐陪都晋阳所在，是鲜卑贵戚的根据地。近年在山东济南、临朐等地又发现几座北齐中下级官吏的壁画墓，使我们对北齐墓室壁画的等级规格有了初步的了解。

北齐皇帝近支与外戚显贵的墓室壁画，以1975年在磁县东槐树发现的冯翊王高润墓[71]、1979年在太原王郭村发掘的东安王娄叡墓[72]为代表。

高润是北齐文襄、文宣、孝昭、武成四帝之弟，后主高纬的叔父，武平六年（575）卒，次年（576）入葬。其弧方形墓室用三层砖砌筑，壁厚逾1米，墓室内径6.45米，甬道中设石门，石门内外各用三层砖的厚墙封堵，彩色壁画绘于墓室四壁及甬道、墓道壁的白灰皮上。墓道及甬道壁画因故未清理到底，内容不详。墓室顶部画天象流云，后壁绘墓主人端坐帐

图15
磁县北齐高润墓墓室北壁壁画
墓主人与侍从（摹本）

内，两旁各有六名手执华盖、羽葆或捧物进献的侍卫（图15）；左壁画牛车出行；右壁残存扈从二人，南壁画面全泐。

娄叡是高欢妻娄后的内侄，与北齐文襄、文宣、孝昭、武成四帝为姑表兄弟，是当时最显贵的外戚；生前受封为东安郡王、太尉、太傅、太师，食邑二千户，卒葬于武平元年（570）。在长21.03米的斜坡墓道两壁，分上中下三栏，绘仪卫出行与归来场面，描绘了成群的驼马，分组的骑卫，吹角的乐队，此乃当时鲜卑贵戚外出从行部众的写照，画面主从有序，节奏鲜明，艺术水平超越前代。天井及甬道部分，上栏绘神兽、云气、摩尼宝珠和散花，下栏绘拄班剑仪刀的门吏。墓室顶部绘天象及以生肖代表的十二时，下沿起券部位绘四神，后壁上方残存玄武的部分形象，左右两壁上方绘羽人前导及仙人乘龙虎升天的情景，并有雷公击连鼓的画面。墓室后壁绘墓主人坐帷帐内，左右壁绘为墓主出行而准备的鞍马牛车，前壁门洞两旁画树下侍卫。此墓壁画技艺卓绝，绝非一般画工所能致，很可能出自擅画鞍马人物的北齐宫廷画家杨子华的手笔。

北齐中下级官吏的壁画墓，迄今发现的有山东临朐海浮山东魏威烈将军、行台府长史崔芬墓[73]，山西寿阳贾家庄北齐定州刺史库狄迴洛墓[74]，河北磁县东陈村北齐怀州刺史、征西将军尧峻墓[75]，山东济南马家庄北齐祝阿县令道贵墓[76]，济南东八里洼北齐壁画墓[77]，河北磁县讲武城第56号北齐壁画墓[78]等。其共同特点是：墓道无壁画，施绘壁画处限于门墙、甬道和墓室。其中，壁画保存比较完整的，是临朐崔芬墓和济南道贵墓。崔芬是清河东武城人，出身于北魏望族崔氏，东魏末年任南讨大行台都军长史，卒于天保元年（550），次年（551）入葬于临朐海浮山。弧方形的墓室用整齐石条构筑而成，后壁及右壁下沿设龛，甬道南北两端皆置石门。石壁上先刷一薄层白灰，再彩绘壁画。第一道石门扉上，各画一位着甲按盾门吏，貌甚威武。墓室壁画分上中下三栏，上栏（覆斗形墓顶部分）绘星象；中栏绘日月四神。细分之，左壁绘仙人乘龙，龙首朝南，前有日象及导引羽人，后绘方相氏；右壁绘仙人驭虎，虎前绘月象，后方亦绘方相氏；北壁中栏画面延伸至龛额部位，中央绘龟蛇缠绕的玄武，有仗剑的神人坐龟背上，两侧画方相氏及山峦树木；代表南方的大朱雀，则画在南壁门洞西侧。西壁龛额部位，画墓主夫妇出行或升天场面，有婢仆多人随侍，是一幅颇具功力的仕女图。墓室下栏，即后壁两旁及左右壁，画10多牒人物树石屏风，其中8牒画面中的主人公坐在方形茵席上，或握笔著书，或持杯饮酒，或斜倚蒲团，多呈形骸放浪之状。

济南马家庄发现的北齐武平二年（571）祝阿县令道贵墓，在门墙部位的土壁白灰皮上，用墨线勾画一只做正面扑食状的老虎，寓有御凶辟邪之意。用不规整页岩砌筑的方形墓室，亦先抹一层白灰皮，然后用赭色或细棒起稿作画。墓室顶部绘日月星象流云，不同寻常的是：日象居西，月象居东。后壁画墓主人瞑目端坐像，属吏二人分立左右，人像背后画9牒流云纹屏风；左右两壁绘车马侍从；南壁门洞两侧，画拄剑门卫（图16）。壁画所绘属吏稀少、车马简朴的状况，和墓主的县令身份相符。此墓壁画以简洁生动见称。此外，值得注意的是济南南郊东八里洼北齐墓，亦残存人物树石屏风壁画。看来，喜好在墓室画屏风可以视为山东地区北齐墓室壁画的一大特色。

北周墓室壁画，以1983年发现的宁夏固原深沟村李贤墓[79]最为重要。墓主人李贤是关陇统治集团中的显要人物，生于北魏后期，西魏时期曾任骠骑大将军、河西郡公等要职；北周时，任河州（洮州）总管及瓜州、原州刺史。宇文泰曾把年幼的宇文邕（后为北周武帝）托付在李贤家寄养六载，所以李贤具有北周武帝的义父身份，他卒葬于天和四年（569）。该墓由长斜坡墓道、三个天井、三个过洞、甬道、土洞墓室等部分组成。在过洞和甬道口上方，画巍峨的门楼，墓道、过洞、天井的左右壁，各画10名头戴小冠、身着明光铠或宽袖风衣、足穿麻鞋、拄举仪刀的仪卫，其身高

图16
济南北齐道贵墓墓室壁画展开图

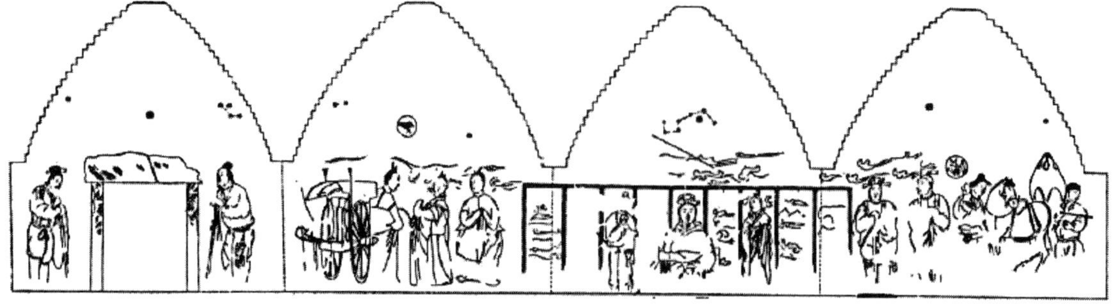

接近真人，神情颇威武。墓室顶部壁画已塌毁，四壁画女侍伎乐多人，女侍手执团扇或拂子，伎乐或执桴击腰鼓，或伸手拍羯鼓，神态安详自若。壁画勾线挺劲，人物脸面及衣纹皆施晕染，所有人像均作独幅形式安排，构图稍嫌呆板，然亦不失为北周墓室壁画之佳作。此外，20世纪50年代初，在陕西咸阳底张湾，曾发现北周建德元年（572）杜欢墓壁画，残存有男女侍从形象[80]，风格与李贤墓壁画相似。

南朝的墓室壁画寥若晨星，迄今只发现河南邓县学庄彩色画像砖墓一例[81]。该墓券门上方，画饕餮面及飞仙；券门两侧，各画一名拄剑门吏，形象准确，色彩庄重典雅。墓室所嵌画像砖皆模印后赋彩，内容甚丰富。其中一砖侧面，有墨书“部曲在路日久……家在吴郡”等语，故而推测它是南朝墓。

五、高句丽墓室壁画

高句丽是我国东北边境的古老民族。周秦之际，高句丽族就活动生息于浑江流域和鸭绿江中下游一带。汉元帝建昭二年（前37），在浑江中游的纥升骨城（今辽宁省桓仁县境内）建立高句丽国，第一代国王称东圣明王；汉平帝元始三年（3），第二代国王琉璃明王迁都到国内城（今吉林省集安县城）。从此，集安便成为高句丽前中期的政治、经济、文化中心，长达425年。第十九代国王广开土王在位时期（392－412），高句丽国力强盛，版图扩大，南达朝鲜半岛中部，北有辽东半岛的大部分。北魏始光四年（427），高句丽第二十代国王长寿王迁都平壤，集安成为高句丽的陪都。唐高宗总章元年（668），高句丽被唐朝所灭，集安地区遂衰落。

从20世纪30年代以来，集安附近先后发现高句丽壁画墓20座[82]，是我国魏晋南北朝时期墓室壁画遗迹的重要组成部分。按墓形结构及壁画内容之演变，大致分为早、中、晚三期。

早期的高句丽壁画墓，以集安万宝汀墓区1368号墓[83]、舞踊墓和角抵墓[84]为代表。此三座皆为封土石室墓，有叠涩内收成穹隆顶或四阿式顶的方形墓室，多数墓在甬道两侧设横券顶的左右耳室，个别墓将甬道开在一侧，不设耳室。筑墓石材粗糙，墓室壁面先抹白灰皮，然后绘壁画。壁画内容简洁，万宝汀墓区1368号墓仅在白墙上用墨绘制梁架立柱。舞踊、角抵二墓，顶部绘日月、星辰、奇兽、飞禽、飞仙、莲花等；四隅影作斗拱图样，四壁绘墓主人夫妻宴饮、歌舞、角抵、牛车行驶郊外及狩猎等；甬道左右耳室绘树木。早期墓室壁画主题是表现王公贵族的享乐生活，作品大都采用风俗画的形式，这些都明显地受到内地汉魏墓室壁画的影响，而人物的衣冠服饰则具有鲜明的民族特点。舞踊墓的狩猎图为高句丽早期壁画代表作，具有“人大于山”“群峰之势，若钿饰犀栉”的魏晋山水画特点。另一幅出猎图，骑士形象生动，笔墨酣畅，亦颇足称道。目前，对高句丽早期壁画墓的年代归属问题，存在不同看法，一种意见认为“其年代大体相当于西晋时期，即3世纪中叶迄4世纪中叶”[85]；另一种意见认为“以舞踊墓和角抵墓为代表，约当4世纪末至5世纪前叶”[86]，即相当于东晋十六国后期。笔者赞同后一意见。

中期的高句丽壁画墓，以通沟12号墓（马槽冢）[87]、麻线沟一号墓[88]、长川一号墓[89]、三室墓[90]等为代表，其相对年代属5世纪中叶至6世纪初。墓的平面结构与早期相仿，但增加双室与三室墓。在平行内收的叠涩墓顶上出现了小抹角；或在平行内收多层之后，再作抹角叠涩一至二层，然后以巨石盖顶；这种墓顶营造方式，是由穹隆顶或四阿式顶向纯粹的抹角叠涩顶演变的中间环节。壁画仍绘在白灰皮上。壁画题材仍以表现墓主人生活起居的宴饮、乐舞、出行、狩猎为主，但增加了戎装战斗、侍卫、礼佛等新题材；有的墓在顶部抹角石上出现四神、托梁力士等形象，有的在墓室四隅画兽面人身鸟爪的方相氏，祈求亡灵的安全日渐成为墓室壁画的重要内容。长川一号墓前室右壁，以巨大的幅面描绘舞乐百戏与山林逐猎活动，展现了高句丽社会生活的众多方面；前室藻井第二重顶石所绘的墓主礼佛及供养菩萨像（图17），为探讨佛教艺术的东传，提供了极珍贵的资料。

图17
集安长川高句丽1号墓前室东壁及藻井东侧壁画展开图（摹本）

晚期的高句丽壁画墓，以四神墓和五盔坟四号、五号墓[91]为代表，相对年代约属6世纪中叶，时当北朝后期。墓形平面均做方形单室短甬道的结构，顶部做双层抹角叠涩，形成斗四、斗八藻井。筑墓石材修琢工整平滑，壁画直接绘在石壁面上。反映社会风俗的生活图像完全绝迹，甬道壁面绘力士，墓室四壁画巨幅四神，其衬底绘莲花火焰网状图案，部分图案中央加绘头戴笼冠、褒衣博带、手执团扇或麈尾的人物，四隅画方相氏，梁枋绘忍冬纹或蛟龙纹图案，抹角石侧面绘人面蛇身的日神、月神及乘龙驾凤的伎乐仙人，并有锻铁制轮人及握笔作画的仙人，盖顶石绘盘龙或龙虎盘绕。晚期的墓室壁画以神灵鬼怪为主题，这反映了高句丽王国后期社会矛盾的激化。绘画风格与中原地区北朝晚期墓室壁画相同，传统的高句丽服饰消失，这一现象说明高句丽与中原地区的文化联系越加紧密了。

原载宿白主编：《中国美术全集·绘画编12·墓室壁画》，文物出版社1989年版

注 释

[1] 首见《光明日报》1988年1月17日头版头条侯红光报道：《六千年前中原地区已进入父系氏族社会》；次见濮阳市文物管理委员会等：《河南濮阳西水坡遗址发掘简报》，《文物》1988年第3期。

[2] 罗西章：《陕西扶风杨家堡西周墓清理简报》，《考古与文物》1980年第2期。

[3] 杨建芳：《汉以前的壁画之发现》，香港《美术家》第29期，1982年。

[4] 湖北省荆州地区博物馆：《江陵天星观1号楚墓》，《考古学报》1982年第1期。

[5] 方腾、吴同著，汤池译：《今藏美国波士顿的洛阳汉墓壁画》，四川美术学院学报《当代美术家》总第3期，1986年。

[6] 广州象岗汉墓发掘队：《西汉南越王墓发掘初步报告》，《考古》1984年第3期。

[7] 洛阳博物馆：《洛阳西汉卜千秋壁画墓发掘简报》，《文物》1977年第6期；河南省文化局文物工作队：《洛阳西汉壁画墓发掘报告》，《考古学报》1964年第2期；同注5。

[8] 《西安发现我国最早天象图壁画》，《人民日报》1988年1月22日第3版。

[9] 《西汉金花闪光，魏晋彩俑称奇——甘肃武威出土近千件珍贵文物》，《人民日报》1987年2月3日第1版。

[10] 孙作云：《洛阳西汉卜千秋墓壁画考释》，《文物》1977年第6期。

[11] 夏鼐：《洛阳西汉壁画墓中的星象图》，《文物精华》第3册，文物出版社1964年版。

[12] 郭沫若：《洛阳汉墓壁画试探》，《考古学报》1964年第2期。

[13] 孙作云：《洛阳西汉壁画墓中的傩仪图》，《郑州大学学报》1977年第4期。

[14] 苏健：《美国波士顿美术馆藏洛阳汉墓壁画考略》，《中原文物》1984年第2期。

[15] 洛阳博物馆：《洛阳金谷园新莽壁画墓清理简报》，《文物资料丛刊》（9），文物出版社1985年版。

[16] 山西省文物管理委员会：《山西平陆枣园村壁画汉墓》，《考古》1959年第9期。

[17] 宝鸡市博物馆、千阳县文化馆：《陕西省千阳县汉墓发掘简报》，《考古》

1975年第3期。
[18] 孙德润、贺雅宜：《龚家湾一号墓葬清理简报》，《考古与文物》1987年第1期。
[19] 《后汉书·赵岐传》。
[20] 苏健：《洛阳汉墓壁画略说》第二节《墓葬概况》，《洛阳古墓博物馆》馆刊创刊号（《中原文物》1987年特刊）。
[21] 参见《洛阳古墓博物馆》关于东汉天象神兽壁画墓之介绍，朝华出版社1987年版。
[22] 关天相、冀刚：《梁山汉墓》，《文物参考资料》1955年第5期。
[23] 日本东亚考古学会：《营城子》，刀江书院1934年版。
[24] 北京历史博物馆、河北省文物管理委员会编：《望都汉墓壁画》，中国古典艺术出版社1955年版。
[25] 河北省文化局文物工作队：《望都二号汉墓》，文物出版社1959年版。
[26] 河北省文化局文博组：《安平彩色壁画汉墓》，《光明日报》1972年6月22日。
[27] 中国社会科学院考古研究所河南第二工作队：《河南偃师杏园村东汉壁画墓》，《考古》1985年第1期。
[28] 安金槐、王与刚：《密县打虎亭汉代画像石墓和壁画墓》，《文物》1972年第10期。
[29] 魏殿臣：《密县汉画简述》，《中原文物》1983年特刊。
[30] 参见《洛阳古墓博物馆》关于东汉壁画墓之介绍，朝华出版社1987年版。
[31] 洛阳市文物工作队：《洛阳西工东汉壁画墓》，《中原文物》1982年第3期。
[32] 内蒙古文物工作队、内蒙古博物馆：《和林格尔发现一座重要的东汉壁画墓》，《文物》1974年第1期。
[33] 罗福颐：《内蒙古自治区托克托县新发现的汉墓壁画》，《文物参考资料》1956年第9期。
[34] 葛治功：《徐州黄山陇发现汉代壁画墓》，《文物》1961年第1期。
[35] 辽宁省博物馆冯永谦、韩宝兴、刘忠诚，辽阳博物馆邹宝库、柳川、萧世星：《辽阳旧城东门里东汉壁画墓发掘报告》，《文物》1985年第6期。
[36] 李文信：《辽阳北园壁画古墓记略》，《国立沈阳博物院筹备委员会汇刊》1947年第1期。
[37] 辽阳市文物管理所：《辽阳发现三座壁画墓》，《考古》1980年第1期。
[38] 北园3号墓于1986年8月发现，由辽阳博物馆清理，笔者曾到发掘现场考察。
[39] 李文信：《辽阳发现的三座壁画古墓》，《文物参考资料》1955年第5期。
[40] 王增新：《辽阳市棒台子二号壁画墓》，《考古》1960年第1期。

[41] 王增新：《辽宁辽阳县南雪梅村壁画墓及石墓》，《考古》1960年第1期。
[42] [43] 辽阳市文物管理所：《辽阳发现三座壁画墓》，《考古》1980年第1期。
[44] 关于河南灵宝晋墓壁画的介绍，参见俞剑华：《中国壁画》中国古典艺术出版社1958年版，第77页。
[45] 王伯敏：《中国绘画史》，上海人民美术出版社1982年版，第107、108页。
[46] 云南省文物工作队：《云南昭通后海子东晋壁画墓清理简报》，《文物》1963年第12期。
[47] 张小舟：《北方地区魏晋十六国墓葬的分区与分期》，《考古学报》1987年第1期。
[48] 李文信：《辽阳发现的三座壁画古墓》，《文物参考资料》1955年第5期。
[49] 东北博物馆：《辽阳三道壕两座壁画墓的清理简报》，《文物参考资料》1955年第12期。
[50] 李文信：《辽阳发现的三座壁画古墓》，《文物参考资料》1955年第5期。
[51] 李庆发：《辽阳上王家村晋代壁画墓清理简报》，《文物》1959年第7期。
[52] 洪晴玉：《关于冬寿墓的发现和研究》，《考古》1959年第1期。
[53] 辽宁省博物馆文物队、朝阳地区博物馆文物队、朝阳县文化馆：《朝阳袁台子东晋壁画墓》，《文物》1984年第6期。
[54] 张彦远《历代名画记·论画山水树石》云："魏晋以降，名迹在人间者，皆见之矣。其画山水，则群峰之势，若钿饰犀栉。或水不容泛，或人大于山。率皆附以树石，暎带其地，列植之状，则若伸臂布指。"
[55] 黎瑶渤：《辽宁北票县西官营子北燕冯素弗墓》，《文物》1973年第3期。
[56] 朝阳地区博物馆、朝阳县文化馆：《辽宁朝阳发现北燕、北魏墓》，《考古》1985年第10期。
[57] 甘肃省文物队、甘肃省博物馆、嘉峪关市文物管理所：《嘉峪关壁画墓发掘报告》，文物出版社1985年版。
[58] 嘉峪关市文物管理所：《嘉峪关新城十二、十三号画像砖墓发掘简报》，《文物》1982年第8期。
[59] 甘肃省博物馆：《酒泉、嘉峪关晋墓的发掘》，《文物》1979年第6期。
[60] 甘肃省文物管理委员会：《酒泉下河清第1号墓和第18号墓发掘简报》，《文物》1959年第10期。
[61] 夏鼐：《敦煌考古漫记》，《考古通讯》1955年第1期。
[62] 甘肃省博物馆：《酒泉、嘉峪关晋墓的发掘》，《文物》1979年第6期。
[63] 新疆博物馆考古队：《吐鲁番哈喇和卓古墓群发掘简报》，《文物》1978年第6期。

[64] 洛阳博物馆：《河南洛阳北魏元乂墓调查》，《文物》1974年第12期。

[65] 咸阳市文管会、咸阳博物馆：《咸阳市胡家沟西魏侯义墓清理简报》，《文物》1987年第12期。

[66] 磁县文化馆：《河北磁县东陈村东魏墓》，《考古》1977年第6期。

[67] 河北省文管处：《河北景县北魏高氏墓发掘简报》，《文物》1979年第3期。

[68] 磁县文化馆：《河北磁县东魏茹茹公主墓发掘简报》；汤池：《东魏茹茹公主墓壁画试探》，《文物》1984年第4期。

[69] 紫金山天文台王车、北京天文馆陈徐：《洛阳北魏元乂墓的星象图》，《文物》1974年第12期。

[70] 参见茹茹公主闾氏墓志铭拓片，《文物》1984年第4期，第8页。

[71] 磁县文化馆：《河北磁县北齐高润墓》；汤池：《北齐高润墓壁画简介》，《考古》1979年第3期。

[72] 山西省考古研究所、太原市文物管理委员会：《太原市北齐娄叡墓发掘简报》，《文物》1983年第10期。

[73] 北齐天保二年（551）崔芬墓，位于临朐冶源海浮山南麓，1986年4月发现，由山东省文物考古研究所协同该县文化馆清理，发掘简报待刊。

[74] 王克林：《北齐库狄迴洛墓》，《考古学报》1979年第3期。

[75] 磁县文化馆：《河北磁县东陈村北齐尧峻墓》，《文物》1984年第4期。

[76] 济南市博物馆：《济南市马家庄北齐墓》，《文物》1985年第10期。

[77] 济南南郊东八里洼北朝壁画墓，1986年由山东省文物考古研究所清理。

[78] 河北省文物管理委员会：《河北磁县讲武城古墓清理简报》，《考古》1959年第1期。

[79] 宁夏回族自治区博物馆、宁夏固原博物馆：《宁夏北周李贤夫妇墓发掘简报》，《文物》1985年第11期。

[80] 北周杜欢墓壁画形象，见《文物参考资料》1954年第10期图版98。

[81] 河南省文化局文物工作队：《邓县彩色画像砖墓》，文物出版社1958年版。

[82] [83] 李殿福：《集安高句丽墓研究》，《考古学报》1980年第2期。

[84] 〔日〕池内宏、梅原末治：《通沟》，昭和十五年（1940）刊行。

[85] 李殿福：《集安高句丽墓研究》，《考古学报》1980年第2期。

[86] 吉林省文物工作队、集安县文物保管所：《集安长川一号壁画墓》，《东北考古与历史》丛刊第1辑，文物出版社1982年版；吉林省文物工作队：《集安长川二号封土墓发掘纪要》，《考古与文物》1983年第1期。

[87] 王承礼、韩淑华：《吉林辑安通沟第十二号高句丽壁画墓》，《考古》1964年第2期。

[88] 吉林省博物馆辑安考古队：《吉林辑安麻线沟一号壁画墓》，《考古》1964年第10期。

[89] 吉林省文物工作队、集安县文物保管所：《集安长川一号壁画墓》，《东北考古与历史》丛刊第1辑，文物出版社1982年版；吉林省文物工作队：《集安长川二号封土墓发掘纪要》，《考古与文物》1983年第1期。

[90] 〔日本〕池内宏、梅原末治：《通沟》，昭和十五年（1940）刊行。

[91] 吉林省博物馆：《吉林辑安五盔坟四号和五号墓清理略记》，《考古》1964年第2期。

河南西汉墓室壁画研究的几点进展

由著名考古学家徐光冀先生主编的十卷本《中国出土壁画全集》，新近已由科学出版社正式出版发行，由于卷帙浩繁，来不及细看细想，现就浏览河南西汉墓室壁画得到的启迪，谈几点看法。

1．河南永城柿园西汉壁画墓的发现，把我国古墓壁画的出现年代，由汉武帝中期提早到汉武帝初年

汉武帝中期的墓室壁画，见于1983年发掘的广州象岗山南越王墓。在前室四壁及盖顶石等处，有朱墨彩绘卷云纹壁画。经发掘者麦英豪先生考订，墓主人是卒于汉武帝元狩元年（前122）的第二代南越文王赵眜。

汉武帝初年的墓室壁画，见于1987－1990年发掘清理的河南永城芒砀山柿园汉墓。柿园汉墓主室顶部西端，画着一幅巨龙升天图壁画，面积约16平方米。画面描绘着巨龙、朱雀、白虎、白鱼、灵芝、荷花、流云等物象（图1）。壁画布局主从有序，线条流利挺拔，赋彩明快热烈，风格豪放大度，寄寓着祈求墓主灵魂升天（即升仙）的思想意识。主持此项发掘的阎根齐同志，推测墓主人可能是卒于汉武帝建元五年（前136）的梁共王刘买，这就把汉墓壁画的出现年代提前到汉武帝初年。

图1
天象图（墨线图）
西汉中期
永城柿园西汉某代梁王墓
主室顶部

2．洛阳西汉墓室壁画研究的可喜进展

河南洛阳是最早发现西汉墓室空心砖壁画的地方，也是迄今积累汉墓壁画资料较多的地方。

洛阳西汉至新莽时期的壁画墓，现在已增加到8座，按年代早晚可以分为三期：

第一期包括卜千秋壁画墓、浅井头壁画墓、新安里河村壁画墓等3座，年代大致在昭帝、宣帝时期。壁画主要分布在空心砖构筑的墓室顶脊上，内容包括日月星象、神禽瑞兽、神话传说及引魂升仙等，充满浪漫幻想色彩。

第二期包括烧沟61号西汉壁画墓及传出八里台的那组梯形壁画空心砖，年代在元帝、成帝之间或稍晚。壁画分布在空心砖砌筑的墓室顶脊、门额内侧及分隔墓室的梯形隔梁、后壁上方等处。壁画题材除保留部分天象图之外，突出了驱邪打鬼、历史故事、祈求升仙等内容。

第三期包括洛阳金谷园壁画墓、洛阳尹屯壁画墓、偃师辛村壁画墓等3座，年代属新莽及其前后。墓葬形制新出现了砖砌穹隆顶前室或多室墓。壁画分布在前、后室，前室穹隆顶上绘日月、流云、星宿等天象；主室顶脊、隔梁及四壁柱枋、壁眼等高处，绘天象星宿及与辟邪、升仙相关的神怪。

3. 洛阳烧沟61号西汉壁画墓历史故事画考释的重要突破

洛阳烧沟61号西汉壁画墓，以较多地表现历史故事而享有盛誉。此墓门额内侧，中央塑象征吉祥的羊头，旁边绘神虎噬旱魃图。主室中部加一道梯形隔梁，分成前后两室；对其壁画内容的争论或讨论，发生在隔梁下沿由两块长条空心砖连接而成的楣额正面（图2），那里画着有13个人物出场的历史故事，郭沫若先生认为通幅都在表现《晏子春秋·内谏篇》中的“二桃杀三士”故事，很多人则认为这13个人表现的是两个故事，画面右边8个人属“二桃杀三士”故事，大家没有异议；发掘报告说：“左边5人颇似沂南画像石中的‘季札’图……有人认为是周公辅成王；有人说是赵氏孤儿”。众说纷纭，莫衷一是。孙作云先生认为左边5人表现“鲁孔丘拊掌师项橐（小孩）”，这是很正确的；可惜对画面左侧3人，尤其是与孔子相对、手持曲杖的老人未做解释，可谓美中不足。近年，中央美术学院人文学院贺西林同志正确

图2
隔梁楣额正面壁画
西汉晚期
洛阳烧沟61号汉墓

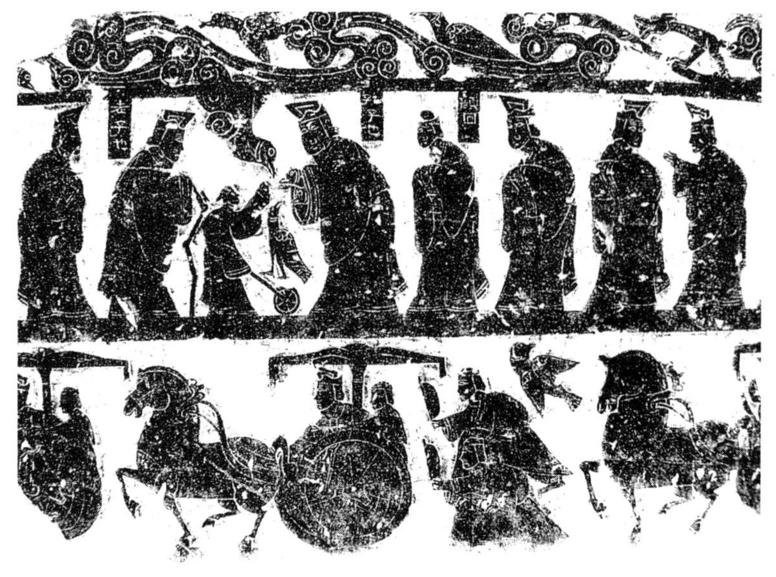

图3
汉画像石孔子见老子（上栏） 嘉祥齐山出土

完整地考释了这两则故事，他说："洛阳烧沟61号汉墓主室隔梁横楣正面为一窄长横幅，内容为'二桃杀三士'和'孔子见老子'。"这是一个突破性的进展，值得肯定。

其实，在我国汉画艺术宝库中，不难找到解开"孔子见老子"这则故事画的钥匙。例一是山东嘉祥齐山出土的孔子见老子画像石（图3），画面中有"老子也""孔子也""颜回""子路"等榜题。例二是陕西靖边老坟梁新莽壁画墓的孔子见老子图，图中左侧老人身旁有"老子"二字榜题墨书。二者的共同特征是：老子皆手拄曲杖，孔子做躬身拜谒状，两位老者之间的孩童项橐手推（或手牵）独轮玩具车，孔子与老子身后皆是人数多寡不等的弟子。洛阳烧沟61号西汉壁画墓中的孔子见老子图，完全具备这些特征。

最新的资料是2009年陕西靖边渠树壕发现的新莽壁画墓，墓室西壁上栏南侧所绘孔子见老子图，人物神态之生动，画面保存之完整，皆可称为汉墓壁画罕见之佳作。此墓西壁上栏北侧绘"二桃杀三士"图，这两图相邻的布局方式，酷肖洛阳烧沟61号西汉壁画墓，汉代是否已有这类画稿或粉本流传？值得我们注意。

原载《中国文物报》2012年3月30日第5版

北齐高润墓壁画简介

我国的壁画艺术，具有悠久的历史。新中国成立后，全国各地陆续发现上自汉、唐，下迄太平天国时期的大量墓室壁画与寺观、厅堂壁画。这些发现极大地丰富了我国绘画史的研究资料。关于北齐时代（550－577）的壁画，过去尚无实物发现，我们只能从高孝珩“尝于厅事壁自画一苍鹰”及“朝士图”[1]、杨子华“尝画马于壁”[2]、刘杀鬼“画斗雀于壁间”[3]等文献记载中，知道当时壁画艺术兴盛的概貌。1975年9月，磁县文化馆在东槐树村清理了一座北齐武平七年（576）的壁画墓，墓主为北齐皇室贵族高润。它鲜明地展示了北齐时代的绘画面貌与独特风格，填补了中国绘画史上的一页空白，具有重要的研究价值。

此墓为“甲”字形砖室墓，方向朝南。彩色壁画绘于墓室四壁及墓道两壁的白灰皮上。由于地下水位高，墓室长期遭水浸泡，壁画剥蚀残损比较严重。画面保存比较完整的是墓室北壁的壁画，在宽约6米、残高2.8米的壁面上，绘一幅举哀图。壁面中央画墓主人危坐帐中临终前的情景（图1），墓

图1
高润墓墓室北壁壁画举哀图中的墓主形象（摹本）

图2
高润墓墓室北壁壁画举哀图中的男女侍从（摹本）

主蓄有胡须，作中年人的形貌，头戴折上巾，身着直裾便服，姿态颇为僵硬，上眼皮画得很宽，眯着双眼，惟妙惟肖地刻画出墓主即将瞑目去世的状态；帐子作四方平顶的形状，帐顶四周饰山花蕉叶纹；帐子两旁，画两组男女侍从忧戚举哀的情景（图2），每组六人。其中男侍皆头戴巾子，身着斜领窄袖长衣，腰系革带，佩挂香囊、宝剑，分别张举着羽葆、华盖等仪仗。他们双眉蹙锁，表情忧郁。女侍紧靠着帐子的两侧，头挽高髻或裹纱巾，上身着圆领上衣，腰下系曳地长裙；东侧的女童手执麈尾，西侧的女侍作捧物进献的姿态，她们垂头，锁眉，呈现出哀伤的情绪。画面构图严谨，两组侍从在对称中又有参差变化，具有节奏感。人物的手、耳等局部形象，刻画得比较粗率拙稚，但是，整个画面在表现侍从们的哀悼神态方面，却是相当成功的。例如东侧的几名男侍，眼球画得比较小，而且点在眼眶中间偏下的部位，给人以泪眼汪汪的感觉。这就充分说明了北齐时代的无名画工们，是很好地继承了汉、晋绘画注重“神似”，反对“谨毛而失貌”[4]的优秀传统的。男侍都画作溜肩的形状，衣纹线条流利挺秀，后背的衣纹至腰间有两道弯曲，从而使服饰显得非常贴身，这也许就是画史上所谓“曹衣出水”的风格特色吧！

壁画以墨线勾勒出轮廓，然后填以朱、青、黄、紫等色彩。出土时，颜色保存得相当鲜艳。人物的脸部及帐子的垂幔，采用晕染法；衣着的色彩则用平涂。

墓室东壁绘人物、车舆、羽葆、华盖，车前有一侍者执鞭为导，从这些残存的零星画面来看，东壁似为乘坐牛车的出行图。西壁画面残损尤甚，仅于北端残存两名老年扈从的形象，皆作躬身南行的姿态。南壁画面已无从辨识。

墓室北壁上沿接近发券处，绘有流云。又据当地群众反映，1964年平整土地拆去此墓砖券墓顶时，曾见到一鸟的画面。据此，我们推测墓顶原来很可能有天象图，该鸟或许就是天象图中的“金乌”。

墓道两壁的上沿，绘有忍冬、莲花等纹样组成的装饰花边。由于未将墓道清理到底，因此，墓道两壁是否还有其他壁画，就不得而知了。

原载《考古》1979年第3期

注　释

[1]《北齐书》卷十一。

[2][3]《历代名画记》卷八。

[4]《淮南子·说林训》。

宏伟壮丽的北齐娄叡墓壁画

在源远流长的中国绘画史上，保存着数量浩瀚的历代绘画杰作。然而，有关公元6世纪中叶北齐时代的绘画实物，过去知道得极为稀少。

20世纪80年代初期，山西省考古研究所和太原市文物管理委员会在太原市西南郊的王郭村，发掘了北齐武平元年（570）入葬的东安王娄叡墓，揭示出场面巨大、内容丰富、技艺高超的彩色壁画。这项新发现，极大地丰富了北朝美术史的研究资料，堪称近年来中国美术考古的丰硕收获之一。

此墓坐北朝南。地面上保存着6米多高的封土堆，地面下由墓道、天井、甬道、墓室等部分组成。全部壁面，原来都有壁画。由于年代久远及地下水的浸泡，少量壁画已经塌毁剥落。值得庆幸的是，现存壁画尚有200多平方米，基本上展现了北齐贵戚显宦墓葬壁画的整体布局[1]。

艺术水平最佳、保存状况最好的，是墓道壁画。在长21.3米、深约7米的斜坡墓道东西两壁，分上中下三栏，绘制了仪卫出行与归来图（图1）。那三个长卷式展开的构图，主从有序，疏密相间，画面极富节奏感。所绘人物驼马，线条肯定，造型准确，前后顾盼，彼此呼应，充分显示出作者

运思之精巧与技艺之卓绝。在设色上，通过红、白、橘黄、浅绛等不同色彩的穿插运用，使众多的人物与驼马，具有清晰的层次。其艺术水平不仅超越前代，而且可以与晚出一百多年的唐墓壁画相媲美。

从《北齐书·武成纪》《娄叡传》及此墓出土的《齐故假黄钺右丞相东安娄王墓志之铭》来看，墓主人娄叡是北齐武明皇太后的内侄，青年时任高欢的帐内都督。天保七年（556）夏四月，娄叡率军大破鲁阳蛮；河清元年（562），他参与平定冀州刺史高归彦的叛乱；河清三年（564），他率军收复了一度被北周军队攻占的轵关，生擒周将杨标，先后多次建立过军功。另一方面，他以外戚而贵幸，也有纵情声色、聚敛无厌、滥杀无辜等劣迹。墓道壁画仪卫出行与归来图中，那驼马成群、前呼后拥、旌旗招展、筚篥齐鸣的煊赫场面，天井与甬道下层所绘的威武步卫，以及墓室四壁所绘的内室豪华生活景象，乃是娄叡仗功骄纵的真实写照。天井上栏所画的神兽及流云纹，墓室顶部所画的日月星象及十二辰象，其下方又画羽人方士及龙虎等迷信升天的驾驭物，则反映了墓主人祈求死后灵魂升天的奢望。

墓道下栏所画人物，皆戴黑弁帽，着紧身的圆领、窄袖、开衩长衫，足蹬长鞠靴，腰束鞊鞢带（图2）。这是北朝时期北方游牧民族的典型服饰。前几年，河北磁县与山西寿阳发现的北齐墓壁画人物，也着这种服装，反映了北齐贵族崇尚胡服风气之盛。画史上，称北齐著名的人物鞍马画家曹仲达开创了“曹衣出水”的画风，其主要含义，大概就是指这种“衣服紧窄”的服饰。

娄叡墓壁画无榜题，因而难以确指其作者。但是，从壁画的艺术成就来看，绝非一般工匠所绘，很可能出于某位宫廷画师的大手笔。据张彦远

图1
北齐娄叡墓墓道西壁中栏壁画局部（墨线图）

图2
北齐娄叡墓墓道西壁下栏壁画局部（墨线图）

《历代名画记》及裴孝源《贞观公私画史》所述，驰誉北齐画坛、擅画鞍马人物与显宦贵戚形象者，首推“天下号为画圣”的宫廷画师杨子华。目前，不少同志提出了娄叡墓壁画可能为“杨子华挥毫”的见解[2]。有的同志引美国波士顿博物馆收藏的宋摹《北齐校书图》为旁证，因为据宋敏求的题跋，《北齐勘书图》（今存《北齐校书图》之祖本）为杨子华所画，其绘画风格与人物面型较长的画法，和已知的北齐壁画相近[3]。我想补充说明的是：宋摹《北齐校书图》左侧之鞍马眼神、马面开脸之渲染画法，以及立在马后面的西域人侧面形象，确实酷肖娄叡墓壁画上的相关形象。因此，不论以上推断是否成立，娄叡墓壁画至少在一定程度上可以代表杨子华的绘画成就与风格。

原载《美术》1983年第12期

注　释

[1] 山西省考古研究所、太原市文物管理委员会：《太原市北齐娄叡墓发掘简报》；吴作人、宿白、史树青等：《笔谈太原北齐娄叡墓》，《文物》1983年第10期。

[2] 宿白、史树青等先生的意见，同注1《笔谈太原北齐娄叡墓》。

[3] 金维诺：《访问波士顿——欧美访问散记之二》“北齐校书图与杨子华画风”，《美术研究》1982年第1期。

北齐壁画札记

北齐（550－577）虽国祚短暂，但在文化史上，是上承后魏、下启隋唐的重要时期。如《隋书·礼仪志三》记载："开皇初，高祖思定典礼……（太常卿牛弘）因奏徵学者，撰仪礼百卷，悉用东齐仪注以为准。"北齐的美术创作也十分兴盛，著名的响堂山石窟及天龙山石窟等，其开窟造像的主要工程，皆完成于北齐时代；当时画家辈出，杨子华擅画人物鞍马，天下号为"画圣"；曹仲达精于人物梵像，创"曹衣出水"之体。此外，擅画鞍马山水的展子虔，其创作盛期虽在隋代，而初露头角则也在北齐。

近十年来，我国考古工作者在北齐国都邺城西北郊及别都晋阳附近，先后发现几座北齐高官显贵的壁画墓，填补了我国画史中关于北齐画迹的空白，无疑是我国美术考古领域所取得的丰硕成果之一。不久之前，宿白老师在《太原北齐娄叡墓参观记》一文中，运用列表的方式，概要地介绍了这方面的主要收获[1]。笔者现就个人了解的情况，略事补充，介绍北齐壁画遗迹如下。其中娄叡墓已有专文介绍，兹不再录。

一、河清元年（562）库狄迴洛墓壁画

此墓在山西省寿阳县贾家庄，1973年夏季进行发掘。墓主人为北齐朔州刺史、顺阳郡王库狄迴洛，卒于太宁二年（562）二月，葬于河清元年（562）八月。《北史》与《北齐书》均有传。

墓为甲字形单室砖砌墓，南向，墓道未发掘，有无壁画不详。墓室壁画绝大部分已塌毁，残存壁画较多的是石门与甬道部分。

石门楣呈半圆形，正面画朱雀彩云，朱雀做侧身返首、往东飞翔之状，形象颇矫健生动。门楣背面画忍冬图案。门板右扇画白虎祥云，左扇画躯体蜿曲有翼的青龙。贾谊《惜誓》曰："登苍天而高举兮，历众山而日远……飞朱鸟使先驱兮，驾太一之象舆；苍龙蚴虬于左骖兮，白虎骋而为右騑。"洛阳西汉卜千秋墓的升仙图壁画中，有朱雀、青龙、白虎等形

图1
寿阳北齐
库狄迴洛墓甬道两壁壁画
1.西壁（左）
2.东壁（右）

象。洛阳出土北魏升仙图画像石棺，其左右两帮也雕刻着青龙、白虎和羽人。据此，可以确定此墓石门所绘的朱雀、青龙与白虎，在北齐人的迷信观念中，应是卫护墓主灵魂升天的神物。

甬道东、西两壁皆画侍卫四人，身体稍侧向墓室，两壁的人像与布局完全对称。以东壁为例，南起第一人，“头部泥皮大部剥落，身穿似对襟宽博的红色长衫（或大氅），着灰白裤黑筒短靴，两手持一白色物，遮于胸前”。据此，笔者推测原画可能是身着披风，手拥仪剑的门官。第二人脸型稍长，蓄短须，头顶扎巾，帕头搭肩，内着圆领衣，外罩杏黄色交领窄袖紧身长衫，腰束黑带，左胯佩挂香囊，下露灰裤，穿褐红短靴，当属侍卫。第三人的形貌服饰和第二人相仿，唯外衫作赭红色，半筒靴黑色，“作双手合拢持鞭姿态”，似为驭手。第四人（位于侍卫行列北端者）头部已泐，上身裸露，下着袴褶，膝下加缚，赤足，做手舞足蹈状，似为鲜卑近侍（图1）。

综观此墓壁画，作者具有熟练的构图技巧，如半圆形门楣及长方形门板上画的朱雀与龙虎，系按不同幅面描绘不同形态的动物，使画面既充实饱满，又疏密有致。勾线粗细结合，奔放有力。敷彩则注重不同颜色的穿插对比，并通过渲染与平涂并用的画法，使物像富于浓淡明暗的变化，具有一定的立体感[2]。

二、天统三年（567）尧峻墓壁画

此墓在河北省磁县东陈村北面，是俗称“四美冢”中居北的那座墓，1975年春季进行发掘。墓主人是北齐怀州刺史尧峻（字难宗），系东魏散骑常侍尧荣与夫人赵胡仁的第三子，卒于北齐天统二年（566）六月，葬于天统三年（567）二月。其祖父尧暄和长兄尧雄，《北史》与《北齐书》中有传。

图2
磁县北齐尧峻墓门墙壁画
（摹本）

此墓亦为甲字形单室砖砌墓，南向。由于地下水位太高等原因，墓道未作清理，有无壁画不详。墓室与甬道均有壁画，因长期遭水浸泡，剥落殆尽。唯一幸存的是甬道南口上方的门墙壁画（图2）。

门墙正中，画一只圆睛尖喙、正面站立、振翅欲飞的朱雀；东侧画一位面目清秀、颏下飘须、头戴平巾帻、上臂生羽翼的羽人（或方士），左手曲举，持一茎莲花扛在左肩上，右手握举一带柄的器物，是否为麈尾待考。羽人下半身已漫漶。朱雀西侧之画面，大部已泐，仅见一茎莲花，其布局和东侧羽人所举者相仿，因疑门墙西侧亦绘持莲羽人。朱雀和羽人周围，均填饰流云纹。画面含义也是接引墓主的灵魂升天。

三、武平七年（576）高润墓壁画

此墓在河北省磁县东槐树村西北角，1975年秋季发掘。墓主人高润是高欢的第十四子，北齐文宣、孝昭、武成等皇帝的弟弟，后主高纬的叔父；卒于武平六年（575）八月，葬于武平七年（576）二月。《北史》《北齐书》均有传。

此墓亦为甲字形单室砖砌墓。墓道后段两壁之上沿，绘忍冬、莲花等纹样；墓道前段因被当今民房院墙所压，加以地下水位高，故整个墓道均未清理到底，壁画内容不详。甬道壁画全泐。残存壁画主要见于墓室。

墓室壁画分上下两栏绘制。上栏包括墓顶及四壁上沿，原来绘有天象图，当地群众于20世纪60年代中期拆去墓顶时，曾见到代表太阳的金乌形象；发掘时，墓室北壁上沿还残存少量流云纹。下栏（即四壁）画墓主人的生活起居景象。

墓室北壁（后壁）的画面保存得最为完整，在高约2.8米、宽约6米的壁面上，画着一幅举哀图。北壁中央画墓主人高润危坐帐内，形貌臃肿僵硬，颏腮有短须，头裹折上巾，身着直裾便服，上眼皮画得很宽，眯着双眼，恰当地表现了高润瞑目前的情景。高润身前置几案。帐子做四方平顶的形状，顶边饰山花蕉叶。帐子两侧，各画一组由六人组成的男女侍从。男侍皆头裹巾子，帕头垂肩，身着交领窄袖长衣，腰系带，佩挂鞊韘，分别张举羽葆、华盖等仪仗。女侍紧靠帐子两侧，头挽高髻，或披纱巾，上身着圆领短襦，下身系曳地长裙，东侧女童执麈尾，西侧女侍做捧物进献状，眉宇间流露着悲伤情绪。画面构图严谨，通过伎侍盈房的画面，渲染了高润地位之荣贵；同时，通过两组侍从正侧向背的不同身姿，使得布局对称又有参差变化。特别值得注意的是东侧几名男侍的小眼球，皆点在眼眶中间偏下处，给人以泪眼汪汪的感觉，成功地烘托出哀伤气氛（参见本书《北齐高润墓壁画简介》图1）。

墓室东壁绘牛车出行图，其牛已泐，车前画执鞭驭手，车后有张举仪仗的侍卫。西壁仅存侍从二人，皆做躬身行进状。南壁画面，漫漶难辨。

从厍狄迴洛墓到高润墓，壁画中的侍从或侍卫，皆着溜肩、紧身、窄袖的胡服，可见北齐贵族崇尚胡服风气之盛。同时也为我们理解“其体稠迭而衣服紧窄”的“曹衣出水”画风，提供了丰富的实例[3]。

原载《美术研究》1984年第1期

注 释

[1] 宿白：《太原北齐娄叡墓参观记》，《文物》1983年第10期。

[2] 王克林：《北齐厍狄迴洛墓》，《考古学报》1979年第3期。

[3] 磁县文化馆：《河北磁县北齐高润墓》；汤池：《北齐高润墓壁画简介》，《考古》1979年第3期。

东魏茹茹公主墓壁画试探

河北省磁县地处古邺都西北郊，境内滏阳河以南、漳水以北的广阔地带，为东魏、北齐的皇室贵族墓葬区，迄今这里还保存着许多高坟大冢。1979年夏，磁县文化馆在大冢营村北，发掘了东魏武定八年（550）茹茹族邻和公主（简称茹茹公主）墓。此墓结构宏伟，出土器物丰富精美，堪称北朝考古学上的一项重大发现。墓内还保存着近150平方米的彩色壁画，为东魏画迹的首次巨大发现，填补了中国绘画史上的一页空白，为研究汉唐墓室壁画的发展与演变，提供了重要的中间环节。

遗存壁画表明，壁画作者在墓室、甬道的砖壁及墓道的泥壁上，先抹一层厚约0.3至0.5厘米的白灰，待白灰稍干，用细棍棒勾画起稿，再以黑墨勾勒轮廓，最后用朱礞、石青、石绿等颜色填彩。

现将此墓壁画的布局与内容，按部位介绍并考释如下。

一、墓道壁画

此墓的斜坡墓道全长22.79米，路面宽2.8米，坡度14°。路基经夯打，路面上刷了一薄层白灰做底色，在路面两侧用黑、红两色各绘一条宽约70厘米的二方连续花草纹图案饰带，具有鲜明的仿地毯花纹特色（图1）。发掘时，墓道南端长约3米的地段，图案保存得颇为完好。过去，在洛阳龙门石窟的宾阳中洞及石窟寺洞，曾发现北魏的莲花纹殿堂地面浮雕图案；此墓发现的是长条形彩绘地面图案，其单体纹样简洁优美，整体构图均衡对称，展示了东魏地面装饰的艺术成就。

图1
墓道路面花草纹图案（墨线图）
磁县东魏茹茹公主墓

墓道东、西两壁的壁画，构图基本对称：南半截（长约14米）均作单栏布局，北半截（长约8米）均作上下两栏布局。

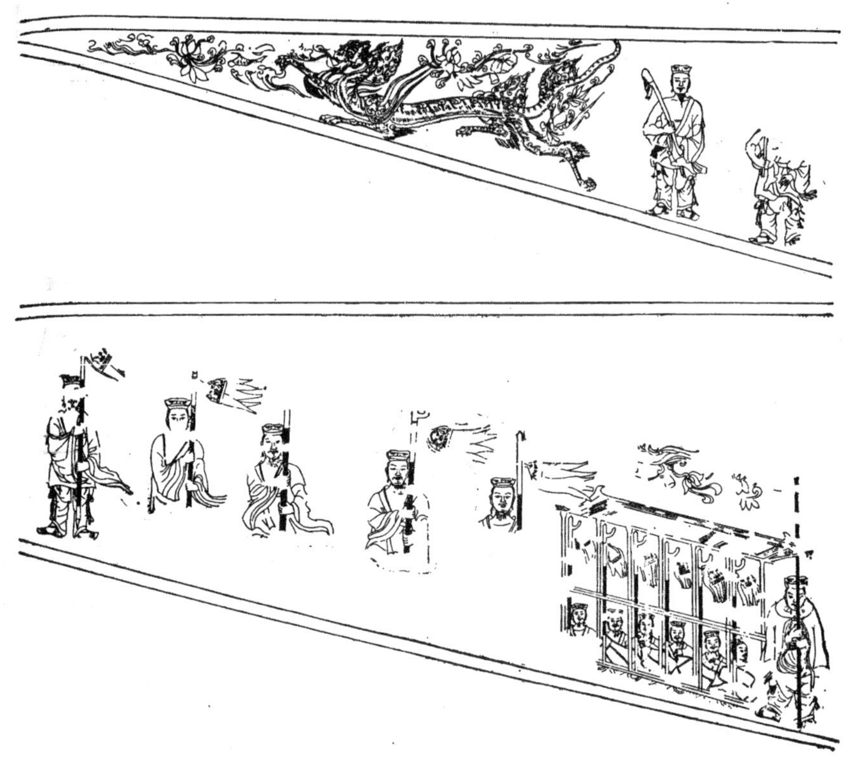
图2
墓道西壁壁画（墨线图）
磁县东魏茹茹公主墓

虽然两壁画面均有局部残泐，但左右相参，可知其完整布局。

墓道南端入口处，东、西两壁分别绘有身长近4米的青龙、白虎。青龙的前驱已残缺；白虎形象完整，肩胛旁边绘羽翼，呈昂首奋爪腾跃状，神态矫健有力（图2），龙虎身旁绘莲花纹及流云纹。洛阳西汉卜千秋墓升仙图壁画中，有龙、虎腾跃于云气纹中的画面[1]；洛阳北郊上窑村出土北魏升仙图画像石棺，左右两帮分别刻有龙、虎、流云、持莲方士等形象[2]；江苏丹阳县胡桥、建山两地南朝萧齐时期的两座砖印壁画墓，主室东西两壁前上方亦有羽人戏龙、羽人戏虎画面，砖文自铭为“大龙”“大虎”，周围散刻莲瓣、花草、卷云等纹饰[3]。贾谊《惜誓》曰：“登苍天而高举兮，历众山而日远……飞朱鸟使先驱兮，驾太一之象舆。苍龙蚴虬于北骖兮，白虎骋而为右騑。”由此可见，墓道前端绘青龙、白虎，意在卫护墓主的灵魂升天（或升仙），这是战国秦汉以来羽化升仙迷信思想的延续，开唐代阿史那忠墓及李重润墓[4]于墓道口左绘青龙、右绘白虎画法的先河。其与莲花纹结合使用，则带有南北朝佛教流行的时代特色。

青龙、白虎之后，两壁皆画场面显赫的仪卫行列，每面画14人，做夹道相对而立或端坐的布局（图2、图3）。立像高约190厘米，坐像高约95厘米，皆戴小冠，着大口裤褶，膝部加缚，足穿软底麻鞋，躯体魁伟，神态

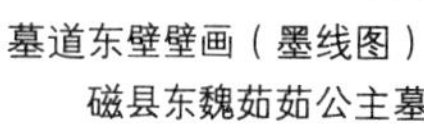

图3
墓道东壁壁画（墨线图）
磁县东魏茹茹公主墓

肃穆。据所持仪仗与稍异之服饰，自南而北分成四组。第一组两人，袒右肩，右手执一棍棒状物，棒端加囊套，尾部稍弯曲，此系挝木抑或他物，待考。第二组五人（东壁泐一人），皆双手握举一杆饰有虎头纹彩幡的长戟，锯齿状的幡旒均向北飘扬，仿佛迎风招展。第三组六人，皆拥盾端坐于廊屋状的兵阑（戟架）之后，兵阑上竖插六杆饰有虎头彩幡的长戟。兵阑形制大致与山东沂南、徐州白集等地东汉画像石所刻者相仿[5]，唯兵阑上加硬山式屋顶，乃迄今所见孤例，这或许是东魏兵阑的独特形式。第四组每壁画一人，位于墓道北端下方与甬道口毗邻处，裤褶之外罩以披风，双手紧握一杆长兵器，其顶端形象已残缺。《太平御览》卷三五四兵部八五引《通俗文》曰："矛丈八者谓之矟。"又引《邺城故事》，多处言及北齐文宣帝之侍卫有执矟者。据此，笔者推测此人所执长兵可能是矟。

墓道北半截上栏壁画，西壁已泐，唯东壁保存尚好（图3）。在大量的莲花、流云纹中，画三个主要形象：

南侧画一神兽，面若熊或狮，肩部饰火焰纹，上肢三趾，下肢两趾，袒胸露腹，着朱红短裤，做往南驰趋抓拿之状。又此墓甬道门墙东、西两侧亦画形貌相同的神兽各一；总计在墓道上栏和甬道门墙上共画四个做奋力抓拿状的神兽。笔者认为，这四个神兽是古代“傩仪”中的方相氏，因系由人扮演，故脸面与手足似兽而姿态仍如人，即《周礼·夏官司马·方相氏》所说的“掌蒙熊皮，黄金四目，玄衣朱裳”的驱鬼逐疫者。

中部画一羽人，右手持莲花及莲蓬，扛于右肩上，左手曲举，足穿岐头履，做向南驰趋而返首招引状。按前述洛阳北魏画像石棺雕刻的升仙图及丹阳南朝砖印壁画中，均有羽人形象[6]；又磁县文化馆1975年在东陈村发掘的北齐天统三年尧峻墓，在甬道券门上方也有持莲羽人壁画[7]。《楚辞·远游》曰：“贵真人之休德兮，美往世之登仙……仍羽人于丹丘兮，留不死之旧乡……载营魂而登霞兮，掩浮云而上征。”由此可知此墓墓道上栏画持莲羽人，含义也是引导墓主的灵魂升仙。

北侧画一只圆睛利喙、振翅奋爪、嘴衔莲花的大鸟。按河南邓县南朝彩色画像砖墓有与此相似的大鸟，砖文自铭曰“凤皇”[8]。《太平御览》卷五五二引蔡质《汉官仪》曰：“阴太后崩，前有方相及凤凰车。”《楚辞·远游》曰:“凤凰翼其承旂兮，遇蓐收乎西皇。”《九叹·远逝》亦曰：“驾鸾凤以上游。”是知羽人身后所画的大鸟，名曰凤凰，意在助魂升天；喙衔莲花，是道释合流的产物。

图4
门墙壁画（墨线图）
磁县东魏茹茹公主墓

二、门墙壁画

门墙筑于甬道南端券拱的上方，南向壁面有画（图4）。画面中央绘一只正面展翅翱翔的大鸟，颈佩绶带，喙衔瑞草，双目炯炯，神态威武。这种画作正面形象的大鸟，曾见于上述北齐尧峻墓的甬道券门壁画上。山西寿阳北齐库狄迴洛墓[9]和太原北齐娄叡墓[10]的石门楣上，画有这种大鸟的侧面形象。多数同志称之曰朱雀，个别同志则称之曰金翅鸟。按古代习惯于称府第的南门为朱雀门；又北魏元天穆、元恩、尔朱袭墓志盖篆额旁边雕饰的四神[11]，其中朱雀形象与北齐库狄迴洛墓及娄叡墓门楣所画的鸟相似。因此，笔者认为此墓门墙中央所画的大鸟应称为朱雀。按宋玉《九辩》写脱俗升天、遨游太空之志曰：

图5
墓室与甬道东壁残存壁画
（墨线图）
磁县东魏茹茹公主墓

“左朱雀之茇茇兮，右苍龙之躣躣。”贾谊《惜誓》亦有“飞朱鸟使先驱兮”之句。故知画此朱雀，乃作引魂升天之先驱。

朱雀之下画莲座摩尼宝珠。两侧画方相氏各一，均做筋肉鼓起、张臂跨步之状。画面四周以莲花纹作缀饰。

门墙壁画与墓道北段上栏壁画相连接，笔迹遒劲，风格统一；画面内容都反映驱鬼禳灾与祈求墓主灵魂升天的迷信观念。

三、甬道壁画

甬道壁画残损较甚。从留存情况来看，分上下两栏，左右对称。

券拱下沿残存流云纹、莲花纹图案。后半截甬道的券门西侧画一个莲座摩尼珠，券门上饰火焰纹与忍冬纹图案。

直壁部分画属吏与驭手，西壁现存四人。南起第一人头戴小冠（平巾帻），内着广袖红衫，外罩革制两当铠，蓄须，做双手拱举肃立状，其下半身图像已泐。此人服饰、姿态酷肖河南邓县彩色画像砖墓的彩绘门吏[12]，因此，笔者认为他是拥仪剑的门官。第二、第四两人头戴小冠，穿广袖交领衫，执手版[13]，为奏事属吏。第三人头上扎巾，身穿窄袖衫，从东壁此人双手执鞭的姿态来看，其身份为驭手（图5右侧）。

四、墓室壁画

墓室壁画作上、下两栏布局，有宽约13厘米的红色栏框相隔。

上栏包括穹隆顶及四壁的顶端部分。穹隆顶的画面已全部塌毁，从墓底捡拾到的若干壁画残片来看，墓顶画的是天象图。四壁的顶端，即上栏的下沿部分，分别画着代表四方的守护神（四灵）及山川林木。东、南两方的守护神（青龙、朱雀）已剥落，目前仅见北壁顶端画有龟蛇缠绕的玄武，西壁顶端画有矫健奔腾的白虎（图6、图7上部）。所画山川林木，与洛阳出土北魏升仙图石棺及宁懋石室的雕刻形象相仿，具有鲜明的北朝山水画特色。

墓室下栏壁画描绘了墓主人的内室生活，通过伎侍盈房的画面，着意表现茹茹公主荣贵之甚。北壁（图6）共画女子七人：居中一人比较丰满，头戴峨冠，右手举手版做吩咐之状，当是茹茹邻和公主的形象；旁边六人比较修长清秀，头梳双丫髻，手执羽葆、华盖、团扇、杯盏等物，当系茹茹公主的侍女。西壁（图7）画女子十人，有的挽髻，有的披巾，有的着冠，上身着短襦，下系长裙，似为伎乐。东壁画男子十人，存七人的模糊头像（图5左侧），或着漆纱笼冠，或着平巾帻，仿佛都是中老年人，疑为茹茹公主染恙期间前来探望问安的亲属或官员。南壁画面皆剥落，内容不详。

迄今出版的中国美术史著作中，关于东魏的绘画面貌，除了张彦远《历代名画记》卷八有“祖班者，东魏人，善画”这么一小段文字记载之外，其他一无所知，实物更付阙如。1974年磁县文化馆发掘东魏武定五年（547）赵胡仁墓，墓室原有壁画已全部脱落塌毁，墓道未作清理[14]。因而失去了一次了解东魏壁画的良好机会，实为憾事。这次发掘茹茹公主墓，在各级文物主管部门的支持下，我们拟订了周密的计划，将了解北朝墓室壁画列为首要目的，终于达到预期目标，这是非常值得庆幸的。

图6（上）
墓室北壁（后壁）壁画（墨线图）
磁县东魏茹茹公主墓

图7（下）
墓室西壁壁画（墨线图）
磁县东魏茹茹公主墓

综观此墓壁画，大致包括两方面的内容：墓道、甬道及墓室下栏所绘的仪卫、属吏与侍伎，表现了墓主人社会地位的荣贵，墓道后端所画的兵阑列戟，更是茹茹公主身份非凡的写照；墓室、甬道、墓道上栏及门墙上所绘的各种图像与纹饰，除表现当时人们对天体的认识之外，主要是反映东魏贵族的迷信观念。

就艺术水平而言，此墓壁画布局极为严谨，人像比例准确，服饰生动逼真，显示出作者具有卓越的写实能力。各种神怪皆做驰趋奔腾之状，收到了满壁风动、如礫鬼神的艺术效果。画面壮阔，线条豪放，敷彩艳丽，堪称北朝壁画的上乘之作。正是因为东魏绘画具有如此深厚的基础，所以北齐产生杨子华、曹仲达等著名画家，就不是偶然的了。

原载《文物》1984年第4期

注 释

[1] 洛阳博物馆：《洛阳西汉卜千秋壁画墓发掘简报》，《文物》1977年第6期。

[2] 洛阳博物馆：《洛阳北魏画像石棺》，《考古》1980年第3期。

[3] 南京博物院：《江苏丹阳县胡桥、建山两座南朝墓葬》，《文物》1980年第2期。

[4] 陕西省文物管理委员会等：《唐阿史那忠墓发掘简报》，《考古》1977年第2期；陕西省博物馆等：《唐懿德太子墓发掘简报》，《文物》1972年第7期；陕西省博物馆等编：《唐李重润墓壁画》，文物出版社1974年版。

[5] 杨泓：《武库和兰锜》，《文物》1982年第2期。

[6] 洛阳博物馆：《洛阳北魏画像石棺》，《考古》1980年第3期；南京博物院：《江苏丹阳县胡桥、建山两座南朝墓葬》，《文物》1980年第2期。

[7] 磁县文化馆：《河北磁县东陈村北齐尧峻墓》，《文物》1984年第4期。

[8] 河南省文化局文物工作队：《邓县彩色画像砖墓》，文物出版社1958年版。

[9] 王克林：《北齐库狄迴洛墓》，《考古学报》1979年第3期。

[10] 山西省考古研究所等：《太原市北齐娄叡墓发掘简报》，《文物》1983年第10期。

[11] 赵万里：《汉魏南北朝墓志集释》第三册，科学出版社1956年版，图46、图91、图274。

[12] 河南省文化局文物工作队：《邓县彩色画像砖墓》，文物出版社1958年版。

[13] 《隋书·礼仪志》："中世以来，唯八座尚书执笏……其余公卿，但执手版。"

[14] 磁县文化馆：《河北磁县东陈村东魏墓》，《考古》1977年第6期。

磁县发现东魏北齐大型壁画墓的启迪

自从公元534年北魏分裂成东魏、西魏之后，坐落在漳河之滨的邺都，是东魏、北齐两代（534－577）的都城；地处邺都西北郊的河北省磁县，是东魏、北齐的皇室贵族陵墓区，如今在磁县的京广铁路两侧，依然保存着大小不等的若干丘冢。

“文化大革命”中期（1970－1972），中央美术学院教职工被“下放”到河北省磁县从事劳动锻炼，分住在东陈村与西陈村。劳动之暇，我在村里做了一些考古调查。据东陈村不少老农反映，近20多年以来，在开挖水渠、平整土地过程中，曾经挖掉多座古冢，冢内通常出土陪葬的小瓦人（即陶俑），其砖砌墓壁上还保存着不少“红艳艳的”人像壁画。限于当时特定的历史条件，我无法进一步去追寻这种“红艳艳的”壁画遗迹；但是，从此我心里萌生出强烈的愿望，企盼着有朝一日能获得目睹磁县出土“红艳艳的”古墓壁画之眼福。我想：要探寻连接汉唐墓室壁画发展的中间环节，北朝丘冢林立的磁县，无疑是最有希望的地区。

我热切企盼的事情，从20世纪70年代中期开始出现。记得1975年是既欣喜又遗憾的一年。是年春天，磁县文化馆在我们曾经住过的东陈村，发

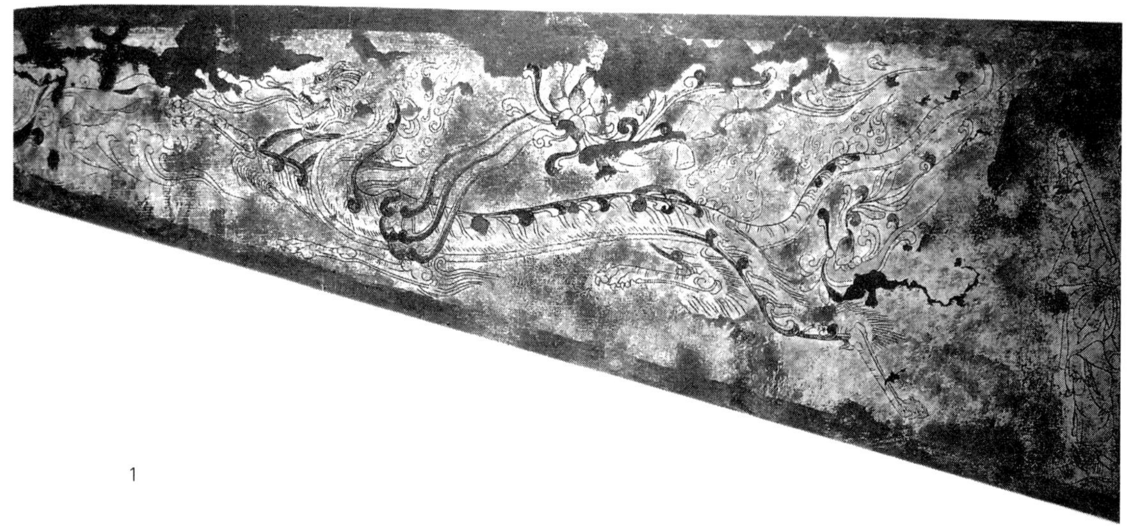

1

掘清理了俗称“四美冢”之一的北齐天统三年（567）怀州刺史尧峻墓，在甬道口上方的门墙上，发现绘有朱雀、持莲方士及火焰纹的彩色壁画[1]，揭开了磁县正式发掘北朝墓室壁画的序幕。同年秋天，在河北省文物研究所与中央美术学院的共同协助下，磁县文化馆又在东槐树村清理了北齐武平七年（576）冯翊王高润墓[2]，这是一座由墓道、甬道、墓室等三个部分组成，原先全部绘饰壁画的大型壁画墓，由于墓顶坍塌、壁画残泐、压在墓道上的建筑物当时难以动员群众拆迁等原因，我们在清理了墓室并由著名工笔画家陆鸿年先生临摹了墓室后壁保存状况较好的“举哀图”壁画之后，未能彻底发掘清理墓道，以致丧失了一次了解北齐大墓墓道壁画的难得机会，日后每忆及此，愧憾殊深。

从20世纪70年代后期开始，弥补上述遗憾的机会陆续出现。首先，1978年秋天，磁县文化馆在大塚营村北，发现了东魏武定八年（550）长广郡公高湛之妻茹茹公主大型壁画墓；消息传来，令我兴奋不已；我立即赶赴磁县参观了发掘现场，并与省、地、县的文物考古同行，共同拟订了周密的工作计划，将了解该墓壁画列为此次发掘的首要任务。经历了近十个月的艰苦工作，终于达到预期目标，使得这座东魏大墓的墓道、门墙、甬道、墓室等各部位的残存壁画全面加以清理。我院工笔画家王定理先生主持临摹工作，总共临摹了近150平方米东魏墓室壁画（图1），填补了中国绘画史上东魏画迹的空白[3]。由于首次获得北朝大墓墓道壁画的完整资料，从而为探讨唐代大墓墓道壁画制度的渊源，提供了最重要的例证。其次，80年代初期，山西省及宁夏回族自治区的文物考古工作者，分别在太原王郭村、固原深沟村，发掘了两座北齐、北周时代的有墓道壁画的大型

图1
东魏茹茹公主墓
墓道西壁壁画（摹本）
1.白虎
2.侍卫
3.棨戟架及仪仗人物

2

3

壁画墓，即太原北齐武平元年（570）东安王娄叡墓[4]和固原北周天和四年（569）柱国大将军大都督李贤墓[5]。前者共保存壁画约200平方米，基本上展现了该墓壁画的整体布局，其中墓道两壁分上中下三栏绘制的仪卫出行与归来队伍，以生活气息浓郁、绘画技艺精湛、善于刻画动态而享誉遐迩；后者的墓道（含过洞、天井）、墓室共残存壁画约40平方米，墓道壁所绘仪卫及墓室四壁所绘伎乐女侍，皆作等距离单个分布，与磁县东魏茹茹公主墓墓道所绘仪卫队列的布局相似，唯仪卫人数及仪仗规格逊于茹茹公主墓。第三，20世纪80年代后期，由中国社科院考古研究所与河北省文物研究所联合组成的邺城考古队，在磁县湾漳发掘清理了迄今所知规格最高、形制最大的一座北朝壁画墓，仅墓道两壁保存的壁画面积即达320平方米，每壁所绘由53人组成的仪卫出行场面，以气势雄伟、形神兼备、构图严谨著称；仪卫上方，描绘腾跃于莲花流云纹间的方相氏及众多神禽瑞兽，勾线挺劲，赋彩典雅，表现出丰富的想象力与卓越的技巧[6]。去年暑假，中央美术学院壁画系师生协助河北省文物研究所，根据揭取的壁画实物，完成了此墓壁画的临摹工作，这是一次认真学习民族绘画优秀传统的教学实习，值得称道肯定。此墓未发现墓志或哀册，根据墓形规格、地望、地面遗存及出土随葬品，结合史籍记载，有人推定它是乾明元年（560）入葬的北齐文宣帝高洋的武宁陵[7]，本人赞成这项推论。

现按年代先后顺序，将迄今见诸正式报道的五例北朝皇室成员与外戚显贵大型壁画墓排列如下：

（一）河北磁县大塚营东魏武定八年（550）长广郡公高湛之妻茹茹公主墓；

（二）河北磁县湾漳北齐乾明元年（560）文宣帝高洋武宁陵；

（三）宁夏固原深沟村北周天和四年（569）柱国大将军大都督李贤墓；

（四）山西太原王郭村北齐武平元年（570）东安王娄叡墓；

（五）河北磁县东槐树村北齐武平七年（576）冯翊王高润墓。

排列结果表明：在我国古墓壁画发展史上，于墓道两壁绘制主题鲜明的壁画，将东汉魏晋时期流行的旨在炫耀墓主人生前显赫地位的步骑仪卫出行画面，从墓室移至墓道，这项划时代的变化发生在6世纪中叶的北朝后期。现知最早的实例是东魏末年的茹茹公主墓，其次就是高洋的武宁陵，两例皆出自邺都附近的磁县，此乃东魏北齐时代邺都壁画艺术领风气之先的缘故。

从茹茹公主墓与高洋武宁陵墓道壁画的题材内容来看，两者的共性十分明显，其墓道两壁皆绘青龙、白虎为前导，后随人数众多、手执骨朵与戟幡的仪卫队列，后端绘廊屋状的兵阑列戟，仪卫上方画腾跃抓挐状的方相氏（古代宫廷傩仪之主角）、持莲方士、神禽瑞兽及莲花、流云，墓道路面描绘象征地毯的花草图案或莲花、缠枝忍冬图案；墓道后端的门墙上，皆画大朱雀、方相氏、莲花、摩尼等图样，寄寓着辟邪升仙之愿望。当然，在仪卫数量、仪仗规格、神兽种类等方面，高洋的武宁陵优于茹茹公主墓，正如宿白先生在论述娄叡、高润两墓与寿阳北齐厍狄迴洛墓之差异时曾指出的那样，这是当时“最高官阶内，依然高下有别，等级森严”[8]的表现。

再从构图形式来看，茹茹公主墓墓道两壁所绘之仪卫作等距离单个分布，呈夹道相对而立状，给人以静穆之感；高洋武宁陵墓道两壁所绘之仪卫做列队向南行进状，人物顾盼呼应，其构图于严谨之中兼有生动活泼，恰如其分地再现了北齐皇帝仪卫队列庄严雄伟之气派，运动感较强。这种区别，不排除画师技艺水平高低有别的因素，但也有可能这是当时并存的两种形式（或两类粉本）。因为北周李贤墓的仪卫构图基本上采用了茹茹公主墓的静穆形式；而北齐后期的娄叡墓步骑仪卫出行归来图，人物与驼马作疏密相间、主从有序、掩映错落的画法，运动感进一步增强，这是在继承武宁陵仪卫构图形式的基础上又有创造发展的结果。

陈寅恪先生在《隋唐制度渊源略论稿》一书中，曾详述隋唐制度及文化多上承北魏、北齐的现象。宿白先生在《太原北齐娄叡墓参观记》一文中，也说“北齐因袭后魏制度，隋唐又多采北齐之法”。[9]通过磁县东魏茹茹公主墓与北齐武宁陵的清理发掘，可以看到唐代阿史那忠墓、苏定方墓、懿德太子墓于墓道前端画青龙、白虎，后随步骑仪卫，天井两壁画列戟的内容与布局方式，在东魏、北齐的皇室大墓中已经开始流行。因此，磁县发现北朝大型壁画墓，对于探讨唐墓壁画渊源问题的重要价值，是无须赘述的。

原载《文物》1996年第9期

注　释

[1] 磁县文化馆：《河北磁县东陈村北齐尧峻墓》，《文物》1984年第4期。

[2] 磁县文化馆：《河北磁县北齐高润墓》，汤池：《北齐高润墓壁画简介》，

《考古》1979年第3期。

[3] 磁县文化馆：《河北磁县东魏茹茹公主墓发掘简报》，汤池：《东魏茹茹公主墓壁画试探》，《文物》1984年第4期。

[4] 山西省考古研究所、太原市文物管理委员会：《太原市北齐娄叡墓发掘简报》，《文物》1983年第10期。

[5] 宁夏回族自治区博物馆、宁夏固原博物馆：《宁夏固原北周李贤夫妇墓发掘简报》，《文物》1985年第11期。

[6] 中国社会科学院考古研究所、河北省文物考古研究所邺城考古工作队：《河北磁县湾漳北朝墓》，《考古》1990年第7期。

[7] 马忠理：《磁县北朝墓葬——东魏北齐陵墓兆域考》，《文物》1994年第11期。

[8] [9] 宿白：《太原北齐娄叡墓参观记》，《文物》1983年第10期。

魏晋南北朝的
墓室壁画、石刻线画及模印砖画

魏晋南北朝时代是绘画艺术空前繁荣的阶段。由于历经沧桑，传世的卷轴画已经寥若晨星。石窟寺内保存至今的佛教壁画虽有相当可观的数量，因受宗教题材与外来粉本的限制，反映社会生活的内容较少。因此，从20世纪初叶以来陆续发现的魏晋南北朝墓室壁画——一种在“事死如事生”观念驱动下，既为炫耀已逝者生前社会地位与享乐生活，也为了祈求亡灵安全而创作的纪念性壁画，以及性质相同的石刻线画与模印砖画，就成为了解这个时代绘画艺术不可或缺的珍贵资料。

一、墓室壁画

魏晋南北朝的墓室壁画，可以大致划分成魏晋十六国时期与南北朝时期两个阶段。

在第一阶段，由于洛阳、长安屡遭兵燹灾祸，中原人口纷纷向东北、西北及江南地区迁徙，故而在东北、西北地区发现壁画墓较多，中原及江南地区发现极少。

东北地区的魏晋壁画墓，主要分布在辽东郡治辽阳近郊及朝阳、北票等地。在辽阳三道壕附近的曹魏至西晋壁画墓中，壁画直接绘在石壁上，不施地仗层。题材有墓主夫妇家居宴饮、乐舞百戏、牛车出行、楼阁宅第、庖厨、门卒等。以魏令支令张君墓为例，家居宴饮图（图1）绘于右耳室之正、侧壁，画面有堂屋三

图1
张君墓壁画家居宴饮图
（摹图）
魏晋
辽阳三道壕

间，男墓主戴三梁冠坐右间之床榻上，前置几案，后设围屏，榜题“□□支令张□□”；中间屋内坐“□夫人”，左间屋内坐“公孙夫人”，两位夫人额前有花饰，头上插发簪；男女主人身旁皆有侍仆丫鬟。

约属东晋时代的壁画墓，在辽阳市上王家村、朝阳市袁台子均有发现。朝阳袁台子东晋石室壁画墓，以壁画题材丰富、保存状况良好著称。壁画内容有日月星云、四神、门吏、墓主夫妇宴饮、宅第、庖厨、祭奠奉食、狩猎、牛耕、车骑（牛车）出行等。画中妇女挽高髻，贯朱笄，发饰十分华丽。辽阳上王家村壁画墓之题材风格与朝鲜安岳东晋永和十三年（357）冬寿墓颇相似（图2），墓主执麈尾的习俗则与云南昭通东晋太元十余年（386－394）霍承嗣墓相同，墓葬年代当属4世纪后半叶。朝阳袁台子壁画墓残存狩猎画面中，一骑士头戴黑帻，弯弓欲射奔窜之群鹿与黄羊，下方绘山峦树木，这种“人大于山”的狩猎画面，已开高句丽壁画及敦煌石窟北朝壁画狩猎图之先河。

属于十六国北燕时期的壁画墓，在辽宁省北票市西官营子、朝阳市大平房等地均有发现。以北票西官营子北燕冯素弗夫妇墓为例，它是同冢异穴的长方形石椁墓，墓主是北燕主要统治者之一。冯素弗卒于北燕太平七年（415）。两墓石椁内壁与顶盖均在白灰面地仗层上彩绘壁画，其布局是：椁顶绘日月星辰，四壁绘人物、出行、家居、建筑物、黑犬等。一号墓所画头戴三梁冠，白面微须，容貌清秀者，当是冯素弗像。二号墓北壁家居图中，画18名侍女，皆挽高髻，上身着襦，下系彩裙；轩车出行图中，也画10多名侍女，有的手捧器物，有的手执麈尾、团扇、华盖等仪仗，场面显赫非凡。值得附带提及的是，冯素弗墓中出土有锤锞着坐佛、火焰纹身光及两个捧物供养人的金冠饰片，足证十六国北燕时期鲜卑族统

图2
冬寿墓壁画
东晋永和十三年（357）
朝鲜高句丽安岳三号墓
墓主人（左）
群官行进（右）

治者已崇奉佛教。

吉林省集安市与辽宁省桓仁县发现的高句丽壁画墓，是我国魏晋南北朝时代墓室壁画遗迹的重要组成部分。早期的高句丽壁画墓相当于东晋十六国时期（4世纪中叶至5世纪初）。集安地区主要分布在洞沟附近，以集安万宝汀墓区1368号墓、舞踊墓及角抵墓为代表。筑墓石材粗糙，墓壁以白灰作地仗层，然后彩绘壁画，题材内容比较简洁。舞踊、角抵二墓，顶部绘日月星辰、奇兽飞禽、飞仙莲花；四隅影作斗拱图样；四壁绘墓主人夫妇宴饮、歌舞、角抵、牛车出行、狩猎等（图3）；左右耳室绘树木。壁画以表现王公贵族享乐生活为主题，采用风俗画的形式，这些都明显地受内地魏晋墓室壁画的影响；舞踊墓的狩猎画面，具有“人大于山”“群峰之势若钿饰犀栉”等魏晋山水画特点；人物服饰则展示了鲜明的高句丽民族特征。20世纪90年代初，辽宁省桓仁县城南雅河乡米仓沟村发现的高句丽积石封土型壁画墓，壁画绘于墓室四壁及藻井上，画面主体是硕大的莲花图案，此外还有流云纹、双龙交叉纹图案等，装饰风味很浓。

1

2

3

4

图3
集安高句丽壁画
4世纪中叶至5世纪初
1.墓主夫妇宴饮（舞踊冢）
2.歌舞（舞踊冢）
3.狩猎（舞踊冢）
4.角抵（角抵冢）

河西地区魏晋十六国时期的壁画墓，分布在甘肃酒泉、嘉峪关、高台、敦煌及新疆吐鲁番盆地的阿斯塔那、哈喇和卓等地。壁画以描绘农耕、畜牧、燕居、坞壁等现实题材为主，笔法简练豪放，生活气息浓郁（图4）。

酒泉市丁家闸五号墓出现通壁之大幅壁画，在河西地区壁画发展史上具有承前启后的重要意义。该墓砖壁施草泥、黄土地仗层，然后彩绘壁画。前室顶部绘复瓣莲花藻井，以下壁面用土红色栏线分作五层：第一层无彩绘；第二层的四壁中央皆画倒悬龙首，东壁绘内立三足乌的红日及东王公，西壁绘内有蟾蜍的满月及西王母（图5），旁立手执曲柄华盖的侍

1

2

3
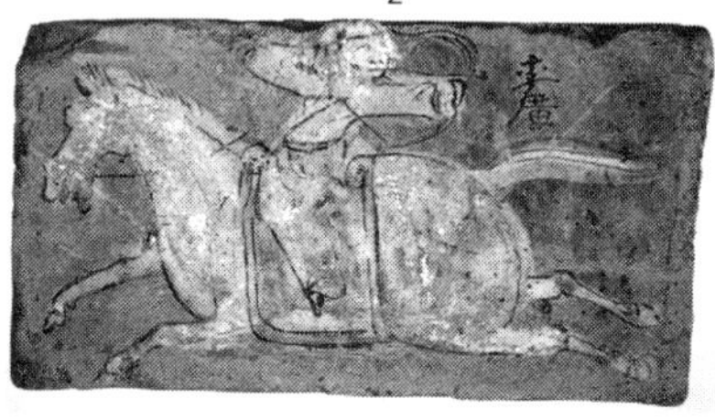
4

图4
河西魏晋砖画
1.坞壁（嘉峪关新城一号墓）
2.屯垦（嘉峪关新城一号墓）
3.狩猎（高台骆驼城）
4.李广骑射（敦煌佛爷庙）

女，并有九尾狐、三足乌腾跃于西王母座前，北壁绘飞驰的神马，南壁绘奔腾的白鹿；这些画面的上方皆绘卷云纹，下方皆画重峦迭嶂，并有羽人、青鸟、神兽出没其间，形象地反映了魏晋时期天国仙界的观念；第三、四层以后壁所绘宴乐场面为中心，描绘了墓主人家居宴乐、牛车出行、厨炊、坞壁、农牧生产等人间现实生活；最下部的第五层，画四只驮负大地的神龟。后室壁画分三层，上层画卷云纹，中下层画奁盒、弓箭、便面、拂子、丝束、绢帛等财物。值得注意的是：墓主人头戴进贤冠、手执麈尾、凭几而坐的形象，出行所乘的牛车（通幰车），女乐伎的多环形发髻，与辽阳、北票、昭通等地东晋十六国墓室壁画相仿，山峦树木的画法和朝阳袁台子东晋墓壁画亦颇相似，时代特征十分鲜明。这种情况表明，即使在豪强割据、关河阻隔的情况下，文化面貌的一致性仍然占有主导地位。

中原及南方地区的魏晋壁画墓仅有零星的发现，但皆有榜题文字。河南省灵宝县坡头村发现的晋代壁画墓，前室砖砌券门上方残存着车马出行画面，有“部郎”“世奇绥将军”“方玉珍笔陈留公”“南部常（尚）书”“北地”“龙凤建义将军司□妻庞”等榜题。浙江省上虞县东关，曾发现东晋“太宁”（323－325）壁画墓，残存有人物、凤乌等彩绘形象，遗憾的是发现于抗日战争的烽火岁月，未曾留下图像资料。云南省昭通市后海子曾发现东晋太元十余年（386－394）霍承嗣

图5
西王母及天庭图
十六国·北凉
酒泉丁家闸五号墓
西壁第二层

壁画墓，墓主曾任“建宁、越巂、兴古三郡太守……使持节都督江南交、宁二州诸军事”，壁画技法虽然比较拙稚，但对研究当时西南地区的生活习尚与民族关系，具有重要价值。

第二阶段即南北朝时期的墓室壁画，主要发现于河南、河北、山东、山西、陕西、宁夏、吉林等省区。在墓室壁画发展史上具有重大意义的现象，是若干皇室贵族的大型墓中出现了巨幅的墓道壁画，这不仅增加了墓室壁画的面积，而且扩大了壁画题材的容量，也便于画家艺术才能的发挥。

属于北魏和东魏、西魏的壁画墓，有河南洛阳北魏江阳王元乂墓、孟津北陈村北魏安东将军王温墓，陕西咸阳胡家沟西魏侯义墓，河北磁县东陈村东魏尧氏赵郡君墓、景县东魏高长命墓、磁县大冢营东魏茹茹公主墓等六座。其中，洛阳北魏孝昌二年（526）元乂墓和磁县东魏武定八年（550）茹茹公主墓的壁画题材具有代表性，两者互为补充，可以窥见当时墓室壁画的全貌。元乂墓墓室穹隆顶上绘星象图，有星辰300余颗，彼此有连线构成星座，多数可以证认；图中有银河纵贯南北，西侧画周绕环鼓的雷神，东侧画雨师车；穹隆顶下沿绘代表四方的四神图像。东魏茹茹公主身份显赫，墓室结构宏伟，存壁画将近150平方米；墓道路面绘象征地毯的花草纹图案，墓道两壁前端绘青龙、白虎，中后段画仪卫行列，每壁14人，做夹道相对肃立或端坐姿态；肃立者像高190厘米，头戴小冠，足穿麻鞋，手执骨朵或幡戟；端坐者像高约95厘米，皆拥盾坐于廊屋状兵阑之后。墓道后段上栏画方相氏、羽人及凤凰。门墙画朱雀及方相氏。甬道两壁，画执剑门官、奏事属吏及执鞭驭手。墓室穹隆顶所绘天象多已塌毁，仅残存下沿的四神及山峦树木；墓室四壁绘茹茹公主家居生活景象，通过属吏问安、伎侍盈室之画面，刻意表现墓主尊贵身份。壁画布局严谨，场面壮阔，画仪卫具有威严肃穆的气势，写鬼神则有满壁风动的效果，堪称东魏墓室壁画之杰作。

北齐的墓室壁画极为宏伟壮丽，积累的资料亦甚丰富。北齐大型壁画墓主要分布于河北磁县和山西太原附近，前者地处邺城西北郊，是北齐皇室贵族陵墓区；后者为北齐陪都晋阳所在，是鲜卑贵戚的根据地。此外，近十多年在山东济南、临朐等地，又发现几座北齐中小型壁画墓，使我们对北齐墓室壁画的等级规格有了初步的了解。

北齐皇室贵戚的大型壁画墓，以磁县湾漳村某帝陵墓、磁县东槐树冯翊王高润墓、太原王郭村东安王娄叡墓为代表。磁县湾漳村大墓其规格超过茹茹公主墓与高润墓；墓南80米处尚存通座高3.6米（附注：此石刻拄剑仪卫之高度已经核实）的石刻拄剑仪卫一尊，亦为磁县其他北朝大墓所未见；出土陶俑等随葬品有着鲜明的北齐特征，故可推定为北齐某帝之陵墓。此墓墓道两壁、路面及门墙等处，保存壁画总面积约450平方米，壁画题材与茹茹公主墓基本相似，唯仪仗行列更加庞大壮观，队列做向南行进状，其艺术水平与生动程度堪称同期墓室壁画之冠。高润是高欢的第十四子，武平六年（575）卒，次年入葬，该墓墓室顶部画天象流云，后壁绘高润端坐帐内，两旁各有6名手执华盖、羽葆或捧物进献之侍卫；左壁绘牛车出行，右壁残存扈从2人；甬道与墓道亦有壁画，因故未清理到底，壁画内容不详。娄叡是高欢妻娄后之内侄，是北齐最显贵的外戚，生前封为东安郡王，卒葬于武平元年（570）。该墓墓道两壁，分上中下三栏，绘仪卫出行与归来场面，队列中有成群的驼马、分组的骑卫、吹角的乐队（图6），此乃鲜卑贵戚外出从行部众的写照，画面主从有序，节奏感强，有很高的艺术水平，论者以为很可能出自擅画鞍马人物的北齐宫廷画家杨子华的手笔。

北周的墓室壁画以宁夏固原深沟村李贤墓最为重要。李贤是关陇统治集团的显要人物，又是北周武帝宇文邕的义父，曾任河州（洮州）总管及瓜州原州刺史，卒葬于天和四年（569）。该墓过洞和甬道口上方，绘巍峨的门楼；墓道两壁，各画10名仪卫，皆头戴小冠，身着明光铠或宽袖风衣，足穿麻履，做拄举仪刀、夹道相向而立姿态，其经营位置与布局方式酷肖东魏茹茹公主墓墓道壁画。墓室四壁绘女侍、伎乐多人，女侍手执团扇或拂子，伎乐或执桴击长鼓，或伸手拍羯鼓，神态安详自若。壁画勾线挺劲，人物脸面衣纹施晕染。此外，20世纪50年代初，在陕西省咸阳市底张湾曾发现北周建德元年（572）杜欢墓壁画，残存男女侍从形象，风格与李贤墓相似。

吉林省集安地区高句丽中晚期壁画墓，年代属5世纪中叶至6世纪中

图6
仪卫出行与归来图
北齐武平元年（570年）
太原王郭村娄叡墓墓道西壁
步骑仪卫（左）
吹角（右）

叶，与南北朝时代大致相当。中期的高句丽壁画墓以洞沟十二号墓（马槽冢）、麻线沟一号墓、长川一号墓、三室墓等为代表。其平面结构与早期相仿，但增加双室与三室墓；墓顶砌法通常在平行内收的叠涩顶上出现一至二层小抹角，然后盖以巨石。壁画仍绘在白灰皮地仗层上，题材仍以表现墓主人生活起居的宴饮、乐舞、出行、狩猎为主，但增加了戎装战斗、侍卫、礼佛等新题材，有的墓在顶部抹角石上画四神、托梁力士形象，有的在墓室四隅画兽面人身鸟爪的方相氏，祈求亡灵的安全日渐成为墓室壁画的重要内容。长川一号墓前室右壁以巨大的幅面描绘舞乐百戏与山林逐猎活动，展现了高句丽社会生活的众多方面；前室藻井第二层顶石所绘之墓主礼佛与供养菩萨像，具有北魏中后期的风格特征，为探讨佛教艺术之东渐，提供了极珍贵的资料。晚期的高句丽壁画墓，以四神墓及五盔坟4号、5号墓为代表。墓形平面均作方形单室短甬道的结构，顶部作双层抹角叠涩，形成斗四、斗八藻井；筑墓石材修琢平整，壁画直接绘在石壁面上。反映社会风俗的生活图像几乎绝迹，甬道壁上绘力士，墓室四壁画巨幅四神，其衬地绘莲花火焰网状图案，部分图案中央有头戴笼冠、褒衣博带、手执团扇或麈尾的人物，四隅画逐疫驱祟的方相氏，梁枋绘忍冬纹或蛟龙图案，抹角石侧面绘人面蛇身的日月神及乘龙驾凤的伎乐仙人，并有锻铁制轮人及握笔作画的仙人，盖顶石绘盘龙或龙虎盘绕。这种以神灵鬼怪为主题的壁画，是高句丽王国后期阶级矛盾激化的反映。绘画风格与中原地区北朝晚期之墓室壁画极为相似，传统的高句丽服饰消失，说明集安地区与中原的文化联系更加紧密了。

南朝时期罕见壁画墓。迄今仅知河南省邓县学庄村画像砖墓保存有少量彩色壁画（图7），如该墓券门上方画饕餮面及飞仙，券门两侧各画一名拄剑门吏，形象准确，赋彩庄重典雅。墓内有“部曲在路日久……家在吴郡”之墨书题记，故而列入南朝墓。

图7
兽面、飞天与门卫
南朝
邓县学庄村画像砖墓

二、石刻线画

广义的石刻线画发端于新石器时代的玉石雕刻纹饰及凿刻岩画。狭义的石刻线画是专指施刻在石飨堂（即享堂）、石棺椁、石墓志上的画面。它始于两汉，鼎盛于南北朝、隋唐时代。

出土文物表明，北魏的石刻线画具有很高的艺术水平。著名的宁懋石室，是北魏横野将军、甄官主簿宁懋与妻郑氏合葬墓前的石飨堂，约建于孝昌三年（527），1931年出土于洛阳北邙山翟泉村，现藏美国波士顿艺术博物馆。石室高138厘米，面阔200厘米，进深78厘米，由八块石板组成，门外两侧各刻一幅武士画像，头戴鹖盔，身披铠甲，手握剑戟及盾牌，做怒目裂眦、相对挺立状；边框内侧分别刻有“孝子宁万寿”“孝子弟宁双寿造”题记（图8）。山墙左外壁，上方刻孝子丁兰刻木事亲故事，下方刻帝舜故事。山墙右外壁，上方刻董永卖身葬父、织女下凡相助故事，下方刻西汉馆陶公主与董偃近幸故事。后墙外壁刻庖厨图，画面有房屋、帷幔、井栏、灶台及各种炊事饮食器皿，男女侍仆各司其职，近景与远景皆有树木花草点缀其间，生活气息极浓。室内右侧山墙刻铠马仪仗，左侧山墙刻牛车出行；室内后壁（正壁）刻宁懋夫妇画像3幅，宁懋戴垂缨贯笄笼冠，着褒衣博带式服装，器宇不凡，姿态颇为生动。其雕刻技法属减地阴线刻。

洛阳出土的北魏晚期画像石棺，累计总数将近10具。其中，有的已流出国外；有的仅存画像拓本，实物下落不明；尚存国内者，分别收藏于洛阳、开封、西安博物馆。石棺由棺盖、棺底、前档、后档、左右棺帮等六块石板按榫卯装配而成。棺盖外表，通常刻着守护神或常羲、羲和；棺盖里面，绘刻日月星象；前档多刻门阙卫士，门楣部位刻朱雀；后档刻玄武；棺底前端，中央刻兽头，左右刻青龙白虎，棺底后端中央刻莲花，左右亦刻青龙白虎，棺底两侧边多刻形象诡异的辟邪神兽；左右两帮的雕刻画面最大，内容最丰富，按画面主题可以大致区分成孝子棺与升仙棺两类。孝子棺曾出土两具。其一现藏美国堪萨斯城纳尔逊美术馆，长223.5厘米，高62.5厘米；两帮共刻六则带榜题的孝子故事，右帮为“子舜”“子郭巨”“孝孙原穀”（图9），

图8
宁懋石室石刻线画武士
北魏孝昌三年（527）
洛阳北邙山翟泉村
美国波士顿艺术博物馆藏

图9
石刻线画孝孙原穀
北魏晚期
洛阳
美国堪萨斯城
纳尔逊美术馆藏

左帮为“子董永”“子蔡顺”“尉（王琳）”。这具画像石棺，在刻画人物动态与呼应关系方面，在描绘故事特定场景方面，均有很高的艺术水平。另一具孝子棺，原物下落不明，洛阳尚存该棺石刻画像之拓本，其封套有墨书“元谧石棺”字样；石棺两帮共刻孝子故事十则，均有榜题，右帮刻丁兰、韩伯余（榆）、郭巨、闵子骞、眉间赤故事，左帮刻孝孙（原穀）、帝舜、老莱子、董笃、伯奇故事；其中，眉间赤、伯奇两则故事刻双榜，余皆单榜。不同故事之间，用树木分隔。两帮中央刻铺首衔环图案，每帮前后皆刻方框形窗户，表示灵魂出入之通道，方框内皆刻一男一女的半身像，可能代表墓主人。左帮上方刻青龙、神兽及乘凤举旌之侍从，右帮上方刻白虎、神兽及乘鸾举旌之侍从，并有流云、莲花穿插其间。这两具孝子棺均用减地阴线刻的技法，艺术水平相伯仲，题材内容则后者更为丰富。

升仙棺共发现两具。其一出土于洛阳北郊上窑村，现藏洛阳古代石刻艺术馆，长240厘米，高103厘米；棺帮部位刻长卷式的墓主乘青龙、白虎升仙画面（图10），前有飞天状之羽人导引，后随乘龙乐伎或骑凤仪仗，画面周围缀以流云、神兽、山林、花草，构图繁密，线条流畅、充满飞升流动之气势，艺术水平极高。其二，现存开封市博物馆，升仙题材相同，唯画面内容比前者简洁，雕刻技巧则稍逊。此外，现存洛阳、西安两地的几具龙虎纹画像石棺，可视为升仙棺的简化形式。

北魏的石刻线画亦施刻于石棺床的支足及栏板上。属于北魏前期者，以山西大同出土北魏孝文帝太和八年（484）“冀州刺史、琅琊康王”司

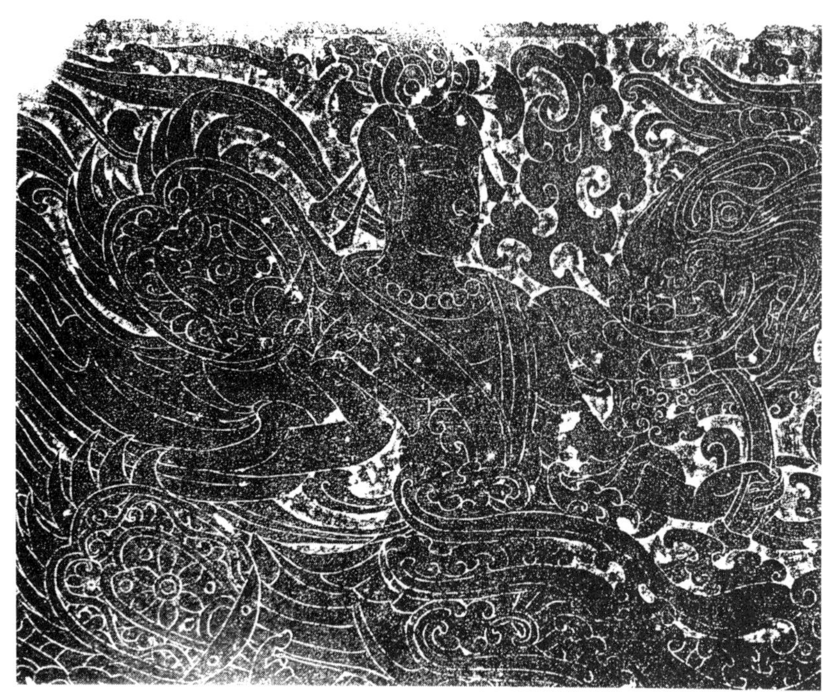

马金龙墓石棺床为代表，它用高浮雕技法在床足前立面雕承托状的力士，床帮部位雕忍冬图案及伎乐、龙凤等形象。北魏后期的画像石棺床，以现存洛阳古代石刻艺术馆者为代表，其栏板内面刻若干单幅式的墓主人家居宴乐、铠马出行、牛车出行、孝子故事等画面，床足刻铺首、方相氏及护法金刚等。

图10
石刻线画驭虎升仙
北魏晚期
洛阳北郊上窑村

洛阳出土的北魏墓志，有的在志盖之盝顶四坡刻四神形象；有的在志盖四周立面刻多种驱鬼逐疫神兽。其中最著名的是正光三年（522）冯邕妻元氏墓志，神兽之榜题甚多，有蛿螭、拓远、攫天、拓仰、乌获、瓣电、攫撮、长舌、掬远、回光、啮石、擭天、掣电、懼憘、寿福、挠撮等（详见赵万里《汉魏南北朝墓志集释》第三册，第36—37页），对考释当时神兽画像有重要参考价值。

近十多年来，有关北朝石刻线画的新发现，当首推山东省青州市五里乡傅家村出土的北齐武平四年（573）石椁阴线刻画像，包括骑马出行、牛车、饮食、商谈、商旅驼运及象戏等反映现实生活的画面，是当时东部沿海地区与西域中亚地区有着紧密的经贸文化联系的写照。

三、模印砖画

模印砖画是流行于江南地区东晋南朝大墓的装饰画，由汉代画像砖演变而成，题材与用途和墓室壁画相同，故而有人称之为砖印壁画。主要分布于江苏南京、镇江、丹阳、常州、邗江等地，此外，河南邓县亦有重要发现。其制作方法是：将画像按粉本预先阴刻在木板上，根据画面大小之不同，再将画像压印到多块或单块砖坯上，在砖坯之背面或侧面刻画顺序编号，经入窑烧制成砖，最后拼砌到墓壁上，构成浮雕式或凸线式的画面。

迄今所知较早的模印拼砌砖画出现于东晋时代。南京万寿村东晋永和四年（348）墓中的龙、虎图像，即由23块砖拼成，并有“龙”“虎啸丘山”之榜题。镇江市郊农牧场东晋隆安二年（398）墓的画像砖，题材更加丰富，既有青龙、白虎、朱雀、玄武等方位神形象，又有兽首乌身、人首乌身（疑是千秋万岁）、兽首人身（做持钩镰、刀剑状，疑是方相氏）、兽首噬蛇（疑是土伯）、兽首戴蛇等神怪，其驱鬼辟邪、祈求亡灵升仙之气氛甚浓。

南朝陵墓的砖画，出现了由数十块到数百块砖构成的巨幅画面。最重要的有四处：

1. 1960年在南京西善桥发现的约属刘宋后期的大墓，墓室东西两壁嵌砌着《竹林七贤与荣启期》模印砖画，该画分两段，各长240厘米，高80厘米，自内至外东壁为嵇康、阮籍、山涛、王戎四像，西壁为向秀、刘灵（伶）、阮咸、荣启期四像。

2. 1965年在丹阳胡桥鹤仙坳发现的南齐景帝萧道生墓，建造于建武元年（494）。此墓甬道两壁嵌有“狮子”砖画；墓室四壁按方位嵌砌四神图像；左、右两壁砖画分上、下两层，上层前段左壁为羽人戏龙，右壁为羽人戏大虎（图11），龙、虎上方有云气和飞仙，上层后段两壁各有半幅竹林七贤与荣启期砖画，两壁下层是一长列仪卫和侍从鼓吹砖画。此墓砖画按设计规划精密拼砌而成，体现了南朝大墓模印砖画的布局规律。

3. 1968年在丹阳胡桥吴家村及建山金家村发现的两座南朝大墓（墓主待考），墓葬形制和所砌砖画与鹤仙坳墓大致相同，保存状况良好，但竹林七贤的排列次序、称呼及细部形貌与南京西善桥发现者稍有不同。论

图11
模印砖画羽人戏大虎（局部）
南齐建武元年（494）
丹阳鹤仙坳南齐景帝墓

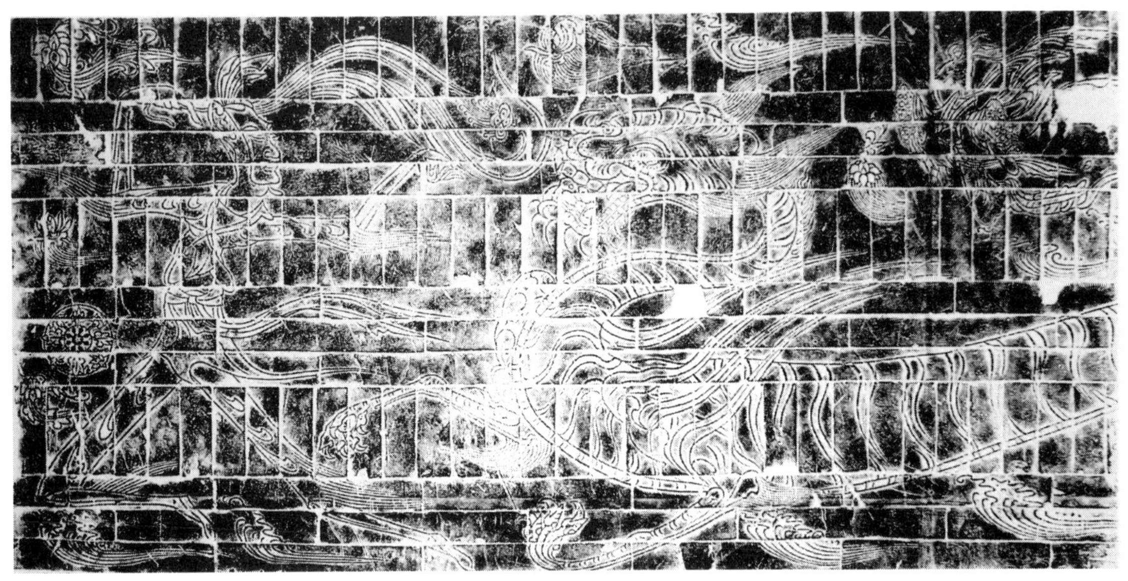

图12
模印砖画竹林七贤与荣启期（部分）
南朝·宋
南京西善桥
阮籍（左）
向秀（右）

艺术水平，以南京西善桥发现者为最高，既刻画了竹林七贤不拘礼仪、崇尚清谈、好游山林的共性，又表现出各自的特点。如砖画中的嵇康，做手挥五弦、目送飞鸿之状，成功地塑造了雅好音律、狂放不群的性格；阮籍有嗜酒能啸、任性不羁的特点；向秀好老庄之学，曾作悼念嵇康的《思旧赋》，砖画做闭目沉思状，亦颇贴切传神（图12）。这些人物皆具秀骨清像的特征，线条如屈铁盘丝。画史记载顾恺之、戴逵、陆探微均有《竹林七贤图》画作，不论此项砖画粉本出自何人之手，这批砖画是探讨东晋至南朝初期绘画面貌的珍贵资料。

4．1976－1984年间，在常州市戚家村、田舍村及邗江县包家村等地，先后发现南朝后期（约属梁、陈时代）画像砖墓，其甬道与墓室壁面嵌砌有狮子、凤凰、青龙、白虎、神兽、飞仙、千秋万岁、天禄辟邪、持刀武士、双丫女侍、仙女乘鹿、骑马出行、牛车仆从、莲花莲子、覆莲卷叶及小佛像、供养人等浮雕式模印砖画，较大的画面由四至七块砖组成，装饰华丽，气派不凡。值得注意的有两点：一是人物形象渐趋丰腴，有论者以为具有张僧繇的绘画风格；二是佛教题材明显增多，除大量莲花纹砖之外，邗江包家村出土小佛像砖更加引人注目。

1958年在河南省邓县学庄村发掘清理的南朝画像砖墓（不晚于梁代），甬道与墓室均用带莲花等纹饰的花纹砖砌成，并嵌砌模印加彩画像砖（图13），题材内容多达34种，可以大致区分为三类。第一类是神怪祥瑞画像砖，如四神、双龙、狮子、凤凰、麒麟、天禄、飞仙、千秋万岁、王子乔与浮丘公等；第二类是忠孝故事画像砖，如商山四皓、老莱子、郭巨等；第三类是出行仪仗画像砖，如男墓主骑马出行，后有铠马武士、鼓吹仪仗随从，女墓主乘牛车，后有牵牛、抬轿、运粮、举扇与抱茵褥女侍随从等。其中有以萨满巫师为前导的乐队画像砖，巫师形象与河北磁县、山西寿阳东魏北齐墓出土的萨满巫师陶俑颇为相似。此墓模印砖画艺术手

图13
模印加彩画像砖
南朝
邓县学庄村画像砖墓
1.郭巨
2.商山四皓
3.铠马武士
4.女侍

法严谨，线条劲健，画面简洁生动，具有较高的艺术水平。

原载罗宗真主编：《魏晋南北朝文化》，上海科技教育出版社、学林出版社2000年版

宣化辽墓壁画的若干地域特色

河北省张家口市宣化区是唐代雄武城（武州城）与辽代归化州城所在地[1]。1974—1993年间，河北省文物考古机构在宣化下八里村先后发掘了9座辽代晚期的砖砌壁画墓。其中7座（编号M1、M2、M3、M4、M5、M7、M10）有墓志出土，墓主姓名、籍贯、身世简历、家庭成员、宗教信仰、卒葬年代等均有明确记载；因遭盗扰而未见墓志的2座（M6、M9），根据其所处位置、墓室结构及壁画风格，亦可大致推定其营建年代。迄今学术界的共同看法是：宣化下八里村东北及村北的这片墓地，是辽代晚期汉人张氏和韩氏的家族墓地，营建年代在辽道宗大安年间至天祚帝天庆年间（1085—1120）。

辽代晚期的契丹贵族壁画墓，在内蒙古自治区库伦旗奈林稿乡前勿力布格村有比较集中的发现[2]。在中国古代墓葬壁画发展史上，宣化辽墓壁画与库伦旗辽墓壁画共同形成最后的艺术高峰，两者相较，既有相同之处，也有不少相异之处。

一、墓室结构及墓葬朝向的区别

宣化辽墓与库伦旗辽墓均属砖砌壁画墓，由斜坡墓道、天井、墓门、甬道、前室和后室（少数为单室）等部分组成，前室平面呈方形或长方形，后室平面呈八角形、六角形、圆形或方形。库伦旗辽墓通常在前室左右两侧设六角形耳室，宣化辽墓则不设耳室。最明显的区别在墓葬的朝向方面，库伦旗辽墓通常都是朝东偏南，与“契丹好鬼而贵日，……以东向为尊”[3]的习俗相吻合；宣化辽墓则全部朝南偏西，符合汉人坐北朝南的生活习俗。

二、墓葬壁画的绘饰部位不同

库伦旗辽墓壁画绘于斜坡墓道与天井的左、右两壁，以及墓门、甬道等部位，继承了北朝至隋唐上层封建贵族在墓道两壁绘制巨幅仪卫出行与归来图的传统。宣化辽墓壁画的绘饰部位则限于墓门、甬道及墓室诸壁，不见墓道壁画。究其原因，大概是辽代“以国制治契丹，以汉制待汉人”[4]的结果，更有可能是辽代葬仪等级使然。库伦旗前勿力布格村辽墓群，“地处辽圣宗之女越国公主的私城懿州境内，应为其丈夫萧孝忠族系的墓地”[5]，属于辽代外戚中最显赫的一支。宣化下八里村辽墓群之最重要人物是1号墓墓主张世卿和4号墓墓主韩师训。张世卿因在大安年间捐粟得爵而“特授右班殿直”[6]，韩师训则是“贸贱鬻贵……致家肥厚”[7]的商贾，其社会地位自然不能与契丹显贵相提并论。

三、备马出行（或归来）图之规模与内涵不同

我国从东汉时代开始，在墓葬壁画和画像石的表现题材中，车马出行图成为炫耀墓主人生前社会地位的重要形式，此风历魏晋南北朝至隋唐而长盛不衰。库伦旗一号墓、二号墓、六号墓、七号墓、八号墓[8]之斜坡墓道左右两壁，皆绘巨幅车马出行与归来图。以库伦旗一号墓为例，墓道北壁的出行图及南壁的归来图皆长22米，画面由20多人的庞大队列组成，包括出行先导、出行仪仗、侍从仆役、主人车骑（鞍马、小车、驼车并现）等内容。人物多数髡发，少数戴交脚幞头，各司其职，前后连贯，呈现了契丹显贵“四时捺钵”等出行活动的豪华阔绰场面，成为契丹腹地辽代晚期最具特色的壁画佳作。

宣化下八里村辽代汉人壁画墓群中，车马出行（或备马出行）图并不普遍，九座墓中仅三座（编号M1、M4、M5）绘有此图，出现概率仅为三分之一，这与此地墓主人生前多数未入仕途密切相关。曾任辽代“右班殿直”的张世卿，墓前室西壁所绘的备马出行图（图1），画一匹鞍鞯齐备的白马和五名有髭须的侍吏（其中四名戴幞头），鞯面绣着云龙纹，侍吏分别执鞭、荷伞、托帽、搭衣及头顶盛有饮食器皿之大盘，人物神情专注，白马矫健潇洒，为宣化辽墓壁画少有之佳作。图中侍吏之职司形态可以从库伦旗7号辽墓的出行归来图中见到相似的身影。因此，张世卿墓这幅备马出行图堪称辽代南面官接受契丹文化影响的最佳例证。张世古墓前室西壁的备马出行图，由三名头裹巾帻的侍仆及一匹白马组成，规格远逊于张世卿墓。韩师训墓前室西壁的车马出行图，由三人一马一驼车组成。画面左侧绘一名头裹巾帻、足穿麻履的马夫，做右手持鞭、左手牵马恭候状。画面中部绘一名身材矮小的髡发车夫，做右手举鞭、左手牵引驼车行进状。车后一人身材比较魁伟，头戴黑色圆顶软脚幞头，着袍束带，足登黑靴，

图1
备马出行图
辽天庆六年（1116）
宣化下八里
张世卿墓前室西壁

踌躇满志，笼袖而立。库伦旗七号辽墓归来图中墓主人姿态与此相同[9]，可证驼车后面这位笼袖而立者即是墓主人韩师训的形象。此车马出行图虽然绘有鞍马、驼车等辽代上等的交通*工具，但侍从仆役稀少，画面缺乏威仪，这是与韩师训的商贾身份相吻合的。

四、繁简有别的备茶图

在“事死如事生”（语出《左传·哀公十五年》）的丧葬观念影响下，厨炊宴饮是历代墓室壁画不可或缺的重要题材。辽上京附近的巴林左旗白音敖包墓东耳室壁画烹饪图[10]、敖汉旗康营子墓壁画备食图[11]，画面皆用三足铁锅烹煮肉食，操作者皆为髡发、着圆领袍的契丹人，炊具与食物皆具游牧生活的特点。库伦旗7号辽墓墓门过洞西壁所绘备饮图[12]，画面下部画一只青灰色的三足炭火盆，盆内放两把长颈壶；火盆旁的小方桌上，有绿花巾覆盖的饮具，此图表现的极有可能是为出行归来的主人备酒。

宣化下八里村营建于大安年间的张匡正墓、张文藻墓及六号墓、九号墓等四座壁画墓，均在前室东壁绘备茶图。前三座墓的备茶图保存比较完整，图中绘有带束腰仰莲座的圆筒形茶炉、茶碾、漆盘、茶饼、曲柄手锯、棕刷、茶匙（则子）、弓形火钳、小团扇、长颈执壶、盏托等碾茶、煮茶、饮茶的器具。图中人物多则八人，少则五人，男侍与男童多髡发，女童挽双髻，女侍挽花髻。背景有方桌、箱笼、酒坛等，有的方桌上置笔、砚、书籍。有的备茶图下部还画有奔跑嬉戏的小狗。从题材内容与人物形貌来看，这四座墓的壁画可能出自同一位民间画师的手笔。这种备茶图是辽代归化州特有的壁画题材，为契丹腹地所不见。

宣化下八里村张氏墓地西北组，营建于天庆六年（1116）、七年（1117）的张世卿、张世古及张恭诱墓，后室西壁或西南壁所绘的备茶图，不画碾茶情景，煮茶用的圆筒形茶炉被青灰色的五足（或三足）炭火盆所代替，火盆里置短颈执壶，方桌上置盏托等茶具，备茶情节明显简化。辽代大安年间至天庆年间，相距不到30年，归化州的饮茶习俗发生如此巨大的变化，其原因何在？值得进一步研究。

五、组合灵活的散乐图

散乐图是宣化辽墓出现概率很高的壁画题材之一，在已发掘的9座墓中，7座双室墓均在前室绘制散乐图。大安年间营建的张匡正墓、张文藻墓及六号墓、九号墓等4座墓，散乐图绘在前室西壁；天庆年间营建的韩师训墓、张世卿墓及张世古墓，则绘在前室东壁。乐队人数多寡与墓主身份高低密切相关，最多者12人，最少者5人。

张匡正在张氏家族墓中辈分最高，其墓中散乐图（图2）由8人组成，包括击大鼓1人，击长鼓1人，击拍板1人，吹觱篥1人，吹横笛1人，吹笙1人，弹琵琶1人，舞伎1人。图中人物以舞伎为基点，向后做扇形展开，疏密适当，构图优美；乐师皆女扮男装，戴簪花幞头，着彩色圆领长袍，腰系革带，足登黑靴；人物面颊施晕染，艺术水平较高。

张世卿墓的散乐图由12人组成，包括击大鼓1人，击长鼓2人，吹排箫1人，吹横笛2人，吹觱篥2人，吹笙1人，弹琵琶1人，击拍板1人，舞蹈1人。人物全戴叉脚幞头，乐师皆有髭须。画面饱满充实，人像准确生动，气氛庄重热烈，堪称宣化辽墓壁画首屈一指的杰作。

在契丹腹地的辽代显贵壁画墓中，未见这种组合有序、气派不凡的散乐图。在内蒙古自治区敖汉旗北三家一号墓的奏乐图及库伦旗三号辽墓门额部位所绘的乐舞图[13]中，只能见到击大鼓、吹觱篥、弹琵琶等少数乐师。由敦煌莫高窟初唐贞观十六年（642）第220窟阿弥陀经变之乐舞图中，可知辽代散乐的大部分乐器渊源于唐代。在河北曲阳五代王处直墓[14]、陕西彬县五代冯晖墓[15]的浮雕彩绘散乐图中，乐队组合更加丰富。因此，辽代散乐是沿袭唐、五代的乐舞表演形式而形成的。

宣化下八里村营建于大安年间的4座壁画墓，其散乐图中的乐师皆女扮男装，这种风气亦源于唐代。《旧唐书·舆服志》称：“开元初，从驾宫人骑马者，皆著胡帽，靓妆露面无复障蔽。

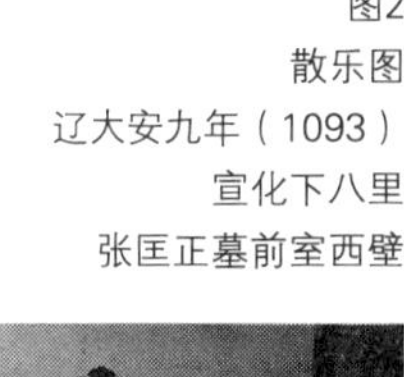

图2
散乐图
辽大安九年（1093）
宣化下八里
张匡正墓前室西壁

……或有著丈夫衣服靴衫者。”陕西长安唐开元六年（718）韦项墓石椁线刻的托盘侍女与抱壶少妇[16]，山西万荣唐开元九年（721）薛儆墓石椁线刻的捧盘、捧盒及捧包袱女侍[17]等，都是唐代盛行女扮男装风尚的例证。此外，河南禹县白沙北宋元符二年（1099）赵大翁墓前室东壁的散乐图[18]，11名女乐中有5名戴男装幞头，可见宣化辽墓壁画的女扮男装风气是受中原地区唐宋时代审美习尚影响的结果。令人费解的是，天庆年间绘制的散乐图全部改画幞头男乐，不知是何原因。

六、两幅罕见的婴戏风俗壁画

宣化辽墓有两幅婴戏壁画，其一为张匡正墓后室南壁半圆形拱门上所绘的儿童跳绳图。画面左右两侧各绘一摇绳的儿童，居中一儿童右腿屈起做跳绳状，面画虽已破裂成五块，但儿童天真活泼的神态令人过目难忘。其二为张文藻墓前室东壁与备茶图合绘于一处的捉迷藏图（发掘简报称之为“童嬉图”，图3）。画面右半部1名簪花侍女与3名男仆（其二髡发）承担备茶任务，又从悬篮中取桃；画面左半部躲藏在箱柜与方桌之后的4名儿童（其一髡发），正在窥探藏桃、取桃的秘密。通过这4名儿童的眼神与手势，还有从左向右奔跑着的小花狗，将图中两组人物的活动联系起来。画面饱含着民间审美情趣，寄寓着生生不息的祝愿，堪称辽代婴戏风俗画的珍贵遗迹。

图3
童嬉图
辽大安九年（1093）
宣化下八里
张文藻墓前室东壁

这种婴戏风俗画，始于唐，盛于两宋。湖南长沙铜官窑址出土的釉下彩绘儿童身穿肚兜、肩扛莲花的婴戏图瓷壶[19]，是唐代的优秀范例。到宋代，婴戏图成为民间瓷窑的重要装饰纹样，例如磁州窑瓷枕即有放风筝、骑竹马、抽陀螺等多种婴戏图样[20]。宣化辽墓这两幅婴戏图，是辽代燕云地区保持汉唐文化传统的又一例证。

七、宣化辽墓壁画普遍出现髡发形象的原因

宣化下八里村已发掘的9座辽代壁画墓中，除张世本墓（M3）之外，其余8座均绘有髡顶垂鬓的人物形象。他们通常出现在备茶、侍奉、门卫、乐舞、车马出行等画面之中，从事着碾茶、司炉、煮水、婴戏、守门、捧箱、歌舞、牵引驼车等活动。辽代汉人壁画墓群出现众多髡发的契丹人形象，主要原因有二：首先，辽代晚期汉人与契丹人已经通婚，如张世卿墓志记载，其孙张伸“妻耶律氏”，因此，备茶图或备茶婴戏图中，出现髡顶垂鬓的儿童与梳双抓髻的儿童一同劳作嬉戏的画面，就不足为奇了。其次，壁画中出现众多髡发契丹人的劳作画面，特别值得注意的是富商韩师训墓壁画，绘有拄骨朵的契丹髡发门吏、髡发车夫及髡发舞伎等形象，可能是辽代自始至终存在买卖奴婢现象的写照。据《辽史·兴宗纪》记载，重熙十五年（1046）正月，“禁契丹以奴婢鬻与汉人”。既然辽代统治者需要下令禁止，那么，买卖契丹奴婢就是辽代社会的现实存在了。

原载河北省文物研究所编《宣化辽墓壁画》，文物出版社2001年

注　释

[1] 宿白：《宣化考古三题——宣化古建筑·宣化城沿革·下八里辽墓群》，《文物》1998年第1期。

[2] 吉林省博物馆、哲里木盟文化局：《吉林哲里木盟库伦旗一号辽墓发掘简报》，《文物》1973年第8期；王健群：《库伦旗二号辽墓发掘散记》，《社会科学战线》1978年创刊号；哲里木盟博物馆、内蒙古文物工作队：《库伦旗第五、六号辽墓》，《内蒙古文物考古》1982年第2期；内蒙古文物考古研究所、哲里木盟博物馆：《内蒙古库伦旗七、八号辽墓》，《文物》1987年第7期。

[3] 《新五代史》卷七十二“四夷附录”。

[4] 《辽史·百官志》。

[5] 内蒙古文物考古研究所、哲里木盟博物馆：《内蒙古库伦旗七、八号辽墓》，《文物》1987年第7期。

[6] 河北省文物管理处、河北省博物馆：《河北宣化辽壁画墓发掘简报》，《文物》1975年第8期。

[7] 参见韩师训墓志，转引自宿白：《宣化考古三题》，《文物》1998年第1期。

[8] 库伦旗一、二、六号辽墓之备马出行图，《中国美术全集·绘画编12·墓室壁画》，文物出版社1989年版，图版157、158、160、161、164；库伦旗七、八号辽墓之归来图与出行图，内蒙古文物考古研究所、哲里木盟博物馆：《内蒙古库伦旗七、八号辽墓》，《文物》1987年第7期。

[9] 库伦旗七号辽墓墓主人像，见内蒙古文物考古研究所、哲里木盟博物馆：《内蒙古库伦旗七、八号辽墓》，《文物》1987年第7期。

[10] [11]项春松：《辽宋昭乌达地区发现的辽墓绘画资料》，《文物》1979年第6期。

[12] 内蒙古文物考古研究所、哲里木盟博物馆：《内蒙古库伦旗七、八号辽墓》，《文物》1987年第7期。

[13] 宿白主编：《中国美术全集·绘画编12·墓室壁画》，文物出版社1989年版，图版155、163。

[14] 河北省文物研究所等：《河北曲阳五代王处直墓之石雕彩绘散乐图》，《文物》1996年第9期。

[15] 杨忠敏、阎可行：《陕西彬县五代冯晖墓彩绘砖雕》，《文物》1994年第11期。

[16] 韦顼墓石椁线刻托盘侍女与抱壶少妇，《中国画像石全集8·石刻线画》，山东美术出版社2000年版，图版160、161。

[17] 山西省考古研究所：《唐代薛儆墓发掘报告》，科学出版社2000年，图版78、82、84。

[18] 宿白主编：《中国美术全集·绘画编12·墓室壁画》，文物出版社1989年版，图版138。

[19] 《中国大百科全书·考古学》，中国大百科全书出版社1986年版，图版第70页右下图。

[20] 张子英：《磁州窑瓷枕》，人民美术出版社2000年版，第26、278页。

第五单元 中国古代雕塑

中国古代雕塑概述

中国古代雕塑是指中国史前至清代以可塑或可雕刻的材料制成具有三维空间的造型艺术作品。圆雕与浮雕是其主要形式，此外尚有透雕、线刻等。依材料可分为泥塑、陶塑、瓷塑、木雕、玉雕、石刻、砖雕、骨牙雕刻、竹雕、金属铸像等众多品种，按用途大致可区分成纪念性雕塑、工艺装饰雕塑、建筑雕塑、园林雕塑、陵墓雕塑、明器雕塑、宗教造像、案头雕塑等不同门类。中国古代雕塑创作非常发达，各个历史时期在不同的雕塑领域有着辉煌的建树。

一、史前雕塑

中国在旧石器时代晚期已出现雕刻艺术品，如河北兴隆县的一处洞穴堆积中，曾出土两截刻画有复线水波纹及斜格纹的鹿角化石（图1），刻纹清晰优美，经测定距今13000年，是旧石器时代晚期骨雕艺术的珍贵实例。进入新石器时代后，陶塑与泥塑成为当时最流行的雕塑品种，此外还有玉雕、骨牙雕、木雕等品种。

陶塑与泥塑　新石器时代早期的陶塑以河南密县莪沟北岗出土的陶人头，浙江余姚河姆渡出土的陶人头、陶猪与陶羊，北京平谷上宅出土的陶猪头等为代表，造型比较拙稚。

仰韶文化、马家窑文化及大汶口文化的陶塑作品，多属工艺装饰雕塑，其中不乏优秀遗例。甘肃礼县高寺头出土仰韶文化的陶塑少女头像、陕西洛南出土人头形器口红陶壶、甘肃秦安大地

图1
刻纹鹿角化石
旧石器时代晚期
兴隆洞穴

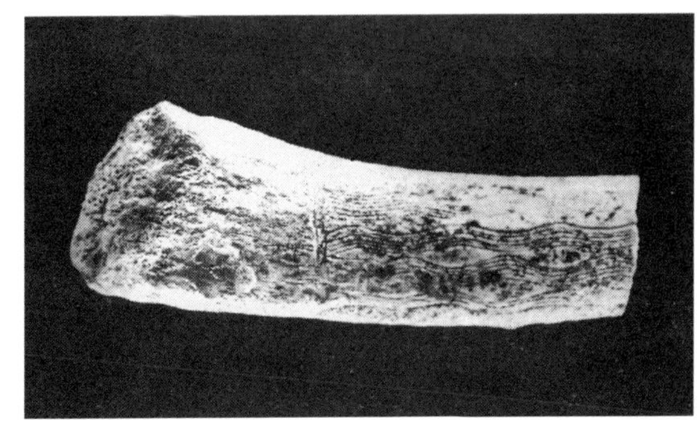

图2
浮雕陶人面
仰韶文化
扶风姜西村

湾出土人头形器口彩陶瓶、天水柴家坪与陕西扶风姜西村出土仰韶文化浮雕陶人面（图2）、甘肃东乡出土的马家窑文化半山类型人头形陶器盖，皆是各具特色的人像陶塑佳作。

辽宁喀左东山嘴与建平牛河梁遗址，相继出土小型陶塑孕妇像及与真人等大的泥塑女神头像，附近还发现形体更大的女性陶像残块。研究者普遍认为它们是丰收女神或地母神的形象。

在动物雕塑方面，陕西华县太平庄仰韶文化遗址出土庙底沟类型晚期的鹰形陶鼎、山东胶县三里河出土大汶口文化晚期的猪形与狗形陶鬶（图3）、江苏吴江梅堰出土良渚文化的水鸟形陶壶等，皆为实用与美观相结合的工艺雕塑，开商周鸟兽形铜尊卣造型之先河。此外，湖北天门邓家湾与黑龙江宁安莺歌岭等地出土的陶塑狗、象、猴、鸟、猪、熊等小动物，形象活泼，特征鲜明，体现了各地先民在捕捉动物神态方面的才能。

玉石雕刻 中国迄今发现最古老的石刻作品是河北武安磁山文化遗址附近采集的一件石刻人头，做瞠目张嘴状，五官造型夸张。辽宁东沟后洼屯遗址出土的小型滑石雕刻作品，包括半身人像、人兽复合头像、虬龙、石鱼等，形象古朴。四川巫山大溪、甘肃永昌鸳鸯池、陕西神木石峁等地皆出土带穿孔的浮雕玉石人面，呈现着瞠目吼叫姿态，或系巫术活动中用作驱邪逐疫的护身符。河北滦平金沟屯附近后台子红山文化遗址出土若干件石刻妇女像，皆作圆雕形式，高30厘米左右，脸型丰满，五官朦胧，乳房凸起，溜肩鼓腹，下肢蹲踞，仿佛临产孕妇，其含义当与辽宁喀左东山嘴出土的陶塑孕妇像相同，都是崇拜丰收女神的产物。

图3（下左）
猪形陶鬶
大汶口文化
胶县三里河

图4（下右）
碧玉龙
红山文化
翁牛特旗三星他拉村

史前玉雕以内蒙古翁牛特旗出土的碧玉龙（图4）与龙首玦，浙江余杭反山出土的神徽纹大玉琮与透雕神人玉冠饰最为精美，标志着红山文化与良渚文化玉石雕刻的卓越技艺。

骨雕、牙雕及木雕　兽骨象牙是狩猎经济的副产品，史前人们也将这些硬质材料用于雕刻。陕西西乡何家湾出土仰韶文化骨雕人头、浙江余姚河姆渡出土的双凤朝阳纹象牙饰牌与鸟纹骨匕、江苏吴江梅堰出土的鱼形骨匕，都是具有观赏价值的工艺雕刻品。河姆渡还出土圆雕小木鱼。

二、夏商周雕塑

夏商周时代除陶塑、玉石骨牙雕刻继续发展之外，青铜雕塑的成就尤为突出，东周的彩漆木雕亦颇足称道。商代和西周的雕塑，不论是圆雕或装饰性浮雕，均讲究左右对称，格调神秘瑰奇。至战国时代才突破这种程式，向着生动活泼的方向发展。

陶塑　夏代的陶塑以河南偃师二里头出土陶羊、陶虎、陶龟及陶蟾蜍为代表，用捏塑加利器锥划方法制成，形象朴拙，特征鲜明。商代前期的陶塑以郑州二里岗出土者为代表，有跽坐人像、陶虎、陶羊、陶猪、陶龟及陶鱼，品种增多。商代后期的陶塑人面形器盖，十分引人注目，在河北藁城台西与河南安阳殷墟发现的器盖上，塑着四个瞋目抿嘴、突颧尖颏的高浮雕人面。殷墟还曾出土带枷男女奴隶陶像，揭示了商代严酷的阶级关系。四川成都青羊宫商周遗址出土的捏塑陶虎，周身刻画斑纹，做昂首呼啸状，造型颇生动。东周晚期，出现以俑葬代替人殉的社会变革，在山东临淄与山西长治的春秋战国之际墓葬中，出土两组陶塑小型舞女、侍婢俑，工艺较粗率，但在刻画人物动态方面做出了可喜的尝试。

青铜雕塑　商代铸铜技艺卓越，青铜雕塑成就辉煌。1986年在四川广汉三星堆发掘一处商代后期祭祀坑，出土通高262厘米的青铜立人像和横径134厘米的特大神面像，还伴出数十件与真人等大的铜铸人头像（图5）

图5
青铜人头像
商代晚期
广汉三星堆祭祀遗址

图6（上左）
鸮尊
商代晚期
安阳殷墟妇好墓

图7（上右）
邓中牺尊
西周
陕西长安

图8（下）
牛虎形铜祭案
战国
江川李家山

与人面像，造型精美，格调奇伟，气势非凡。1989年冬，江西新干商墓出土长着犄角的青铜双面神头像，也是具有地区特色的商代铸铜杰作。此外，陕西宝鸡茹家庄出土的西周握圈小铜人、湖北随州曾侯乙墓出土编钟架上的钟镰铜人及河北易县燕下都出土的战国捧管铜人等，造型也都各具特色。

商周时代的鸟兽形铜尊、卣，是青铜工艺雕塑的优秀典范。商代的作品如湖南醴陵出土的象尊、湘潭出土的猪尊、宁乡出土的四羊方尊、安化出土的猛虎食人卣及河南安阳殷墟妇好墓出土的鸮尊（图6）等；西周的作品如陕西宝鸡出土的牛尊、长安出土的邓中牺尊（图7）、眉县李村出土的盠驹尊等，均于洗练的动物造型上饰以华丽的纹饰，显得格外庄重典雅。战国时代的作品如河北平山出土的错金银猛虎噬鹿铜器座、安徽寿县出土的错银铜卧牛及云南江川出土的牛虎形铜祭案（图8），则以生动活泼见长。

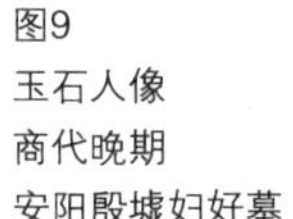

图9
玉石人像
商代晚期
安阳殷墟妇好墓

玉石雕刻　商代有着发达的玉石雕刻。河南安阳四盘磨与小屯妇好墓出土玉石人像（图9）甚多，高4－14.5厘米，跽坐者多，立姿者少；有的服饰华丽，有的仅在腹下系挂蔽膝，标志着不同的社会身份。妇好墓出土的黄玉跽坐人像，服饰考究，神态倨傲，雕琢精细。殷墟出土的石雕动物，多数用大理石雕成，形象有鸮、虎、熊、象、牛、鸬鹚、鸟、鸭、蝉、蛙、龟等，以造型匀称、格调庄重为特色。

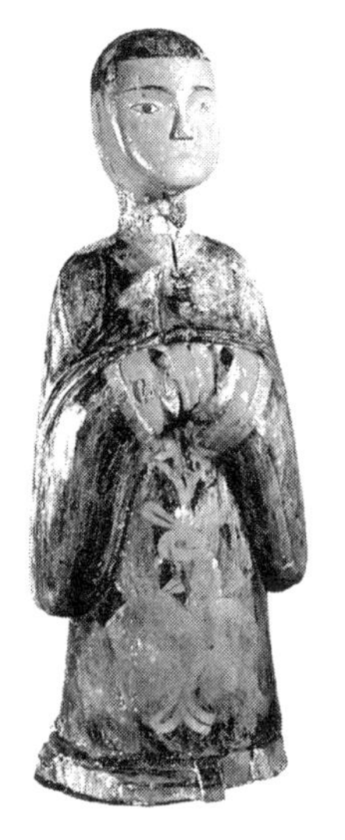

图10
木俑
春秋战国
长沙、信阳、江陵楚墓

西周玉石雕刻多为片状平雕作品。著名遗例有洛阳出土的玉人、甘肃灵台出土的人形玉凿、长安沣西出土的巨口獠牙兽面玉饰等。宝鸡茹家庄与长安张家坡出土的若干平雕动物形小石饰，具有剪影效果。春秋时代的玉雕，以河南光山黄君孟墓出土的玉人头、人面蛇身佩与玉虎佩为代表。战国玉石雕刻技艺益加精湛，安徽长丰与河北平山出土的龙、虎形佩，形式多样，造型矫健。安徽寿县出土的一对战国石卧牛，呈扭头蜷腿姿态，突破了商周以来造型对称的旧程式，是石刻艺术发展到新阶段的重要标志。

木雕与建筑装饰雕塑　在俑葬取代人殉的社会变革潮流推动下，战国的木俑制作日趋兴盛，《韩非子·显学篇》有“象人百万”的记载。湖南长沙、河南信阳、湖北江陵等地楚墓出土木俑（图10）甚多，或用单块木头雕刻而成，或用榫卯拼接手臂，姿态有立有跪。俑身或施彩绘，或着绢衣，其身份为侍仆或歌舞伎。楚墓出土的木雕动物，除了造型诡谲的镇墓兽之外，在湖北随县及江陵望山等地还出土卧鹿、禽兽座屏、鸳鸯盒及立凤卧虎形鼓座等，皆髹漆彩绘，显得富丽堂皇。

战国时代，建筑装饰雕塑有了初步发展。齐国流行树木对兽纹半瓦当，燕国流行对兽、饕餮纹半瓦当，秦国流行奔鹿纹与凤鸟纹圆瓦当，皆模印而成，浮雕式的动物图案生动有致。此外，河北易县燕下都还出土抵角兽纹砖与虎头形陶水管（图11），装饰效果颇佳。

图11
虎头形陶水管
战国
易县燕下都

1

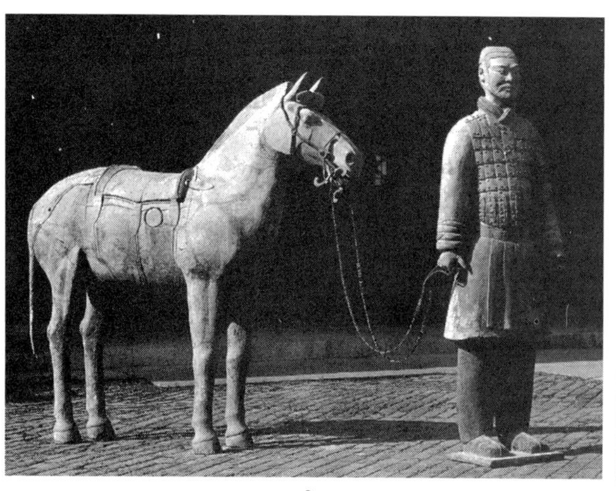
2

3

图12
武士俑
秦
临潼秦始皇陵兵马俑坑
1.步兵俑
2.骑兵俑
3.弩兵俑

三、秦汉雕塑

秦汉时代伴随着统一的中央集权制封建国家的建立与巩固，雕塑艺术被统治者视为宣扬功业的有力工具，得到蓬勃发展，在陶塑、大型石雕及青铜铸像等方面，成就尤为突出。

陶塑　秦代陶塑艺术的代表作是1974－1976年在陕西临潼西杨村秦始皇陵从葬坑发现的陶塑兵马俑。有武士俑7000多个、驷马战车100多乘、陶战马100多匹。形体与真人真马等大，用模制与手塑相结合的方法制成，外施彩绘，手法写实。武士俑分为步兵、骑兵、弩兵等兵种（图12），多数为威武刚强的形象。它们被埋藏在三个俑坑中构成军阵场面，是秦始皇"示强威、服海内"思想的产物，显出威武磅礴的气势。

汉承秦制。西汉前期的王侯贵戚亦用陶塑兵马俑随葬，借以炫耀其生前地位与权力。陕西咸阳杨家湾、江苏徐州狮子山等地出土的西汉陶塑兵马俑（图13），有骑兵俑（图14）、步兵俑、军乐俑、投射俑等不同种类，俑高只及真人真马的四分之一左右，造型较概括。此外，徐州北洞山出土的西汉彩绘仪卫陶俑、咸阳张家湾西汉阳陵从葬坑出土的陶塑男裸俑、西安白鹿原出土的西汉陶塑女坐俑、西安白家口及江苏铜山出土的西汉舞女俑等，均以造型优美著称。济南无影山西汉墓出土的乐舞杂技陶俑盘，则以情节性群塑形式，表现了观赏乐舞杂技表演的热烈欢快气氛。

图13
兵马俑
西汉前期
徐州狮子山楚王陵从葬坑

图14（上左）
骑兵俑
西汉前期
咸阳杨家湾汉墓从葬坑

图15（上中、上右）
执镜提鞋俑 、舞蹈俑
东汉
出土地点:
新都马家山（上中）
广州先烈路（上右）

东汉陶塑题材广泛，反映社会生活的广度与深度有所增强，艺术技巧也进一步提高。从河南、四川、广东等省出土的陶塑作品来看（图15），部曲农夫俑、厨炊俑、婢仆俑、伎乐俑、坞壁、水田、碓坊等占有很大比例，反映了封建庄园经济的发展及封建贵族贪图享乐的心理。四川成都天回山与郫县出土的击鼓说唱俑，将民间艺人诙谐滑稽的神态，刻画得惟妙惟肖。动物陶塑以四川乐山斑竹湾出土的陶马驹、河南辉县百泉出土的陶子母羊、南阳出土的釉陶狗等，最富生活情趣。

大型石雕　中国迄今发现的大型石雕，可以上溯到西汉前期，如河北石家庄小安舍保存的一对男女跽坐石人，高160－174厘米，从造型风格与所处地望判断，系汉文帝初年（前179）修治赵佗先人冢时所雕造。今存陕西长安常家庄与斗门镇的汉昆明池石刻牵牛、织女像，雕造于汉武帝元狩三年（前120）；今存陕西兴平道常村附近的汉霍去病墓石雕，系元狩六年（前117）由“左司空”署匠师所雕造，包括立马、跃马等大型作品14件，气魄深沉雄大，是西汉纪念性雕刻取得重大成就的标志。

图16（下）
石翁仲
东汉
登封中岳庙

东汉石刻人像，多采用方柱形石材雕成，格调古朴。典型遗例有四川灌县出土东汉建宁元年（168）雕刻的李冰石像、河南登封中岳庙及山东曲阜传鲁王墓石翁仲等（图16）。代表东汉石刻艺术新成就的作品是河南洛阳、南阳，四川雅安、芦山，以及陕西咸阳、山东嘉祥等地发现的石辟邪与石狮子（图17），均用于表饰坟墓，造型雄健豪迈，对后世陵墓雕刻有深远影响。

印度创立的佛教美术，于汉代传入中国。东汉后期，中国出现了零星的佛教造像，其著名遗例有四川乐山麻浩崖墓享堂后壁的浮雕坐佛像、江苏连云港孔望山摩崖雕刻中的立佛像，山东滕县画像石上的六牙白象等。

图17
石狮子
东汉建和元年（147）
嘉祥武氏墓地

青铜铸像　史载秦代曾铸造“重各千石”的钟鐻铜人和“各重二十四万斤”的金狄，惜已毁于汉末董卓及前秦苻坚之手。存世的汉代铸铜名作，有西安汉长安城遗址出土的铜羽人，兴平出土的鎏金铜马，广西贵县、贵州清镇平坝、河北徐水等地出土的大型青铜马，甘肃武威出土的青铜车马仪仗俑等。武威雷台东汉墓还出土一件三足腾空、一足踩在飞鸟背上的铜马，造型精绝，被誉为青铜雕塑史上的奇葩。

木雕　汉代木雕发达，在湖南、湖北、江苏、甘肃等省出土较多，通常包括侍仆木俑、伎乐木俑等作品。湖北江陵凤凰山第167号汉墓出土24件车仗奴婢木俑，躯体颀长并富有曲线变化，种类丰富，造型优美，为汉初木雕佳作。江苏邗江胡场出土的跽坐说唱木俑，姿势也颇生动。甘肃武威磨嘴子汉墓出土的木俑、木马、木牛车、木猴、木狗，木鸭、木雕独角镇墓兽等，则形象简洁优美，格外耐人寻味。

四、魏晋南北朝雕塑

魏晋南北朝是中国历史上封建割据、战乱连绵的时代。现实的苦难为宣扬出世义理的佛教提供了良好的传播土壤，建寺造塔、开窟雕像之风极盛。佛教造像、陵墓雕刻、陶瓷雕塑是当时雕塑创作的三个主要方面。

图18
释迦造像碑
南朝梁中大通五年（533）
成都万佛寺

佛教造像　东汉后期在四川、苏北、鲁南等地萌芽的佛教造像，魏晋时期逐渐扩展。东吴辖区武昌莲溪寺永安五年（262）校尉彭卢墓，曾出土浮雕立佛像的鎏金铜牌饰。江苏、浙江一带的东吴凤凰、天玺纪年墓，西晋元康及东晋永昌纪年墓，均出土贴塑佛像的越窑青瓷罐。模印而成的佛像，皆着通肩袈裟，衣纹在胸前下垂。双手执衣裾，结跏趺坐。其形象与四川彭山及绵阳东汉崖墓出土摇钱树上的坐佛像相仿。南朝遗存的佛教造像不多，凿于齐梁间的南京栖霞山石窟和新昌剡溪大佛，或因破损，或经重装，均已丧失原貌。现藏四川省博物馆的数块有齐、梁纪年的造像碑（图18），既有高浮雕的释迦、菩萨（观音、普贤）、弟子、力士、伎乐及狮、象，又有浅浮雕的经变故事与供养人行列，形象俊逸秀丽，为南朝佛教造像佳作。

中原北方在十六国北朝时期，佛事大盛。存世佛教造像，除有后赵建武四年（338）、夏胜光二年（429）及北魏纪年的金铜佛像与造像碑之外，尤以石窟雕塑为大宗。始凿于十六国晚期的有永靖炳灵寺石窟、敦煌莫高窟及天水麦积山石窟。其中，炳灵寺第169窟无量寿佛龛有西秦建弘元年（420）墨书题记。本期主要塑像有释迦（图19）、三世佛、交脚弥勒（图20）、释迦多宝二佛并坐、思维菩萨、西方三圣等。佛像面相雄健，直鼻大眼，嘴小唇薄，躯体粗壮。多数着通肩袈裟，少数着半通肩袈裟，袒右胸与右臂。菩萨高冠、披发，袒裸上身，下着长裙，披帛绕臂下垂，体态浑厚。北魏时期，由皇室显要开凿的有大同云冈石窟、洛阳龙门石窟和巩县石窟，此外还有庆阳北石窟寺与泾川南石窟寺、固原须弥山石窟、义县万佛堂石窟及渑池鸿庆寺石窟。雕造于文成帝兴安二年至和平年间（453－465）的云冈“昙曜五窟”，是北魏早期佛教造像的杰出代表，雕刻题材基本沿袭十六国晚期，增加千佛、十大弟子等内容，佛像造型风格亦同前期，较多地保留着犍陀罗雕像特征。北魏中期，增加七佛、维摩文殊对坐、供养天人及世俗供养人行列，本生、佛传故事雕刻甚为流行。伴随着孝文帝推行服制改革，佛像也换上褒衣博带式的汉服（图21），佛与菩萨的嘴角带着微笑，给观众的亲切感增强，外来的佛教造像从此开始逐渐中国化。北魏晚期及东、西魏时期，佛教造像具有秀骨清象之特征，如洛阳永宁寺塔基出土约作于熙平初年（516）的影塑菩萨、比丘及供养人像，青州兴国寺遗址出土武定二年（544）造像碑上的菩萨像以及敦煌莫高窟与麦积山石窟的西魏塑像，都是清秀型造像的代表作。北齐、北周时期开凿的石窟寺，以邯郸响堂山石窟和太原天龙山早期洞窟为代表。此外，尚有河南、

图19（上左）
释迦
西秦
永靖炳灵寺169窟

图20（上右）
交脚弥勒
十六国
敦煌莫高窟275窟

图21 （下）
宾阳中洞正壁造像
北魏
洛阳龙门石窟

图22
梁文帝建陵神道石刻
南朝
丹阳

安徽，甘肃等省博物馆所藏北齐与北周纪年造像碑，其造像衣纹简化，形貌略显臃肿。周武帝建德三年（574）大灭佛法，寺塔造像颇受摧残。

陵墓与建筑装饰雕刻 江苏丹阳、句容两县及南京市郊，保存南朝陵墓石刻甚多，通常有石兽、神道碑等（图22）。石兽形同狮子而肩胛生翼，做昂首跨步怒吼状，形体硕大，气势恢宏，艺术水平较东汉时又有提高。北朝陵墓石刻保存不多，从原存长安查家寨的“大夏真兴六年”（424）刻铭大石马、洛阳邙山北魏静陵及河北磁县湾漳北齐大墓的石刻仪卫人像来看，雕刻品种与南朝不同，造型简括，格调肃穆。此外，大同方山北魏永固陵陪葬墓出土的石刻武士俑与浮雕朱雀纹石门楣，司马金龙墓出土浮雕伎乐云龙纹石础，刀法细腻。北朝宫苑建筑常采用精美的石刻构件作装饰，典型遗例有河北临漳邺城铜雀台东魏北齐地层出土的石螭首、传出邺城铜雀台今藏日本东京大仓集古馆的狮形石座等。

陶瓷雕塑 东吴、两晋时期，江南瓷塑颇兴盛。南京赵士岗、清凉山吴墓出土青瓷羊形水注与蛙形水盂，宜兴出土西晋青瓷神兽尊，是出色的瓷塑工艺品。湖北黄陂吴末晋初墓、湖南长沙与南京板桥西晋墓出土青瓷院落、持刀执盾部曲俑、捣臼俑、骑马武士俑、对坐书吏俑、牛车、碓坊、畜圈等瓷塑作品，皆捏塑而成，生活气息浓郁，形象生动传神。

图23
萨满巫师俑
东魏
磁县茹茹公主墓

中原北方地区，魏晋北朝仍然流行模制彩绘陶俑。洛阳西晋墓通常出土陶塑甲装部曲俑与陶牛车，部曲俑做举臂投刺状，两腿间有经刀切擘开的“开裆”特征。各地出土北朝陶俑颇多，每墓少则数件，多则逾千件。洛阳北魏元邵墓与赞皇东魏李希宗墓出土的陶俑，造型清秀俊美。磁县东魏茹茹公主墓出土的萨满巫师俑（图23），手执法器，舞姿翩跹；同墓出土的陶卧驼，塑造出机警耐劳的特点。磁县湾漳北齐大墓出土陶俑达1500多件，内有一对大文吏俑，通高142.5厘米，比例准确，形貌端肃，为秦俑之后罕见的陶塑巨构。

五、隋唐五代雕塑

隋唐五代是中国雕塑艺术的鼎盛时期。佛教造像的进一步中国化与世俗化，陵墓仪卫雕刻题材的拓展与制度的形成，陶瓷雕塑的精美多样等等，构成隋唐雕塑繁花似锦的局面。

宗教造像 隋开国之初，立即下诏复兴佛法。唐代倡导佛教更是不遗余力，除武宗李炎反佛外，其余诸帝皆为佛教与道教的积极维护者。隋唐继续开窟造像，敦煌莫高窟、永靖炳灵寺、天水麦积山、洛阳龙门、太原天龙山等石窟，规模超过北朝。此外，新开凿的有青州云门山石窟、济南玉函山与柳埠千佛崖、广元千佛崖与皇泽寺、乐山与安岳摩崖造像等。莫高窟的隋代洞窟，流行一佛、二弟子、二菩萨的造像组合形式。云门山隋开皇年间雕造的第2窟，有保存较好的高浮雕大势至菩萨，比例匀称，服饰华丽，为隋初优秀雕刻遗迹。河北曲阳修德寺遗址出土隋代石刻造像碑与单尊佛像，具有从北朝向唐代转变的风格特点。西安南郊出土隋开皇四年（584）铜铸鎏金阿弥陀佛五尊像，艺术水平卓越，堪称稀世珍宝。

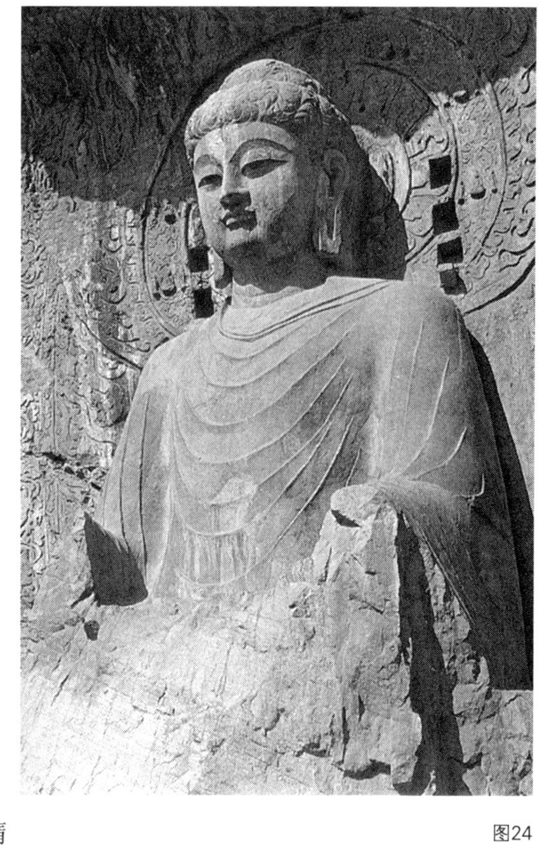

图24
卢舍那大佛
唐
龙门石窟奉先寺摩崖大龛

唐代石窟造像最优秀的遗迹是龙门石窟初唐的潜溪寺窟与奉先寺摩崖大龛。后者本尊为通光座高17.14米的卢舍那大佛（图24），其形象崇高庄严，神态亲切慈祥，具有巨大的艺术感召力，在中国乃至世界雕刻史上放射着夺目的光辉。敦煌莫高窟第45窟开凿于盛唐时期，所塑菩萨躯体呈左右扭动的“S”形（图25），绰约多姿；炳灵寺唐代窟龛表明，这种躯体扭动的菩萨形象，在高宗永隆二年（681）

图25
彩塑菩萨
唐
敦煌莫高窟第45窟

龛即已出现，它是佛教造像受世俗审美观念影响日益加深的结果。

山西五台山唐建中三年（782）重建的南禅寺大殿，因地址偏僻，未遭武宗会昌灭佛之祸，殿内保存着17尊彩塑，体态安详，丰腴得度，颇足称道。佛光寺大殿曾毁于会昌灭法，重建于唐大中十一年（857），殿内佛坛上保存以三世佛为中心的彩塑27尊，代表最繁复的寺院造像组合，因经后世俗工妆彩，形象不及南禅寺。山西平遥郝洞村北汉天会七年（963）建造的镇国寺万佛殿，佛坛上存彩塑11尊，除释迦为后世重塑外，其余诸像从造型与组合来看，尚存唐代遗风，为五代彩塑珍贵遗迹。

唐代存世的造像碑，以原存山西猗氏县大云寺、今藏山西省博物馆的涅槃变碑像最为宏丽精美，它雕刻于武周天授二年（691），碑额部雕天宫和须弥山，碑身正面刻临终遗诫、入涅槃、纳棺、再生说法、送葬、荼毗等六图，碑阴上部续刻八王分舍利和起塔，合为涅槃变八图浮雕，具有极高的艺术价值与历史价值。盛唐的白大理石造像，以五台山佛光寺无垢净光塔塔基出土、雕刻于天宝十一年（752）的释迦坐像及迦叶、阿难立像，西安兴庆宫遗址出土观音菩萨坐像，原存山西安邑景云宫、今藏山西省博物馆的当阳天尊坐像等，最为出色；后者刻于开元七年（719），像座刻有观主造像铭及线刻供养人像，为唐代道教造像佳作。

陵墓雕刻　隋代国祚短暂，陵墓雕刻无建树。唐代继承秦汉、北朝的陵墓雕刻制度而加以发展，由门下省甄官署主管其事。分布在关中的唐陵与河北隆尧等地的唐祖陵，如今绝大多数尚存石人、石兽等雕刻遗迹。

早期的唐陵石刻尚未形成定制，品种、造型与数量曾因陵而异，具有探索开创阶段富有生气的创造精神，例如永康陵的蹲狮，尚存北朝石狮的朴拙格调；唐高祖献陵的石虎与石犀，以巨大的体量与温驯优美的造型，体现了陵墓雕刻所追求的庄严肃穆气氛。唐太宗李世民是初唐最有作为的政治家，他开创因山造陵制度，选礼泉县高耸突兀的九嵕山营建昭陵，派将作大匠兼著名画家阎立德和阎立本兄弟负责设计营造，从贞观十年（636）动工至贞观二十三年（649）竣工。现存昭陵石刻遗迹，有陵园北门内的浮雕六骏石屏（图26）和祭坛两旁的十四国君长石像。昭陵六骏是为唐太宗陷军破阵立下卓著战功的六匹骏马的写照，是一组纪念性高浮雕巨制。其中特勒骠、青骓、什伐赤、白蹄乌等四块，现藏陕西省博物馆；最精美的飒露紫、拳毛䯄两块于1914年被掠运出国，现藏美国费城宾夕法尼亚大学美术馆。作者以高度写实的技巧，刻画了六骏劲健的雄姿与非凡的气质，代表唐代雕刻艺术的巅峰。

从唐高宗与武则天合葬的乾陵开始，唐陵石刻形成定制。石刻品种有

华表、翼马、鸵鸟、石马、控马人、文武侍臣、客使、蹲狮等，格调庄严肃穆。此外，武则天之母杨氏的顺陵（在咸阳北郊）、睿宗的桥陵（在蒲城县金炽山）、肃宗的建陵（在礼泉县武将山）等，石刻亦比较精美。

图26
浮雕六骏石屏
唐
礼泉九嵕山昭陵北门
飒露紫（上左）
拳毛騧（上中）
白蹄乌（上右）
特勒骠 （下左）
青骓（下中）
什伐赤（下右）

五代十国的陵墓雕刻以精细见长，而气势不如唐代。典型遗例有成都前蜀王建墓，包括陵前的石刻侍臣、墓室内的王建坐像、抬棺武士石像及雕饰伎乐图像的石棺床（图27）等。此外，福州战坂乡闽王王审知墓前的石人与石兽、南京牛首山南唐李昪墓（钦陵）内的浮雕武士像，亦属五代陵墓雕刻重要遗迹。

陶瓷雕塑　隋唐陶瓷雕塑包括男女人物俑、陶塑动物、十二生肖俑、镇墓兽及模型器等5类，生活气息浓郁。隋至初唐的陶瓷俑，造型崇尚清秀。河南安阳隋开皇十五年（595）张盛墓出土陶瓷雕塑逾百件，品种十分丰富。此外，山东嘉祥英山隋开皇四年（584）徐敏行墓，西安隋大业四年（608）李静训墓、隋敦煌太守姬威墓、隋大司徒李和墓，安徽亳县隋墓等，亦出土众多陶俑，有的尚保留风帽仪仗俑与铠马骑俑等北朝墓俑题材；女俑多着短襦长裙，体态清秀。湖南、湖北的隋墓，均出青瓷

图27
王建墓石雕
前蜀
成都
石棺床边的浮雕伎乐（左、中）
王建坐像（右）

十二生肖俑。初唐时期，从四川万县贞观年间墓出土的青瓷俑及陕西礼泉麟德元年（664）郑仁泰墓出土的彩绘釉陶俑来看，仪仗俑、骑马俑、载物骆驼、胡人控马俑及昆仑奴俑增多，反映了当时与西域、南亚经济文化联系之密切。新疆吐鲁番阿斯塔那初唐墓出土的胡俑头像，艺术手法爽利泼辣；彩塑舞狮俑，形象欢快感人。

唐代陶瓷雕塑最出色的代表，是陕西、河南、江苏、山西、甘肃等地唐墓出土的三彩釉陶塑，它始于高宗朝，盛于玄宗开元时期，其绚丽色彩与优美造型最能体现盛唐气象。甘肃秦安景龙三年（709）唐墓出土的三彩武士俑（或称镇墓天王俑），高162厘米，身着铠甲战袍，足踏夜叉，施黄、绿色釉，形体高大，神态威武，为唐俑巨构。洛阳龙门东山北麓景龙三年（709）唐定远将军安菩墓出土镇墓武士俑、文吏俑、载物骆驼、三彩马及胡人控马俑等三彩陶塑数十件，是有关三彩陶塑的重要发现。西安出土开元十一年（723）鲜于庭诲墓与中堡村盛唐墓的三彩骆驼载乐俑（图28），骆驼的雄健与乐舞人物的姿态表情均塑造得生动传神，艺术水平极为杰出。上海博物馆收藏的三彩持物女坐俑与山西长治出土的三彩抱鸭女坐俑，还保留着初唐俊秀型的容貌；而西安小土门与中堡村唐墓出土的女乐俑与女立俑（图29），则是盛唐丰腴型美女的典型。唐三彩马姿态生动多样，西安西郊制药厂唐墓出土的三彩骑马奔驰俑，骏马似离弦之箭；乾县永泰公主墓出土的黄釉马，做俯首觅草状，给人以悠闲轻松的感觉。

建筑装饰雕塑　隋唐五代用雕塑艺术美化桥梁寺塔等公共建筑，成就颇足称道。例如河北赵县隋大业年间建造的安济桥石栏板、济南柳埠千

图28（左）
三彩骆驼载乐俑
唐
西安鲜于庭诲墓

图29（中、右）
三彩女立俑
唐
西安中堡村

佛崖前的唐代石雕龙虎塔、西安大雁塔门楣石刻佛殿说法图等，不论是浮雕或是线刻，均有很高的艺术水平。五代南唐在整修南京栖霞山隋建舍利塔时，于基座部分补刻的佛传故事浮雕（即释迦八相），艺术水平也相当高。河南安阳清凉山唐乾元元年至咸通十一年（758－870）建造的修定寺塔，堪称集石雕与砖雕装饰之大成。此外，山西永济蒲津桥遗址清理出开元年间铸造的大铁牛与铁人，河北沧州故城所存后周广顺三年（953）铸造的铁狮子，都是精美的建筑景观雕塑佳作。

六、宋辽金元雕塑

宋元时期由于城市商业的发展和推崇儒家理学思想，开窟造像之风已不如前代之盛。元代统治者信奉喇嘛教，发端于西藏的喇嘛教造像从元代开始流布华北、杭州等地。北宋陵墓雕刻沿袭唐代传统，但规模与气势明显削弱。雕砖、陶瓷塑像等小型雕塑，表现技巧有所提高。

宗教造像　宋元时期开窟造像较多的是陕北地区及四川大足、浙江杭州等江南地区。陕北地区北宋中晚期开凿的石窟，以延安清凉山万佛洞、富县阁子头寺、子长北钟山万佛寺、黄陵吕村石空寺等为代表，造像题材有释迦、三世佛、千佛、弟子、菩萨（文殊、普贤、观音、日光、月光菩萨）、五百罗汉或十六罗汉、佛说法图、涅槃变等。其中，延安清凉山万佛洞的游戏坐菩萨、富县阁子头寺西壁的涅槃变浮雕、子长县万佛寺造型完美的三世佛与庄重秀美的弟子、菩萨立像，可谓北宋石雕佳作。四川大足北山与宝顶山，是宋代开窟造像规模最大、艺术水平最突出的地方。大足北山第136窟（心神车窟）的日月观音及文殊、普贤，形象俊美，服饰华丽；第125龛与第113龛的数珠手观音与水月观音（图30），形象妩媚多姿，体态舒展自然，为宋代造像精品。大足宝顶山大佛湾摩崖造像，系南宋僧人赵智凤于淳熙至淳祐年间（1174—1252）募化开凿的密宗道场，规模宏大，设计严密，内容有佛涅槃经变、佛本生经变、佛报恩经和父母恩重经变、阿弥陀

图30
数珠手观音（左）
水月观音　（右）
北宋
大足北山第125、113龛

图31
浮雕四天王像
元
北京昌平居庸关过街塔
东方持国天（上左）
西方广目天（上右）
南方增长天（下左）
北方多闻天（下右）

西方净土变、地狱变以及象征佛家调伏心性的牧牛道场等，将大量世俗生活情节与农妇、牧童形象纳入宗教雕刻之中，可谓别开生面。杭州灵隐飞来峰的宋元造像，以中段临溪摩崖龛宋雕布袋弥勒和十八罗汉像、第19号龛元代浮雕唐僧取经故事、青林洞口上方的华严三圣、通天洞口外的金刚萨埵菩萨与普贤菩萨、冷泉溪南岸的不空羂索观音等元至元年间（1282—1292）雕像，最有时代特点。华北的元代宗教造像，以北京昌平居庸关过街塔石砌券门洞两壁的浮雕佛像与四天王像（图31）最为精美。元代的道教石窟，以太原龙山元全真教重要人物宋德方（道号披云子）于蒙古太宗八年（1236）开凿的三清洞最为重要，其中的太上老君像，长须挂腮，表情豁达，风神高逸。

这一时期寺庙雕塑遗迹丰富。河北正定隆兴寺大悲阁宋开宝四年（971）铸造的四十二臂观音立像，高逾22米，为中国现存铜像之冠。该寺摩尼殿佛坛上泥塑释迦与二弟子像，造型亦庄重大方。宋代寺庙多塑罗汉，著名遗例有江苏吴县甪直保圣寺的9尊罗汉，其中达摩、讲经两尊者梵相胡貌，神情专注，衣纹流畅。山东长清灵岩寺千佛殿宋治平三年（1066）塑造的27尊罗汉，性格鲜明，显示了卓越的写实技巧。此外，广东韶关南华寺北宋庆历五至七年（1045－1047）雕刻的木雕罗汉、四川江油窦圌山云岩寺南宋飞天藏上嵌饰的木雕道教真人像、太原晋祠圣母殿北宋彩塑邑姜像及侍女像（图32），都是宋代雕塑佳作。辽

图32
彩塑侍女像（部分）
北宋
太原晋祠圣母殿

代塑像保留着较多的唐代遗风，造型妩媚多姿，著名遗例有蓟县独乐寺辽统和二年（984）塑造的十一面观音像、义县奉国寺大雄宝殿辽开泰九年（1020）塑造的菩萨立像、大同下华严寺薄伽教藏殿辽重熙七年（1038）塑造的三世佛、胁侍弟子、菩萨、天王像等。宁夏贺兰县宏佛塔天宫内发现的西夏彩塑佛像与比丘像，躯体虽残，而头像五官停匀，结构准确，堪称西夏雕塑珍品。金代塑像以大同善化寺大雄宝殿保存的五方佛与护法诸天像为代表。元代寺庙造像，有北京西山卧佛寺至治元年（1321）铸造的释迦涅槃大铜像、山西新绛福胜寺和襄汾普净寺的彩塑菩萨、晋城青莲寺西配殿的地藏王菩萨与十殿阎君、晋城玉皇庙西庑彩塑二十八宿星君等，造像风格日益世俗化。

陵墓雕刻　北宋帝陵分布在河南巩县洛河南岸的广阔台地上，陵墓石雕效法唐代而稍加变化，神道两侧自南而北列置华表、大象和驯象奴、瑞禽、瑞兽、鞍马和控马官、蹲虎、跪羊、客使、文武侍臣、门狮、着甲卫士、内侍等石刻（图33），数量多达58件。其中，宋太宗永熙陵神道石刻线条流畅，风格雄健，技艺成熟；宋真宗永定

图33
宋哲宗永泰陵神道石刻
北宋
巩县八陵村

陵的石刻文武侍臣，眉宇间流露着悲戚神情；宋神宗永裕陵的石狮及宋哲宗永泰陵的石象，艺术水平也比较突出。西夏王陵分布在银川西郊贺兰山东麓，陵园遗迹尚存，除8号陵东碑亭曾出土侏儒负重形石座外，未见其他雕饰物。

雕砖、陶瓷雕塑及铁人 宋辽金元时代，在绘画与雕版印刷术蓬勃发展的推动下，雕砖艺术成就卓著。河南偃师酒流沟宋墓镶嵌的雕砖，以平面浅浮雕形式，刻画侍女砍鲙、厨炊、抱瓶等家务劳作及杂剧角色，偃师宋墓还出土侍女烹茶、涤器、结发等画面的雕砖，并有北宋杂剧表演名优丁都赛画像雕砖，刀法遒劲，形象生动，非常出色。河南温县宋墓亦发现杂剧角色、乐部、庖厨雕砖。山西侯马金明昌七年（1196）董氏墓，除有宴饮、出行、乘马武士等雕砖之外，在墓室北壁戏台形壁龛内，还发现5个杂剧俑。山西稷山金墓出土孝子故事雕砖，用圆雕形式刻画成组人物，形象高低错落，人物顾盼呼应，耐人观赏。焦作西冯封村元墓出土砖雕儿童杂剧俑19件，或拍胡笳，或吹排箫，或鸣短笛，或捧注子，或扛牌，或舞蹈，神态生动活泼。此外，陕西户县贺氏墓出土及山西太原征集的元代灰陶俑，比例匀称，姿态生动，表现了蒙古族擅长骑马的生活习尚。

宋人有七夕互送陶瓷玩偶（或称摩喝罗）的风尚。江苏镇江出土5件泥孩儿，系宋代苏州捏像高手包成祖、孙荣所作，泥像高约10厘米，塑工细腻，或立或卧，十分活泼天真。定县博物馆藏北宋定窑瓷玩偶，邯郸彭城一带采集的白地黑彩摩喝罗，亦逗人喜爱。此外，故宫博物院收藏定窑白瓷孩儿枕，曲阳定窑遗址文物保管所收藏的白瓷仕女枕，内蒙古哲里木盟收集的定窑白瓷罗汉，北京元大都遗址出土的影青瓷塑观音等，也都是宋元瓷塑精品。

图34
铁人
北宋
中岳庙东路神库铁人（左）
晋祠金人台铁人（右）

北宋铁人采用拼铸法铸成。登封中岳庙东路神库四隅，有治平元年（1064）铸造的4尊镇库铁人（图34·左），高近3米，神态威武，造型不凡。太原晋祠金人台宋铸铁人（图34·右），形象稍逊于前者。此外，福州鼓楼开元寺北宋元丰六年（1083）铸造的结跏趺坐阿弥陀铁佛，高5.3米，丰颐隆准，形象庄严。湖南茶陵洣江岸边有南宋绍定年间铸造之镇水铁牛，造型朴实凝重。

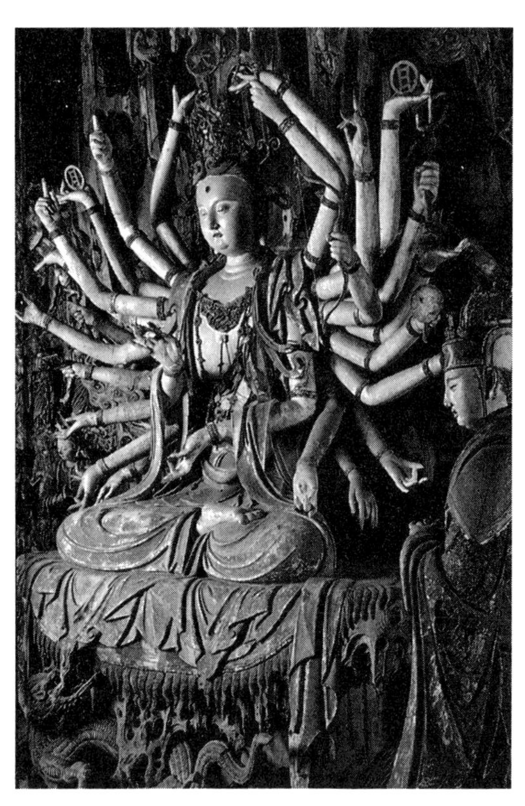

图35
彩塑千手观音
明
平遥双林寺

七、明清雕塑

明清是中国封建社会晚期，也是雕塑艺术更加世俗化并走向繁缛衰萎的时期。开窟造像之风骤歇，寺庙塑像与陵墓雕刻形式华丽而缺乏内在精神。建筑雕饰有所发展，技艺提高。工艺小品雕塑有不少卓越的创造。

宗教造像　山西平顺林虑山宝岩寺石窟开凿于明代，为中国石窟造像的尾声。其最大洞窟称水陆殿，窟内积泉为沼，环坛雕造三佛，四壁浮雕水陆道场，上部刻佛、菩萨、罗汉等像，仪态灵活多样。明代寺庙塑像，造型仿效唐宋，题材继续流行罗汉群像，然而多属定型的程式化作品。山西平遥双林寺彩塑是现存明代塑像中的佳作，所塑释迦牟尼、千手观音（图35）及悬塑观音，神态慈祥，面相丰满，衣纹流畅；四大天王比例合度，雄健威武；罗汉像各有不同经历与性格特点。此外，山西长治梁家庄观音堂的众多彩塑、洪洞广胜寺（上寺）的木雕释迦牟尼与飞虹塔的琉璃护法金刚、湖北武当山金顶殿铜铸鎏金的真武大帝与道士张三丰像等，均为各具特色的明代宗教造像。

清皇室崇奉喇嘛教，故而藏传佛教造像在清代再度兴盛。北京雍和宫法轮殿高6米的黄教创始人宗喀巴铜像与大佛楼内高18米的木雕弥勒佛、河北承德普宁寺大乘阁高逾22米的木雕千手千眼观音、西藏日喀则扎什伦布寺高逾26米的铜铸鎏金弥勒佛等，皆属清代喇嘛教巨像。湖北武汉归元寺、四川新津宝光寺及云南昆明筇竹寺，皆有清代塑造的五百罗汉。筇竹寺五百罗汉系晚清光绪年间由四川塑像高手黎广修率徒塑造，布局自由，千姿百态，在艺术表现手法上虽有过于表露，缺乏含蓄概括之弊，然能避免形貌动态之雷同，突破罗汉堂森然木立的程式，其独创精神值得肯定。

陵墓及明器雕塑　明代帝陵除明太祖孝陵在南京之外，其余均在北京昌平的明十三陵。此外，还有江苏盱眙的明祖陵、安徽凤阳的明皇陵、湖北钟祥的明显陵。各处均有标榜皇权威严的陵墓石刻，唯内容数量有别。

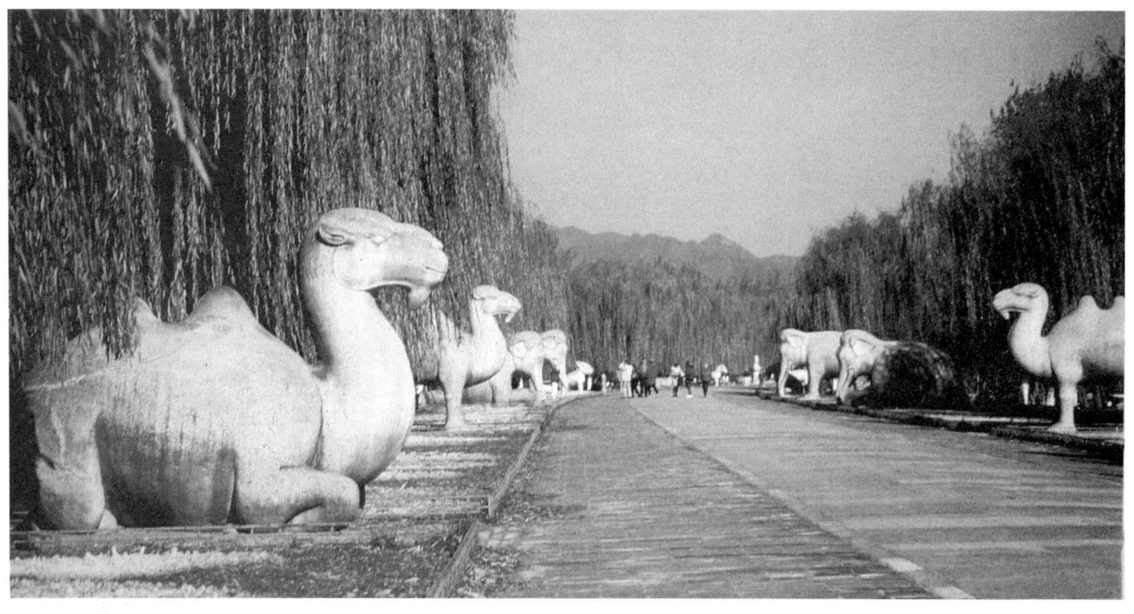

图36
十三陵神道石刻
明
北京昌平

明十三陵合用一条神道，两旁有以整块巨石琢成的望柱、狮子、獬豸、骆驼、象、麒麟、马、武将、文臣、勋臣等38件（图36）。雕造于宣德十年（1435）的明孝陵石刻，以气势雄伟见称。明十三陵石刻精致有余而气势不足，但保存状况较好，不失为了解明代雕刻风格的珍贵资料。杭州岳飞墓有明洪武四年（1371）复建时雕造的石羊、石虎、石马、武将、文臣、武臣等神道石刻，武将呈惊愕悲戚神态，文臣表情恭肃安详，堪称明代石刻最优秀的作品。河南新乡凤凰山南麓有明潞简王朱翊镠墓，存神道石刻16对，保存状况良好，亦甚珍贵。

后金、清代的帝陵神道石刻，有沈阳的福陵与昭陵，遵化清东陵中的孝陵、景陵、裕陵及定陵，易县清西陵中的泰陵与昌陵8处。雕刻内容基本上沿袭明代，而体量显著缩小，石人石兽服饰琐碎，有形无神。裕陵地宫雕饰的佛像、经咒与图案，亦有繁缛堆砌之弊。

明清贵族墓葬出土的陶、木俑与模型器，不厌其烦地渲染墓主人生前的阔绰排场，举凡卤簿仪仗俑、乐队俑、骑卫俑，抬轿俑、男女杂役俑、家畜家禽、家具器皿、庭院牌坊、影壁凉亭等，无所不包。典型遗例有河北阜城明吏部尚书廖纪墓、河南郏县明王韩墓、江西南城县明藩王朱厚烨墓、山东邹县九龙山明鲁王朱檀墓、广东大埔县清初边将吴六奇墓等。其中，廖纪墓的陶俑与朱檀墓的木俑，质地与造型较佳。

建筑装饰雕刻 明清建筑装饰雕刻有重大发展。不少公共建筑物的门户、阶陛、檐柱、照壁、额枋及屋脊，运用金属铸像、石刻、琉璃彩塑、砖刻及木雕等作装饰。雕刻题材有龙凤云水、珍禽瑞兽、松竹花卉、历史故事及吉祥文字等，力求雅俗共赏；雕刻形式多种多样，技艺很高，例如太原崇善寺门口有明代铸造铁狮，北京颐和园门口有清代铜铸鎏金蹲狮，作成对布局，以壮门户观瞻。石刻方面，以曲阜孔庙大成殿明代雕造的十根盘龙

石檐柱、北京故宫保和殿后阶清代雕造的云龙御路石刻最负盛名。山西大同明初代王府前用五彩琉璃拼砌的九龙壁（图37），其体量之巨大与图案之精美，为明清同类作品之冠。在明初边防重镇大同城内建造这堵风格雄健、华丽庄重的九龙壁，其审美价值与政治意义不可低估。此外，民间公共建筑雕饰之著名遗例，有河北灵寿明崇祯十四年（1641）建造的石牌坊、山东单县清乾隆四十三年（1778）建造的百狮坊、福建仙游清道光年间建造的陈氏石牌坊等。安徽亳县清代关帝庙门墙雕砖与戏楼木雕、广东潮州彩塘镇金砂一村从熙公祠的精美石雕与金漆木雕、广州市陈氏书院的木雕与砖雕，显示出清代民间装饰雕刻的卓越技艺。

图37
九龙壁
明初
大同代王府前

图38
大禹治水青玉山子
清
故宫博物院藏

工艺雕刻与小品雕塑　明清的工艺雕刻与案头小品雕塑蓬勃发展，能工巧匠层出不穷，出现流派纷呈、百花竞艳的景象。明代的著名遗例有广东潮州窑白瓷如意观音、福建德化窑名师何朝宗塑造的白瓷达摩立像、故宫博物院珍藏的竹雕张果老骑驴、福州明代工艺雕刻名师杨玉璇与周尚均所作田黄石雕观音及弥勒佛等。其中由故宫博物院珍藏的瓷塑达摩，歌颂了天竺高僧不畏艰险、渡海来华弘扬佛法的崇高精神，堪称形神兼备，立意不凡的艺术珍璧。

清代的工艺雕刻，以故宫博物院珍藏的大禹治水青玉山子（图38）最为著名，作者（扬州匠师）运用剔地起突法，刻画了劳苦大众在湍流峭壁间展开征服大自然的伟大斗争。天津晚清捏

像大师张明山所作渔樵问答、惜春作画等案头泥塑作品，艺术手法写实而概括，给人以亲切不俗的美感。温州市博物馆藏晚清黄杨木雕名师朱子常作的济颠和尚、东坡赏砚、渔翁等作品，恰如其分地刻画了不同人物的性格特点，也是案头雕刻佳作。

原载《中国大百科全书·文物博物馆》，中国大百科全书出版社1993年版

参考文献

[1] 《中国美术全集·雕塑编》（1—6卷），人民美术出版社1985—1988年版。

[2] 王子云：《中国雕塑艺术史》，人民美术出版社1988年版。

[3] 中央美术学院美术史系中国美术史教研室编著：《中国美术简史》，高等教育出版社1990年版。

中国史前至秦汉的石雕艺术

按：旅居美国纽约的著名艺术收藏家、雕塑家陈哲敬先生，积30多年之心力，历尽艰辛，在海外搜集了若干中国古代雕刻艺术珍品。在各方朋友的殷切企望与鼎力支持下，他决定从中筛选数十件精品，拍摄精美图片，印成图录出版。此乃弘扬华夏艺术、继承优秀传统、繁荣学术研究之盛事，十分可喜可贺。哲敬先生敦促我写点什么。鉴于此图录所收作品多属北朝至唐宋的石雕作品，为使读者能对我国古代石雕艺术的发展过程——特别是佛教造像兴盛以前的状况，有比较全面的了解，本文试就我国史前至秦汉的石雕艺术作扼要介绍，但愿不是画蛇添足。

一、史前的石雕艺术

石块是大自然赋予人类最丰富、最易得的一种硬质材料。从古猿演变成人的时候起，人们就凭借打制石器向自然界展开顽强的斗争，是谓旧石器时代。人类的造型技能和审美观念，也是在漫长的打制石器过程中逐步培养起来的。我国旧石器时代晚期的山西朔县峙峪人（距今约28000年前），制作了钻孔的环状石墨装饰品；北京周口店的山顶洞人（距今约18000年前），制作了钻孔的鸡心形石坠和小石珠。当他们手持尖状雕刻器从事这类佩饰物的制作时，即开始了原始的石雕活动。

我国新石器时代（距今约10000年至4000年前），石雕艺术尚处在初级阶段，雕刻技巧比较粗率，然而，石雕的种类已经相当丰富，大致上可区分为圆雕、浮雕、透雕及线刻等不同形式；雕刻题材既有写实的人物与动物，也有充满浪漫色彩、综合多种物象于一身的作品；其形体高度从二三厘米至数十厘米不等，尤以十厘米以下的小型作品居多。由于我国先民曾将温润有光泽的美石泛称为玉，许慎《说文解字》亦称石之美者为玉，故而在谈论古代石雕艺术时，自然要旁及少量玉雕。史前的玉石雕刻，绝大部分含有功利目的，与原始宗教信仰（如祖先崇拜、图腾崇拜等）密切相关。

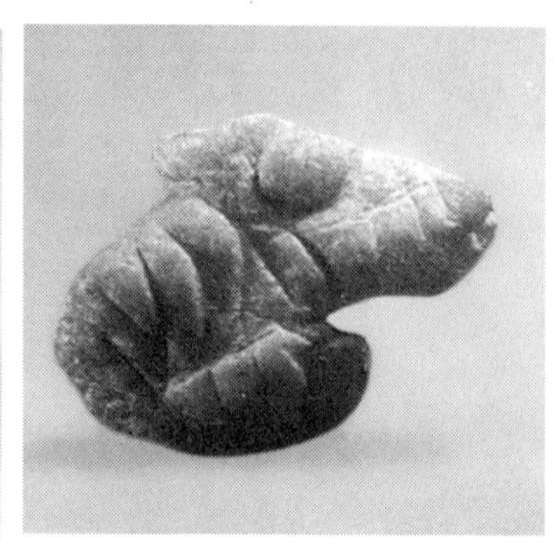

图1
史前石雕
新石器时代
东沟后洼屯
半身人像（左）
人面（中）
虬龙（右）

迄今所知，我国最早的圆雕石刻作品是1984年在黄海之滨的辽宁省东沟县后洼屯遗址发现距今6000年前辽东地区新石器时代雕刻遗物，分人像雕刻与动物雕刻两类，总数将近30件，皆用硬度不高的滑石刻成，高2－6厘米不等（图1）。有一件半身人像，头上披发，深目大口，胸前刻几道仿佛斜领衣纹的阴线，仪态肃穆威严，可能是代表祖先或神祇的偶像。另有一件人鸟合一雕刻品，正面刻画缠发、瞋目、龇牙的人面，背面浮雕鸟纹，不少学者推测是图腾崇拜的产物。动物雕刻有龙、虎、猪、鱼、蝉等，造型古朴生动，不少作品有穿孔，当属佩饰物，或是巫术活动中用以辟邪禳灾的护身符[1]。另一批圆雕石刻人像，出自河北省滦平县金沟屯附近后台子红山文化遗址（距今约5000年前），大多作蹲踞姿势，高34厘米，眉目清晰，双手附于胸下，双足相连，足端呈圆锥形，便于在土中戳立[2]。据初步分析，这批石刻人像可能代表地母神或丰收女神，用于宗教祭祀活动。

浮雕石刻人面，业已发现四件。其一于1959年出土于四川巫山大溪64号墓，属距今5000多年前的大溪文化遗物，用质地细腻的黑色火山岩雕成，平面呈椭圆形，高6厘米，厚1厘米，正背两面皆浮雕脸颊丰腴、瞠目张嘴的人面，顶端有两个穿孔（图2）。其他三件分别出自甘肃永昌鸳鸯池马厂类型墓、陕西神木石峁村龙山文化墓、山东滕县冈上村大汶口文化遗址，皆呈瞠目张嘴状，有穿孔，推测皆属原始巫术活动中的护身符。

图2
史前石雕人面（正背两面）
大溪文化
巫山大溪

我国史前玉石雕刻的动物形象，在红山文化、龙山文化及良渚文化中，均有若干重要的发现。首先值得注意的是1971年在内蒙古自治区昭乌达盟翁牛特旗出土的红山文化碧玉龙，高26厘米，龙身卷曲呈“C”字形，伸吻闭嘴，大眼长鬣，形态矫健，通体光润，显示了

5000多年前我国北方地区卓越的玉石雕刻工艺；龙脊上有一穿孔，可悬挂，当是图腾形象，为探讨龙图腾的分布地域及华夏部族形成的历史，提供了崭新的资料。在辽宁西部的喀左、建平、凌源、阜新等县，则出土红山文化的龙形玦、龙首璜、玉鸟、玉龟、绿松石鱼形佩等圆雕或平雕作品[3]。

山东省泗水县尹家城龙山文化遗址，曾出土一件圆雕加线刻的土黄色小石猪，大小将近一巴掌，形体扁薄，作短吻、耸肩、大腹、细矮腿的造型，猪身保留粗糙的原石面，给人以质朴自然的美感[4]。

图3
玉雕神人兽面图案
良渚文化
余杭反山

玉石雕刻中的线刻技巧，在辽宁东沟后洼屯遗址出土的一件鱼纹石网坠上，已经具有较高的水平。20世纪60年代在山东日照两城镇出土的龙山文化长方形玉锛，其上端两面皆用流畅的阴线雕刻兽面纹，已具商代饕餮纹之端倪。

分布于太湖流域的良渚文化，展现了我国新石器时代晚期玉石雕刻的辉煌成就。1986年在浙江余杭反山良渚文化墓地，出土近百件有花纹图案的玉器[5]。在一件射径达17.6厘米、高8.8厘米的琮王（器号M12:98）和一件玉钺（器号M12:100）的器身上，均以浅浮雕与阴线刻相结合的技法，雕刻着神人与兽面相结合的“神徽”图案（图3），神人头戴羽冠，脸面呈上宽下窄的倒梯形，瞋目宽鼻，龇牙咧嘴，状貌颇威武，做双手叉腰、屈腿蹲踞状，双脚皆为三趾的鸟爪形；神人的胸腹部位，雕刻着目若铜铃、嘴生獠牙的兽面纹，使神人益发威严。反山还出土两件片状玉冠饰，用透雕加阴线的雕刻技法，刻出头戴羽冠、手舞足蹈的神人，或在冠饰中央刻一个神人，或在冠饰两侧刻左右对称的两个神人，其雕琢之精良，构图之巧妙，堪称鬼斧神工。在距今约4800年前的良渚文化中期，具有如此卓越的雕刻技艺，简直令人难以想象，难怪过去流散海外被美国弗利尔美术馆、大都会博物馆及明利波利斯美术学院收藏的这种良渚文化神徽纹玉冠饰，均被误认为西周时代遗物[6]。此外，反山墓地还出土玉鸟、玉蝉、玉鱼、玉龟等带穿孔的缀饰，色泽晶莹，形象洗练，亦属罕见的玉雕佳作。

二、夏商周的石雕艺术

与《史记》夏代纪年大致相当的河南省偃师县二里头遗址，曾出土雕琢着兽面纹的柄形玉饰，还有用绿松石镶嵌成兽面纹的铜饰牌，其工艺水平颇为精致[7]；同属二里头文化的山西省夏县东下冯遗址，曾发现铸造青

铜器的石范。这些发现从一个侧面反映了夏代的石雕艺术继续进展的概貌。

商代是石雕艺术取得重大进展的时期。商代的都邑设有专门的玉石作坊。河南安阳殷墟先后出土的圆雕石刻人像，至少已有六件。形体最大的是小屯大连坑出土的那件抱腿而坐的半截石雕人像，残高20.5厘米，胸部以上残缺，身着云雷纹衣服，后背有槽[8]。另两件残缺头部的大理石跽坐人像，出自侯家庄大墓，其一身着云雷纹衣裙，腰束带，双手抚膝，足穿尖鞋，残高12.65厘米；其二作双手抱膝状，胫上不见衣纹，胫下似着裹腿，残高8.55厘米[9]。

图4
石雕人像
商代晚期
安阳四盘磨

形象完整的商代石雕人像共三件。其一传出安阳四盘磨（图4），做仰面箕踞状，头戴圆箍帽，身着云雷纹衣服，高14.5厘米，神态倨傲，其身份可能是商代王室贵族[10]。其二出自小屯妇好墓（图5），石色发白，整体做双手抚膝、低头跽坐状，高9.5厘米，头顶辫发，外罩圆箍帽，前额突出，脸型瘦长，高额尖颏，粗眉大眼，蒜头鼻，微张嘴，身上无衣纹，腹下悬长条形蔽体，其神情于拘谨惶恐中含着极度的愤懑，其身份可能是男奴隶[11]。其三亦出自妇好墓，系用绿色孔雀石雕成，高4厘米，做双手抚膝跽坐状，脑后有半圆形发饰及下垂之发髻，脸形椭圆，身上无衣纹，前额剥蚀，眉眼不清晰，其身份可能是女奴隶。

殷墟出土的石雕动物，首推1934年中央研究院在侯家庄西北冈发掘1001号大墓时发现的一批，计有石虎座、石鸮座、石小立鸮、石鸟嘴兽、石卧牛、石双鸟面、石饕餮面、石兽首、石对尾双伏兽、石伏鸮、石蛙等[12]。这批石雕动物皆用大理石雕成。其中，石虎座（图6）呈蹲踞状，高37.1厘米，头似猛虎，坐姿像人；周身布满线刻的卷云纹及刀形纹，格调威严神秘。石鸮座（图7）呈肃立状，高33.6厘米。造型主要取象于猛禽枭鸟，而硕壮有力的双足又似猛兽，头顶有卷曲的冠饰，头背部位雕饰鳞状羽纹，胸前

图5（左）
石雕人像
商代晚期
安阳小屯妇好墓

图6（右）
石虎座
商代晚期
安阳侯家庄

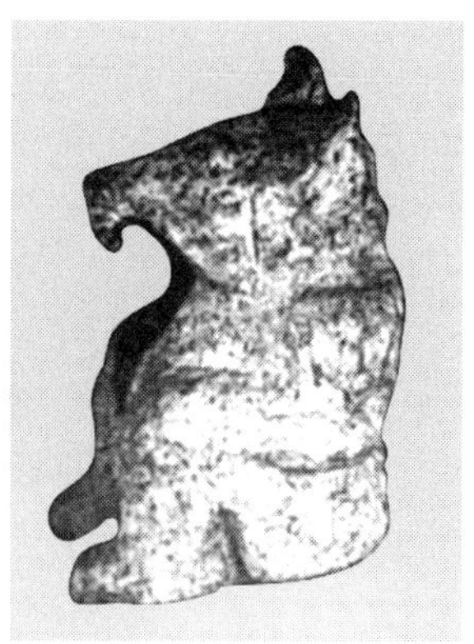

图7（左）
石鸮座
商代晚期
安阳侯家庄

图8（中）
石小立鸮
商代晚期
安阳侯家庄

图9（右）
石鸟嘴兽
商代晚期
安阳侯家庄

刻鸟面纹，翼腿部位刻龙蛇纹。石虎座和石鸮座的脊背均凿刻着一条深槽，用以嵌插木柱，有人推测为“附于墓中木室建筑的装饰品”[13]；有人则推测“石虎……是钟虡的座子，石枭则为磬虡的趺座”[14]；笔者赞同后者。石小立鸮（图8）高15.7厘米，雕工最为精致，格调较为轻松活泼。石鸟嘴兽（图9）高17.3厘米，形象含鸟嘴、熊首、人身三种特征，神话色彩颇浓厚。

殷墟的另一批石雕动物，出自小屯妇好墓，计有石卧牛、石熊、石虎、石鸬鹚座、石怪鸟、石鸟、石蝉、石龟等15件。其中，以白色大理石雕刻的圆雕“司辛”石牛（图10），高14厘米，长25厘米，不仅形体大于侯家庄出土者，形象也更为完整，整体呈昂首伏卧状，脊、尾雕节状纹，身上雕卷云纹，据牛下颌所刻“司辛”铭文，并结合其出土位置，发掘者推测“此石牛有可能是武丁为妇好所作”的祭祀品[15]。

殷墟零星出土的石雕动物，有圆雕小石象、夔凤饰件等。1950年武官村大墓出土的虎纹石磬，充分显示商代后期线刻技巧之熟练。

综观商代的石雕艺术，具有造型简洁、讲究对称、结构紧凑、体积感强等特点；圆雕、浮雕通常与线刻紧密结合；若干装饰纹样主要体现时代习尚，而与特定对象无必然联系；风格庄重威严，富有神秘色彩。在世界雕刻艺术宝库中，商代雕刻可谓独树一帜。

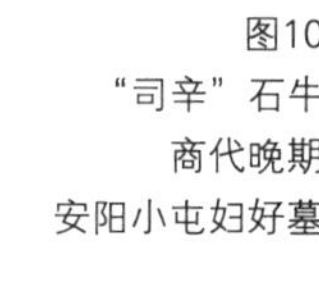

图10
“司辛”石牛
商代晚期
安阳小屯妇好墓

西周与东周的石雕艺术，由于迄今发现实物极少，成为我国石雕艺术史上最薄弱的环节。笔者所见唯一的西周石雕，是1984年四川省成都市方池街出土的一件跪坐石人，高约50厘米，头发向左右分披，脸型瘦削，五官不甚清晰，眼窝深陷，下巴较尖，躯体左侧自肩至腿已风化残损，整体做屈膝跪坐状，右臂曲肘贴背，前胸平缓，身上无衣纹，从其形貌姿态判断，可能是一位遭受捆缚体罚的男奴隶。结合河南洛阳东郊及甘肃灵台白草坡西周墓出土

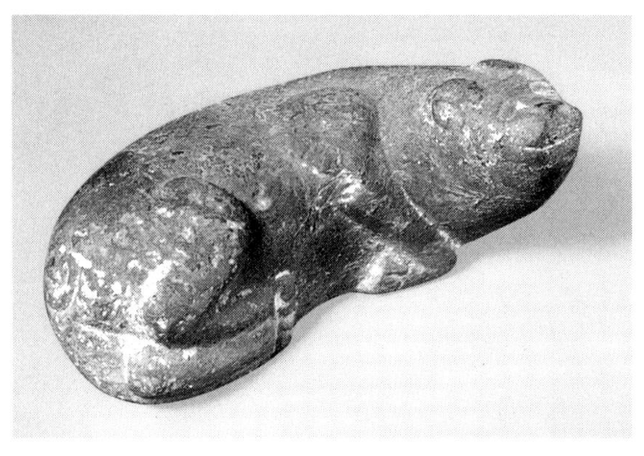

图11
石雕卧牛
战国
寿县朱家集

神态悲愤的玉雕奴隶或家臣形象，不难看出西周时代的社会阶级关系。

我国自春秋晚期进入铁器时代。战国时期，冶炼钢铁技术有了显著进步，为雕造大型石刻创造有利条件。从《韩非子·说林》所载桓赫论述“刻削之道”的经验来看，当时的人像雕刻已突破用线刻表现五官的传统方法，使得雕像的立体感有所增强。

据《三辅旧事》记载，秦昭王时（前306－前251），修建了咸阳城南跨越渭河的横桥（亦称横长桥、渭桥），在横桥北端，曾雕刻一尊忖留神石像，以作建筑装饰。又据传说：秦昭王时，蜀郡太守李冰在建造都江堰过程中，曾雕刻一件石犀牛，作为镇水压胜之物；杜甫咏岷江石犀牛诗则云：“君不见秦时蜀太守，刻石立作三犀牛；自古虽有压胜法，天生江水向东流。”这两项大型石雕今已不存，但是，从唐代在陕西凤翔发现、今存北京故宫的秦国刻铭石鼓，河北平山中山国王陵区发现的“守丘刻石”及浮雕蟠螭纹的石刻饰板上[16]，不难想见战国石雕的宏伟精致面貌。此外，安徽寿县朱家集出土、今藏北京故宫博物院历代艺术馆的一对石雕卧牛（图11），牛头扭向一侧，四肢亦蜷向一侧，整体做卧地打滚状，其动态与寿县丘家花园出土的著名错银铜卧牛相仿，标志着战国石雕突破了商周时期那种静止对称的造型模式，神秘色彩减弱，形象更为活泼生动了。

三、秦汉的石雕艺术

秦汉时代（前221－220）是中国统一的中央集权制封建帝国建立与巩固时期，也是铁器应用更为广泛的时期。石雕艺术被统治者视为表彰功臣、装饰陵园、寄托信仰、点缀环境的有力工具，获得了巨大的发展，形成中国石雕艺术史上的第一个高峰。

秦始皇建立秦帝国之后，出于维护国家统一、显示王权威严之目的，不惜耗费巨大的人力物力，从事都城的扩建及宫苑、陵墓的营造，各项工程均重视雕塑装饰。据《三辅黄图》渭桥条记载，秦帝国建立后，首先对秦昭王时期建造的横桥进行加固扩建，在施工中，因“重不能胜，乃刻石作力士孟贲等像”。同书五柞宫条又记载：秦始皇营建骊山陵园时，曾雕刻一对“头高一丈三尺”的石麒麟，开后世陵墓前雕造大型石兽之先河。此外，秦始皇东巡六国旧地期间，先后在峄山、泰山、琅玡、芝罘、东观、碣石、会稽等地刻石纪功，从广义角度来说，也是大型的石雕艺术创作活动。

西汉石雕艺术的发展，突出地表现在大型纪念性石刻及园林、陵墓装饰雕刻上。随着美术考古工作的进展，原先认为西汉的大型石刻只能追溯到汉武帝时期，现在可以上溯到汉初的文帝时期了。

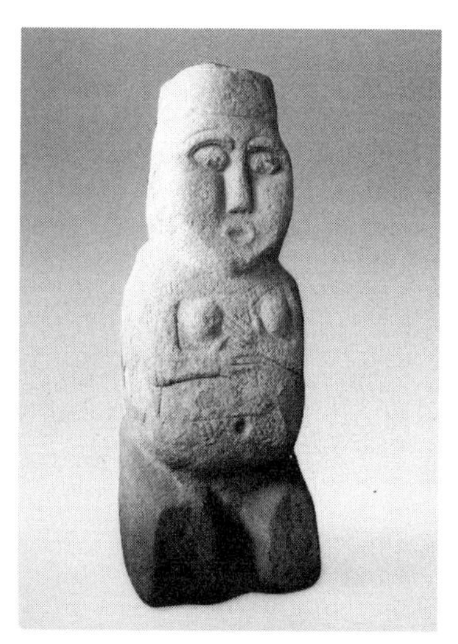

图12
跽坐石人
西汉初期
石家庄小安舍村

1985年4月在河北省石家庄市西北郊小安舍村发现的一对跽坐石人（图12）[17]，笔者通过风格学（或称标型学）的分析，认为是迄今我国所发现最古老的汉初大型石刻。这对石人用青石雕成，其一为男像，高174厘米；另一为女像，高160厘米。两像造型相近，皆为椭圆脸，尖下巴，大眼直鼻小口，头戴平巾帻，做双手抚胸跽坐状，腰间系带，裸露乳房、肚脐及两性生殖器，其跽坐姿态及古朴的造型风格，与下述西汉昆明池石刻牵牛织女像相近，而与山东曲阜及四川灌县等地出土做站立姿态的东汉石人相异。石像所在地距西汉南粤王赵佗先人墓（墓在赵陵铺村东）仅3000米，据《史记·南越列传》及《汉书·两粤传》记载，孝文帝元年（前179），为了怀柔远方，曾遣人赴真定，修治赵佗先人冢，为置守邑，岁时奉祀，规格甚隆重。《大清一统志》及《获鹿县志》亦称赵陵铺附近30来座丘冢系汉文帝所修的赵佗先人冢。因此，笔者认为这对石人，当是孝文帝初年特地为赵佗先人冢雕刻的；之所以刻成一男一女，可能代表赵佗的考妣。这项发现，使我国现存古代大型石雕人像提前半个世纪，具有极重要的学术价值。

图13
牵牛像
西汉
长安常家庄北

我国现存年代次早的一组大型石刻，是原存陕西省长安县常家庄村北的牵牛像（图13）和长安县斗门镇内的织女像。两者东西相隔约3000米。据《汉书·武帝纪》所载它们是元狩三年（前120）在上林苑“发谪吏穿昆明池”时建立的，用以象征池水浩瀚，犹如云汉天河。牵牛石像高258厘米，右手曲举，状若持鞭，左手贴腹，象征牵牛，整体做跽坐状，眉宇间呈现出刚毅憨厚的性格。织女石像高228厘米，双眉蹙锁，嘴角下撇，做

笼袖端坐的罢织姿态。汉昆明池畔留存至今的这对牵牛织女石像，堪称我国古代园林装饰雕塑的第一座丰碑[18]。

汉武帝时期雕造的另一组大型石刻，是现存陕西省兴平县道常村附近的汉骠骑将军霍去病墓石刻，系元狩六年（前117）少府属官“左司空”署内的优秀石刻匠师所雕造。这是一组纪念碑性质的群雕，用花岗岩雕成。作者运用循石造型的方法，作品兼有写实与写意两种风格。现存作品有立马（俗称马踏匈奴）、卧马、跃马、卧虎、卧象、石蛙、石鱼、石蟾、野人、野人抱熊、卧牛、母牛舔犊、野猪等14件（图14），另有题铭刻石两件；原先皆散置于墓冢周围，现集中陈列在墓前的东西两廊内。立马石刻是群雕中的主体，高168厘米，作者采用寓意手法，以一匹傲然卓立的战马象征骠骑将军；用战马将侵扰者踏翻在地的典型情节，赞颂了霍去病在反击匈奴侵扰的战斗中建树的赫赫战功。立马石刻轮廓洗练，造型醒目，堪称思想性与艺术性完美统一的典范，是西汉纪念碑雕刻取得划时代成就的标志。

图14
霍去病墓石雕
西汉元狩六年
（前117）
兴平道常村
卧象（上左）
卧虎（上右）
野人抱熊（下）

今存陕西城固饶家营汉博望侯张骞墓前的一对“石虎”（实系有翼的天禄、辟邪），约雕造于西汉元鼎三年（前114），虽已严重风化，犹存雄健之姿[19]。现存西汉大型石刻，尚有西安三桥高堡子村出土的太液池石鲸、咸阳石桥乡出土的石蹲虎、山西安邑出土的石奔虎、青海海晏出土新莽时期的石虎座等。小型石刻有河北满城刘胜墓出土的踞坐石俑，西安灞桥及兴平北吴村等地出土的石虎镇。

东汉大型石刻具有凝重雄健的格调。石刻人像以四川灌县都江堰出土建宁元年（168）雕刻的李冰石像最为重要。石像作立姿，高290厘米，形象雍容大度，它既是一尊历史名人纪念像，又被用作观测水位的“水则”；其前襟及两袖部位，有“故蜀郡李府君讳冰”及“建宁元年”等隶书刻铭（图15）。属石翁仲性质者，有安帝元初五年（118）雕刻的河南登封中岳庙前石人，共两件，夹道相向而立，做拱手拄剑状，其腹下部分埋入土中，地表以上高约1米，用方柱形石材雕刻而成，形象朴拙。原存山东曲阜张曲村传鲁王墓前，后来移存曲阜孔庙前的两件石人，雕造于桓帝延熹年间（158—166），高约254厘米，胸襟前分别有“汉故乐安太守麃君亭长”和“府门之卒”篆书刻铭，神态肃穆恭谨[20]。山东邹县东匡庄汉匡衡墓前石人，高约120厘米，用砂岩雕成，双手叠置胸前，作站立姿态，腿部略而未刻，造型粗犷[21]。此外，江苏东海昌梨水库一号墓内高浮雕的母抱婴蜀柱（图16），山东安丘董家庄画像石墓的高浮雕多人物蜀柱，以形象活泼见称。

图15（上左）
李冰石像刻铭
东汉建宁元年（168）
灌县都江堰

图16（上右）
石雕母抱婴蜀柱
东汉
东海昌梨水库1号墓

东汉石俑，以河北望都二号墓（入葬于光和五年，即182年）出土的骑马石俑（图17）最为出色，通座高79厘米，刻画了某位买鱼沽酒、骑马而归者的怡然自得神态；马腹与基座之间已作镂空处理，不再连接，标志着圆雕技艺益加成熟。

四川省出土东汉石俑较多。1975年重庆江北区鹅石堡东汉墓出土三件石刻伎乐俑，或袒胸露腹、引吭高歌，或抚琴奏乐、翩翩起舞，以神态生动见长。1977年峨眉双福乡东汉墓出土者，有持锸农夫俑、持刀俑、抚琴俑、听琴俑等，并有石猪、石鸡伴出，反映了封建庄园的生活情趣。芦山石马坝出土的持锸执箕石俑及执斧捉蛇石俑，可能是卫护墓主安宁的“土伯”形象[22]。

图17 （下）
石雕骑马俑
东汉光和五年（182）
望都二号墓

东汉石雕艺术的新成就，主要体现在造型劲健的大型动物石刻上。山东临沂石羊岭出土，今藏北京故宫历代艺术馆的一对石羊，胸前有“孝子孙侯”“孙仲乔所作羊”及“永和五年”（140）隶书刻铭，形象古朴典雅。南阳宗资墓前的石刻天禄与辟邪，约雕造于桓帝延熹年间，今已移至南阳卧龙冈汉画馆前保存，虽遭风化剥蚀，尚存豪迈挺拔的神态。洛阳孙旗屯及伊川出土的石辟邪，保存

图18
石兽
东汉
咸阳沈家村

状况较好，孙旗屯出土的颈后有“缑氏蒿聚成奴作”隶书刻铭，姿态格外雄健威武。咸阳沈家村出土，今藏陕西省博物馆的一对石兽（图18），于雄健中蕴含着秀丽灵动的风格。此外，山东嘉祥武氏祠的一对石狮、四川芦山杨君墓与樊敏墓前的石狮、雅安姚桥高颐墓石辟邪等，均属东汉晚期优秀石刻遗例，造型凝重，器宇不凡，对后世陵墓装饰石雕具有深远影响。

东汉的中小型石刻作品，有四川雅安点将台出土的力士形与天禄形石础座，德阳出土的石狮座，广元出土的蟾蜍形摇钱树石座，以及今藏北京故宫历代艺术馆，由吴仲超先生捐献的小石猪等，皆具简洁有力的特征。

佛教自西汉末年传入我国。东汉明帝时，在洛阳城西的译经圣地白马寺，已有佛教美术（绕塔礼佛图壁画）之创作。1959年新疆民丰尼雅汉墓出土一块蜡染棉布，印着供养菩萨图案，当属东汉晚期的佛教美术遗物。石刻作品中，山东滕县画像石中的六牙白象，沂南画像石中顶有头光、手施无畏印的佛像，则是东汉佛教雕刻。

特别引人注目的东汉晚期佛教雕刻遗迹，是四川乐山麻浩一号崖墓享堂后壁上方的浮雕坐佛像（图19），连同头光高39厘米，头顶有高肉髻，身着通肩袈裟，右手施说法印，左手执襟带状物，结跏趺坐。麻浩崖墓共100余座，个别的有东汉“阳嘉三年”（134）题记。此外，乐山柿子湾崖墓中，亦有浮雕坐佛像，但风化较重，形象不及前者清晰。彭山崖墓出土东汉摇钱树陶座上，还有浮雕一佛二胁侍像。

图19（下左）
石刻浮雕坐佛像
东汉晚期
乐山麻浩一号崖墓

图20（下右）
释迦说法立像
东汉晚期
连云港孔望山摩崖造像

坐落在黄海之滨的江苏省连云港孔望山摩崖造像中，也有佛教造像。其中，以释迦说法立像（图20）、涅槃变浮雕最为明显。崖前还有身高260厘米、长480厘米的圆雕大石象及形体稍小的石蟾蜍[23]，其雕造年代，当在东汉晚期[24]。

从以上的简要介绍中，可以看到中国早期佛教造像的概貌。东汉王朝被推翻之后，中国进入魏晋南北朝长达三个半世纪的分裂割据时期，战乱频仍，社会极不安定，各阶层的人都竭力寻求精神寄托，这就为佛教的传播与佛教造像的繁盛创造了有利的条件。

原载《中国古佛雕——哲敬堂珍藏选辑》，台湾艺术家杂志社1989年版

注 释

[1] 记者卜昭文、王辅捷报道：《后洼屯遗址出土四十多件原始图腾石雕和人形陶像》，《光明日报》1987年5月18日头版头条。

[2] 参见郑绍宗在“东山嘴遗址座谈会”上的发言，《文物》1984年第11期，第17页。

[3] 翁牛特旗文化馆：《内蒙古翁牛特旗三星他拉村发现玉龙》；方殿春、刘葆华：《辽宁阜新县胡头沟红山文化玉器墓的发现》，《文物》1984年第6期。

[4] 李发林：《中国古代石刻丛话》，山东教育出版社1988年版，第8、9页。

[5] 浙江省文物考古研究所反山考古队：《浙江余杭反山良渚墓地发掘简报》，《文物》1988年第1期。

[6] 那志良编：《古玉论文集》，“台北故宫博物院”1983年版，第605—610页。

[7] 中国科学院考古研究所二里头工作队：《河南偃师二里头早商宫殿遗址发掘简报》，《考古》1974年第4期。

[8] 李济：《跪坐、蹲居与箕踞》，《历史语言研究所集刊》第24本，1953年，图一。

[9] 梁思永、高去寻：《侯家庄（第5本）1004号大墓》，历史语言研究所1970年版，图18、19。

[10] 陈仁寿：《金匮论古初集》,香港亚洲石印局1952年版。

[11] 中国科学院考古研究所：《殷墟妇好墓》，文物出版社1980年版，第151、232页。

[12] 梁思永、高去寻：《侯家庄（第2本）1001号大墓》，历史语言研究所1962年版。

[13] 郭宝钧：《中国青铜器时代》，生活·读书·新知三联书店1963年版，第257页。

[14] 楚戈：《人兽之间——殷墟的石雕艺术》，台北《故宫文物月刊》第一卷第3期，1983年。

[15] 中国科学院考古研究所：《殷墟妇好墓》，文物出版社1980年版，第200页。

[16] 河北省文物管理处：《河北省平山县战国时期中山国墓葬发掘简报》，《文物》1979年第1期。

[17] 河北省石家庄市文保所：《石家庄发现汉代石雕裸体人像》，《文物》1988年第5期。

[18] 汤池：《西汉石雕牵牛织女辨》，《文物》1979年第2期。

[19] 汉中地区文化局编：《汉中地区名胜古迹》第十六项“张骞墓”，1983年印行；林通雁：《西汉张骞墓大型石翼兽探考》，《汉中师院学报》（哲学社会科学版）1986年第2期。

[20] 傅天仇主编：《中国美术全集·雕塑编2·秦汉雕塑》，人民美术出版社1985年版，第100页。

[21] 王思礼：《山东邹县城东的古代石人》，《文物参考资料》1956年第10期。

[22] 傅天仇主编：《中国美术全集·雕塑编2·秦汉雕塑》，人民美术出版社1985年版，第100页。

[23] 连云港市博物馆：《连云港市孔望山摩崖造像调查报告》，《文物》1981年第7期。

[24] 俞伟超、信立祥：《孔望山摩崖造像的年代考察》，《文物》1981年第7期；汤池：《孔望山造像的汉画风格》，《考古》1987年第11期。

佛教美术的珍贵遗产——云冈石窟

云冈石窟位于山西省大同市西郊16千米处的武州山南麓，武州川的北岸。石窟凿于崖壁上，东西绵延约1千米。现存主要洞窟53个，可分东、中、西三个部分。东部四个窟（1－4窟），中部九个窟（5－13窟），西部四十个窟（14－53窟），此外还有许多小窟、小龛，大小造像五万余躯。

云冈石窟为中国早期佛教雕刻之精华，其绝大部分洞窟，都是北魏中晚期雕凿的。

一、开凿年代

北魏王朝是由崛起于我国北方的鲜卑游牧民族建立的。自太祖道武帝拓跋珪于天兴元年（398）定国号为魏并建都平城之后，就颁布诏书，推崇佛教。《魏书·释老志》载有拓跋珪之诏书云：“佛法之兴，其来远矣。济益之功，冥及存殁。神踪遗轨，信可依凭。其敕有司于京城建饰容范，修整官舍，令信向之徒，有所居止。”又据《广弘明集》记载，拓跋珪还赐给太山朗法师以素绢、白毯、银钵等物，足见其提倡佛教的热情。

太宗明元帝拓跋嗣（409－423年在位）及世祖太武帝拓跋焘（424－452）之时，阶级矛盾与民族矛盾日益尖锐，北魏王朝的统治开始衰弱，大量人口逃避赋役、放弃生产，出家为僧。有些寺僧窝藏武器，生活糜乱的情况，亦为皇帝所闻。太武帝晚期，佛道之争激化，太武帝受司徒崔浩的怂恿，崇信道教，拜道士寇谦之为天师。公元440年，改国号为太平真君元年。太平真君五年（444）颁布《禁容匿沙门师巫诏》。太平真君七年（446）下了《灭佛法诏》，规定：“诸有佛图形象及胡经，尽皆击破焚烧，沙门无少长，悉坑之。”是谓我国宗教史上著名的“坑沙门，毁佛像”的“太武灭佛”事件（参见《续高僧传》）。

公元450年，太武帝患疟疾，因迷信思想作祟，懊悔“灭佛”之举，遂将司徒崔浩抄斩。公元452年，太武帝病死，高宗文成帝拓跋濬继位，改年号为兴安元年，并且立即颁布了恢复佛教的诏书，强调佛教有“助王政之禁律”——维护北魏政权的作用，并且“诏有司为石像，令如帝身”。

文成帝兴安二年（453）即“复法之明年”，原在中山宣扬佛教的凉州高僧昙曜，奉命来到京师平城，“值帝出，见于路，……帝后奉以师礼”（《魏书·释老志》）。

文成帝“兴光元年（454）秋，敕有司于（京师大同）五级大寺内，为太祖以下五帝（按即道武帝、明元帝、太武帝、景穆帝及文成帝本身）铸释迦立像五，各长一丈六尺，都用赤金（铜）二十五万斤”。（见同上）。文成帝和平初年（460），昙曜担任了“沙门统”，“昙曜白帝，于京城西武州塞，凿山石壁，开窟五所，镌建佛像各一。高者七十尺，次六十尺，雕饰奇伟，冠于一世”。这就是《魏书·释老志》所记云冈石窟开始凿窟雕像的情况，这五座佛像，当是前不久京师五级大寺铸像事件的一次重复，但工程更为浩繁巨大，它反映了以文成帝为代表的日益虚弱的北魏统治集团，求助于宗教的需要更迫切了。

文成帝死后，献文帝拓跋弘（466－471）、高祖孝文帝元宏（471－499）都陆续建寺开窟，雕造佛像。直到孝文帝太和十九年（495）迁都洛阳，云冈开窟造像未曾间断。迁都洛阳之后，云冈石窟还延续了一段时间，但大型洞窟不见了。

二、分期与特征

云冈现存之主要洞窟，大部分是文成帝和平年间（460－465）到孝文帝太和十九年（495）之前的30多年间开凿的。其余小型窟、龛的开凿，一直延续到孝明帝正光年间（520－525）。按石窟形制和造像内容、样式的发展，可分三期：

1. 云冈第一期石窟（其时代为和平初年至和平六年，即460－465年），即昙曜为皇室开凿的五所石窟，俗称“昙曜五窟”（K16－K20）（往下‘K’代表洞窟；例：K16代表16窟）。其形制特点是；窟形平面作椭圆形；穹隆顶，似印度草庐式。造像主要是三世佛（过去佛、当今佛和未来佛）和千佛；主像形体高大雄伟，占据了窟内大部分面积。佛像面相方圆，两肩齐亭，深目高鼻，上身内着僧祇支，外着袒右肩或通肩大衣。菩萨袒上身或斜披络腋，高宝冠，胸前戴项圈或短璎珞，臂戴钏，下着羊肠大裙。飞天袒上身，斜披络腋，天带飘扬；大裙贴腿，赤足。衣纹先雕出大的衣褶，再加刻阴线，也有仿毛质厚衣料而出现的凸起的样式，这反映了犍陀罗和中亚牧区服装的特点。

K18、K19、K20为一组，皆以佛装的三世佛为主像。在云冈石窟中这组石窟开凿最早。左右两主像分处在左右胁洞的19窟是这组石窟的中心窟，唯胁洞内的主要工程延至第二期才竣工。

K18正中雕身披千佛袈裟的释迦佛（图1），高15.5米；东壁上部的弟子群，雕刻技法十分熟练；窟门西壁的“大茹茹可敦”铭记，是北魏时柔然族的作品。

K19中央的释迦坐像，高16.8米，是云冈石窟中的第二大像。

K20（图2）正中的释迦坐像，高13.7米，此像面部丰满，两肩宽阔，造型雄伟，风格浑厚，是云冈石窟的代表作。

K16、K17为另一组。K17的主像是菩萨装的未来佛——弥勒交脚像。K16的主像是单一的释迦立像。这两窟的壁面都有较多的第二、三期工程。

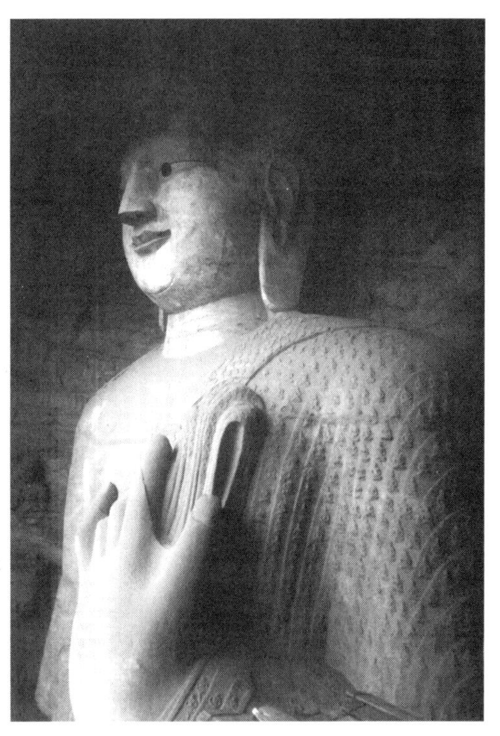

图1
云冈石窟第18窟北壁释迦佛
北魏和平初年至和平六年（460－465）

2. 云冈第二期石窟（时代为和平六年至太和十八年，即465－494）——主要包括K7、K8、K9、K10、K5、K6、K1、K2等双窟及K11、K12、K13这三个窟，还有K3的北魏部分。北魏云冈以这个阶段为最盛。《水经注·㶟水》条载：“武州川水又东南流，水侧有石祇洹舍并诸窟室，比丘尼所居也。其水又东转，迳灵岩南，凿石开山，因岩结构，真容巨壮，世法所希，山堂水殿，烟寺相望”，应该就是此时之情景。

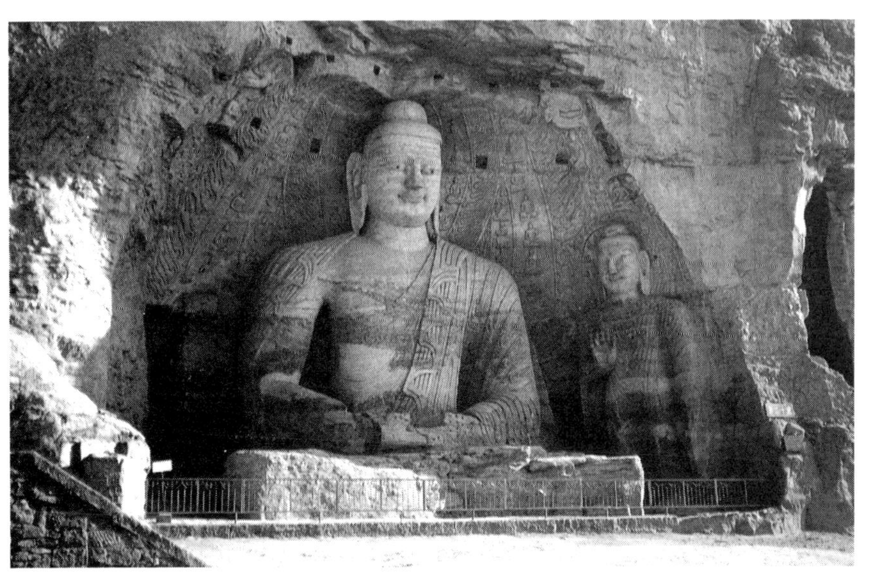

图2
云冈石窟第20窟
北魏和平初年至和平六年（460－465）

第二期石窟的形制特点是：平面多方形，多具前后室，有的窟中部立塔柱；窟顶多雕平棊。多成组的双窟，龛制多样，作上下重层，左右对称式。在造像方面，大像稀少了，造型远不如第一期的雄伟，佛像面相丰圆适中，较清秀。造像题材多样化，出现世俗的供养人行列、供养天、本生及佛传故事。凸起的衣纹逐渐被简化了的、断面作直平阶梯式的衣纹所代替。与第一期比较，引人注目的是：汉魏以来分层分段附有榜题的壁画布局、中国传统的龛饰增多；在第二期的后段，佛像服装也换上了中原地区流行的褒衣博带的样式。外来的佛教艺术在北中国于这个时期较显著地逐步中国化了。

K7、K8这组双窟，在第二期中开凿最早，大约完成于孝文帝初期。两窟窟前有三层木构窟檐。辽代在此建护国寺。平面皆成方形，分前后室。K7后室北壁主像三世佛，东、西、南三壁布置了本生故事浮雕和表现佛传故事的佛龛。窟顶平棊飞天和南壁门拱上部的六供养天人（图3），雕刻颇精美。K8窟门东侧有“摩醯首罗天”，西侧有“鸠摩罗天”像，雕刻技巧与造型都较成熟。

K9、K10这组双窟，略晚于K7、K8，约建于公元484—489年。辽代在此建崇福寺。K9主像是释迦，K10主像是弥勒。此乃云冈第二期出现的新的主像组合。壁面布置了较多的释迦、多宝对坐像，也为这组石窟的突出之点。K9明窗东西壁出现坐莲菩萨和骑象普贤。形制装饰方面，隧道式的右旋礼拜通道，中国传统的龛饰和西亚流行的植物纹，在云冈皆以这组石窟出现得最早。

K5、K6这组双窟，雕凿于孝文帝都平城之后期。两窟前，有五间四层

图3
云冈石窟第7窟门拱上部
供养天人像
北魏和平六年至太和十八年
（465－494）

楼阁，现存建筑是清初顺治八年（1651）重建，两窟主像皆为三世佛。K6后室正中雕塔柱，柱之下层四面大龛中，南龛雕坐佛像，西龛雕倚坐佛像，北龛雕释迦多宝对坐像，东龛雕交脚弥勒像。塔柱四面大龛两侧和后室之东、南、西三壁，雕刻33幅内容连续的佛传故事，描写释迦牟尼从诞生到成道的经历。面对塔柱的南壁窟口上方，雕维摩、释迦、文殊。K6的全部大型佛像皆着“褒衣博带”式服装，这是与孝文帝太和十年至十九年（494－495）的服制改革相呼应的。总之，K6内容丰富，雕饰富丽，为云冈石窟中最有代表性的洞窟。

图4
云冈石窟第11窟
西壁中部七佛立像
北魏和平六年至太和十八年
（465–494）

K5中央坐像高17米，是云冈石窟中最大的佛像。窟之四壁满雕佛龛、佛像，布局紊乱，风格互异，表明此窟未按原计划完成。

以上三组双窟，相互毗邻，窟前外壁左右两侧都雕出高塔。K5、K6及K7、K8两组窟前雕有龟趺丰碑，与洛阳龙门的宾阳中洞、南洞间有石碑的做法相似，表明时代接近。

K11、K12、K13三窟是一组，开凿年代接近K9、K10窟。K12是这组里的中心窟，前列两楹，洞开三门，后室入口上雕明窗，按原计划完工。K11、K13在窟门上各雕明窗，布局甚对称，但未按原计划竣工。K11东壁有太和七年（483）铭小龛，西壁有太和二十年（496）铭小龛。K11西壁中部的七佛立像（图4），是新出现的题材，其褒衣博带的装束与K6相仿。K13主佛是弥勒，其南壁有与K11相似的七佛立像。

K1、K2是一组塔洞。其后壁主像，K1是弥勒，K2是释迦。K1之塔柱作两层形式，K2之塔柱呈三层式。两窟南壁于窟门两侧均雕维摩、文殊对坐问答像。K1东壁后下部有佛本生故事浮雕。

K3原为大型塔洞设计，开凿于二期，但终北魏一代竟未完成。唐初利用未完工的塔身，雕造倚坐大佛及胁侍。据K3形制规模之巨大，不少研究者推测此窟原为昙曜译经处。

综观二期石窟和龛像之急剧增多，说明文成帝之后到孝文迁洛之前的三十来年，佛教在北魏统治集团的提倡下，发展迅速。开窟造龛的施主，除皇室外，还有官吏、上层僧尼及在俗的邑善信士。二期的造像进一步符合僧人禅观活动的需要，出现了本生、佛传、七佛、普贤菩萨以及供养天人等辅助形象。由于坐禅入定，急需“次后作佛”的弥勒决疑，以求往生“佛国净土”，所以菩萨装的交脚弥勒像取得了日益重要的地位。K7、

K5、K12的明窗式窟门侧面上，雕刻“树下坐禅”的形象，也是与禅观需要密切联系的。

3．云冈第三期石窟（自太和十九年至正光五年，即495－524年）——包括K4、K14、K15，K11以西崖面上部小窟龛及K20以西诸窟。

这一时期，北魏的都城已迁至洛阳，平城作为北都，云冈作为佛教要地，开窟雕龛之风未歇，但大型窟消失，以中小型窟为主了，表明这时平城的佛教主要在社会中下层蔓延。

第三期的窟龛形制，日益方整，有塔洞、千佛窟、四壁三龛式和四壁重龛式四种，窟外出现了券面和力士等雕饰。龛楣、帐饰愈趋复杂。题材上，释迦多宝及维摩文殊流行。佛传故事尚流行，唯画面减少。造像面形日趋清瘦，长颈、削肩；全用褒衣博带式服装。延昌以后，大衣下摆为密褶式平行、重叠线条。菩萨面形同佛；上身着短衫，帔帛交叉处穿璧，大裙下摆呈锯齿状。飞天着短衫，大裙曳地，不露足，腰部呈V形。衣纹用直平阶梯式刀法，纹饰趋于繁缛。

K4中央凿出方柱，柱身四面雕立佛。南壁窟门上方有正光纪年铭，为云冈现存最晚的铭记。

K35窟门东侧有北魏延昌五年（516）凿的小龛，是西部窟群中年代最晚的一个。此窟的“降魔成道”图及K32的“白马吻别”“逾城出家”浮雕也颇佳。

K48东壁有太子乘象投胎之浮雕，画面作白象即将飞入卧帐，摩耶夫人正在眠寤的姿态。

K50的乘象太子雕刻在窟顶的平棋上，突出了白象腾虚而来的情景，设计独具匠心。K50西、北壁的供养人及缘幢杂伎浮雕，是重要的形象资料。

K51正中的五层塔柱，其屋檐、斗拱、柱子及阑额等建筑部件保存完整，是研究早期佛塔的重要资料。

三、艺术特色

我国的雕刻艺术，秦汉时代已经形成深沉雄大的民族风格，达到相当高的水平。北魏的雕刻艺术，是秦汉雕刻艺术的延续和发展，同时，又受到犍陀罗佛教艺术的外来影响。云冈雕刻，就是富有才华的北魏优秀艺术匠师，积累长期艺术实践的丰富经验，有选择地吸收外来艺术的创造经验，把它融合在中国雕塑艺术中的生动体现。在雕刻技巧上，云冈早期雕刻直接继承了汉画像石的传统技法，往往在造像浑圆的形体上，用阴线雕刻衣纹。许多大像，继承汉代大型石刻的艺术传统，给人以鲜明、雄伟的印象。在细部表现上，如K18大佛的手，柔中有刚，雕出了肌肉的质感。第二期造像丰圆适中的面相，褒衣博带式的服装，直平阶梯式的刀法和中国传统的建筑形式等，则具有更浓厚的汉民族特点。处理造像的不同角度或衣褶的重叠层次，无不表现雕刻技艺的娴熟自如。此外，云冈第6、8、12等窟为数众多的佛传故事雕刻，在选取故事情节及表现方法等方面，也很值得我们研究借鉴。

此文之日文译稿，刊发在1986年北京人民美术出版社与日本讲谈社合编的《中国の旅》（2）天津及华北、东北卷

参考文献

[1] 《道光大同县志》。

[2] 山西省文物工作委员会、山西云冈石窟文物保管所编：《云冈石窟》，文物出版社1977年版。

[3] 宿白：《云冈石窟分期试论》，《考古学报》1978年第1期。

顿悟者的愉悦

——徐政夫先生藏石雕菩萨头像观后

图1
菩萨头像
东魏
徐政夫先生藏

在海峡两岸经贸往来与文化交流大潮汹涌的时刻，台北艺术收藏家徐政夫先生将新近收集的一件东魏石雕菩萨头像带到北京，慨然借给中国历史博物馆陈列展出，供大陆同胞观赏研究，这是一桩意义深远的文物交流盛事，我表示热烈的祝贺。

这尊菩萨头像（图1），形体大小接近真人（残高29.8厘米），头戴较矮的花蔓冠，宝缯垂贴在耳侧，额上的头发分成五绺，弯眉秀目，嘴角上翘，颧骨鼓起，脸颊起伏显著，嘴角两侧仿佛形成对称的“酒窝”，下巴刻出弧状凹线，颈部以下断裂佚失。整个头像呈现出顿悟者的愉悦神态，给观众的亲切感很强，与习见的做低眸微笑状的北魏菩萨头像不同，是一件罕见的佛教雕刻精品。

众所周知，北魏前期的菩萨形象以庄严健壮为特色。从北魏孝文帝时期开始，佛教造像逐渐汉化，东晋顾恺之、戴逵等人创造的秀骨清像风格，很快也在中原、北方地区流传，亲切感加强成为北魏晚期佛教造像的一大特色。与这尊头像相类似的莲瓣之间嵌饰圆形花朵的冠饰，曾见于龙门石窟与巩县石窟北魏晚期的石雕菩萨头上（美国华府弗里尔美术馆、日本大阪市立美术馆均藏有头戴莲瓣冠石雕菩萨像）；头顶微微凸起“三梁”及宝缯垂贴于耳侧的形式，曾见于日本京都藤井有邻馆所藏北魏永熙三年（534）佛三尊造像碑的菩萨头上（见金申编《中国古代纪年佛像图典》图版143）。额上头发分绺的刻法，在龙门宾阳中洞北魏景明年间雕造的胁侍菩萨头上即已出现。然而，笑得格外愉悦的佛像，却是东魏天平二年（535）张白奴所造的石弥勒像（见《中国古代纪年佛像图典》第200－201页）。通过以上图像的比较，我认为徐政夫先生收藏的这件石雕菩萨头像是北魏末年至东魏时期（约532－549年）的作品。

这件石雕菩萨头像表面呈粉红色，原先曾敷彩。其断裂处露出夹杂有小白点的灰黑石质，与河南省的石灰岩不同，更不是晋南、陇东的砂岩。从石质及造像风格来看，出自山东省的可能性很大。

原载《中国历史博物馆馆刊》总第25期，1995年

哲敬堂藏中国古代佛教雕像

图1
弥勒造像碑（正、背面）
北魏延兴二年（472）
今藏上海博物馆

一、弥勒造像碑

北魏延兴二年（472） 砂岩 高41.5厘米

此造像碑正面，采用高浮雕技法，在椭圆形背光前，雕刻一尊佛装的交脚弥勒像（图1）。弥勒脸型丰满，两耳垂肩，形象古朴，做欲语又止的抿嘴状；身着圆领通肩大衣，其左右对称的衣褶刻法，明显地保留着犍陀罗艺术的影响。双手施转法轮印，交脚坐于长方形台座上。背光外圈刻火焰纹，背光内圈及头光内的刻纹已模糊不清。

碑阴之底座部分，刻有北魏“延兴二年”的发愿题记。火焰纹背光后面，分上中下三栏，浮雕佛传故事与本生故事。上栏雕刻佛传中的树下降诞、独步行吟等场面。中栏雕刻睒子本生故事，画面右方所刻骑马举弓者，为进山射鹿的迦夷国王；画面中央蹲踞在河边、持瓶汲水者，即孝子睒子。下栏刻画摩诃萨埵舍身饲虎的故事。此碑碑阴浮雕的故事内容乃至构图情节和今藏日本藤井有邻馆之北魏太安元年（455）张永造像碑极为相似，稍异之处在于刻画睒子本生故事，此碑情节更加简练。

此碑雕造施转法轮印的佛装交脚弥勒，表现了渴望弥勒佛降世的迫切心愿；这种对美好的彼岸世界的炽热向往，正是当时现实社会苦难深重的反映。

二、龙门观音头像

唐 石灰岩 高37厘米

此头像（图2）丰满适中的脸形、比例匀称的五官、头顶所挽的高发髻及颈部用漫圆刀法雕成的蚕节纹，均与洛阳龙门潜溪寺菩萨相似。发髻前面雕饰的化佛，表明其身份是观世音菩萨；其神态静穆端庄，刀法流利自然，堪称唐代佛教造像的杰作之一。

（此头像，经调查核对，为龙门火顶洞之左胁侍菩萨头像，可以拼接复原。）

三、佛头

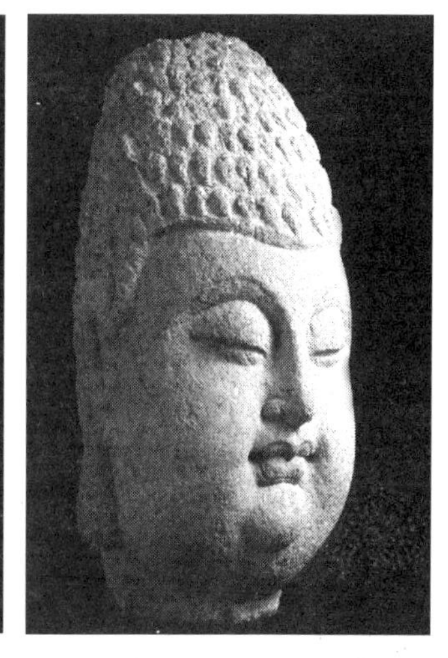

唐 花岗岩 高50厘米

这尊具有丰颐秀眉、高鼻梁、樱桃口的大型佛头（图3），体现着盛唐时代特有的审美观念，透过微启的双目，既流露出成就正觉者矜持满足的神态，又仿佛超脱尘世者对芸芸众生的悲悯。

此头像运用娴熟简洁的漫圆刀法雕成，螺形卷发做覆钵状耸起，造型颇特别。石质坚硬，形象保存良好，堪称盛唐石雕艺术不可多得的优秀遗例之一。

图2（上左）
龙门观音头像
唐

图3（上右）
佛头
唐

图4（下）
木雕观音半跏坐像
北宋
今藏中国国家博物馆

四、观音半跏趺坐像

北宋 木雕妆彩 高200厘米

这尊大型木雕观音像（图4），头戴华冠，胸佩项圈璎珞，肩臂缠绕飘忽灵动的帔帛，纤巧的双手戴腕镯，左手曲举傍腮，右手拈托莲花，下身系裹锦裙，右腿盘曲，左腿下垂，半跏趺坐于海石座上，其造型受唐代水月观音的影响，故而此菩萨华冠上虽无化佛标志，仍可称作观音。

此坐像高度相当头长的五倍，符合解剖比例。观音容貌端庄秀丽，神态慈悲安详，敷彩华而不躁，器宇典雅不凡，为存世北宋佛教造像中罕见的佳作。

原载《中国古佛雕——哲敬堂珍藏选辑》，台湾艺术家杂志社 1989年版

保利博物馆藏中国古代佛教雕像

图1
带背光佛立像
北魏晚期至东魏
（494－550）

一、带背光佛立像

时代：北魏晚期至东魏（494—550）

尺寸：残高84厘米 佛高71厘米

这尊带莲瓣形背光的高浮雕单躯立佛（图1），背光已残缺大半，底座也有残损，唯佛像基本保存完好，且艺术水平相当高，实在难能可贵。

佛像头顶有磨光高肉髻，双耳肥大下垂，丹凤式双目微张，嘴角上翘微笑，脸型丰满而俊秀，呈现出和蔼可亲的神态。长颈、溜肩，臂胛较瘦。内着僧祇支，外穿褒衣博带式双领下垂大衣，右领襟垂至腹部后横向甩搭在左肘上。肩臂旁之衣褶剖面呈三角凸棱状，腹下偏右之衣纹则单线阴刻成垂鳞纹。衣裙襞褶流畅，层次减少，下摆呈锐角向外撇展，服饰厚重。双肘前伸，左手残痕显示施与愿印；右手全缺，印相不明。佛像身躯较短，身高仅为头长的五倍，跣足而立，基座残缺。佛像身后有莲瓣形背光，其图案纹饰分内外两圈，内圈为五条平行的椭圆形弧线；外圈下段雕三株莲茎与莲叶，中段刻两身浅浮雕伎乐天人，上段残缺不明。由于风化磨蚀，伎乐天人所持乐器难以辨识。圆形头光图案内匝是四圈大小不同的同心圆，外匝光素无纹。

这尊佛像具有长颈、溜肩等秀骨清像之特征。在服饰方面，佛像内着僧祇支，外着双领下垂、右领襟甩搭在左肘上的褒衣博带式佛衣，这是北魏后期普遍流行的佛装。在表现技法上，佛像肩臂处的衣褶剖面呈三角凸棱状最具特色，对照现存的纪年佛像资料，鎏金铜造像与石刻造像均有佛像肩臂处衣褶剖面呈三角凸棱的实例：在鎏金铜造像中，最早实例为北魏熙平三年（518）昙任造释迦多宝二佛并坐像[1]。晚期实例为东魏天平三年（536）乐龙等造弥勒立像[2]；在现存石刻造像中，最早实例是山东青州市西王孔庄出土，今存山东省博物馆的北魏正光六年（525）张宝珠造一佛二胁侍菩萨立像[3]，晚期实例是现存美国纽约的东魏武定四年（546）比丘道颖等造释迦立像[4]，其主尊肩臂处衣褶表现形式与此相同。此外，原在山东淄川龙泉寺遗址，今存山东青岛市博物馆的两尊东魏初年雕造的“丈八佛”[5]，其衣褶表现形式亦与此相似。据此，这尊高浮雕单躯立佛可以断定为北魏晚期至东魏时代的遗物。

二、带头光的菩萨立像

时代：东魏（534—550）

尺寸：通高108厘米 菩萨高80厘米

这尊圆雕带头光的菩萨立像（图2），以青灰色石灰石雕凿而成，传出山东青州。该像以造型精美、神态生动、服饰华丽、保存得比较完整而著称，十分耐人观赏。

此菩萨体态修长、脸形清秀，眉弓舒展，双目平视，鼻梁隆起，嘴角微翘，颈部微收，呈现出一派慈祥愉悦的神态。菩萨曲肘上举之右手稍残，所持之物不明；左手执一莲茎状物。跣足而立。菩萨额上头发分成五绺，戴五尖宝冠，冠尖缀饰明珠；缯带于冠侧系结下垂，耳旁飘垂宝缯，肩上有圆饼形饰物。颈下佩项饰，双臂戴腕钏。其上身着带披肩之天衣，下身系宽松密褶长裙。附贴在帔帛上的穗状瓔珞于腹前圆环下交叉，然后下垂过膝，转向身后；帔帛则搭臂垂挂于体侧。菩萨头后带一较大的圆形

图2
带头光的菩萨立像
东魏

头光，头光之内匝浮雕仰瓣莲花，莲瓣尖卷起，富有较强的立体感。通观整尊雕像，雕刻刀法精细爽利，服饰虽繁缛但层次分明、华而不乱，艺术水平极为高超。

此菩萨之目眶呈杏仁状，尚沿袭北魏后期之造型样式。曳地长裙之密褶，也保留着褒衣博带的少许遗风。值得注意的是，衣裙已趋向轻薄，裙裾下摆已与胯部垂直，不像北魏后期之衣裾下摆外张成喇叭状，此乃东魏时代出现的新样式。此菩萨的衣冠服饰，酷肖山东青州市龙兴寺遗址佛教造像窖藏出土的东魏背屏式佛三尊造像之右胁侍菩萨[6]，其造型风格与台湾静雅堂收藏之东魏菩萨立像[7]亦有颇多相似之处，故这尊带头光的圆雕菩萨立像可以确定为东魏遗物，很可能出自青州附近的古佛寺遗址。

还特别需要指出的是，这尊菩萨像并未作为佛之胁侍出现，而是一件独立的圆雕作品，再配以较大的头光和全身华丽的装饰，均显示出其身份和地位的高贵。可以与之比较的相同造像，还见于山东博兴出土的一件菩萨像，也是独立造型，装饰华美，身后的圆形头光极为硕大[8]。而最能代表其身份高贵的是菩萨头上所戴显示地位的蝉珰华冠，这种仿自世间帝王身边近侍的冠冕，或寓意此菩萨在佛祖前的较高身份。另外，青州龙兴寺遗址佛教造像窖藏中也有一件独立的戴蝉冠菩萨立像，头后虽有残损，但仍可看出原有较大的头光[9]。这种身姿俊逸、服饰华丽、带有较大头光的独立菩萨像，集中发现于北朝晚期的青州地区，显示了青州造像的独特风韵。

三、思惟菩萨像

时代：北齐（550—577）

尺寸：通高81厘米

这尊单体圆雕半跏思惟菩萨像（图3），石灰石质。其造型之美与艺术手法之高妙，在中国现存同类题材作品中可谓首屈一指，是山东青州地区佛教造像处于顶峰时代的代表作之一。

此菩萨体态健壮匀称，形貌端庄俊美，头戴嵌饰联珠纹与串珠纹的五尖式宝冠，额际头发分成五瓣，宝缯在冠侧系花结后沿耳下垂，穿过肩上的圆饼形饰物，覆盖在肩膀两侧。颈佩项圈，手腕戴镯。上身裸露，腰系轻薄贴体的多褶长裙。菩萨弯眉细目，向下俯视，面带微笑，上身稍向前倾，右上臂支在右股上，右下臂残缺，右腿盘压在左股之上，左手抚右足腕，左脚自然下垂，半跏趺坐在束腰藤座之上，成功地表现了思惟禅悟的意境。其左足踩在与藤座相连、莲叶掩映的莲蓬上。藤座与莲蓬底端有不平整的断裂痕；参考东魏、北齐时代其他单体圆雕半跏思惟菩萨的造型样式，推测此雕像下方原来应连接刻有施主发愿文的矩形方座。

半跏思惟菩萨像，是十六国、北朝时代广泛流行的佛教造像题材之一。甘肃肃南县金塔寺西窟中心柱西面中层及甘肃敦煌莫高窟第275窟左右两壁阙形龛中彩塑的半跏思惟菩萨像[10]，均创作于十六国北凉时期，是迄今所知中国这种造像的两项早期遗例。北魏时代，半跏思惟菩萨像不仅在山西大同云冈石窟[11]、河南洛阳龙门石窟[12]、敦煌莫高窟[13]等著名石窟寺中屡见不鲜，在可移动的金铜造像与石刻造像中也经常出现[14]。到北朝晚期的东魏、北齐及北周时代，半跏思惟菩萨像主要见于可移动的石刻造像之中，包括多种样式的造像碑及单体圆雕两类。据粗略的调查统计，有明确纪年的单体圆雕半跏思惟菩萨石造像，东魏、北齐各有两例，即东魏时代的元象二年（539）比丘尼惠照造思惟菩萨像[15]，武定二年（544）戎爱洛造思惟菩萨像[16]；北齐时代的天保四年（553）比丘道常造思惟太子像[17]，太宁二年（562）高业夫妻造思惟太子像[18]。前两例东魏遗物的共同特征是：雕像有圆形头光，藤座与矩形方座之间有一截不高的宝装覆瓣莲台，材质均为白色大理石，造像通座高约50厘米。后两例北齐作品的共同特征是：雕像不带圆形头光，菩萨所坐藤座直接连矩形方座，衣纹更为简洁，材质多用石灰石，造像通座高均在60厘米以上。保利艺术博物馆收藏的这尊石雕半跏思惟菩萨像，与后两例特征相吻合，当属北齐时代遗物。

图3
思惟菩萨像
北齐

半跏思惟菩萨的题材含义，早期与晚期有所不同。从敦煌莫高窟、大同云冈石窟等北凉至北魏时期的石窟造像情况来看，早期的半跏思惟菩萨大多数出现在以交脚弥勒为主尊的窟龛之中，是流行弥勒净土信仰的反映，表现的是弥勒菩萨在兜率天宫等待下生的情景。约自北魏中期后段开始，出现了以半跏思惟菩萨像表现佛本行故事的事例，例如今藏日本大阪市立美术馆的北魏太和十六年（492）郭元庆造石雕太子思惟像方塔形碑，在尖拱形佛龛内雕出半跏趺坐的佛装思惟太子像，其右前方刻车匿牵着白马向太子告别的情景[19]。到了北齐时代，以半跏思惟菩萨表现佛本行故事者显著增多，例如上段提及的天保四年（553）比丘道常及太宁二年（562）高业夫妻所造的两尊单体圆雕半跏思惟像，均自铭为“太子像”。再如台北震旦文教基金会收藏的北齐皇建二年（561）比丘惠□造佛七尊像碑与北齐河清二年（563）李万和等造佛五尊像碑[20]，前者碑额背面树形龛内表现犍陟吻别太子情景，太子作半跏思惟坐姿，龛边立柱上刻有“车匿共乾直辞太子还国时”等11字铭文，后者碑侧有太子树下思惟像及佛诞图等浮雕图像。由此证明，北齐时代的多数半跏思惟菩萨像，是释迦牟尼身为太子、出家修行时的形象，这尊思惟菩萨像亦不例外。

图4
贴金彩绘菩萨立像
北齐至隋

比例恰当与繁简适度，是这尊思惟菩萨像在艺术处理手法上取得成功的两大特点。其高度相当于头长的五倍，符合“站七坐五”的人像解剖比例，故而整体效果极佳。在艺术处理手法上，菩萨的颜面五官刻画得精确细致，宝冠、项圈、缯带等胸部以上服饰也刻画得具体入微，甚至宝冠后面的三梁也作了具体交代。然而，双臂及胸背则光洁无纹，腰下的长裙只在绅带及下摆等处刻出少许的襞褶，从而使观赏者的目光不由自主地集中到端庄俊美的菩萨头部，收到突出重点的艺术效果。其左手及双脚显得柔软而富有弹性，符合此菩萨原是宫中太子的身份。佛典称乔答摩·悉达多太子具三十二相、八十种好。这尊半跏思惟菩萨像，应当是中国南北朝时期理想美的集中体现，在中国美术史上必将留下永恒的光彩。

四、贴金彩绘菩萨立像

时代：北齐至隋（550—617）

尺寸：通高122厘米 菩萨高92厘米

这尊贴金彩绘菩萨立像（图4），石灰石质，圆雕而成，以造型端庄华丽、保存较为完整而著称。

此菩萨头戴饰有宝相花的三尖式宝冠，额上头发梳成四瓣；缯带于冠侧系结下垂，飘挂在臂肘外侧。脸形丰腴适中，耳垂较长，眉弓弯如满月，鼻中隔较窄而鼻翼较宽，唇角上翘，柳叶波曲形的双目做微眯俯视状，仿佛正在沉思。其右手掌心朝前，手指稍缺，似施无畏印；左手执桃形物，跣足立于莲台上。菩萨头部偏大，颈部细长，服饰华丽繁复，肩上有圆饼形饰物，颈佩联珠华叶纹项圈，中央悬挂三束串珠，手腕戴镯。敷搭肩臂之帔帛与璎珞沿前胸两侧下垂，过膝后作上下两股分别卷搭在左右两肘之上，下股璎珞连接着一块长命锁状的饰物。菩萨下身穿筒形贴体密褶长裙，腰部裙口外翻，下裾平齐。腹前束挂饰有宝相花的绅带及较窄的绢带，其下端皆缀有串珠，增加了服饰的华丽程度。此像表面残存着不少金箔及朱砂等贴金彩绘痕迹。

此像适合多角度观赏。发辫与脖颈之间，两臂与躯体之间乃至肘下之垂帛等，均雕镂剔透，说明圆雕技法已臻成熟。

在山东青州龙兴寺遗址佛教窖藏出土的佛造像资料中，柳叶波曲形目眶是北齐时代流行的造型程式。这尊圆雕菩萨的发式与服饰，与青州龙兴寺遗址出土的那尊高136厘米的北齐菩萨立像有颇多相似之处[21]。此外，帔帛与璎珞在菩萨腹下呈上下两道的佩挂方式及长裙中央悬方格连珠纹绅带的服饰，和青州云门山隋代开凿的第二大龛两胁侍菩萨的服饰[22]也很相似。因此，这尊菩萨立像当属北齐至隋代遗物。

原载《保利藏珍——石刻佛教造像精品选》，岭南美术出版社2000年版

注 释

[1] 金申编：《中国历代纪年佛像图典》，文物出版社1994年版，图版102、177。

[2] 李再钤：《中国佛教雕塑》（下册），台北历史博物馆1998年版，第132页图22·12。

[3] 山东省博物馆：《北魏正光六年张宝珠等造像》，《文物》1961年第12期。

[4] 金申编：《中国历代纪年佛像图典》，文物出版社1994年版，图版102、177。

[5] 刘凤君：《山东地区北朝佛教造像艺术》，《考古学报》1993年第3期；时桂山：《青岛四尊北魏造像》，《文物》1963年第1期。

[6] 青州市博物馆：《青州龙兴寺佛教造像艺术》，山东美术出版社1999年版，图37、40。

[7] 台北历史博物馆编：《佛雕之美——北朝佛教石雕艺术》，第110－113页，1997年。

[8] 常叙政、李少南：《山东省博兴县出土一批北朝造像》，《文物》1983年第7期，图版5。

[9] 青州市博物馆：《青州龙兴寺佛教造像艺术》，山东美术出版社1999年版，图37、40。

[10] 肃南金塔寺西窟之彩塑半跏思惟菩萨像，参见《河西石窟》，文物出版社

1987年版，图版78及图版90；敦煌莫高窟第275窟壁龛中的思惟菩萨像，参见《中国石窟·敦煌莫高窟（一）》，文物出版社1982年版，图版19。

[11] 大同云冈石窟第5、6、7、9、10、11、12、17、18、26、32、35、40等窟，均有左右舒相的思惟菩萨像，参见《中国石窟·云冈石窟》，文物出版社1994年版。

[12] 洛阳龙门石窟之莲花洞、魏字洞、普泰洞等北魏晚期洞窟，有浮雕的树下半跏思惟图像，参见《龙门石窟》，文物出版社1980年版。

[13] 敦煌莫高窟第259、257窟等北魏洞窟之思惟菩萨像，见《中国石窟·敦煌莫高窟》（一），文物出版社1982年版，图版24、39。

[14] 北魏刻有半跏思惟菩萨像的造像碑，以始光元年（424）魏文朗佛道教造像碑为最早，参见《北朝佛道造像碑精选》，天津古籍出版社1996年版，第2页图版。其他北魏金铜造像与石刻造像之思惟菩萨，参见金申编：《中国历代纪年佛像图典》，文物出版社1994年版，图版13、19、45、47、55、127等。

[15] 金申编：《中国历代纪年佛像图典》，文物出版社1994年版，图版157。

[16] 金申编：《中国历代纪年佛像图典》，文物出版社1994年版，图版171。

[17] 金申编：《中国历代纪年佛像图典》，文物出版社1994年版，图版191。

[18] 图见《文物》1983年第7期，图版陆之1。

[19] 金申编：《中国历代纪年佛像图典》，文物出版社1994年版，图版55。

[20] 台北历史博物馆编：《佛雕之美——北朝佛教石雕艺术》，第168－175页，1997年。

[21] 青州市博物馆：《青州龙兴寺佛教造像艺术》，山东美术出版社1999年版，图158－160。

[22] 阎文儒：《云门山与驼山》，《文物参考资料》1957年第10期。

第六单元　鉴赏 书评 序跋

河北磁县出土魏昌乐王元诞墓志

魏昌乐王元诞墓志（图1、图2及附录），高76厘米、宽84厘米；35行，每行33字，正书。志盖呈盝顶形，正中篆书“魏故司徒昌乐王墓铭”9字。1970年出土于漳河北岸磁县双庙公社东小屋大队。1972年春，根据当地贫下中农提供的线索，由河北省磁县文化馆征集保存。

志称“公讳诞，字子发。河南洛阳人。显祖献文皇帝之孙，相国高阳王穆王之第四子”。是知元诞系北魏高阳王元雍之第四子。《魏书·献文六王传》所附元诞事迹极简略，以志校史，补正颇多，兹摘要记述如下：

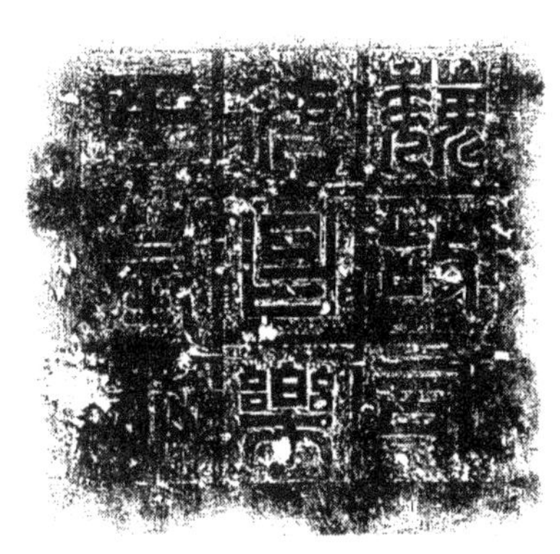

图1（左）
魏昌乐王元诞墓志（拓本）
磁县

图2（右）
魏昌乐王墓志盖篆额
（拓本）
磁县

1. 元诞的名字

志云“公讳诞，字子发”。传称“叡弟诞，字文发”。罗振玉《魏宗室世系表》[1]亦作“文发”。

2. 元诞之历官

志传互校，元诞之历官、食邑、谥法等项，二者基本吻合。惟“平东将军”传作“平南将军”；又“征虏”“征东”等爵，传亦未载。

3. 元诞之生卒日期

本传但称元诞“天平三年薨”，不载月日；《魏书·孝静纪》云：“（天平）三年……夏四月丁酉，昌乐王诞薨。”纪、传均未载元诞之享年。今按墓志记载，元诞于“天平三年岁次丙辰四月甲戌廿六日己亥，薨于第。春秋廿二。”据此可知，元诞生于延昌四年（515），卒于天平三年（536）四月二十六日。四月二十六日为己亥日。《魏书·孝静纪》所载“四月丁酉”为四月二十四日。罗福颐校补《魏书宗室传注》，与《魏书》同[2]。

4. 元诞之配偶与继孙

本传但称元诞“无子，以斌第二子子亮为后”。墓志则记“妃郑氏，父敬祖，秘书著作郎持节督豫州诸军事平东将军豫州刺史”，志传各有详略。

5. 元诞墓葬之地望

按元诞墓志出土于磁县双庙公社东小屋村东南约300米处，此地南距漳河1500米，东南距讲武城1000米，距临漳县三台村附近之邺城遗址[3]约8000米。磁县讲武城附近，为东魏时期元魏宗室后裔之重要茔地，近半个世纪以来，元魏宗子及妃匹之志石踵出，其地或称“邺城西北”，或称“邺县之西武城之北”[4]。元诞墓志载“葬邺县之西北”。墓志出土地点与志文所载之地望相符。因此，元诞墓志的发现为研究邺城遗址之地望，提供了新的旁证资料[5]。

6. 元诞父、兄于武泰元年罹河阴之难的记载

在魏统治集团的斗争中，武泰元年（528）夏四月十三日，尔朱荣举兵攻洛阳，杀死魏百官两千余人。高阳王元雍及其长子端、次子泰、三子叡都被诛戮，事详《魏书·孝庄纪》《献文六王传》及《尔朱荣传》。志云“武泰之始，大难荐臻，国泛横流，家同原火。公以童孺之年，飘然独立，居丧殆灭，仅而获全”，即隐指元诞之父、兄俱遭尔朱荣杀害之事，与《献文六王传》所载正合。武泰之时，元诞年仅十四岁，故云“以童孺之年……居丧殆灭，仅而获全”。志文以简练含蓄的词句来记述武泰时期

北魏封建统治集团内部的这场严重倾轧斗争，而元端、元毓、元昉等墓志都讳言河阴之事[6]。

7. 元诞在北魏末年孝武帝与高欢之间的剧烈斗争中的政治态度

据《魏书·废出三帝纪》所载："永熙之季，权佞擅朝，群小是祟，勋贤见害。官缘价以贵贱，狱因货而死生。宗柘飘若缀旒，民命弃如草芥。"可以看出，永熙之季（532－534）是社会阶级矛盾与北魏统治集团内部矛盾十分尖锐的时期。当时，北魏政权实际上已落入高欢之手；元魏宗室已经"飘若缀旒"，面临覆没的深重危机；代表元魏宗室利益的孝武帝（元脩）不甘高欢的胁迫，于永熙三年（534）逃出洛阳，投奔关西的宇文泰，后被宇文泰所杀。高欢物色到年仅11岁的元善见作为新的傀儡，是为孝静帝，迁都至邺，从此，北魏分裂成为东魏、西魏。在这场元魏宗室势力与高氏势力的斗争中，元诞是站在宗室势力一边的，志称"永熙云（'云'字疑是'之'字之误刻）季，政移近习，贝锦斐成，搀抢遂指。公预覩机危，亟陈成败，深谋说议，备在物谈。既而蕴价藏声，韬光匿影，废兴之际，独出嚣尘"，即隐指元诞曾站在维护宗室利益的立场上，为孝武帝元脩出谋献策；孝武帝彻底失败之后，元诞藏声匿影，渡过危机。

综上所述，元诞墓志的发现，不仅对校补《魏书》有所裨益，同时也为我们研究北魏末年至东魏初年的社会历史增添了新资料。

附录

魏故使持节侍中太保领司徒公尚书令司州牧文献王墓志铭

公讳诞，字子发。河南洛阳人。显祖献文皇帝之孙，相国高阳王穆王之第四子。蛇分素历，纬聚玄精；赤文肇其祥，白蜺标其庆．列圣重基，配天成业。穷车书于夏后，笣损益于姬风。至如礼兼玉帛，乐云钟鼓，莫不囊括宇宙，轩驾前王。相国道郁金绳，任居负扆，穷神比德，尽职称功，外揔二伯，内兼师保，衮衣绣裳，郊祀天地。公禀灵惟岳，体亚生知。清白标其早成，眸子达其真异。含丹膏视，直置方员。内保深宫，自然雕新。非噬壤而艺闲，涉滕求而功倍，不有琳琅之资，熟表铿锵之韵，除散骑侍郎，在通直。封新阳县开国伯，邑三百户。垂青丘而远翥，降丹穴以长鸣。既怀四海之心，宁假积风之势。及武泰之始，大难荐臻，国泛横流，家同原火。公以童孺之年，飘然独立，居丧殆灭，仅而获全。若其笪杖表容，擅谥遗典，如登邹鲁之肆，似涉游夏之门。迁中书侍郎。自平台寂寞，久绝申穆之礼；曲沼荒凉，多谢邹梅之客。公率由规矩，自致成人。握彤管而来仪，泛鹓波而容与。故使缙绅引领，素论俄然。迁散骑常侍，在通直，加龙骧将军。杞梓擅美南岗，竹箭标奇东国。岂如九色之曜彩昆峰，四照之光华弱水。磐石犬牙，实惟蕃翰亲贤之寄。帝曰：汝诣封昌乐郡王，邑七百户，加征虏将军。迁给事黄门侍郎、平东将军，加散骑常侍。迁征东将军、黄门常侍，王如故。执戟已疲，搏风未远。青琐载辉，澧鼲有蔚。永熙云季，政移近习，贝锦斐成，搀抢遂指，公预睹机危，亟陈成败，深谋谠议，备在物谈。既而蕴价藏声，韬光匿影，废兴之际，独出嚣尘。迁侍中卫将军，捧壶帷扆，拥珰抠极；晨趍粉壁，夜践青蒲。始进谔谔之言，终成謇謇之操。雌黄藉为标榜，月旦自此知归。加以学不章句，涉猎经史，笔非潭思，吟咏成文。过国门而虚驾，市仁义而长捐，崖岸脩整，实揔百川。故长安驿侯，门驰千里；河间坟典，席满嬴金。非唯近挹清澜，自以识其远大。迁司州牧、车骑大将军仪同三司，加侍中。共众星于北辰，耀朱骖于紫县。苞五方之异俗，兼六辅之殊风。佩彼弦韦，均兹宽猛。厝盐梅于漯水，调律吕于专琴。若夫粲焕龙章，葳蕤文物，外动鸣笳，内陈兰锜；冰销灵果，水汎金浆，时吐清谈，恒盈座客。体行藏而舒卷，得神王于一时。信可以准的人伦，仪形邦国，而昊天不吊，与善无期；逸翰方骞，冲飙已坠。天平三年岁次丙辰四月甲戌廿六日己亥，薨于第。春秋廿二。有诏嗟悼，赠使持节侍中太保领司徒公尚书令司州牧，王如故。谥曰文献王也。粤八月己巳朔四日壬申葬邺县之西北。惟公孝友淳至，体备忠贞。未习义方，自然成德。擎笏登朝，风流藉甚。端冕从政，岁富曰贫。实百辟之光晖，大夏之榱栋。而春露未晞，秋霜奄及。陵谷有贸，大夜无晨。载刊幽石，式铭不朽。其词曰：

星光庵蔼，若水蝉联。大人有作，光宅配天。金生丽渚，玉产蓝田，亦有令德，踵武称贤，兰薄比薰，珠川等润。誉隆先达，声高后进，澄陂载靖，岩墙积仞。藉此清音，成兹雅韵。濯缨登仕，实曰龙光。内参纶绋，外辟朱裳。进思退补，草偃风扬。优游语默，栖息行藏。浓醴盈斟，长筵广设。翠幌晨祛，金羊夕热。清谈兹吐，微言曩绝。歌梁未终，悲泉已冽。阴沟下骛，天井高悬，黄肠未毁，鸿海方填。送车徐返，容驾虚旋。楸松将合，原隰行烟。芳尘一远，玄石空镌。　妃郑氏，父敬祖，秘书著作郎持节督豫州诸军事平东将军豫州刺史。

附记：磁县文化馆朱全升同志惠寄此项墓志拓本，谨此致谢。

原载《文物资料丛刊》（1），文物出版社1977年版

注 释

[1] 《魏宗室世系表》，见罗振玉：《魏书宗室传注》第一册。

[2] 罗福颐：《魏书宗室传注校补》，第28页。

[3] 邺城遗址，位于河北省临漳县和河南省安阳县的交界处。《水经注·浊漳水》：“（邺）城之西北有三台，皆因城为之基。”今临漳县三台村西邻传为铜爵台的南北向台基，即曹魏邺北城西墙北端的一段残垣，见俞伟超：《邺城调查记》，《考古》1963年第1期。

[4] 如磁县讲武城过去出土的元鸷妃公孙甑生墓志（天平四年七月十六日）载明“窆于邺城之西武城之北”；华山王元鸷墓志（兴和三年十月二十二日）载明“窆于邺县武城之北原”；汝阳王元睟墓志（武定三年十一月二十九日）载明“迁葬于邺城西北十五里武城之阴”。见赵万里：《汉魏南北朝墓志集释》图43、42、105。

[5] 据《魏书·地形志》二上第五：邺县为司州魏尹所领之县。又据《魏书·孝静纪》：天平元年“车驾至邺，居北城相州之廨。改相州刺史为司州牧、魏郡太守为魏尹”。“兴和元年……九月，发畿内民夫十万入城邺城，四十日罢。……冬十有一月癸亥，以新宫成”，“（兴和）二年春正月……丁丑，徙御新宫”。元诞卒，葬于天平三年，是时邺南城尚未营建，因此，元诞墓志所载“葬邺县之西北”，当是对邺北城而言，意即葬于邺北城之西北方，或指葬于邺县之西北部。

[6] 元端、元毓、元昉等人之墓志，见赵万里：《汉魏南北朝墓志集释》图173—174、179。

中国花卉艺术的新典范

——萧淑芳花卉画展观感

花卉是大自然向人类提供的最赏心悦目的植物。如果从新石器时代仰韶文化庙底沟类型的彩陶花卉图案算起，将花卉列入绘画表现对象，在我国已经有6000多年的历史。从晚唐五代开始，花鸟画逐渐形成独立画科，此后，擅画花卉者可谓代不乏人。萧淑芳先生的设色水墨花卉，将水彩花卉写生和水墨花卉创作融为一体，极大地增强了中国花卉艺术的表现力，在中国画坛上独树一帜，创立了崭新的典范。

萧先生所画的花卉，以往出版的不多。可是，历年来荣宝斋出版发行印着萧先生所绘朱顶红、紫鸢的贺年卡，总是我最爱可以送人的礼品。那明丽的色彩、幽雅的格调和欣欣向荣、傲向苍穹的造型，既能体现中华民族的好尚，也能表达佳节里人们对至亲挚友的祝福。这次在美院画廊举办“萧淑芳花卉画展”，使我们有机会欣赏萧先生花卉艺术的众多代表作，欣喜之情难以表达。作于20世纪60年代初的《瓶花》与《辑安野秀》，表现了深厚的写生功力，但在构图上多少显得有些拘谨。作于1965年的《人民之香》，把兰叶的挺拔潇洒与兰花的窈窕多姿刻画得淋漓尽致，赋彩清新素雅，双钩工而不刻，既表现了对中国传统绘画的非凡功力，又在构图上删繁就简，显得纯净活泼，当可视作萧先生花卉艺术转戾期的优秀代表作。从1973年所作《展翅青云》（紫鸢，图1）开始，直至80年代的众多佳作，萧淑芳先生的花卉艺术步入出神入化的境界，其形质之美，超越古人。举凡高山杜鹃（《天半奇卉》《珠露》）的清秀淡雅，朱顶红（《报春》，图2）的深沉热烈，紫鸢的明丽挺拔，扶桑花的飘逸多姿，绣球花的雍容富丽，《月季》与《新加坡兰》的朦胧含蓄，阿根廷瓶树的苍劲奇特，无不给人留下难忘的印象，使观众不忍移步。

正如艾中信先生为《萧淑芳花卉》画册所作《序》中所说：“她的花卉艺术能达到如此高超的境地，是与她在艺术上广博的爱好和修养分不开的。”20世纪60年代中期，我在美术史系兼任系秘书，系内有越南等国

图1（左）
展翅青云
萧淑芳
1973年

图2 （右）
报春
萧淑芳
1978年

的留学生要求学习中国水墨画，中国画系派萧淑芳先生来承担此项教学任务。我多次陪萧先生去给留学生授课；她授课非常认真，每周都将她往年所画的习作留给学生课外临摹。记得有一次见到萧先生带去几幅中学生头像白描习作，用简练娴熟的线条，把如花年华、朝气蓬勃的中学生描绘得生动极了。这次看到萧先生描绘花茎、花蕊所用的流利挺拔、极富弹性的线条，使我立即回想起28年前所见萧先生的人像白描习作。

衷心祝愿萧淑芳先生和她的花卉艺术青春永驻。

原载吴作人国际美术基金会编：《美术交流》1993年第3期

聚沙成塔　筚路开山

——评王子云著《中国雕塑艺术史》

图1
王子云教授

著名雕塑史家、西安美术学院老教授王子云先生（图1）以惊人的毅力、用近50万字写成的《中国雕塑艺术史》，最近已由人民美术出版社出版发行。这是我国美术界与文物考古界，特别是雕塑界与美术史论界的一大喜事，非常值得庆贺。

我国具有特别丰富的古代雕塑艺术遗产。然而，在漫长的封建社会，文人士大夫通常囿于阶级偏见，视雕塑艺术为“雕虫小技”，不屑于记述处于工匠地位的古代雕塑艺术家的创作活动，所以，尽管我国古代绘画史籍极其浩繁宏富，而雕塑史籍却似凤毛麟角，两者极不相称。正如元人虞集所云：“予尝读张彦远《历代名画记》，录两京寺观祠宇画者数十人，塑者一二耳。计其运神之妙，致思之精，心手相应，二者略无彼此，而传世多少，悬绝如此……诚可慨也。”（语见《道元学古录》卷九《刘正奉塑记》）直至20世纪初，在现代学术潮流推动下，我国学者始感有编著中国雕塑史之必要。着先鞭者乃著名建筑史家梁思成先生，1930年他在东北大学授课时，撰有《中国雕塑史》讲稿。20世纪50年代以来，我国学者又有关于中国雕塑艺术的纲要、概要、图谱、图录等相继问世。然而，这些著作或失之过分简略，或限于雕塑史料之初步汇集，均不能视为全面而系统的中国雕塑艺术史。

本书著者王子云先生，1899年出生在安徽萧县。20世纪30年代初，赴法留学，进巴黎美术学院攻习雕塑。抗日军兴，归国从事美术教育，曾先后执教于国立杭州艺专和西安美术学院。早在40年代初，他就致力于我国古代美术遗迹之踏查考察，并孕育了编写中国雕塑艺术史之心愿。50年代以来，结合中国美术史教学研究需要，他又遍访关中古代美术遗迹，并且不辞劳苦，几度跨省调查，多方收集资料，于60年代中期写成中国雕塑艺术史初稿。令人十分痛心的是，这部凝聚着王子云教授多年劳绩的宝贵书稿，在“文革”的动乱与冲击中散失无存了。像绝大多数中国知识分子一样，王子云先生有着坚强不屈的脊梁，“史无前例”的凄风苦雨，浇不灭他酷爱祖国雕塑遗产的烈火，压不垮他编写中国雕塑史的决心。

记得1974年初冬，我和程永江同志赴西安考察秦汉美术遗迹期间，曾到陕西省博物馆东侧的柏树林街拜访王子云教授。当时，他已75岁高龄，从江苏、河北，辽宁等地考察归来不久；见到我们这两位晚辈同行登门求教，他显得分外高兴。他老人家兴致勃勃地介绍了新近踏查遵化清东陵及义县万佛堂的观感。随后，又言及中国雕塑艺术史书稿散失、正准备着手重写的事。时隔七八年，到80年代初，我从中国艺术研究院谭树桐、陈少丰等同志处获悉，王子云先生的巨著《中国雕塑艺术史》已重写完稿，我们都为之欣喜，巴望着早日出版。而今，经过人民美术出版社责编王靖宪、装帧设计曹洁等同志的辛勤劳作，虽然出版周期稍长一些，终于以十六开本的上下两大册（图2），分精装与平装两种样式和读者

图2
《中国雕塑艺术史》
（上、下卷）
王子云著
人民美术出版社1988年出版

见面了。从此，我国有了第一部比较完备系统的雕塑艺术史，为我们的美术史论教学研究工作提供了南车。诚如曾竹韶教授为此书写的《序言》所云："其筚路蓝缕之功，诚有益于艺林，为后学之所宗"也。

此书有下列三大特色：

1. 体例完整，结构宏阔

此书共八章，分成上中下三编；上起原始社会，下迄清代。从纵的方面看，涵盖了我国古代史的各个时代或文明时期的所有朝代。从横的方面看，每章之下，视各个时代雕塑遗物遗迹之多寡，分别设立三节至七节不等，就其历史概况、雕塑门类（分陵墓雕塑、佛教雕塑、建筑装饰雕塑、工艺装饰雕塑等）、著名雕塑家与雕塑匠师、雕塑艺术的发展与成就等，分别进行介绍与评述。对于同一时代、同一类作品，例如唐代的陵墓雕刻或宋代的陵墓雕刻，则按年代先后进行介绍，以便读者把握艺术风格演变规律。在缺乏可循先例的情况下，构筑起目前这一框架体例，是值得充分肯定的。

该书上册为正文，下册为附图。在附图比较多的情况下，将760幅附图编为下册，便于阅读查看。上册各编附有雕塑年表，书末又附佛教题材简介资料，亦为广大读者带来方便。

2. 资料翔实，内容丰富

此书完稿于1982年，对1981年以前我国各地发现的古代雕塑遗迹与遗物，著者尽可能予以罗致介绍，重大的遗漏虽有而不多。因此，此书具有集大成的总结意义，是王子云先生40余载辛勤积累、聚沙成塔的硕果。他继承了我国史学家注重调查研究的优良传统，努力掌握第一手资料。例如：对隋唐五代的帝陵石刻，陕北宋代的石窟造像，他都做过详尽的实地踏查，故能罗列清晰，论述充分。又如对河南巩县的北宋八陵，他于1955年和1979年，先后作过两次实地调查，故能就宋陵石刻与唐陵石刻题材、风格之异同，做出中肯的分析。

王子云先生外出考察时的认真细致作风，亦堪吾辈师法。例如据该书上册第163页记述，1974年他专程到南京栖霞山考察千佛崖南朝造像时，在大佛阁（亦称无量殿）右侧的一个角落里，竟意外地发现一处未遭水泥糊过的小龛，龛内雕刻着一位古代石雕工匠的肖像，做一手握钻、一手扬锤状，其下身着与南朝俑像相似的高筒裤，姿态惟妙惟肖。到栖霞山考察过的人可谓多矣，试问有几人曾注意及此？再如介绍唐代墓俑雕塑部分，七七事变前夕，洛阳出土一组唐代的陶塑彩绘舞女俑，其造型之优美，舞姿之生动，堪称举世无双。令人痛惜的是，这组陶塑珍品出土不久，即在一次躲避日寇飞机空袭的忙乱搬迁中毁坏了。幸亏那年王子云先生在洛阳教育厅办公室见到这组舞女俑时，拍下资料照片，我们现在尚能一睹唐代舞女轻歌曼舞的身影（见该书下册图484，又见《中国古代雕塑百图》第56之甲、乙两图）。

3. 兼容并包，直抒己见

书中对于古代雕塑作品的断代、称谓、艺术评价等学术问题，均广泛征引各家论述，然后殿以著者个人见解，为日后进一步研究带来方便与启迪。例如在介绍杭州烟霞洞五代十国的吴越时期造像时，引述了史岩先生和俞剑华先生的不同意见。在论述巩县宋陵石雕的艺术评价问题时，征引了杨伯达、曾竹韶及建筑史界有关同志，在不同刊物上发表的三种不同观点，著者逐一作了评论，虽有不尽赞同处，但认为这些都是“颇有见地的评价”，“是值得从事雕塑理论研究者共同探讨的”。（见《中国雕塑艺术史》上册第338页）又如关于四川大足宝顶大佛湾造像的年代问题，《文物》1981年第8期曾刊有《也谈宝顶山摩崖造像的年代问题》一文，提出了宝顶大佛湾雕像“开创于初唐，经五代、两宋，历数百年而成”的新颖说法；本书著者从雕像的造型风格和儒佛糅合的奇特题材等角度作了透彻分析，认为该文的说法难以成立，坚持了“宝顶大佛湾全部雕像是南宋僧人赵智凤一生募化在宝顶山建造的‘无量功德’”的看法（见《中国雕塑艺术史》上册，第370、371页）。

我们队伍里有一部分同志，在对待艺术遗产问题上，经常发生左右摇摆，时而肯定一切，时而否定一切；究其原因，除少数人出于政治投机，看风使舵者外，多数人乃是由于缺乏艺术鉴赏分析能力。一部好的艺术史论著作，应当有助于人们提高艺术鉴赏能力。王子云先生在这方面也做出了可观的成绩。例如，对昆明筇竹寺清光绪年间黎广修等人塑造的五百罗汉，一般文章均作全面肯定的评价，本书则一方面肯定其“在我国近代雕塑史上……占有它一定的地位”，另一方面也指出这批雕塑“在人物的形象表情上，有的显得有些夸张，又有的近于矫揉造作，缺乏艺术上应有的含蓄和形象上的概括……另外在衣饰道具的处理上，也有些过于琐碎，有的妨碍了主题的突出”（见《中国雕塑艺术史》上册，第412页）。显然，这一评价比习见的评论更为中肯、贴切。

毋庸讳言，作为第一部《中国雕塑艺术史》，此书也存在某些美中不足之处：

首先，此书第一、二两章，以及第三章的战国雕塑部分，内容显得单薄简略，作品分类也不够规范严格。例如，商周的玉石雕刻相当发达，理应在第二章单列玉石雕刻一节，而目前却将商周玉石雕刻和陶俑都混在第二章第三节“象形青铜器和一般青铜器”中叙述，既眉目不清、名实不符，也与其他章节体例相悖。此外，第一章的某些文句或提法，明显存在语病，例如上册第4页，有“人类最早的陶器塑造，是进入新石器时代后期的产物”的提法，我认为必须将“后期”二字删去才是。再如上册第5页中写道：“在新石器时代，更出现了雕凿精巧的玉石饰品，但却未发现有成形的雕刻艺术制作。”显然，这一说法不符合实际，对我国新石器时代的雕刻艺术成就估计不足，姑不论辽宁东沟县后洼屯新石器时代遗址出土的距今6000年前的人物、动物滑石雕刻，即以20世纪50年代到70年代四川巫山大溪、甘肃永昌鸳鸯池、陕西神木石峁村出土的玉石雕刻人面来看，都证明新石器时代已有“成形的雕刻艺术制作”。

其次，此书列举的个别古代雕塑作品，特别是转引外国出版物提供的资料，存在明显的断代错误。例如上册第16页，从20世纪20年代法国巴黎出版的《中国雕塑艺术》中，采集来“三件标为周代（实属春秋战国）的陶俑”，经检阅下册“商周雕塑”之图35、图36，显然不是周代或春秋战国的作品。从造型风格特征来看，图35所谓周代的“陶塑商人俑”，与广州一带汉墓出土的陶塑俳优俑相似；图36所谓周代的“陶塑武士俑”，其形貌服饰，特别是两腿间有经刀削形成的开裆特征，肯定是洛阳一带西晋墓的出土物。

再次，此书在战国部分未提1978年湖北随县曾乙侯墓出土的大型钟鐻铜人及彩漆木雕卧鹿，汉代部分不谈四川乐山麻浩崖墓的东汉浮雕坐佛像，这不能不说是重大的遗漏，也或多或少影响对战国、东汉雕塑艺术成就的评价。

此书的文字校对不够认真细致；图版设计亦有考虑不周之处。如下册图42的战国错金银虎吞鹿器座，恰好将猛虎噬鹿的主要画面截掉了；图429是唐昭陵六骏浮雕中最精彩的“飒露紫”，被安排在难以展平的骑缝位置上，有碍观赏；少量明知印不清楚的图样，应当删掉，以免滥竽充数之嫌。

王子云先生为中国雕塑艺术史这门学科所做的卓越贡献，十分令人敬佩。我衷心地祝愿他老人家健康长寿。

原载《美术》1989年第6期

玉器研究的丰碑

——《中国玉器全集》评介

图1
《中国玉器全集》
（六卷本）
中国玉器全集编辑委员会编
河北美术出版社
1991—1993年出版

《中国玉器全集》六卷本大型图录（图1），是国家出版重点工程——中国美术分类全集的一个组成部分，1983年底由河北美术出版社率先出版发行，这是非常值得庆贺的喜事，必将受到社会各界的热烈欢迎。

中国是举世闻名的玉器之邦，琢玉工艺源远流长，早在距今8000－6000年前的新石器时代中期，辽宁西部大凌河上游的阜新查海遗址、内蒙古东南部西辽河流域的兴隆洼文化遗址、浙江宁绍平原的河姆渡文化遗址及陕西渭河流域的仰韶文化半坡遗址，均发现用真玉（软玉）制作的生产工具或装饰品。那时的人们已经视玉制品为可贵的审美对象。到距今约6000－4000年前的新石器时代晚期，北方的红山文化、东南的良渚文化与薛家岗文化、山东的大汶口文化与龙山文化，以及年代稍晚的台湾卑南文化，均有相当发达的琢玉手工业，奇伟精美的玉礼器与玉饰品，是氏族贵族拥有权力和财富的象征，并被广泛使用于公众巫术及丧葬祭祀等场合。近十多年来，红山文化与良渚文化的玉器，已成为学术界探讨中国文明起源的一项重要标志。进入阶级社会之后，至迟自周代开始，统治阶级将温润瑰丽之玉质比喻成道德修养之化身。正如《礼记·聘义》所云："夫昔者君子比德于玉焉。"其社会功能更加扩大，崇玉之风盛极一时。从夏商周直到明清，玉器制作绵延不断，高峰迭起，从形制、纹饰到社会功能，无不渗透着各个时代的道德观念与审美习尚，因此，玉器是中华民族传统文化的一项重要载体，其独特的艺术成就日益为世人瞩目。

中国学者着手研究古玉器，肇始于金石学诞生的北宋时代。直到清末，在玉器的著录考释方面，虽然做出了一定的成绩，但其水平不高。例如：有的金石学家或古董家公然倡导玉器入土2000年即会朽烂之说，否认三代（夏商周）玉器存世之可能；乾隆皇帝不知玉琮之名称与用途，更不知其琢制时代，曾将清宫收藏的一件良渚文化兽面纹玉琮误称作"辋头"（车饰）。

玉器研究发生质的飞跃，是在20世纪20年代近代考古学传入中国之后。河南安阳殷墟的发掘，出土了确切的商代玉器，李济、郭宝钧等考古学家以科学发掘出土之玉器为标准，重新考订古代玉器的名称、形制、用途与演变，方使玉器研究走上正确的轨道。

最近这四十多年是中国考古学的黄金时代。在众多古遗址、古墓葬的发掘中，古代玉器的新发现层出不穷。研究工作成果累累，其中著名考古学家夏鼐先生关于商代与汉代玉器的研究成果最为突出。从20世纪80年代开始，我国相继出版了《殷墟玉器》《中国美术全集·工艺美术编9·玉器》《良渚文化玉器》及《南越王墓玉器》等图录，受到学术界的欢迎与好评。但是，仅有这几本图录尚不足以涵盖中国古代玉器的全貌，许多地方文物考古单位与博物馆所藏的玉器长期闭锁在库房里，未曾发表清晰图样，给研究鉴赏者带来诸多不便。因此，编辑出版综合性的、高品位的《中国玉器全集》，是社会各界的殷切期望。

新出版的《中国玉器全集》，由国内著名的玉器专家、文物考古专家及出版社编审，共同组成编辑委员会。编辑体例是按时代先后，划分成原始社会卷、商西周卷、春秋战国卷、秦汉至南北朝卷、隋唐至明卷、清卷等六卷，每卷包括目录、论文、彩色图版、图版说明等四项内容。全集主编杨伯达撰写的《中国古代玉器概说》置于第一卷论文首篇，该文就和田角闪石玉是我国玉材的精英、砣机的发明是琢玉工艺史上的一次技术革命，和田角闪石玉器是我国古代玉器的主流、古代玉器艺术的发展与演变四个带全局性的研究课题，阐述了自身的看法。各分卷主编撰写的论文，分别阐述了各个时代的背景、玉器遗存的发现与分布、玉器的分类与用途、琢玉工艺之发展及代表作反映的艺术成就等。总的说来，这些论文都写得质朴充实，有血有肉，观点鲜明，格外耐人咀嚼，可谓引导读者登堂入室、了解中国玉器史与玉文化的津梁。正文后面，详细注明参考文献之出处，便于读者查阅研究，

初步浏览之后，笔者认为《中国玉器全集》的优点。主要有下列三项：

1. 资料翔实，搜罗宏富

近40多年以来，我国科学发掘出土的玉器，数以万计。《中国玉器全集》采录玉器总数1800多件（套），相当于《中国美术全集·工艺美术编9·玉器》卷采录量的六倍。其中第一至五卷（即原始社会至明代部分）所采录者80%以上属发掘出土物，有可靠的出土地点及断代依据。全集除刊有主编们撰写的十多万字论文之外，还收录主要由各地文博专业工作者撰写的图版说明共30万字，比较充分地反映了全国古代玉器的发掘收获与研究成果，堪称我国玉器研究的巍峨丰碑。

《中国玉器全集》编者对于具有填补时代空白或地区空白意义的玉器资料，以及近年新发现的资料，给予特别的关照。例如：第一卷所录台湾卑南文化玉器及西藏卡若文化玉器，填补了我国史前玉器分布的两个地区空白。第二卷本着与夏代纪年相当及地望相关的原则，将山西襄汾中原龙山文化陶寺类型晚期墓出土的玉琮、玉璧与玉臂环，作为“探索中的夏代玉器”加以采录；第四卷采录了西安西郊秦阿房宫遗址出土之勾连谷丁纹高足玉杯，还有湖南长沙左家塘与河北易县高陌村秦墓出土之多种玉器，从而填补了玉器史上夏代与秦代的空白，其意义非同小可，实在令人欣喜。

在吸收新资料方面，成绩十分可观。例如第一卷采录了浙江余杭安溪乡近年出土的良渚文化刻铭玉璧（刻着图符或徽记）、安徽含山凌家滩史前墓葬出土的立姿玉人像；第二卷采录了四川广汉三星堆、江西新干大洋洲、山东滕县前掌大等地近年出土品种丰富的商代玉器，还有河南三门峡虢国墓地出土的西周晚期金玉面罩、玉佩饰及肖生玉雕；第三卷录有江苏吴县严山与山西太原金胜村春秋晚期墓出土的多种玉佩饰；第四卷采录了江苏徐州北洞山楚王墓与河南永城僖山梁王墓出土的众多西汉玉佩饰。这些新发现的玉器资料，既有利于反映各个时代琢玉工艺的成就，也有助于增强《中国玉器全集》的新鲜感。

2. 图版精美，耐人观赏

玉器之美，在于质地色泽与造型纹饰的巧妙结合。《中国玉器全集》

的1897幅图，全部是印刷精致的彩色图版。不难看出，摄影师为之付出了辛勤的汗水。几乎每件玉器的摆放形式、灯光布置、拍摄角度、背景色调都经过反复揣摩。在版面设计上，部分重点器物图样大于实物，或附有局部放大的特写画面，使读者产生观图如睹实物的印象。例如：第一卷采录浙江余杭良渚文化反山墓地出土的神人兽面纹玉钺与玉琮，均附有放大特写画面，读者于观赏那个头戴羽冠、人面鸟爪、腹雕兽面、叉腰蹲腿的神异图案时，不能不为良渚先民鬼斧神工般的琢玉技艺惊叹称绝。第二卷采录江西新干大洋洲商墓出土枣红色彩石圆雕羽神像，形象奇特，雕饰华丽，在商代雕刻艺术史上的重要性可以与殷墟妇好墓出土腰佩宽柄器玉人媲美；同卷收录山东滕县前掌大商墓出土回首玉鹿，神态极活泼，在以庄重对称为特色的商代肖生玉雕中，可谓别开生面，独树一帜。再如第四卷所录陕西咸阳新庄出土的玉仙人奔马，用凝脂般白玉雕琢而成，作者运用浪漫主义的手法，刻画肩臂生翼的羽人，手执灵芝，乘坐天马遨游太空的景象，寄托着西汉权贵渴望羽化登仙、延年益寿的心态，为首屈一指的西汉玉雕杰作，过去曾在不少图录中见过，但以《中国玉器全集》之彩色图版最为清晰精美，令人百看不厌。

3. 兼容并包，启迪思考

《中国玉器全集》对于学术研究中的不同观点，采取百家争鸣、兼收并蓄的方针，不强求一律，这是值得称许的。例如关于我国玉器的起源问题，玉器与石器的区分标准问题，对“首德而次符”这一辨玉准则的理解问题，良渚文化是否已出现原始砣机的问题，红山文化马蹄形玉箍的用途问题等等，学术界目前尚不能取得一致的看法，论文与图版说明的执笔者在各抒己见的同时，也介绍其他看法，表现了尊重别人不同观点的良好学风。

初版的《中国玉器全集》作为一项新生事物，也存在某些美中不足之处。首先，从选材上看，有些应该采录的玉器未能采录。以原始社会卷为例，卷首论文曾明确指出：辽河流域的兴隆洼文化、新乐文化及阜新查海遗址，出土有距今七八千年前的玉斧、玉凿、玉玦与玉匕，“它们是玉器初创时期的代表作”。如此重要的作品，图版中竟然未加采录；彩色图版一开始，就是相当成熟的红山文化玉器，这就好比一部人物传记缺乏童年时代的内容，不能不令人感到莫大的遗憾。再如20世纪50年代河南洛阳西周早期墓出土的戴枷玉人，1986年陕西长安沣西西周早期墓出土的青玉兽面玉饰（亦称玉鬼神面像），还有1983年河南光山春秋早期黄君孟夫人墓出土的玉雕人头与人面蛇身玉佩，1987年河南洛阳出土的战国圆雕跽坐玉人，都是学术价值与艺术价值极高的古代玉雕杰作，在第二、三卷中亦未采录；相反的，有些不太重要的器物却连篇累牍，难免使人产生选材欠精之感。其次，在编务技术上也有需要总结改进之处，例如第五卷图版197页所录江苏无锡市博物馆收藏的元代“春水”玉饰，摄影时，器物放颠倒了，艺术效果出不来；第六卷图版158页所录和田白玉鸡心佩，是清代部分十分难得的一件出土品，图版说明称其为“康熙时期墓葬出土”，其时代下限自然不应晚于清代早期，而目录断代却将它标成“清中期”，明显违背逻辑。另外文字校对不够认真，有的论文（包括注释）错别字、衍字、漏字不少。在此不一一列举。笔者诚恳希望再版时加以补充、改进。

总之，《中国玉器全集》的出版，有助于提高中华民族的自信心，有助于增强中华民族的凝聚力。它的出版又像一道新的起跑线，必将推动玉器研究的繁荣与深入。

原载《美术研究》1995年第1期

汉画典范 爱不释手

——读《洛阳汉墓壁画》

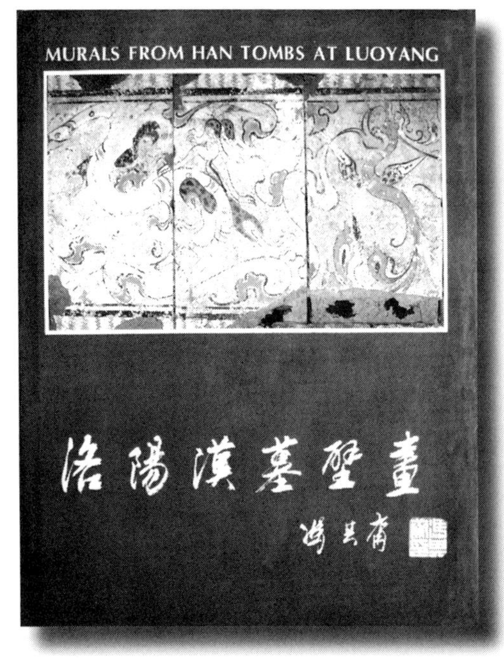

图1
《洛阳汉墓壁画》
黄明兰、郭引强编著
文物出版社1996年出版

汉代是我国绘画艺术史上的第一座高峰。作为西汉五大名邑之首及东汉都城的洛阳，两汉时代在政治、经济、文化、艺术上的重要地位，堪与长安媲美。从20世纪初叶以来，洛阳地区先后发现两汉时代的壁画墓达十几座之多，其绘画题材之丰富，艺术水平之卓越、延续年代之长久，发展脉络之清晰，均称全国之冠。洛阳市第二文物工作队黄明兰、郭引强两位同志，将其中12座保存较好的两汉壁画墓资料汇集起来，编著成图文并茂的《洛阳汉墓壁画》（图1）一书，文物出版社于1996年10月正式出版发行。

笔者与洛阳的美术考古工作多少有些缘分。20世纪50年代后期至60年代初期，笔者在北京大学历史系考古专业读书及到中央美术学院美术史系任教之时，每次到洛阳，都由蒋若是先生陪同到王城公园参观易地保护的烧沟61号西汉壁画墓，将它视为了解西汉壁画艺术最理想的课堂。1976年10月初，我在河南开封孙作云先生处得知洛阳面粉厂于人防工程施工中发现西汉卜千秋壁画墓的消息之后，迅速赶到洛阳，当时黄明兰同志主持此墓发掘清理，他用滑车拴笸箩将我放入该壁画墓作实地考察的情景，迄今记忆犹新。1978年冬，洛阳博物馆徐治亚同志主持金谷园向阳旅社新莽壁画墓的发掘，他邀请我到洛阳协助筹划该墓壁画临摹事宜，该馆王绣同志与洛阳市工艺美术研究室刘美莲同志和我一同临摹壁画的情景至今难以忘怀。1991年8月，我赴洛阳出席第二文物工作队成立十周年庆典，偃师辛村新莽壁画墓正在清理发掘之中，又是黄明兰同志陪同参观了发掘工地，该墓中室东西两壁宴饮图中描绘男女墓主人醉酒窘态之生动画面，令人过目难忘。因为有以上的实际感受，对《洛阳汉墓壁画》的出版就感到特别亲切。

初步浏览之后，我认为此书具有下列四个优点：

1．资料翔实，图版精美

众所周知，在“事死如生”观念指导下产生的墓室壁画，其题材内容与具体的分布位置密切相关。此书采择的12座洛阳两汉壁画墓，除八里台壁画墓那组绘有壁画的梯形空心砖隔梁系20世纪初叶由盗墓贼盗卸出土，因而无法确切了解其墓室结构之外，其余11座新中国成立之后发掘清理的壁画墓全部附有墓葬平面、立面或结构解剖示意图，在文字叙述中详细介绍了每幅壁画的分布位置，在图版标题中，通常先注明位置后标画面名称，特写画面则用括弧注明“局部”字样，阅读起来一目了然，体现了编著者的严谨科学态度。全书共用178幅图版（黑白图版3幅，彩色版175幅），少者每墓5幅或6幅，多者每墓27幅或28幅，既有整体图样，又有局部放大图样，将汉代壁画流利奔放的线条、典雅艳丽的色彩、生动活泼的物象、彼此呼应的人物神态，表现得淋漓尽致。其中的多座壁画墓（例如洛阳浅井头西汉壁画墓、金谷园新莽壁画墓、唐宫路玻璃厂东汉壁画墓、东郊机车工厂东汉壁画墓、朱村东汉晚期至曹魏时期壁画墓等），均有首次发表的彩色图版，其珍贵程度可想而知。

2．分期妥当，脉络清晰

编著者将洛阳地区迄今发现保存较好的12座两汉壁画墓，按墓葬形制、壁画布局、题材演变、艺术风格及出土器物（以铜钱、陶器、铜镜等时代特征鲜明者为主）等诸多因素，划分成六个时期：

第一期即西汉昭帝宣帝时期；

第二期即西汉晚期；

第三期即新莽时期；

第四期即东汉早期；

第五期为东汉中晚期；

第六期为东汉末至曹魏时期。

在概论第四节中，结合实例详细论述了两汉墓室壁画的演变轨迹，具有较强的说服力。例如此书编著者认为浅井头西汉壁画墓的年代与卜千秋壁画墓接近，同属第一期即西汉昭帝宣帝时期，而不是像《洛阳浅井头西汉壁画墓发掘简报》（刊《文物》1993年第5期）那样将其推论为“成帝至王莽之间”。笔者赞同本书编著者的断代意见，因为从墓葬形制、壁画主题与布局、绘画风格等因素来看，认为浅井头壁画墓与卜千秋壁画墓同属于西汉昭、宣时期是合乎逻辑的。

3．兼收并蓄，博采众长

此书编著者将洛阳汉墓壁画的题材内容，分成羽化登仙、驱邪打鬼（傩仪图）、神兽、神话传说、历史故事、天象神怪、迎宾拜谒、庖厨供膳、歌舞宴享及车马出行、六博图、麈尾图十一大类。此分类方式不无可商榷之处，但作者力求运用文献资料与图像资料加以论证说明，其治学态度是严肃的。对于烧沟61号墓墓室后壁那幅壁画的解说，既采纳孙作云先生释作“傩戏始事图”的意见，也引述了郭沫若先生将其释作“鸿门宴”故事的意见，两说并存，孰是孰非，由读者自行判断，我认为这样做有利于启迪思考，比拘泥于一说更好。

4．印刷精美，设计大方

此书既是一项研究成果，又兼有图录性质。可以看出，出版社在版面设计、字形选择、图版校色、装订质量、封套设计等环节，都下过很大气力。为适应国际学术交流，概论附有英文提要，内容目次与图版目录均有英文注明。

为了精益求精，不断提高我国图书出版的质量，我认为有必要指出此书初版存在的美中不足之处。主要问题是图版校对不认真，图版质量把关不严。例如，第86页所刊浅井头西汉墓之“墓室顶斜坡壁画”，图像重叠不清，我推测该图版底片可能是经过二次曝光的废片，应当删掉不用，或者重新拍摄。又如第90页与第95页所刊烧沟61号西汉墓前后室之间的隔梁图样，将“二桃杀三士”画面印在横额之左侧，对照第89页所刊该墓墓室结构示意图，显而易见第90页与第95页的图版底片置反了，正确的位置是“二桃杀三士”画面居横额之右侧。再如第185页所刊新安铁塔山东汉墓墓室右壁之壁画，分明是双人舞蹈图（或盘舞图），图版标题却误称为“车骑出行图”。此外，在文字介绍方面亦有个别不当之处，如第101页称八里台西汉壁画墓之梯形壁画空心砖山墙（应是隔梁）“计由四块空心砖合成”，实际情况是由五块空心砖合成的。当然，存在以上不足之处也是瑕不掩瑜。我诚挚地期望此书再次印刷前，能够消除以上不足之处。

原载《文物》1997年第9期

敦煌学界的多年梦想实现了

——喜读《敦煌石窟艺术》

《敦煌石窟艺术》（图1）是以洞窟为单元、全景式收录莫高窟与榆林窟代表性洞窟艺术全貌的大型系列画册，由敦煌研究院和江苏美术出版社合作编辑，并由江苏美术出版社出版。它自1993年7月开始陆续问世，至1996年12月其第一期工程总共15卷已经全部出齐。对于此项被列入国家“八五”出版规划重点图书的如期出版，我表示热烈的庆贺。

以洞窟为单元，出版内容详尽的敦煌艺术系列画册，不论从文物保护工作的角度，或者从学术研究与艺术欣赏的角度来看，都是十分必要的。这是国内外敦煌学界与艺术史界多年来的梦想。早在20世纪50年代末，当时任文化部副部长的著名艺术史论家郑振铎先生，就提出过类似的倡议。如今，在改革开放的大好形势下，敦煌研究院与江苏美术出版社通过优势互补的方式携手合作，使得上述梦想开始变成现实。捧读画册，如临敦煌；查找资料，快捷方便；欣赏壁画，拉近距离。这一切令人欣喜万分。

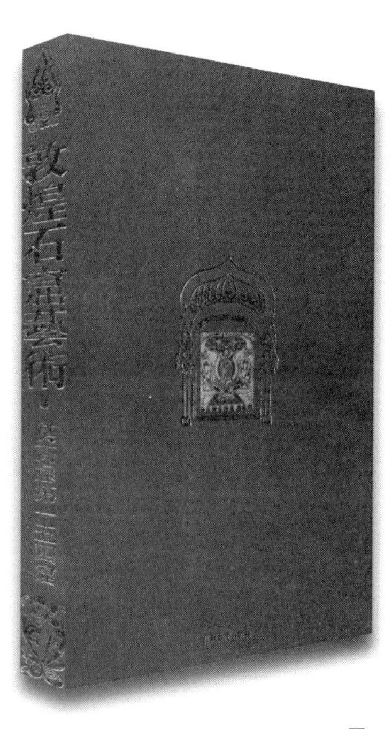

图1
《敦煌石窟艺术》
（第一期工程15卷本，
图为莫高窟第一五四窟卷）
敦煌研究院编
江苏美术出版社
1993—1996年出版

已出版的15卷，实际收录29个洞窟的详尽资料。其中，莫高窟占14卷，包括26个窟；榆林窟1卷，包括2个窟。若以时代划分，则北魏3个窟，西魏2个窟，北周1个窟，隋代5个窟，初唐5个窟，盛唐2个窟，中唐4个窟，晚唐5个窟，五代1个窟。在第一期出版工程中，十六国北凉时代及宋、西夏、元代的洞窟尚未涉及。

体例完备、资料翔实是这套画册的突出优点。举凡入选洞窟的建筑形式、各类彩塑及各类壁画，均逐项加以收录，务求展现敦煌石窟艺术之全貌，以适应不同学科研究者之需要。画册采用八开本，每卷前有中、英文对照的简短前言，并有该卷的研究论文一篇，收录彩图200幅左右，书后附有图版说明。论文介绍了该窟的开凿年代及历史背景、形制特点、彩塑与壁画的题材内容及艺术特色，不少论文还结合各时代的审美习尚，探讨了外来的佛教美术逐步民族化、本土化的过程。在题材内容的考释上，把学术界历来的看法与论文作者的研究成果结合起来，力求把读者引入学术最前沿。

整体与局部的有机结合，是这套画册在图版编排设计上最值得称道之处。每卷都先展现该窟窟形总貌及窟顶、窟壁、塔柱或佛龛之宏观彩图，紧接着则是各个局部的微观图，检索对照极为方便。对于佛传故事与本生故事壁画，均安排众多局部特写，将故事情节表现得细腻传神。特别值得提及的是像莫高窟北周第290窟窟顶所绘由87个画面组成的佛传故事，隋代第419窟窟顶东西两坡所绘的本生故事，即使身临其窟，由于昂首久视、眼花缭乱，也难仔细品味观赏；如今翻阅画册，其卓越构思与精美画面一一呈现在我们面前，仿佛缩短了观众与原画的距离。还有不少图版，如莫高窟西魏第285窟的东壁整图，过去很难见到，尤其值得宝爱。

此书在装帧设计方面亦得到国内外读者的一致好评。

初步浏览之后，我感到这套画册也有美中不足之处，如个别卷的论文稍嫌冗长，需要精练、润饰。

编辑出版以洞窟为单元的《敦煌石窟艺术》大型系列画册，是一项浩瀚艰巨的工程。正如古语所云：“九层之台，起于累土；千里之行，始于足下。”这套画册第一期工程告竣，无疑是良好的开端。我相信编辑出版单位在认真总结经验、不断增强精品意识的基础上，必定能够“更上一层楼”，尽快将第二期工程提上工作日程，并且做得更好。

原载《美术研究》1998年第1期

李爱国编绘《画马》序

马是有利足、有耐力、善奔走的畜兽，和人类的关系非常密切。早在旧石器时代，野马就成为人们的狩猎对象之一，在法国拉斯科、孔巴雷莱等旧石器时代晚期的洞窟壁画中即有形态生动的野马画面。距今约一万年前，人类进入新石器时代之后，随着畜牧业的出现，野马逐渐被驯化，马遂成为六畜之首。我国内蒙古阴山与乌兰察布、宁夏贺兰山、新疆阿尔泰等地发现古代游牧民族凿刻的岩画中不乏剽悍的骏马形象，偶尔还有马车的画面。

进入文明时代之后，举凡戎事、畋猎、行旅、驿传等诸多活动，悉需用马。故而上自国君，下至士庶百姓，皆视养马为发展经济、壮大国力的重要环节。《左传》云：“冀之北土，马之所生。”估计我国秦代以前，骏马主要产于北方草原。商周时代的统治者多数有爱马之癖好：传说周伯昌被商王拘于羑里时，太公与散宜生为了替国君赎罪，曾用重金购得“犬戎氏文马”献给商王。春秋时代的楚庄王和齐景公，更是贵马而贱人的暴君。史载楚庄王宠爱之马，衣以文绣，啖以枣脯；齐景公有马千驷，当其爱马病死时，竟欲派人责杀养马者。古代统治者往往以炫耀速度及毛色的字眼，为骏马起名，传说周天子有八骏，秦始皇有七名马，项羽称心爱的坐骑为骓，汉文帝称九匹骏马为“九逸”或“九龙”（按《周礼·夏官司马·庾人》称：马八尺以上为龙，七尺以上为騋，六尺以上为马。）从汉武帝通西域之后，骏马来源增加，当时称乌孙马为西极马，称大宛汗血马为天马。到了唐代，唐太宗有心爱的六骏，唐玄宗称爱马为玉花骢、照夜白。

马有优劣之别，正如《荀子》所云：“骐骥一日千里；驽马十驾，则亦不及之矣。”为了取得任重致远的功效，人们千方百计寻觅骐骥。在这种社会需要的推动下，春秋中叶秦穆公时代，我国出现两位著名的相马专家——伯乐与九方皋。《相马经》记载：“伯乐曰：马头为王欲得方，目为丞相欲得明，脊为将军欲得强，腹为城郭欲得张，四下为令欲得长。眼欲得高匡，鼻孔欲得人，鼻头有王火字，口中欲得赤，膝骨圆而张，耳欲得相近而前竖、小而厚。凡相马之法，先除三羸五驽，乃相其余。大头小颈一羸，弱脊大腹二羸，小颈大蹄三羸。其五驽者：大头缓耳一驽，长颈不折二驽，短上长下三驽，大胳短胁四驽，浅髋薄髀五驽。”另据《列子·说符》篇的记载，伯乐年老时，向秦穆公荐举慧眼超凡的朋友九方皋，盛赞九方皋能洞察骏马的内在精神，认为真正绝尘弭辙的千里马，是无法以形容筋骨去貌相的。汉代善相马者有东门京与薛翁，在汉代宫廷金马门外，安放着东门京铸作的铜马式。

人们之所以爱马、赞马，除前述实用功能之外，还因为骏马具有历途不忘的智慧和报效知己的品德。“老马识途”是众所周知的成语，传说齐桓公伐孤竹时，春往而冬返，归途迷道，从臣管仲乃纵马而随之，方得返国。汉末孙坚讨伐董卓时，被创堕马而军众分散，其坐骑还营鸣呼，部属随马觅主，孙坚乃得化险为夷。这类典故，极大地增加了马的审美价值。

略涉我国画史者都知道，《韩非子·外储说左上》曾引齐国画工的语言，论述绘画题材的难易，马被列为最难画的畜兽之一。然而，马作为人们精神感情的载体，却一再受到画家的青睐。我国善画马者，可谓代不乏人，汉代有陈敞、刘白、龚宽，南齐有毛惠远，北齐有杨子华，北周有冯提伽，隋代有展子虔、董伯仁，唐代有阎立本、江都王、曹霸、韩幹、陈闳，晚唐五代有胡瓌、赵喦，宋代有李公麟，元代有赵孟頫，清代有郎世宁，现代有徐悲鸿。汉人所画之马，如今尚能从墓室壁画、画像石与画像砖中得其大概。《历代名画记》云：“杨子华……尝画马于壁，夜听蹄啮长鸣，如索水草。”从山西太原北齐娄叡墓墓道两壁所绘出行归来图中，那状极生动的骏马，可以印证杨子华画马的卓绝技艺。宋代郭若虚在《图画见闻志·叙制作楷模》中说：“画畜兽者，全要停分向背，筋力精神，肉质肥圆，毛骨隐起”，还要表现“动止之性”。笔者认为郭若虚的理论颇为中肯，对今人画马或赏画仍有参考价值。

李爱国是我国当代工笔画坛的新秀，擅画人物鞍马。1985年至1987年在中央美术学院中国画系攻读硕士研究生，是刘凌沧先生的高足；毕业后到北京师范学院美术系任教。1986年初夏，他曾随我赶赴山东临朐临摹北齐崔芬墓壁画；墓室西壁那幅表现墓主夫妇在婢仆簇拥中的出行画面由李爱国负责临摹，那行云流水般的线描功力，深受同行师生的好评。他既高度重视继承中国画的优秀传统，又重视师法造化，曾多次深入内蒙古牧区体验生活，搜集素材，探索新的表现技巧。他的气质十分文静，作画则大气磅礴，其毕业创作《蒙古骑士》及《套马手》《朝雾》等作品，洋溢着豪迈的时代精神和浓郁的草原生活气息。如今呈现在读者面前的这册《画马》，以图文并茂的形式，概要地阐明他的画马经验；他时而运用娴熟工致的线描，时而运用明暗对比的画法，把众多的示范图样画得生动有趣，具有很高的观赏价值。画册中有若干篇幅（例如关于善跑的马与挽车的马在脚踝骨、系、蹄部分的区别），具有独到的见地。可以预料，这本画册的出版，必将为促进美术教育、繁荣美术创作，发挥积极的作用。是为序。

1991年10月7日写于帅府园中央美术学院教工宿舍

原载李爱国编绘：《画马》，福建美术出版社1993年版

中国木版年画精品展序言

木版年画是中国民间每逢春节（农历新年）张贴在住宅门墙上的一种装饰画，具有广泛的群众性与鲜明的地域性，散发出浓郁的泥土芬芳。

木版年画的题材，大致包括驱邪纳福、喜庆吉祥、祈求农牧业丰收、神话传说、历史故事、戏剧人物、民俗风情等内容，寄寓着人民大众的美好愿望与审美情趣。它由民间作坊运用木刻水印的方法制成。在艺术形式上，以刻线工整有力、构图严谨饱满、色彩热烈明快为特色，画幅大小不一。至迟在公元12世纪的宋、金时代已经出现，迄今至少已有七百多年的历史。在近代机器印刷术诞生以前，木版年画为丰富民间文化生活，陶冶质朴健康的审美情趣，发挥了巨大的作用。

由于木版年画基本上都用于张贴，所以保存下来极为稀少、珍贵。这次展出的120件木版年画精品，是中国中央美术学院图书馆从其丰富的藏品中精选出来的，是19世纪至20世纪初叶的年画代表作。此项展览得以在历史悠久、享誉国际的意大利波伦亚大学隆重举办，我们深感荣幸。我们要感谢曾经在意大利驻华大使馆文化处任职的埃立克先生。是他酷爱中国民间美术的卓越审美眼光和他在华工作期间与我院师生的亲密交往，促成了此项极富学术研究价值的独特画展。

我与我的同事薄松年教授，企盼此项展览能够有助于增进贵国人民对中国民间传统文化艺术的了解，有利于增进两国人民的友谊。

原载《美图通讯》总第15期，1995年

王晨绘著
《云冈石窟装饰图案集》序言

坐落在山西省大同市西郊16千米处的云冈石窟，开凿于公元5世纪下半叶至6世纪初，为中国北魏佛教造像最宏伟的遗迹。学术界通常将北魏云冈石窟分为三期，其窟龛形制、造像题材、造型特征及装饰纹样之发展演变，皆有脉络可循。

云冈石窟雕饰之豪华富丽，备受历代学者称赞。北齐魏收在《魏书·释老志》中，称其为“雕饰奇伟，冠于一世”。我国现代学者中，最先重视云冈石窟装饰图案的是梁思成、林徽因、刘敦桢等中国建筑史专家。1933年9月，他们趁到大同测绘华严寺、善化寺等辽金遗构之便，到云冈考察数日；当年12月，他们合作的《云冈石窟中所表现的北魏建筑》一文，刊发在《中国营造学社汇刊》第四卷三、四合期上，文中有专门章节讨论云冈石刻中的装饰花纹。他们明确指出：“云冈石窟中的装饰花纹种类奇多，而十之八九，为外国传入的母题及表现（图三八、三九）。其中所示种种饰纹，全为希腊的来源，经波斯及犍陀罗而输入者，尤其是回折的卷草，根本为西方花样之主干，而不见于中国周、汉各饰纹中。但自此以后，竟成为中国花样之最普通者，虽经若干变化，其主要左右分枝回旋的原则，仍始终固定不改。”“唐宋及后代一切装饰花纹，均无疑义的、无例外的由此进展演化而成。”

另一位关注云冈石窟装饰花纹的现代学者，是北京大学著名考古学家宿白教授。《北京大学学报》（哲学社会科学版）1982年第2期刊出宿白《大金西京武州山重修大石窟寺碑的发现与研究》一文，在论证云冈第九、十这组双窟即是《金碑》所记由北魏宠阉、“性巧”并“穷妙极思”的钳耳庆时监作的崇教（福）寺时，将云冈第九、十窟的装饰纹带分成六种（即一、绹纹；二、缠枝环形忍冬；三、填饰人物或禽兽的缠枝环形忍冬；四、加饰套圭或龟甲的环形忍冬；五、环形忍冬；六、填饰人物或禽

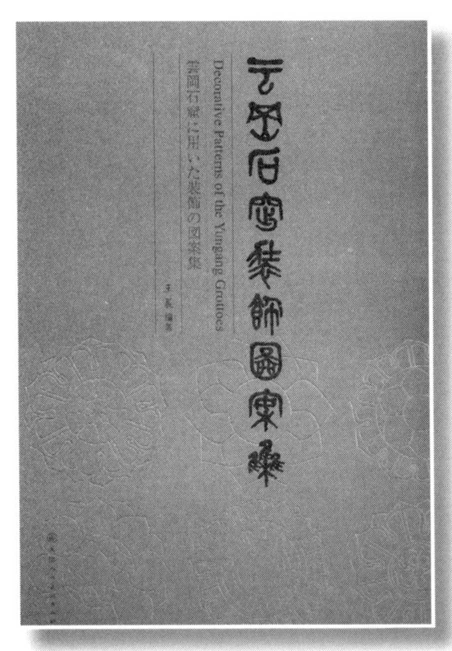

图1
《云冈石窟装饰图案集》
王晨绘著
天津人民美术出版社
2011年出版

兽的波形忍冬），和大同东郊北魏太和八年（484）琅琊王司马金龙墓出土器物上的纹饰作了对比（有附图，见宿白《中国石窟寺研究》第102、103页，文物出版社1996年版），得出了“云冈石窟中第9、10双窟在时间上最接近司马金龙墓应无可疑”的结论。此外，宿白先生还在《平城实力的集聚和“云冈模式”的形成与发展》（载《中国石窟·云冈石窟·一》，1991）一文中，对云冈石窟第一、三期及第二期各组洞窟的龛面、龛柱形式与装饰纹带做了详细记录，这就为云冈石窟装饰图案的整理研究，奠定了坚实的基础。

系统整理云冈石窟的装饰图案，是研究与讲授我国古代美术史，尤其是古代工艺美术史的重要课题，也是广大艺术爱好者的多年期盼。出生在大同市文物干部家庭、毕业于山西师范大学艺术系美术专业、现任大同市文化艺术学校美术教师的王晨同志，出于自幼酷爱云冈石窟的赤诚之心，凭借地利、人和的有利条件，在其父王清诗先生的敦促与鼓励下，勇敢地承担起这项重任。经历了五个暑往寒来、千百个晨昏交替的辛勤劳作，一部包含10个类别、185幅彩色图案画作的《云冈石窟装饰图案集》（图1）书稿，终于绘编完毕了。王晨同志用娴熟的笔法摹绘各种北魏装饰图案佳作，其勾勒如游丝铁线，生动劲健；其赋彩若三春原野，淡雅不俗。对于每类装饰图案，都有简要浅显的文字阐释，介绍其含义及构图特征，引领读者浏览观赏。通观整部书稿，可谓图文并茂，实在可喜可贺。我深信此项图书的出版，必将有助于弘扬我国优秀的装饰艺术传统，有利于繁荣我国当代的装饰艺术设计。

是为序。

原载王晨绘著：《云冈石窟装饰图案集》，天津人民美术出版社2011年版

《中国高等美术院校藏画精选·宋元明清卷》后记

图1
《中国高等美术院校藏画精选·宋元明清卷》
张浩等编
辽宁美术出版社
1999年版

我国各高等美术院校出于教学示范之需要，历年来购藏了不少中国传统绘画精品。它们通常由学院图书馆或美术馆收藏，除不定期地举办专题展览供本院师生观摩、临习之外，基本上未曾向国内外作过公开系统的介绍。在改革开放大潮推动下，为了满足校际交流与国际交流的客观需要，实现文化资源共享及繁荣美术创作、促进美术研究之目的，集腋成裘地编辑出版《中国高等美术院校藏画精选》（图1），已经成为我国美术界的一项紧迫任务。全国高等美术院校图书馆协会（以下简称美图协作会）于1998年冬在北京召开的常务馆馆长扩大碰头会上，策划了编辑出版此项画册的有关事宜。辽宁美术出版社吴成槐社长得知以上消息后，慨然允诺为此项画册的编辑出版提供财力与人力的支持，并将它列入该社出版计划之中。1999年4月，美图协作会常务馆代表与辽宁美术出版社代表方伟、邓濯同志在北京签订了编辑出版此项画册的协议。

此画册在征稿阶段，得到全国各高等美术院校的积极响应和大力支持。1999年7月上旬与8月中旬，在天津、北京先后召开了本画册的两次编辑审稿会，天津美术学院与中央工艺美术学院的院、馆两级领导为此做出了妥善安排，保证了审稿工作的顺利进行。

特别值得提及的是，南京艺术学院副院长阮荣春同志抽暇为此画册写作序言；鲁迅美术学院图书馆馆长张浩同志与中央工艺美术学院图书馆副馆长王连海同志分别作为美图协作会新一届的召集人与秘书长，担负起与辽宁美术出版社的联系沟通任务；南京艺术学院图书馆副馆长孙原平同志承担了后期稿件的审阅及通盘编排工作；辽宁美术出版社的邓濯同志在本书付梓前审校了全稿，改正原稿许多讹误之处。在此，谨向他们表示诚挚的谢意。

饮水莫忘掘井人。当我们捧读这本画册、欣赏到如此丰富的古代绘画精品时，自然会对各院校早年分管古代书画征集购藏工作的著名美术教育家（如中央美术学院的董希文教授、中央工艺美术学院的陈叔亮副院长等）肃然起敬，是他们的远见卓识与热爱中华民族优秀艺术遗产的坚定信念，方使各院校在经费并不宽裕的20世纪五六十年代，不失时机地购藏了不少古代绘画精品，增强了高等美术院校的办学实力。

我愿借此画册即将面世的机会，吁请全国高等美术院校领导重视改善本院的藏画条件，加强保管力量；同时也希望各院校图书馆或美术馆注意不断提高书画藏品的著录水平。

1999年11月15日写于中央美术学院

原载《中国高等美术院校藏画精选·宋元明清卷》，辽宁美术出版社1999年版

《中国高等美术院校藏画精选·近现代卷》后记

图1
《中国高等美术院校藏画精选·近现代卷》
张浩等编
辽宁美术出版社
2002年版

《中国高等美术院校藏画精选·近现代卷》（图1）即将付梓，这是我国各高等美术院校图书馆发扬团结协作精神，共同为教学、创作及科研工作服务所取得的一项最新成果，在国内外学术界与美术界必将产生积极的影响。

与两年前出版的《中国高等美术院校藏画精选·宋元明清卷》相比，本卷参与编辑工作的院校有所扩大，从原来的11所增加到如今的13所。各校为本卷提供的藏品图样更加丰富，编委会可以筛选的余地更为宽阔，从而为顺利完成本卷的编辑任务奠定坚实的基础。在征稿与选图阶段，编委会本着限定画家范围（鸦片战争以后出生、20世纪已去世的著名中国画家）、保证作品质量、兼顾作品风格、平衡院校藏画的原则，进行了多次认真筛选。本卷收录的近300幅中国画佳作，绝大多数属于首次公开发表，其重要的学术价值与审美价值无需赘述，诚望识者宝之。

本卷在编排体例上，以画家年庚先后为序；同一画家的作品，则以创作年代之先后为序，创作年代不明者附后。为了尽可能扩大收录面，同一画家选录作品的数量通常以6幅为限。本卷的画家生平简介，绝大多数由中央美术学院图书馆沈宁、韩小明两位同志负责统一撰写，少数难以查检的画家则由作品收藏馆提供简要的资料。为了集思广益，每幅藏品的赏析文字是由各收藏馆的专业人员撰写的，他们从不同角度对作品进行精辟的诠释，相信会给读者带来有益的启迪。

本卷从着手策划的时候起，即得到辽宁美术出版社吴成槐社长的全力支持，该社副编审方伟同志承担了责任编辑的繁重任务。在策划、征稿、选图阶段，先后在南京、天津、北京召开了本画册的多次编委会或执行编委会，南京艺术学院、天津美术学院及清华大学美术学院的院、馆两级领导投入不少人力与财力，为做好会议接待、保证选图工作顺利进行做出很大的贡献。鲁迅美术学院图书馆张浩馆长作为中国高等美术院校图书馆专业委员会的本届召集人，发挥地利之便，承担了编委会与出版社之间的联系沟通任务。南京艺术学院图书馆馆长丁涛同志不辞辛劳，利用炎热的暑假为本卷撰写序言，阐述了近现代我国传统绘画的发展概貌。在整理、汇集稿件的繁重工作中，中央美术学院图书馆馆长助理沈宁同志出力最多。在审改图版说明文稿工作中，南京艺术学院图书馆副馆长孙原平同志替我分担了不少任务。在此，我谨代表编委会向他们表示诚挚的感谢。

限于主、客观条件，本卷疏漏舛误之处肯定难免，企盼各界贤达不吝指正。

2001年9月3日写于中央美术学院

原载《中国高等美术院校藏画精选·近现代卷》，辽宁美术出版社2002年版

附　录

情系武义

武义县文化馆《熟溪》编辑部：

11月中旬，收到惠赠的《熟溪》及约我为贵刊明年的“故乡情”专辑写点什么的约稿信，喜甚。

我是喝熟溪源头的水长大的，是旅居北京的武义游子。1985年秋，李成昌、张育林等同志来京召开武义籍人员同乡会，其亲切、欢快情景，至今记忆犹新。我因自幼对酒精过敏，从不饮酒。同乡会上，我却破例地举酒干杯了。是什么东西激起我如此豪情呢？是看到武义人，听到武义事，见到武义物，观到武义剧（婺剧）。总之，那天仿佛置身于武义的怀抱。

今年夏天，朋友送给我一袋优质当归。我似乎忘掉这袋礼品的药用价值，将它放在电视机下的玻璃柜内，醉心地欣赏它的名称“当归”。

贵刊的约稿信，在某种程度上起到了“当归”催化剂的作用。本月初，我把回乡之梦变成了回乡之举，回武义逗留一星期。

现将此行观感写成小稿，题目为《情系武义》，随函寄奉，请多斧正。

匆匆不尽，顺颂

撰安

汤池

1988年12月23日于中央美术学院美术史系

我的童年时代，生活在浙江省武义县岭下汤。家宅是三家头一座老式庭院的两间东厢，迎门便是岭下汤后山那峻峭巍峨的雄鸡砣。每当黎明起身，望见朝晖染红雄鸡砣的壮丽景象，犹如听到晨鸡报晓，催人奋发进取。抗日战争胜利之后，我到县城读初中，每趟回家，步行到苦竹附近，当我从远方苍茫的群山中辨认出巍峨的雄鸡砣时，便觉得步履轻盈，归心似箭。数十年来，斗转星移，乡思日炽；然因忧患荒迷，世故萦绕，乃至望故乡如天上。十年前，我找来一块顽石，刻了一枚白文椭圆形的闲章，文曰“家在雄鸡岩下熟溪源头”，聊以寄托对故乡山水的眷恋。

1988年12月初，我乘授课之暇，从首都北京返回阔别四十载的武义，作为期一周的故乡之行。

此行回乡，由于有在武义工作的甥女婉卿同行，打消了久违故土、人地生疏的顾虑，使我壮胆不少。随着交通、邮电建设的发展，旅行与通讯已经十分方便。记得1956年我在浙西分水工作时考上北京大学，从杭州到北京，要在上海、南京、济南等地辗转乘车，途中须花费三天功夫。这次乘45次京福特快列车，从北京到金华只需28个小时。在金华下火车时，两个胞弟已闻讯从岭下汤赶到金华，和甥儿荣生等一同进站接我。因为千言万语，一时不知从何说起，在月台上与胞弟见面，除了紧紧地握手之外，竟使我无语凝噎。

步出金华车站，我们就乘汽车径直奔向武义。一路上，司机林师傅不时地向我介绍沿途风光。过了白洋渡，透过车窗看到修饰一新的发宝象龙塔，它是矗立在壶山东北的武义第一景观；新中国成立前，塔檐坍圮，荆棘丛生，荒芜成遗弃“育婴堂”饿殍的场所；如今，此塔以挺拔崭新的面貌迎接着远方来客或乡亲，象征着武义的振兴、崛起，作为研究美术史与文物考古工作者的我，欣喜之情难以名状。

进入武义县城，我在金星四巷三妹夫家安歇。这是20世纪80年代初建造的木构二层楼住宅，独门独院，环境幽静，比我在北京的住宅宽敞多了。县城里，家家户户都有电灯和自来水，彩色电视机等家用电器已相当普及，物质生活方面的城乡差别已经很小。

我的三妹和三妹夫曾数度到北京看望过我。我曾听他们说起，武义县城的最大变化是：五圣堂弄附近的丁字街，往南开了一条大路，变成十字街了；再往南，新建了跨越熟溪的水泥大桥，原先仅有几十户人家的溪南汤，已经变成武义县城的新城区。这番有关武义县城新貌的谈话，给我留下如此深刻的印象，以致我回到武义的第二天就以走访十字街作为观光览胜的开端。

这天是星期天，农历十月二十六日，正赶上逢一、逢六的武义集市活动日。进城赶集者摩肩接踵，狭窄的街道显得分外拥挤。在狮子巷口附近，庆贺商店开业的爆竹声和开展摸彩有奖储蓄的喇叭声交织在一起，更加热闹非凡。好不容易挤到十字街口，我伫立仰望沿街林立的商店，但见南街两侧，东有五层高的武阳楼饭店，西有武义县百货公司，颇有几分“北京王府井”或“上海南京路”的气派。沿街南行不远，即是通向溪南汤的钢筋混凝土大桥。桥之北端两侧，沿溪堤辟设肉、鱼、禽、蛋及疏菜市场，处处人头攒动，生意兴隆。桥下的熟溪，水流量不大，据说是因为上游建造了若干水库，加以今年入冬以来干旱缺雨所致。唯流水尚清莹秀澈，往昔布满溪面的竹排、木筏不见了，只有那三五成群的浣衣妇女，或多或少还可以印证我印象中的熟溪画面。

由于小南门是我少年时代从岭下汤往返武义县城的主要通道，小南门渡头是我常来游泳嬉水的场所，出于寻幽怀古的习惯，过了上述的水泥大桥，我便急切地沿着溪堤向小南门走去。

小南门外建造了水泥便桥，旧有的过溪渡船早已消失。这座便桥专供行人与骑自行车者通行，两旁设有围护铁链；为了阻止汽车及拖拉机上桥，桥之两端设有齐腰高的挡车墙。

武义县城的城墙，不知拆除于何年，小南门自然也没有了。根据地形和民宅布局，推测小南门遗址大致在现今武义县皮鞋厂厂门以北数十米处。

判断了小南门旧址之后，我即沿着顺城街（我的主观称呼）西行，旨在寻访武义县文庙——明招中学旧址，那是我读初二、初三的母校所在地。由于变化巨大，直到看见武义县城西门南边的小山丘，也找不到文庙。不得已，我只好绕大圈，从西门内沿街东行，继续探询文庙所在地。原来，现今的武义县第一中学就在往昔的文庙（即明招中学）地基上重建的，一中校园南端那石构半月池及石拱桥，就是现存的文庙唯一遗迹。在石拱桥（俗称半月桥）上，我凭栏伫立良久，感慨万千，一方面为四十年来武义县的巨大变化所震惊，为当今武义县一中的同学获得比我辈优越得多的学习环境而欣慰，另一方面，又产生保护文物古迹的紧迫感，我既为这座半月桥的幸存而高兴，也为它能否长远保存下去而担忧。写到这里，我想向武义县文物管理委员会提个建议，尽快将这座石拱半月桥列为县级文物保护单位，因为文庙是封建社会推崇孔夫子的纪念性建筑物，在春秋末期提倡“有教无类”的孔夫子，是举世公认的伟大教育家，至今仍值得纪念。

从武义县一中出来，我又去寻访徽州会馆——1945年秋到1946年春的绍兴稽山中学武义分部校址，这是我读初一的地方。从祝宅巷北行，至头巷折而向东，凭着我的习惯性感觉，找到了往昔徽州会馆所在，可是，会馆的台门和木构大厅，全然无存了。而今，这里新盖着两幢大楼和部分平房，是县公安局所在地。我站在平房前（相当于稽中的操场部位），吸了一支烟，往事一幕一幕地涌上心头，我默默地怀念着稽山中学武义分部的老师们，像擅长书法的语文老师丁绍桓先生，擅长水墨水彩画的美术老师胡也衲先生，其倜傥的风度与诲人不倦的精神至今仍历历在目。稽中有尊师爱生的好传统，记得1946年春天，我班一位同学偶然闯入他班正在上体育投掷课的操场，被飞驰而来的铁饼击伤头部，因受破伤风菌感染，不久病逝。全校师生沉痛追悼，胡也衲老师特地用漂白细布撰写一副挽联："一失手成千古恨；满堂哀悼半伤头。"其爱护与悲痛的情怀溢于言表。

在武义逗留的一周时间内，我先后用两天时间，分别到岭下汤和上坦看望两个胞弟、弟媳及四妹、四妹夫，各家的生活均有很大程度的改善，令人颇为欣慰。在岭下汤三家头，还拜会了堂哥敦厚及大嫂，见到了邻居几个叔叔。由于我的职业特点及兴趣，下面将谈谈我参观县博物馆及熟溪桥的印象。

武义县博物馆坐落在小南门便桥南端偏东处，背靠丘阜，门朝熟溪，视野开阔，选址甚佳。该馆主体建筑是一座三层楼，第一层作展厅，现有武义县历史文物陈列。展品不少，种类丰富，但展品中小件文物居多，大件而醒目的古代艺术品太少，因此缺乏强大的吸引力。武义县自汉、晋以后，经济、文化相当发达，古迹颇为丰富，出土过极精美的古代艺术品，例如现藏浙江省博物馆的三国东吴时期的伎乐俑五联瓷瓶，就是我县桐琴果园出土的。此瓶构思巧妙，造型奇特，艺术表现手法非常泼辣自然，见之者莫不驻足赞叹。按照文博工作惯例和局部服从整体的原则，省博物馆要抽调该瓷瓶去展览，县里应当积极支援；另一方面，县里可以要求省馆设法复制一件，以供县馆陈列，并辅以原器的彩色大照片。展厅里只要有几件确实精美的艺术珍品，必定满屋生辉，门庭若市。武义县博物馆已有良好的基础，今后还需在培养专业人才、加强文物征集、改进陈列设计、开展文物研究等方面作不懈努力，以期为武义县的物质文明与精神文明建设做出更大的贡献。

熟溪桥是武义县的名迹与骄傲。据县志记载，此桥创建于南宋开禧三年（1207），明清两代曾多次修葺。桥长135.7米，宽4.8米，为石墩木面附廊屋的南方典型桥梁。1947年作过较大工程的维修，竣工后，我曾往游览。1986－1987年，县人民政府又拨巨款作了维修，故乡党政领导如此重视文物保护，在京同乡知之者皆欣喜万分。

"修旧如旧"是文物保护的基本原则。经过维修的熟溪桥，外观及结构保持原貌，拆换替补的木料经刷色处理，与旧材一致难辨；新刷的土红色，深沉不跳，既显得庄重典雅，又增强了木构的抗风雨功能。总之，维修质量优秀，值得充分肯定。

我缓步到桥心，浙江省博物馆名誉馆长、著名书法家沙孟海老先生所题“岁丰阁”横匾赫然入目。继之，又见省书协理事叶一苇先生撰写的对联，文曰：“凭栏眺熟水，政通人和，喜收三熟；对坐见壶山，心旷神怡，欢饮一壶。”其篆书布局妥帖，结构谨严，笔法潇洒，既师承吴昌硕，又具自身面貌，颇耐看。另有三副对联，亦属包涵宏阔、对仗工整之佳作。游览熟溪桥，在建筑、文学、书法等方面均能得到艺术享受与启迪，诚平生一快事也。

原载《熟溪》1989年10月号

追怀往事忆师恩

暑往寒来，星移斗转，武义一中即将迎来建校60周年庆典。据校史记载，武义县立简易师范学校和私立明招中学都是武义一中的前身。青少年时代，我有幸在这两座学校里念书，因此，我应当是武义一中的双料校友了。回首往事，心潮涌动；只奈年代久远，往事的许多细节及某些恩师的姓名已经记不起来。现就个人记忆所及，略述数事，如能从中折射出母校艰苦奋斗、自强不息、尊师爱生等优良传统于万一，则幸甚矣。

翻山越岭 如履坦途

我的少年时代正处在中华民族灾难深重的年代。1944年我刚11岁在家乡岭下汤小学毕业，当时武义县城还被日寇占据，我便考入校址设在山区李村的武义县立简师（简易师范学校）读书。

那个时候，武义简师以李村西头那座祠堂作校舍。学校的大致布局是：祠堂正门两侧的几间南屋，是学校教务处与总务处的办公室；祠堂东西两厢，楼下当教室，楼上当学生宿舍；祠堂正厅是摆放着二十来张方桌的大饭厅，其西墙外连着学校的伙房。祠堂中央的大天井，是校内集会的场所。树立着一副篮球架的大操场，设在祠堂南门外那片溪滩地中。是年冬天异常寒冷，学校伙房外面的引水竹槽下，冻结着形似石钟乳的大冰凌，景象颇为壮观。

当时，武义县立简师的校长由县长蔡一鸣先生兼任。县政府的临时机构设在距李村约7000米的新宅村。全校师生每学期要步行到新宅开一两次会，听蔡校长作有关国际反法西斯战争形势发展的时事讲演。校内实际负责人是教导主任何宗器先生，约四十开外年纪，以治校严格而著称。学校熄灯铃响过之后，学生宿舍如果不及时熄灯或继续喧哗，何老师必定要来巡视督促。

武义简师当时有学生150人左右，年幼者十一二岁，稍长者十五六岁，是一群以拯救民族危亡为己任的爱国青少年。除家住李村的少数同学可以走读之外，其余来自外乡村的同学皆在校住宿。每逢星期六下午，多数同学都三五成群，结伴回家；星期天下午则结伴返校。每次往返都要翻山越岭，近者七八千米，远者20多千米；对于崎岖山路及羊肠小道，大家如履坦途，习以为常。与我同村同班的同学，有倪嘉羊、汤吉亨及我的堂哥汤子璞（陈燕）等，我们从岭下汤到李村必须翻越大殿岭。往返途中，我们有时在岭腰凉亭歇脚，有时进大庙参观为数众多的彩塑神像，十分赞赏这座庙宇的宏伟建筑。从大庙经过大石桥之后，向左溯溪而上即可到达李村。沿途的村名已经淡忘，只记得若干村口都设有手工造纸的纸槽，大都处于停工荒芜状态，此乃旧中国乡村手工业凋敝衰落的缩影。

运用评语 鼓励写作

我在李村武义简师读一年级时，给我留下印象最深刻的是语文老师施寿铨先生。

当时，施老师年约30多岁，英姿潇洒，风华正茂。他是县城上街人，家住壶山小学斜对面不太远的地方。武义县城光复，我在明招中学念书时，曾经登门求教拜访过这位老师。后来我到绍兴稽山中学读高中时，听说他因积劳成疾、贫病交加，英年早逝了。

施寿铨老师认真批阅作业、善于调动学生写作勇气的教学方法，格外令人崇敬。他的备课桌放在李村祠堂入门左侧那间屋子里，为了批阅学生的作文簿，他经常在昏暗的油灯下工作到深更半夜。每当班长从他那里领回全班作文簿时，大家争先恐后地拜读老师针对每篇作文所写的评语。我们从他写的言简意赅的评语中，明确了今后努力的方向，吸取了巨大的力量。至今我还记得，有一次，施老师给我的作文写了“行文轻快，如风弄柳”的八字评语。我自知天赋不敏，老师给我的这则评语，显然属于鼓励性的溢美之词。但是，毋庸讳言，正是由于老师的这番鼓励，从此打消了我对作文的畏难情绪，使我终生受益。

疼爱学生 情真意切

1945年初夏，抗日战争胜利，武义县城光复。是年暑假，我生平头一次到县城游览观光。一个偶然的机会，在壶山小学门口墙壁上见到绍兴稽山中学武义分部的招生告示，出于好奇的动机，我自作主张去报名应试，不久就获得录取通知。于是，是年9月我放弃了县立简师的学业，到校址设在县城头巷徽州会馆的稽山中学武义分部读书。大约在1947年春季，稽山中学武义分部改名为明招中学，校址从徽州会馆迁到上街路南文庙的北半部。将包括有石拱桥与半月池（泮池）在内的文庙南半部扩充为明招中学校舍，肯定是新中国诞生之后的事了。

稽山中学武义分部的师资力量很强，多数来自杭州、绍兴、金华等地，系稽山中学回迁时留下来的。无论是文史地、数理化，抑或英语及音体美等各项课目，都有著名的老师。例如：执教语文的丁绍桓先生，拥有自编的讲义，擅长诗词歌赋，并且是金华地区享有盛誉的书法家，迄今熟溪桥南端尚能见到丁老师的题匾。执教美术课的胡也衲先生，既是毕业于上海美专的著名画家，也是著名教育家叶圣陶先生的挚友。上世纪20年代前期，胡也衲老师曾在杭州盐务中学任美术教师。叶浅予（1907－1995）是其得意门生。大约在1946年细雨蒙蒙的春天，在武义县城东门外下王宅祠堂，曾举办胡也衲先生画展，山水、花鸟、蔬果等诸多画种皆称擅能，画展开幕后，观众如潮，盛况空前。胡也衲先生是永康人，说永康话，蓄有美髯，爱穿长衫，待人慈祥和蔼。1946年秋，我们同级乙班一位姓童的同学到操场旁边温习功课，不幸飞来横祸，被铁饼击伤头部，因遭破伤风细菌感染，在医院治疗期间亡故。噩耗传来，全校震悼。胡也衲老师为之悲痛万分，他用漂白细布写了一副情真意切的挽联，文曰：“一失手成千古恨；满堂哀悼半伤头。”其疼爱学生之情，溢于言表。

德艺双馨的胡也衲老师，是我终生难忘的学习楷模。

原载《武川潮》1998年第4期“武义一中建校六十周年纪念”专号

附记：此文刊出后，承校友罗杰、同窗陈子房赐函相告，回忆起李村简师的何宗器、施寿铨两位老师的名字，特此鸣谢。

美术考古的开拓者汤池教授

古丽比亚（中国艺术研究院美术研究所副研究员）

1982年中央美术学院美术史系面向西北招生，我有幸考上了这所高等美术院校中的最高学府，从遥远的新疆来到北京，开始了我的大学生活。当时在系里任教的金维诺、汤池、邵大箴、李松、薛永年等，都是全国美术史学界知名的教授。在这些先生当中，汤池先生是我的美术史启蒙老师和研究生导师。记得第一堂美术史课就是汤池先生的中国史前美术，先生当时上课的那些鲜活语言仿佛还在耳畔回响。

一般来说，学者传播学术思想主要有两种方法：一是闭门著书，这可以精雕细琢，去芜存菁，但出于严谨性、规范性的考虑，不免要用文字的概括性和抽象性，打磨掉一些语言的灵气。再者是讲堂传授。在讲堂中，先生们往往思如泉涌，意兴横飞，鲜活的语言扑面而来，每每令听者大快朵颐。但能二者兼备者为数不多，汤池先生就是这样一位学者，在讲堂传授的同时将自己在授课过程中积累的深思精见形诸文字，使他的学术思想得到广泛传播。

汤池先生是1961年从北京大学历史系考古专业毕业后来到中央美术学院美术史系任教的，至今已有40余年。这些年中，他的教学和研究工作主要体现在以下几个方面。

一是教学。汤池先生教学中最突出的特点是十分重视理论与实际的结合。在他看来，美术史的研究与一般的通史研究不同，通史研究主要依靠古代文献，而美术史在这一方面则与考古专业十分接近，尤其是唐以前的中国美术史，虽然在古代美术论著中记载了许多著名的画家，但他们的作品极少流传下来，只有依靠美术考古资料，方可开展研究。因此亲自去掌握第一手资料，到有古代美术遗迹的地方进行参观考察，就显得尤为重要。

美术遗迹的调查可以分为三类，一类是对考古工地、古代文化遗迹的

图1
1993年8月汤池先生（左三）到河北邯郸南响堂文保所参观磁州窑瓷枕

考察（图1）。记得1983年汤先生带我们进行第一次教学实习，对山西、陕西、河南三省的文物古迹进行了近一个月的考察。这三省都是文物大省，早期美术古迹很多，尤其是在这里的文物研究机构中，有许多汤先生的同学、校友，为我们的参观考察提供了很大的方便。在西安秦始皇陵兵马俑博物馆，在该馆领导的帮助下，我们下到坑道里，对秦兵马俑进行了一次近距离的观察，极大地补充了课堂教学的不足。当时秦始皇陵随葬的彩绘铜车马刚刚修复完毕，尚未对外开放，在一个大库房里修复好的铜车马静静地矗立在那里，我们围绕铜车马仔细观察，发现古代工匠对细部的处理非常真实具体，如御官俑的手指关节、指甲等都很富有质感，车门、车窗等都能活动，造型规整，装饰华丽，制作技艺十分精湛。用手抚摸着2000多年前能工巧匠制作的这件艺术珍品，不由得令人感叹匠人技艺之高超。

第二类美术遗迹的调查是对石窟和摩崖造像的测绘。测绘是考古中十分重要的一项工作，尤其是对石窟壁画、大型摩崖石刻等的测绘临摹，要求十分精确。考古界一般均采用单层方格网测绘出土器物分布图。汤池先生1963年带领学生在龙门石窟实习时，在工作实践中通过摸索，创造了双层方格网的测绘方法。用这种方法测绘高浮雕或圆雕造像，准确度极高。尤其是在进行大面积测绘时，与三角测量法相结合，其优势得到充分体现。1984年汤先生带我们这个班在山东进行教学实习，对济南柳埠千佛崖佛教雕刻进行调查测绘，大型洞窟及塑像采用了三角测量法，局部就采用汤先生的双层方格网测绘法，所作的千佛崖佛教雕刻测绘图准确度极高，得到了山东省文管部门的高度评价，图纸也作为资料留在了山东。

1980年在江苏省连云港市孔望山发现了佛教摩崖石刻，引起了各方面专家的注意。北京大学的俞伟超、中央美院的金维诺、中国历史博物馆的史树青等专家、学者前去考察后，认为单靠照相技术不够，必须要有一份考古测绘图。俞伟超教授亲自找到汤池先生，请他主持此项工作，在他看来，只有汤池先生能够完成这项任务。当时汤先生因1979年带学生去华山实习时摔坏了腰而卧病在床。但汤先生考虑到这项测绘任务的重要性，坚持带病前往孔望山，亲手完成了测绘任务。

第三类就是古代壁画墓的发掘、临摹和研究。“文化大革命”中期（1970－1972年）中央美术学院教职工被“下放”到河北磁县从事劳动锻炼，分别住在东陈村和西陈村。劳动之余，汤先生在村里作了一些考古调查，从村里老农处得知，多年来在开挖水渠、平整土地过程中，曾经挖掉多座古墓，墓内通常有陪葬的小瓦人（即陶俑），在砖砌的墓壁上画着“红艳艳的”人像壁画。但限于当时特定的历史条件，还无法使他进一步追寻这种“红艳艳的”壁画遗迹。直到1975年春天，磁县文化馆在东陈村发掘清理了俗称“四美冢”之一的北齐天统三年（567）怀州刺史尧峻墓，在甬道口上方的门墙上发现绘有朱雀、持莲方士以及火焰纹的彩色壁画，由此揭开了磁县发掘北朝墓室壁画的序幕。随后，从20世纪70年代后期开始，磁县陆续发现了北齐武平七年（576）冯翊王高润墓、东魏武定八年（550）长广郡公高湛之妻茹茹公主大型壁画墓、北齐乾明元年（560）文宣帝高洋武宁陵等。对这些墓葬的发掘，汤池先生或亲往考察，或亲自参加发掘，尤其是对冯翊王高润墓和茹茹公主墓的发掘临摹倾注了大量的心血。他与河北省、地、县的文物考古同行共同拟订工作计划，将茹茹公主墓的墓室壁画作为清理发掘的首要任务，经过近10个月的艰苦努力，在中央美院国画系工笔画家王定理先生的协助指导下，清理、临摹出近150平方米的墓室壁画，汤先生并参与撰写了《河北磁县东魏茹茹公主墓发掘简报》。在汤池先生的倡议呼吁下，磁县博物馆也得以建立，为更好地保护、研究磁县东魏、北齐墓室壁画创造了有利条件。

对于中国古代墓室壁画的研究，汤先生所投入的精力可以说是最多的。无论是在河北磁县、河南洛阳、山西太原、山东临朐、宁夏固原、甘肃嘉峪关、新疆吐鲁番、吉林集安、辽宁辽阳等地，他都是亲临现场，或参观考察，或主持发掘、临摹。他为《中国美术全集·绘画编12·墓室壁画》撰写的《汉魏南北朝的墓室壁画》一文，正是他多年研究成果的结晶，成为研究古代墓室壁画的重要蓝本。汤先生的这些工作，从学科建设来讲，其意义也十分重大。他的这些工作使汉唐美术史教学内容极大地丰富起来，墓室壁画的发现从河西走廊到中原，从两汉、魏晋、南北朝到唐代，资料十分丰富，由于汉唐时期绘画作品遗留极少，这些墓室壁画实际上填补了中国绘画史上汉唐美术的若干空白。汤先生在其中起到了十分重要的作用。

对于古代雕塑的研究，汤池先生也倾注了大量的心血。在北大读书时他就对古代雕塑特别感兴趣，尤其是汉代雕塑，如西汉霍去病墓石雕及昆明池石雕。1974年陕西秦始皇陵兵马俑发现后，对外界保密，而业内人士已知，汤先生于1974年冬专程赶到临潼参观考察。1975年春又陪北京第一汽车制造厂工人理论组第二次参观兵马俑，随后写出了一系列评论和研究文章，有《临潼出土的秦代兵马俑》，发表在《光明日报》上，文章以中央五七艺术大学和北汽工人理论组的名义发表。随后又在浙江美院《美术学报》上发表《略论秦始皇时代的美术作品》，在《考古》1975年第6期发表《略论秦始皇时代的艺术成就》，当时“文革”还没有结束，极“左”思想依然十分严重，对秦始皇通常是持否定态度的。但汤先生在文中认为秦始皇统一帝国的建立，对雕塑、绘画艺术的发展都有十分重要的促进作用，应从正面对秦代美术给予积极的评价。这在当时可以说是非常大胆的理论见解。

汤先生也十分关心汉唐陵墓雕塑和南北朝墓葬陶俑，有许多陶俑都是他亲自参加发掘整理出来的。因此在编写《中国美术全集》“秦汉雕塑卷”时就有了坚实的基础，并撰写了《秦及西汉时代的雕塑艺术》。同时他还承担了《中国大百科全书·美术》“中国原始雕塑·人像雕塑”以及《中国大百科全书·文物博物馆》“中国古代雕塑”条目的编写。这两类条目均有10000多字，尤其是后一条目，内容全面翔实，是一篇极具分量的学术论文。

对一个教学研究单位来说，拥有图书资料尤为重要。汤先生在美术史系担任副系主任时，就积极争取经费，为系资料室购置了大量的图书。1992年担任中央美院图书馆馆长后，也是多方筹措资金，购买了大量的画册和新书，为图书馆购置电脑，改善工作环境，现在图书馆的编目、流通等都能通过电脑完成。另外，图书馆中藏有上万册线装书和大量画像石、砖的拓片，均是20世纪50—60年代购买的，原来都放在书架上，落满灰尘。汤先生担任馆长后，专门建立了线装书库，为这些线装书制作了布面书套和防火、防尘、防潮的铁柜，为这些珍贵资料的保存提供了有利的条件，这在全国高校图书馆中也是屈指可数的。

回顾汤池先生这40多年来的研究、教学历程，深深感受到一位学者甘于寂寞、甘于清贫，默默奉献的精神。正如他自己所说，成就有大有小，天赋有高有低，但最重要的是自己努力了。如果时光倒流，可以再一次选择志愿的话，他说他还会选择美术考古。

原载《美术观察》2002年第10期

“老实巴交”的美术考古开拓者

——略谈中央美术学院汤池教授其人其事

虞华文

认识中央美术学院的汤池教授是从认识他的书法开始的。记得多年前一个偶然的机会，我在武义县旅游管理部门看见汤池教授给家乡正在开发的溪里温泉题写白居易的诗句“春寒赐浴华清池，温泉水滑洗凝脂”；当时我深深地为他灵动遒劲而舒展有度的行书所打动。后来又多次看见汤教授的篆书，更是为其集诸家之长，融多种书体笔法于一家，格调高古，自成风格的篆书所敬佩。出于对他书法的感动和敬佩，我试着给汤教授写了一封信，以表达我的敬意并求教。不久，汤教授就给我回了信。信中他的谦逊和对我的鼓励之词，令我至今难忘。后来多次的通信中，对他有了更多更深的了解。

汤教授1933年出生于浙江武义岭下汤，曾就读绍兴稽山中学武义分部（明招中学前身），1949年冬到丽水参加工作，1950年经华东革大浙江分校培训后赴分水县从事土地改革；1956年考入北京大学历史系攻读考古专业。1961年毕业分配到中央美术学院美术史系任教，现为中央美术学院教授，曾任中国考古学会理事、中央美院图书馆馆长、副系主任、学院学术委员、文化部美术高职评委，主持过多处著名石窟、摩崖造像的测绘以及古代壁画墓的发掘临摹和研究，在国内外权威刊物上发表了许多相关论文。主持或参与编写了《中国美术全集》秦汉雕塑卷与墓室壁画卷、《中国美术简史》《中国陵墓雕塑全集·西汉卷》《中国大百科全书·美术卷》及《中国大百科全书·文物博物馆卷》等多部论著，是中国最具权威的美术史论家和美术考古开拓者之一。正因为他在美术史论研究和美术考古等方面所取得的突出成就和贡献，2008年被文化部、中国文联、中国美协授予“卓有成就的美术史论家”称号，这是艺术界的一项极高的荣誉。正是这样一位著作论文等身，成就荣誉极其显赫的学者、专家，十分有力地诠释了什么是真正的“淡泊明志”“淡泊名利”。

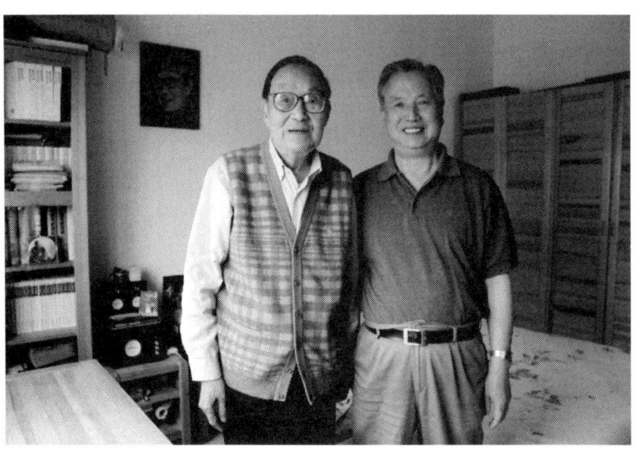

图1
汤池先生（右）
与叶一苇先生合影
2011年5月

按理这样一位“骄子”，对武义家乡人来说应该是人人皆知的了，但事实却是真正的“默默”而“无闻”！我曾试探性地问过艺术圈内和县局级以上领导中的许多人，只有少部分人似乎在报纸上见过这个名字，但印象不深；而相当一部分人就根本没有听说过，更不知道还有一个曾获得了“卓有成就的美术史论家”这个极高荣誉称号的武义人。按理说“从下往上红”不容易，而“从上往下”应该是很容易红遍大江南北，更易红透只有三十来万人口的小小武义城了，那为何又会出现这种情况呢？用著名的书法篆刻家、“诗心造印”创始人叶一苇先生评价汤池教授的其中一句最通俗易懂的话来解释是十分恰当不过的了。2011年5月，在两位文化艺术骄子第一次见面以后（图1），叶老对我说了一句让我印象十分深刻的话——“汤池是一个真正的老实人……”是啊，汤池的名字在家乡应该是“家喻户晓”的了，尤其是在如今急功近利、自我宣扬包装盛行的年代，更应该是“如雷贯耳”，叶老的一句“老实人”不正解出个中谜底了吗？！

其实，我早在前几年就有打算写一篇文章宣传一下汤教授了，可是出于自己文章的拙劣和几次催促汤教授提供有关资料未果，所以也就搁浅了。如今，随着了解的深入，我又试着征求汤教授的意见，他给我的还是那句老话：“算不了什么，让后人去评说吧！”而当我告诉他我不会写辞藻华丽的文章，更不会哗众取宠，我会用我最朴实的文字，最实事求是的语言来表达时，他才勉强同意了。可当我收到他提供的资料时，我意想不到的“震惊”：他寄给我的仅仅是一百来字的最简略的个人简历，然后就是在信中一再交代，一定要“实事求是，切不可有意喧哗”等等。末了附带说了有关互联网上对他的宣传有误，需要更正的事情。网上有宣传称：汤教授不仅在国内到处受邀去做一些文化艺术的考古研究和讲学，作为中国一流的专家学者还多次受邀国外讲学，如日本、美国、法国、意大利等等，有着广泛的国内和国际影响……他说其中的宣传有误，“我没有受邀到美国及法国讲学”。

这样一位美术考古的开拓者，又身处中国美术最高学府，按道理他家里收藏的古玩字画应该是很多的，即使不是很多，至少也应该有一二件能惊动收藏界的古董吧？可事实大大出乎我的意料。今年7月我曾到北京，并拜访了他，汤师母带我参观了他的寓所，首先映入我眼帘的是挂在墙上的两幅画：一幅是中国美协主席靳尚谊1970年给汤池教授画的素描肖像（图2）；另一幅是汤教授60岁生日时，艺术大师黄永玉特意为他画的“搏斗的公鸡”（图3），以庆贺他的生日，同时表达黄大师对汤池先生的关爱之心，喻义他为人诚实直爽、勇于开拓、拼搏创新的精神。最后终于让我在一个角落里发现了“国宝”——兵马俑，顿时眼前一亮。这时师母似乎已看出了我的心思，她告诉我：“家里最珍贵的东西就只有这两幅画了，这几个‘兵马俑’是1983年汤池带学生参观秦始皇兵马俑博物馆时，花了几十元钱买的仿制的旅游纪念品。”在汤教授眼里，有价值的国宝文物应该归国家所有，只有国家博物馆才是收藏和保护珍贵文物最理想的机构，并能有效发挥其最大的价值。所以每当发现有研究价值的精美文物时，就会千方百计吁请国家文物主管机构予以有偿收回。甚至自己掏钱收购，研究后又悉数捐献给国家有关博物馆。

图2
汤池素描肖像
1970年靳尚谊绘赠

汤池教授近年曾两次回乡探亲，每次都是悄悄地来，默默地走，从不惊动太多的亲戚朋友和同学，更不惊动地方有关单位和领导。而我却非常“幸运”，每次都是在他动身来武义之前或是在来武义的途中通上电话而知道了他的行踪，并一再强调让我不要告诉其他人，他总说“大家都忙，不要去麻烦和打搅人家”。按理说衣锦还乡、载誉而归，应该是十分荣耀的事情。接风洗尘，鸣锣开道，唯恐百姓不知，唯恐领导不来宴请，是现在大多数“成功者”的常理常事。但这一切对汤教授来说都是不可思议的事情，他说荣誉的取得不仅仅是一个人的事，成绩的取得也已过去，又何必一直缅怀过去呢？把应酬的时间花在必要的事情上不是更有意义吗？只有这样才会在今后取得更大的成绩啊！

图3
搏斗的公鸡
1993年黄永玉绘赠

最后值得一提的还是汤教授的书法（图4、图5），无论是笔画清刚峻拔、结体疏朗俊美而完全有别于那些随意而流于粗野、粗俗的篆书，还是在严谨中显现出活泼一面的行书等诸多书体，其造诣是许多所谓的中国书协会员及理事等所不能及的。现任中国美术馆馆长、汤

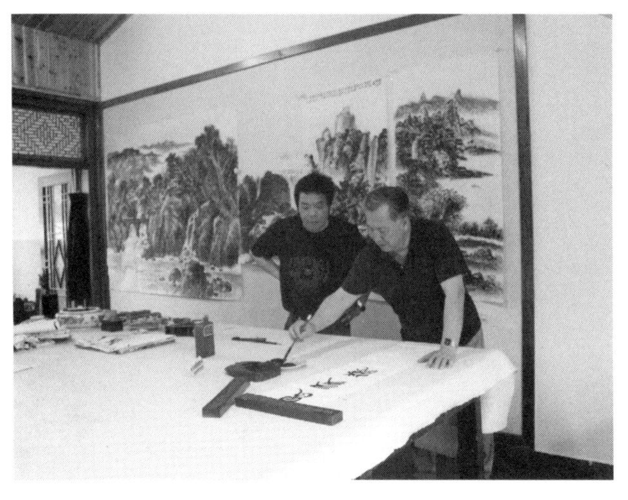

图4
汤池先生进行书法创作

教授的研究生范迪安先生就是极为崇拜其德艺的人之一，对汤教授的书法有着极高的评价。但在汤教授眼里，头上的帽子并不重要，重要的是如何提升自身的修养，真正地练好书法，他说："书法是我的业余爱好，书法的门道很深，我只是懂一点皮毛而已。"他的这点"皮毛"，已有很多权威的书法杂志、报刊邀他入编、入展。国内外有很多画商欲高价收购他的墨宝，都被他一一谢绝了。但是每当家乡的单位或个人（甚至是有困难的老百姓）向他求取墨宝时，他都是无偿奉献出来。1997年，家乡学校迁建，资金上有困难，为此，他积极创作作品，把拍卖所得悉数捐献。

最近，《人民日报》上刊登了一篇题为《让文艺复归心灵、让创作贴近现实》的文章，非常尖锐地指出：目前相当一部分艺术家存在"回避崇高""缺乏责任感，拜金主义""跟风炒作"等等恶俗。该文引起了社会尤其是文艺界的极大反响，也展开了一系列的讨论。我想，如果当下的艺术家们拿汤教授这面镜子好好地对照一下，或许你的心灵会净化很多，你的学问会提升得更多，你的成就也就会更大。我越来越感觉汤教授是一个真正不为名、不为利，踏踏实实做学问，有一分热发十分光的人；是一个勇于开拓而又"老实巴交"的大教授、大学者。他的这些精神难道不正是当下众多文艺家们值得学习和深思的吗？

2011年8月5日于恨墨斋

原载武义县文学艺术界联合会主办的《武川潮》2011年秋季号

繼承傳統
開拓創新
祝賀武義縣文聯第五次代表大會
隆重召開 虎年元旦 湯池於北京

图5
汤池先生为家乡文联第五次文代会题词

后 记

将个人历年发表的论著摘要结集出版，是我期盼多年的事。刚退休时，觉得自己积累的作品不多，可筛选的余地太少，总想等等再说。到年近八旬时，知道此事不宜再拖，体力与视力已经下降，做起来困难就多了。

拙作所收录的每篇文章，都是我在中国古代美术史教学与美术考古研究道路上，不断求索留下的足迹，也是我对培育与关心我成长的亲人、师长、同学、同事及学术界所作的一次书面汇报。回顾往事，虽然对国家和社会的奉献很微薄，但我已经尽了自己的努力。

拙作即将付梓，首先要感谢陕西人民美术出版社总编辑雷波先生、副总编辑杨西婷女士的大力支持与鼓励。其次要感谢上世纪80年代就学于中央美术学院美术史系的几位研究生为此付出的辛勤努力。其中，中国美术馆馆长范迪安教授于百忙中挤出时间，为拙作撰写了高屋建瓴、充满激情的序言；陕西人民美术出版社编审林通雁同志，承担了此书的策划及配图等繁重任务；中国艺术研究院美术研究所副研究员古丽比亚，为找到大部分拙作并输入电脑而操劳。此外，高等教育出版社的范水同志、全国城市雕塑建设指导委员会的米洁同志为拙作翻拍了部分图片，中央美术学院图书馆副馆长安永欣同志为部分拙作进行扫描并传送插图而不辞辛劳，陕西人民美术出版社副编审张化梅同志担任拙作的责任编辑，西安美术学院张小畹同志负责封面设计，对他们的辛勤出色工作，深表感谢。

拙作得以顺利结集出版，也是全家老幼齐心协力的结果。我的夫人段雨霞有整理学术资料的习惯，从上世纪70年代后期开始，每发表一篇拙著，她就填写一张卡片，将拙作题目、报刊名称及刊出日期等记录下来，为日后结集分类提供基础。儿子汤征和儿媳李玉素翻拍资料，供我校对文稿。女儿汤静及孙女汤頔电脑录入文稿及校对文字。正是有了家人的这些帮助，方使结集出版工作逐步取得进展。

限于主观与客观条件，拙作必定存在疏漏之处，期盼社会各界贤达不吝批评指正。

汤　池

2014年1月26日写于北京

图书在版编目（CIP）数据

轨迹：中国美术考古研究 / 汤池著. —西安：陕西人民美术出版社，2014.6
ISBN 978-7-5368-3107-0

Ⅰ. ①轨… Ⅱ. ①汤… Ⅲ. ①美术考古—中国—文集 Ⅳ. ①K879.04-53

中国版本图书馆CIP数据核字(2014)第147876号

策　　划：林通雁
责任编辑：张化梅　唐美娜
封面设计：张小畹
版式设计：童　言

轨　迹
——中国美术考古研究

作　　者：汤　池
出版发行：陕西出版传媒集团
　　　　　陕西人民美术出版社
出 版 人：李晓明
经　　销：新华书店
印　　刷：西安新华印务有限公司
规　　格：787毫米×1092毫米
开　　本：16
印　　张：24.5　插页4
字　　数：300千字
版　　次：2014年7月第1版
印　　次：2014年7月第1次印刷
印　　数：1-2000
书　　号：ISBN 978-7-5368-3107-0
定　　价：70.00元
地　　址：西安市北大街147号
邮　　编：710003
网　　址：http://www.mscbs.cn
发行电话：029-87262491　传真：029-87265112